Egbert Rumpf-Rometsch

Die Fälle

BGB - Sachenrecht 2

Immobiliarsachenrecht

45 Fälle

Grundlagen

mit Lösungsskizzen

6. Auflage

und

Formulierungsvorschlägen

uderfall fallag

Das Besondere zum Anfang

!!!!!!!!!!

Für Frank !

Credits

Ich danke allen guten Geistern, die mich bis zum Erscheinen dieses Buchs getragen haben. Lange lange hat's gedauert.

Außer der allerbesten Jana dieser Welt möchte ich Frank Dömer danken. Für vieles und mehr und nicht zuletzt für die Faszination seiner Bilder.

Druck

CPI – Ebner & Spiegel, Ulm

Umschlag

Marion Volkmer visuelle kommunikation, Düsseldorf

Internet

www.fall-fallag.de

Bezug (leider nur) für den Buchhandel

SIGLOCH Distribution, Blaufelden

ISBN 978-3-932944-56-7

Rumpf-Rometsch • Die Fälle – BGB - Sachenrecht 2 • 6. Auflage • 2016

Vorworte

Aus dem Vorwort zur 1. Auflage

Es ist vollbracht! Jahre meines Lebens habe ich mehr oder minder häufig an diesem Buch geschrieben. Wahrscheinlich ist es der verantwortliche Urheber für das eine oder andere der grauen Haare, die nun meine Kopfhaut zieren. Aber nun liegt das Buch endlich vor euch. ...

Zum Inhalt: Wie ihr bereits der Beschriftung des Umschlags entnehmen konntet, beschäftigt sich das Buch mit „Grundlagen" zum Immobiliarsachenrecht. Mir ging und geht es darum, in aufeinander aufbauenden Fällen ein Verständnis für den sich verzahnenden Inhalt des Rechts der unbeweglichen Sachen zu vermitteln. Wenn ihr die Grundlagen beherrscht, werdet ihr auch mit schwierigeren Materien arbeiten können. In diesem Buch werdet ihr zunächst lernen, wie man Grundstücke erwerben kann. Da werdet ihr mit der einen oder anderen kleinen Schweinerei konfrontiert werden. Wenn ihr den Grundstückserwerb verinnerlicht habt, geht's hurtig weiter. Ihr werdet sehen, dass beim Hypothekenerwerb, beim Grundschulderwerb, beim Vormerkungserwerb, ... vieles genau so ist, wie beim Erwerb von Grundstücken. Jura ist eben ein großer Baukasten. Man muss es klar sagen: Das Immobiliarsachenrecht führt oft ein Schattendasein und wird daher von vielen Studenten (oft gänzlich) vernachlässigt („Da lern' ich auf Lücke"). Wenn ihr das Buch erarbeitet habt, sollte die Lücke ein wenig geschlossen sein.

Köln, im Fieber des falschen Jahrtausendwechsels 1999/2000

Egbert Rumpf-Rometsch

Aus dem Vorwort zur 2. Auflage

Die Schuldrechtsreform, die alle Juristen zum Jahreswechsel 2001/2002 ereilt hat (Happy New Year!), treibt ihr Unwesen – wer hätt's gedacht – mittelbar auch im Immobiliarsachenrecht. Der in der ersten Auflage ach so oft zitierte § 607 BGB (alter Fassung) existiert nun so nicht mehr, sondern bezieht sich in der neuen Fassung nur noch auf sogenannte Sachdarlehen. In der Vorauflage habe ich jedoch – wie in dieser Auflage – mit Gelddarlehen operiert. Das Gelddarlehen ist jetzt aber in § 488 BGB (neuer Fassung) geregelt. Da musste ich denn den Änderungsstoßtrupp losjagen. Der hat sich arg gefreut ...

Köln, kurz vor dem Jahreswechsel 2002/2003

Egbert Rumpf-Rometsch

Vorworte

Vorwort zur 6. Auflage

Ich wiederhole mich: Ab und an ist eine intensive Überarbeitung des Buchs fällig. Im Rahmen dieser Überarbeitung habe ich abermals dieses und jenes überarbeitet, korrigiert und verbessert.

Danke für eure Rückmeldungen und Anregungen.

Meine inbrünstige Bitte lautet: Meldet euch mit Lob und/oder Kritik. Es kommt nachfolgenden (Jura-) Generationen zugute. Für Rückmeldungen steht euch die am Seitenende benannte E-Mail-Adresse zur Verfügung.

Köln, einige Tage nach einer weiteren längeren Indienreise im März 2016

Egbert Rumpf-Rometsch

Kontakt: lobundtadel@fall-fallag.de
www.fall-fallag.de

Inhaltsverzeichnis

Einführung in die Handhabung des Buches 9

Einführung in die Fallbearbeitungstechnik 11

Alle Fälle auf einmal 21
- Grundstückseigentum 21
- Hypothek 24
- Verteidigungsmöglichkeiten gegen die Hypothek 27
- (Sicherungs-) Grundschuld 30
- Verteidigungsmöglichkeiten gegen die (Sicherungs-) Grundschuld 31
- Vormerkung 33
- Grundbuchberichtigung 34

Grundstückseigentum

Eine kleine Einführung 35

Fall 1 37
    Eigentumserwerb vom Berechtigten (Grundfall)

Fall 2 42
    Eigentumserwerb vom Berechtigten; Wirksamkeit der Einigung; Abstraktionsprinzip

Fall 3 46
    Eigentumserwerb vom Berechtigten; Wirksamkeit der Einigung; Vereinbarung einer Bedingung

Fall 4 49
    Eigentumserwerb vom Berechtigten; Eintragung ins Grundbuch

Fall 5 52
    Eigentumserwerb vom Berechtigten; Einigsein im Zeitpunkt der Eintragung; Bindung an die Einigungserklärung

Fall 6 56
    Eigentumserwerb vom Berechtigten; Berechtigung des Veräußerers; nachträgliche Verfügungsbeschränkung

Fall 7 59
    Eigentumserwerb vom Berechtigten; Erwerb von Zubehör

Fall 8 63
    Eigentumserwerb vom Nichtberechtigten (Grundfall)

Fall 9 69
    Eigentumserwerb vom Nichtberechtigten; Verkehrsgeschäft; vorweggenommene Erbfolge

Inhaltsverzeichnis

Fall 10 73
 Eigentumserwerb vom Nichtberechtigten; Unrichtigkeit des Grundbuchs

Fall 11 77
 Eigentumserwerb vom Nichtberechtigten; Gutgläubigkeit des Erwerbers; Eintritt der Bösgläubigkeit

Fall 12 82
 Eigentumserwerb vom Nichtberechtigten; Eintragung eines Widerspruchs gegen die Richtigkeit des Grundbuchs

Hypothek

Eine kleine Einführung 87

Fall 13 89
 Briefhypothek; direkter Erwerb vom Berechtigten (Grundfall)

Fall 14 94
 Buchhypothek; direkter Erwerb vom Berechtigten

Fall 15 97
 Briefhypothek; direkter Erwerb vom Nichtberechtigten

Fall 16 103
 Übergang der Briefhypothek; abgeleiteter Erwerb vom Berechtigten

Fall 17 108
 Übergang der Briefhypothek; abgeleiteter Erwerb vom Nichtberechtigten; Anfechtung der Hypothekeneinigung

Fall 18 115
 Übergang der Briefhypothek; abgeleiteter Erwerb vom Nichtberechtigten; Anfechtung des (Darlehens-)Vertrags

Fall 19 122
 Übergang der Briefhypothek; abgeleiteter Erwerb vom Nichtberechtigten; Anfechtung des (Darlehens-)Vertrags und der Hypothekeneinigung

Fall 20 130
 Buchhypothek; direkter Erwerb vom Berechtigten; Berechtigung des Bestellers; nachträgliche Verfügungsbeschränkung

Fall 21 134
 Briefhypothek; direkter Erwerb vom Nichtberechtigten; Gutgläubigkeit des Erwerbers

Hypothek (Verteidigung)

Eine kleine Einführung 140

Fall 22 144
 Vereinbarung der späteren Forderungszahlung

Fall 23 148
 Verjährung der Zahlungsforderung

Inhaltsverzeichnis

Fall 24 151
Übergang der Hypothek; Vereinbarung der späteren Forderungszahlung vor Hypothekenübergang; gutgläubiger einredefreier Erwerb

Fall 25 159
Übergang der Hypothek; Vereinbarung der späteren Geltendmachung des Duldungsanspruchs vor Hypothekenübergang; gutgläubiger einredefreier Erwerb

Fall 26 167
Vertragsanfechtung und Möglichkeit der Vertragsanfechtung

Fall 27 171
Übergang der Hypothek; Zahlung der Forderung vor Abtretung

Fall 28 182
Übergang der Sicherungshypothek; Zahlung der Forderung nach Abtretung

Fall 29 189
Übergang der Sicherungshypothek; Zahlung der Forderung vor Abtretung; Möglichkeit eines gutgläubigen abgeleiteten Erwerbs vom Nichtberechtigten

Grundschuld

Eine kleine Einführung 194

Fall 30 196
Sicherungsbriefgrundschuld; direkter Erwerb vom Berechtigten (Grundfall)

Fall 31 201
Sicherungsbriefgrundschuld; direkter Erwerb vom Nichtberechtigten

Fall 32 206
Übergang der Sicherungsbriefgrundschuld; abgeleiteter Erwerb vom Berechtigten

Fall 33 210
Übergang der Sicherungsbriefgrundschuld; abgeleiteter Erwerb vom Nichtberechtigten

Fall 34 216
Sicherungsbriefgrundschuld; direkter Erwerb vom Nichtberechtigten; Gutgläubigkeit des Erwerbers

Grundschuld (Verteidigung)

Eine kleine Einführung 221

Fall 35 224
Vereinbarung der späteren Forderungszahlung; Vereinbarung des späteren Vorgehens aus der Sicherungshypothek

Inhaltsverzeichnis

Fall 36 228
Übergang der Sicherungsgrundschuld; Zahlung der Forderung vor Abtretung und Übergang der Sicherungsgrundschuld; Möglichkeit eines gutgläubigen einredefreien Erwerbs

Fall 37 237
Abtretung der Forderung und Übergang der Sicherungsgrundschuld an bzw. auf verschiedene Personen; Möglichkeit eines gutgläubigen einredefreien Erwerbs

Fall 38 244
Übergang der Sicherungsgrundschuld; Nichtauszahlung des Darlehens; Möglichkeit eines gutgläubigen einredefreien Erwerbs

Vormerkung

Eine kleine Einführung 250

Fall 39 254
Auflassungsvormerkung; direkter Erwerb vom Berechtigten

Fall 40 258
Auflassungsvormerkung; direkter Erwerb vom Nichtberechtigten

Fall 41 264
Übergang der Auflassungsvormerkung; abgeleiteter Erwerb vom Berechtigten

Fall 42 269
Übergang der Auflassungsvormerkung; abgeleiteter Erwerb vom Nichtberechtigten

Grundbuchberichtigung

Eine kleine Einführung 278

Fall 43 279
Grundbuchberichtigung; Eigentum (Grundfall)

Fall 44 281
Grundbuchberichtigung; Eigentum; Erwerb vom Nichtberechtigten

Fall 45 287
Grundbuchberichtigung; Sicherungsgrundschuld; dauernde Einrede; Möglichkeit eines gutgläubigen einredefreien Erwerbs

Aufbauschemata 294
Gesetzesverzeichnis 323
Sachverzeichnis 324

Eine Gebrauchsanleitung

Einführung in die Handhabung des Buches

Eine ernste Aufforderung: Ihr solltet – nein müsst – immer die genannten **Vorschriften lesen**. Denn die Zauberworte für eine effektive Arbeitsweise heißen „aktives Lernen". Rein passives Konsumieren bringt kaum Erfolge.

Ich bediene mich einer einfachen **Zitierweise:** Absätze der jeweiligen Vorschrift (ohne besonderen Zusatz immer aus dem BGB) benenne ich mit römischen Ziffern. So bedeutet z.B. „§ 873 II" nichts anderes als § 873 Absatz 2. Sollen einzelne Sätze eines Absatzes bezeichnet werden, so geschieht dies mit zusätzlichen arabischen Ziffern (z.B. „§ 1117 I 1"). Hat die Vorschrift nur einen Absatz, wird der arabischen Ziffer zur Klarstellung ein „S." (für Satz) vorangestellt (z.B. § „1157 S. 1). Schließlich werden bisweilen Tatbestandsvarianten mit „Var." (z.B. „§ 873 II Var. 1"), ein Halbsatz mit „Hs." (z.B. „§ 892 II Hs. 1") und eine Nummer mit „Nr." (z.B. „§ 98 Nr. 2") zitiert. Vorsicht ist mit der Bezeichnung „Alternative" (abgekürzt „Alt.") geboten. Genau genommen ist dieses Wort nur dann zutreffend, wenn das Gesetz nicht mehr als zwei Modalitäten vorsieht (z.B. § 812 I 1 Alt. 1" und „§ 812 I 1 Alt. 2").

Zunächst solltet ihr euch intensiv mit der allgemeinen **Einführung in die Fallbearbeitungstechnik** beschäftigen. Die meisten der darin enthaltenen Ratschläge werden euch auch außerhalb des Bürgerlichen Rechts zugute kommen.

Unter der Bezeichnung **Alle Fälle auf einmal** folgt eine Zusammenstellung sämtlicher Sachverhalte. Dadurch könnt ihr der Versuchung besser widerstehen, übereilt in die jeweilige Lösungsskizze und/oder den Formulierungsvorschlag zu schauen. Macht euch immer zuerst eigene Gedanken! Im Idealfall solltet ihr nicht nur eine Lösungsskizze entwerfen, sondern auch eine eigene Ausformulierung zu Papier bringen.

Im Anschluss an die Sachverhalte folgt der Hauptteil. Dort findet ihr die folgende bewährte Struktur vor:

Fall – Lösungsskizze – Formulierungsvorschlag – Fazit

Zunächst erscheint der jeweilige **Sachverhalt** noch einmal, damit ihr nicht immer wieder zum Anfang des Buches zurückblättern müsst.

Eine Gebrauchsanleitung

Bereits in der *Lösungsskizze* findet eine Schwerpunktsetzung statt. Ich führe jeweils alle Prüfungspunkte auf, die problematischen Merkmale werden aber schon in der Skizze umfangreicher behandelt.

Der *Formulierungsvorschlag* ist – wie schon die Bezeichnung verrät – ein Vorschlag. Nehmt den Begriff wörtlich: Meine Formulierung ist ein Vorschlag, nicht mehr und nicht weniger. Ich möchte euch vermitteln, wie eine gelungene Formulierung aussehen kann. Im Gegensatz zu anderen Autoren mische ich aber keine lehrbuchartigen Ausführungen in den Formulierungsvorschlag, weil die in einer Klausur oder Hausarbeit nichts zu suchen haben.

Im jeweiligen *Fazit* greife ich die Schwerpunkte des betreffenden Falles noch einmal auf. Hier finden sich Erläuterungen zu Aufbaufragen und juristischen Finessen. Kurzum: Im Fazit werden wissenswerte Aspekte erläutert, die sich nicht schon erschöpfend aus der Lösungsskizze und/oder dem Formulierungsvorschlag ergeben. Die klare Trennung zwischen Formulierungsvorschlag und Fazit hat natürlich auch für den jeweiligen Sprachstil Folgen. Im Fazit werdet ihr des Öfteren eine etwas saloppere Ausdrucksweise antreffen, die im Rahmen einer Klausur oder Hausarbeit als „unwissenschaftlich" verpönt ist.

Die Fälle sind *nach* den schon aus dem Inhaltsverzeichnis ersichtlichen *Abschnitten unterteilt.* Grundsätzlich werden Probleme innerhalb der einzelnen Abschnitte nicht abstrakt behandelt, sondern in konkrete Fall-Lösungen eingebunden. Fälle zum (Grundstücks-) *Eigentumserwerb* eröffnen den bunten Reigen. Es folgen Fälle zum *Hypothekenerwerb* und zur *Verteidigung gegen den Hypothekengläubiger.* Dann schließen sich Fälle zum *Grundschulderwerb* und zur *Verteidigung gegen den Grundschuldgläubiger* an. Fälle zum *Vormerkungserwerb* ergänzen den Einstieg ins Immobiliarsachenrecht. Letztlich runden Fälle zur *Grundbuchberichtigung* den Themenkreis ab.

Im Anschluss an die Fälle folgen die wichtigsten *Aufbauschemata*, die eine übersichtliche Kurzaufbereitung ermöglichen und das „Baukastenprinzip" zusätzlich verdeutlichen sollen.

Schließlich erleichtern euch das *Gesetzesverzeichnis* und das *Sachverzeichnis* einen schnellen Zugriff auf Vorschriften und Details.

Jetzt geht es los ...

Fallbearbeitungstechnik

Einführung in die Fallbearbeitungstechnik

Wenn ihr Anfänger im Jura-Dschungel seid, solltet ihr euch mit den folgenden Seiten zur Fallbearbeitungstechnik beschäftigen. Immer wieder. Es nützt!
Eine gute Arbeit lebt von der **Schwerpunktsetzung**, vom **Stil** und der **Argumentation**.
Die Darstellung macht's!!
Was ihr in dieser Hinsicht beherrscht, kommt euch in jeder Klausur oder Hausarbeit zugute. Dagegen begegnet euch ein mühevoll auswendig gelernter Meinungsstreit unter Umständen nie wieder. In der immer weiter steigenden Flut der juristischen Einzelprobleme kann man sich letztlich nur durch eine fundierte Fallbearbeitungstechnik über Wasser halten.

Worum geht es ?

In der Klausur oder Hausarbeit soll ein Fall gutachterlich gelöst werden. Das klingt völlig banal, wird aber oft genug nicht beachtet. Es geht nicht darum, möglichst viel Wissen in Form von Meinungsstreitigkeiten abzuladen. Wer auf die „Ich weiß was"-Tour kommt, fängt sich Randbemerkungen wie „Fallbezug?" oder „überflüssige Lehrbuchausführungen" ein.
Auf Streitfragen darf nur eingegangen werden, wenn es für die Fall-Lösung darauf ankommt.
Häufig liegt der Schwerpunkt der Arbeit auf der Auswertung der im Sachverhalt enthaltenen Angaben, nicht auf dem leidigen Abspulen von Meinungsstreitigkeiten.

Wie gehe ich an die Sache heran ?

- Die Erfassung des Sachverhalts

Zunächst einmal muss also der Sachverhalt gründlich erfasst werden. Das gelingt nur bei sehr kurzen und übersichtlichen Klausuren durch einmaliges Durchlesen. In aller Regel solltet ihr den **Text** mindestens zweimal oder besser dreimal **aufmerksam lesen**. Viele bearbeiten das Aufgabenblatt schon in diesem Stadium mit allen möglichen **Markierungen**, *Einteilungen* und *Randbemerkungen*.

Das ist nicht unbedenklich:

In der Regel enthält der Sachverhalt keine überflüssigen Passagen. Es besteht die Gefahr, dass vor lauter Konzentration auf die hervorgehobenen Teile Wichtiges unter den Tisch fällt. Vor allem aber könnt ihr zum Zeitpunkt der Erst- oder Zweitlektüre eines unbekannten Falls noch gar nicht zielsicher entscheiden, was nun besonders wichtig ist. Die Fehlerquote kann ziemlich hoch liegen.

Einführung in die

Außerdem darf bezweifelt werden, dass die Angelegenheit durch – womöglich vielfarbige – Markierungen wirklich übersichtlicher wird.

Wer es partout nicht lassen kann, sollte sich jedenfalls der genannten Nachteile bewusst sein.

Besonders zu beachten sind natürlich **Fallfragen** und **Bearbeiterhinweise**. Manchmal wird allgemein nach der Rechtslage gefragt. Dann sind alle infrage kommenden Anspruchsgrundlagen zu überdenken. Häufig ist jedoch nur ein bestimmter Anspruch zu prüfen. Mitunter ist die Prüfung bestimmter Ansprüche ausgeschlossen. Der Bearbeiterhinweis kann auch den Ausschluss einzelner rechtlicher Möglichkeiten betreffen. Dabei kann es z.b. um Leistungsverweigerungs- oder Zurückbehaltungsrechte des Anspruchsgegners gehen.

Die – gar nicht so seltene – **Missachtung** solcher Hinweise erregt den Unmut des Korrektors, *sollte* also *tunlichst vermieden werden*. Achtet darauf!

- Die Suche nach den Anspruchsgrundlagen

Nichts ist ärgerlicher, als einen einschlägigen Anspruch zu übersehen! Deshalb sollte nicht vorschnell mit der gedanklichen Prüfung der auf den ersten Blick infrage kommenden Normen begonnen werden.

Einigermaßen einfach gestaltet sich das Auffinden der „richtigen" Anspruchsgrundlage, wenn eine konkrete Fallfrage gestellt wird (etwa: „Hat X gegen Y einen Anspruch auf Herausgabe des Grundstücks"). Dann ist eine zur Frage „passende" Norm aufzufinden, z.B. § 985, wenn diese nicht bereits in der Fallfrage genannt ist. Das kann recht schnell gelingen, wenn ihr euch wiederholt mit dem **Inhaltsverzeichnis des BGB** beschäftigt habt.

Sollte allerdings allgemein nach der Rechtslage gefragt werden, beginnt der Spaß. Ihr müsst dann überlegen, *wer / von wem / was / woraus* haben möchte. Laut Sachverhalt erschließt sich in der Regel ganz schnell, *wer* etwas *von wem* haben möchte. Auch *was* der eine vom anderen haben will, bereitet überwiegend keine Schwierigkeiten. Das kann etwa die Übereignung einer Sache, die Kaufpreiszahlung, Schadensersatz in Geld, die Herausgabe einer Sache oder ... oder ... sein. *Woraus*, also aus welcher Norm bzw. aus welchem Paragraf der Anspruchsteller seinen Anspruch herleitet, ist manchmal gar nicht so einfach herauszufinden.

Die Lösungsskizze / Zeiteinteilung

Das Erstellen einer sauberen **Lösungsskizze** wird oft vernachlässigt. Sie ist die Basis der späteren Klausur und muss *möglichst detailliert, vor allem aber vollständig* sein.

Erst wenn der Fall von vorne bis hinten skizziert ist, kann in der Reinschrift eine vernünftige Schwerpunktsetzung erfolgen. Deswegen ist von der **Unsitte des „Drauflos-**

Fallbearbeitungstechnik

schreibens" klar abzuraten. Hinter diesem stark verbreiteten Verhalten steht wohl der auf den ersten Blick beruhigende Gedanke, schon mal etwas zu Papier gebracht zu haben.

Das ist deshalb gefährlich, weil im noch nicht durchdachten Teil der Arbeit die Hauptschwerpunkte liegen können. „Frühschreiber" merken das dann zu spät. Das Ergebnis ist eine Arbeit, die zum Ende hin bestenfalls immer dünner wird, schlimmstenfalls ganze Teile der Prüfung gar nicht mehr enthält.

Lasst euch also nicht von den Nachbarn verunsichern, die schon mehrere Seiten geschrieben haben, während ihr noch mit der Lösungsskizze beschäftigt seid. *Abgerechnet wird zum Schluss!!*

Wann spätestens mit dem Schreiben der Klausur begonnen werden sollte, kann nicht pauschal beantwortet werden. Hier zählen individuelle Erfahrungswerte.

Als *Faustformel* mag die sogenannte *Drittelregel* dienen:

Auf jeden Fall mindestens das erste Drittel der Bearbeitungszeit für die Skizze verwenden. Andererseits spätestens nach Ablauf von zwei Dritteln der Bearbeitungszeit mit dem Schreiben beginnen, sonst werdet ihr nicht fertig (Oh Ärger).

Bei den Überlegungen zur Lösungsskizze muss der *Sachverhalt genau im Auge behalten* werden. Bei einem gut gestellten Fall hat jeder Teil seine Bedeutung. Überflüssige Füllpassagen sind wie gesagt recht selten.

Deshalb ist es sehr hilfreich, folgende *Kontrollüberlegung* anzustellen:

Habe ich den gesamten Sachverhalt in die Lösungsskizze einbezogen? Wenn ja, spricht einiges für die Vollständigkeit der Lösung (nicht notwendig für die Richtigkeit).

Oder umgekehrt: Kann eine bestimmte Textpassage ersatzlos gestrichen werden, ohne dass es sich auf meine Lösung auswirkt? Wenn ja, muss die Lösung im Hinblick auf den betreffenden Teil überdacht werden.

Der Gesamtaufbau

Bereits beim Erstellen der Lösungsskizze solltet ihr euch über den Aufbau klar werden. Oft spielen in einem Fall eine ganze Reihe von Personen mit. Dann ist genau darauf zu achten, *wer gegen wen welche Ansprüche* geltend macht oder machen kann. Das ergibt sich – wie gesagt – aus der Fallfrage und aus eventuellen Bearbeiterhinweisen.

Wenn ganz allgemein nach der Rechtslage gefragt ist, kann es sich anbieten, nach Personen zu gliedern. Es kann aber auch sinnvoll sein, verschiedene zeitliche Abschnitte getrennt zu betrachten und innerhalb der Abschnitte eine Gliederung nach Personen vorzunehmen.

Einführung in die

Die Darstellung im Allgemeinen

- Die äußere Form

Hierzu gibt es nicht so furchtbar viel zu sagen. Dass die **Schrift** in der Klausur **möglichst leserlich** sein sollte, kann sich jeder denken. Wer also eine Sauklaue hat, sollte nach Möglichkeit daran arbeiten. Schreibt **nicht mit Bleistift**, damit werden üblicherweise die Korrekturbemerkungen gemacht. Lasst **genügend Rand**, sonst gilt das Motto „Kein Rand – keine Randbemerkungen". Beschreibt die **Blätter** nur **einseitig und nummeriert** sie. Wenn ihr die Seiten in der Hektik der letzten Sekunden vor Abgabe in der falschen Reihenfolge zusammengeheftet habt, fällt dem Korrektor so die Zuordnung leichter. An einer fehlenden Unterschrift ist wohl noch keine Klausur oder Hausarbeit gescheitert. Versucht trotzdem daran zu denken. Für die erste juristische Prüfung (Examen) müsst ihr euch die Unterschrift im Übrigen wieder abgewöhnen. Dort werden die Arbeiten anonym unter einer Kennziffer geschrieben.

- Gutachtenstil

Von euch wird in der Klausur – wie auch in Hausarbeiten – der anfänglich stark gewöhnungsbedürftige **Gutachtenstil** erwartet. Er besteht aus vier Schritten, die anhand eines bewusst einfachen Beispiels verdeutlicht werden sollen:

1. Schritt: Frage aufwerfen

„Fraglich ist, ob der Anspruchsgegner Y Besitzer der Sache ist."

2. Schritt: Voraussetzung bzw. Definition

„Besitzer einer Sache ist gemäß § 854 I, wer die tatsächliche Gewalt über die Sache ausübt."

3. Schritt: Subsumtion

„Y übt die tatsächliche Gewalt über das Grundstück aus."

4. Schritt: Ergebnis

„Also ist Y Besitzer der Sache."

Um Missverständnissen vorzubeugen: Wenn ein unproblematischer Normalfall vorliegt, wirkt es albern, den umständlichen Gutachtenstil anzuwenden. Man beschränkt sich dann auf eine **kurze Feststellung**. Das ist vom Fallsteller durchaus vorgesehen. Die Bearbeitungszeit ist so bemessen, dass ihr unmöglich die ganze Klausur konsequent im Gutachtenstil schreiben könnt.

Also:
Unproblematisches kurz feststellen!
Problematisches im Gutachtenstil darstellen!

Wenn ihr euch für den **Gutachtenstil** entschieden habt, **dann** muss er **sauber und vollständig** sein!

Fallbearbeitungstechnik

Also nicht: „X könnte gegen Y einen Anspruch auf Herausgabe der Sache gemäß § 985 haben. Nach § 985 muss der Anspruchsteller Eigentümer und der Anspruchsgegner Besitzer der Sache sein. Dies ist hier der Fall."

In diesem – so oder ähnlich leider sehr oft anzutreffenden – Negativbeispiel fehlt der Subsumtionsschritt und damit der Fallbezug. Das ist nichts Halbes und nichts Ganzes!

Vernachlässigt die Schwerpunktsetzung nicht! Klausuren und Hausarbeiten, in denen alles etwa gleich breit geprüft wird, nerven den Korrektor. Versetzt euch einmal in die Lage eines Korrekturassistenten, der einen Stapel mit über 50 Arbeiten vor sich liegen hat. Stellt euch seine Erleichterung vor, wenn er in der 47. Klausur oder Hausarbeit endlich einmal den geradezu erlösend knappen Satz „Der Anspruch ist durchsetzbar" liest. Das gibt einen dicken Haken am Rand, Sympathiepunkte werden eingefahren. *Wenn die Schwerpunktsetzung stimmt, wird euch die ein oder andere inhaltliche Schwäche locker verziehen!*

Die Schwierigkeit bei der ganzen Angelegenheit liegt natürlich darin, die *Spreu vom Weizen* zu *trennen*, also herauszufinden, was problematisch und was unproblematisch ist.

Das ist immer eine *unvermeidliche Gratwanderung:* Wer aus Sicht des Korrektors Unproblematisches im Gutachtenstil prüft, langweilt ihn. Wer andererseits Problematisches nur kurz feststellt, muss sich den Vorwurf des fehlenden Problembewusstseins gefallen lassen.

Es lohnt sich also, ein Fingerspitzengefühl für die richtige Schwerpunktsetzung zu entwickeln.

Im Gutachten spielt die *Wortwahl* eine entscheidende Rolle. *Warnzeichen für unangebrachten Urteilsstil* sind Wörter wie *„da", „weil" oder „denn".* Sobald über die bloße Feststellung hinaus etwas erklärt werden muss, ist der Urteilsstil tabu!

Der reine *Gutachtenstil* zeichnet sich wie gezeigt *im 1. Schritt* durch Wendungen wie *„müsste", „könnte", „möglicherweise hat" oder „in Betracht kommt"* aus. *Im Ergebnis* (4. Schritt) heißt es dann typischerweise *„also", „demnach", „somit", „damit" oder „folglich".*

Um ganz sauber zu bleiben, solltet ihr mit dem Wort *„müsste"* vorsichtig umgehen. Es ist immer dann unangebracht, wenn strukturell noch eine andere Variante in Betracht kommt.

Also nicht: „A könnte die Erklärung gemäß § 123 I anfechten. Dazu müsste er durch arglistige Täuschung zur Abgabe der Willenserklärung bestimmt worden sein."

Das ist unzutreffend, weil auch die widerrechtliche Drohung als Anfechtungsgrund in § 123 I genannt wird.

Vorsicht ist geboten, wenn der Satz *mit* den Wörtern *„Es"* oder *„Bevor"* beginnt. In aller Regel folgen dann überflüssige Ausführungen. Auch die beliebte Einleitung *„Fraglich ist, ob ..."* sollte man jedenfalls nicht zu häufig verwenden. Meist bietet es sich stattdessen an, unmittelbar in die konkrete Prüfung des jeweiligen Merkmals einzusteigen. Das wirkt prägnanter.

Einführung in die

Die Prüfung des einzelnen Anspruchs

- Der Obersatz

Jede Prüfung muss mit einem Obersatz beginnen. Der Obersatz sollte immer den *Anspruchsteller* und den *Anspruchsgegner*, das *Begehren* des Anspruchstellers und die dazugehörige einschlägige *Norm* enthalten:

„X könnte gegen Y einen Anspruch auf Herausgabe der Sache gemäß § 985 haben."

Also: *Wer* könnte *von wem was woraus* verlangen?

Gewöhnt euch also an, *immer einen vollständigen Obersatz* zu *formulieren*.

- Der folgende Aufbau

Ich schlage – nicht nur in diesem Buch – etwas vor, was nicht unbedingt geschrieben werden muss. Es untermauert jedoch einen klaren und systematischen Aufbau jeder Anspruchsprüfung. Nicht nur für Anfänger lohnt es sich, die folgende *Unterteilung* immer zu berücksichtigen:

I. Anspruch entstanden?

II. Anspruch untergegangen?

III. Anspruch durchsetzbar?

IV. Ergebnis

Die Unterteilung bietet den unermesslichen Vorteil, dass ihr viele Kleinigkeiten während einer Prüfung nicht vergesst. Voraussetzung ist allerdings, dass ihr euch einprägt, welche kleinen Schweinereien in welchem Unterteilungspunkt lauern. Deshalb mag ich nun auf die einzelnen Unterteilungspunkte eingehen.

- „Anspruch entstanden?"

Nach dem Einstieg (Obersatz) dürft ihr die anschließende Prüfung mit dem Satz:

„Der Anspruch müsste zunächst entstanden sein" einleiten.

Im Prüfungsunterpunkt „I. Anspruch entstanden?" findet ihr übrigens nahezu alle Problempunkte, die im Allgemeinen Teil des BGB angesiedelt sind.

So ist im Bereich eines vertraglichen Anspruchs, aber auch eines dinglichen Anspruchs auf Herausgabe stets die *Wirksamkeit der Willenserklärungen* zu überdenken.

Nichtigkeits- und Unwirksamkeitsgründe können Bedeutung gewinnen. Hier sei nur beispielsweise auf die *Geschäftsunfähigkeit* verwiesen.

Fallbearbeitungstechnik

Außerdem kann euch im Unterprüfungspunkt „Anspruch entstanden ?" die Frage beschäftigen, ob die **wirksame Anfechtung** einer Willenserklärung erfolgt ist.

Wenn ihr zum Ergebnis kommt, dass der Anspruch nicht entstanden ist, heißt der nächste Prüfungsunterpunkt „II. Ergebnis". Der Anspruchsteller hat dann keinen Anspruch gegen den Anspruchsgegner. Wenn der Anspruch aber entstanden ist, geht's mit dem Prüfungspunkt „II. Anspruch untergegangen?" weiter.

- „Anspruch untergegangen?"

Dieser nächste Prüfungsunterpunkt wird euch im vorliegenden Buch nicht beschäftigen. Deshalb werdet ihr oft in einem kurzen Satz feststellen dürfen, dass der Anspruch nicht untergegangen ist.

Der wichtigste „allgemeine" Untergangsgrund ist die *Erfüllung*. Zu berücksichtigen sind allerdings auch die **Hinterlegung**, die **Aufrechnung**, der **Erlassvertrag**, das **negative Schuldanerkenntnis** und die **Annahme an Erfüllungs statt**. Lest hierzu die §§ 362 ff.

„Besondere" Untergangsgründe finden sich im Bereich der sogenannten **nachträglichen Unmöglichkeit** in § 275 I und in § 326 I. Dazu mehr in einem gesonderten Fall-Buch zum Schuldrecht AT.

Wenn der Anspruch untergegangen ist, endet die Prüfung im Punkt „III. Ergebnis". Wenn er nicht untergegangen ist, heißt der nächste Prüfungsunterpunkt „III. Anspruch durchsetzbar?".

- „Anspruch durchsetzbar?"

Bevor ihr ein Ergebnis präsentiert, solltet ihr kurz überdenken, ob der entstandene Anspruch, der nicht untergegangen ist, vielleicht – momentan oder dauernd – nicht durchsetzbar ist. Dieser Prüfungsunterpunkt wird euch im vorliegenden Buch ebenfalls nicht beschäftigen. Ihr werdet oft in einem kurzen Satz feststellen dürfen, dass der Anspruch auch durchsetzbar ist.

Ansonsten ist insbesondere ein etwaiges **Leistungsverweigerungs-** bzw. **Zurückbehaltungsrecht** zu berücksichtigen. Lest hierzu § 320, aber auch § 273.

Aber auch eine **Verjährung** kann sich als interessant erweisen. Wichtig sind hier vor allem die §§ 194 ff. Lest zusätzlich § 438 und § 634 a.

- „Ergebnis"

Zum Schluss folgt der Unterpunkt „IV. Ergebnis". Denkt bitte daran, genau die Frage zu beantworten, die ihr im Obersatz aufgeworfen habt.

Einführung in die

Wie stelle ich einen Meinungsstreit vorteilhaft dar?

Nicht immer müssen Meinungsstreitigkeiten gelöst werden. Das ist schon eher in Hausarbeiten der Fall. An dieser Stelle möchte ich dennoch einige **grundlegende Hinweise** geben.

Auf allen genannten Aufbauebenen können Problemschwerpunkte auftauchen. Dabei muss es sich wie bereits erwähnt keineswegs immer um Meinungsstreitigkeiten handeln. Wenn aber ein Meinungsstreit einschlägig ist, heißt das noch lange nicht, dass er auch entschieden werden muss! An dieser Stelle werden regelmäßig grobe logische Fehler gemacht.

Immer wieder liest man seitenweise von „Theorien" und ihren Vorzügen oder Nachteilen, ohne dass der Fallbezug auch nur ansatzweise hergestellt worden ist.

Ganz wichtig: Die Argumente für oder gegen eine Meinung dürfen erst ins Spiel gebracht werden, wenn die **fallbezogene Subsumtion** ergeben hat, dass die dargestellten Standpunkte zu verschiedenen Ergebnissen führen. Nicht selten besteht die Leistung gerade darin, einer Streitentscheidung aus dem Weg zu gehen.

Bei einer Vielzahl differenzierender Ansichten genügt oft die Auseinandersetzung mit einer bestimmten Meinung, weil die anderen im konkreten Fall auf ein übereinstimmendes Ergebnis hinauslaufen.

Kurz gesagt: **Niemals mehr entscheiden als unbedingt nötig!**

Wenn es auf eine **Streitentscheidung** ankommt, müsst ihr sie **abstrakt**, also losgelöst vom konkreten Fall treffen.

Von euch wird nicht das entscheidende, noch nie da gewesene Argument erwartet. Erst recht müsst ihr keine neuartigen Lösungswege aus dem Boden stampfen. Verlangt wird lediglich eine fundierte und **nachvollziehbare Auseinandersetzung mit den vorhandenen Argumenten**. Das gilt übrigens grundsätzlich auch für Hausarbeiten.

Bei umfangreicher Argumentation kann es sich anbieten, in einer Art **Ping-Pong-Verfahren** die Argumente einander gegenüberzustellen:

„Für die enge Auslegung spricht ...
Dagegen lässt sich anführen, dass ...
Andererseits ...
Der Gegeneinwand überzeugt wegen ... nicht."

Mit einem solchen „Schlagabtausch" setzt man sich mit den Argumenten der letztlich abgelehnten Auffassung lebendig auseinander.

Je nach Geschmack kann man aber auch die Argumente der einzelnen Auffassungen en bloc bringen, wobei sich anbietet, die später abgelehnte Argumentation zuerst darzustellen. Das wirkt überzeugender.

Setzt euch immer konkret mit den jeweiligen Meinungen auseinander und vermengt die Diskussion nicht zu einem Einheitsbrei. Vor allem in Hausarbeiten findet sich häufig folgende Struktur: 1. „Meinung A", 2. „Meinung B", 3. „Meinung C", 4. „Kritik und

Fallbearbeitungstechnik

eigene Ansicht". Diese Art der Darstellung ist in Aufsätzen und Büchern beliebt, aber erfahrungsgemäß für Hausarbeiten oder gar Klausuren ungeeignet. Die Kandidaten („Das ganze Leben ist ein Quiz ...") verirren sich dabei regelmäßig im Dschungel eigener und fremder Gedankengänge.

Im Grundsatz halte ich es *nicht* für *empfehlenswert*, die *Meinungen beim Namen zu nennen.*

Also nicht:

> „Der BGH vertritt die Auffassung ... / Der herrschenden Lehre zufolge ... / Die XY-Theorie besagt ..."

Eine solche Form der Darstellung ist nicht falsch, hat aber einen entscheidenden Nachteil: *Der Streit wirkt abgespult!*

Aus Sicht des Korrektors werden nur auswendig gelernte Erkenntnisse gebetsmühlenartig zu Papier gebracht, die in der Klausur ohnehin nicht belegbar sind.

Mit der Einordnung der Meinungen in Literatur und Rechtsprechung gewinnt ihr keinen Blumentopf.

Eine Berufung auf die h.L. oder den BGH ist keine *Prüfungsleistung*, die Leistung *besteht in der ansprechenden Argumentation.*

Wesentlich überzeugender ist demgegenüber die *Darstellung vom Problem her:*

> „Der Gesetzestext legt eine weite Interpretation des Merkmals XY nahe."

> „Aus dem Sinn und Zweck der Norm lässt sich aber ableiten, dass ..."

Derartige Formulierungen suggerieren eine *eigenständige und lebendige Herleitung* der Ansichten. Die Lösung stellt sich auf diese Weise als echte Leistung des Bearbeiters dar, sie wird im Idealfall zum Leseerlebnis für den Korrektor. Diese Vorgehensweise bietet sich übrigens *auch in Hausarbeiten* an, wobei sich dann die Vertreter der jeweiligen Auffassung zwanglos aus den Fußnoten ergeben.

Jetzt aber auf in den Kampf! Mit den vorangegangenen Hinweisen gerüstet könnt ihr euch guten Mutes an die Lösung der Fälle begeben.

Nun erwarten euch erst einmal die Sachverhalte in geballter Form.

Widersteht – wenn es irgend geht – der Verlockung, nach dem Lesen eines Sachverhalts direkt in den Lösungsvorschlag zu schauen. Ihr solltet vielmehr ernsthaft versuchen, eigenständige Lösungen zu erarbeiten.

Frohes Schaffen!!!

Die Fälle nahen ...

Alle Fälle auf einmal

Grundstückseigentum

Fall 1

Der Not leidende G ist Eigentümer eines Grundstücks. Um seiner finanziellen Misere zu entkommen, verpachtet er das Grundstück für eine bestimmte Zeit an B. Während der Pachtzeit verkauft und übereignet G das Grundstück an E. Nach Ablauf der vereinbarten Pachtzeit nutzt B das Grundstück weiter.

Frage: Hat E gegen B einen Herausgabeanspruch aus § 985?

Fall 2

E verkauft und übereignet sein Grundstück an B. Nach einiger Zeit ficht E seine im Rahmen des Kaufvertrags abgegebene Willenserklärung nach § 119 begründet an. B will das Grundstück nicht räumen.

Frage: Hat E gegen B einen Herausgabeanspruch aus § 985?

Fall 3

E verkauft dem B sein Grundstück mit Villa. Die Auflassung erfolgt wenig später unter der Bedingung, dass die zuständige Behörde den Eigentumswechsel genehmigt. B wird nach einigen Wochen als Eigentümer im Grundbuch eingetragen. Nun okkupiert der militante Hausbesetzer H das leer stehende Anwesen und richtet sich häuslich ein.

Frage: Hat B gegen H einen Herausgabeanspruch aus § 985?

Fall 4

E verkauft dem B sein Grundstück mit Haus. Die Auflassung erfolgt. Dem Eintragungsantrag wird seitens des Grundbuchamtes mit der Eintragung des B als Eigentümer im Grundbuch entsprochen, obwohl die Auflassung nicht in der Form des § 29 GBO (Grundbuchordnung) nachgewiesen wurde. E bemerkt dies später. Da er selbst das Hausgrundstück gerne wieder nutzen möchte, verlangt er von B unter Hinweis auf den bemerkten „Mangel" der Übereignung die Herausgabe. B wehrt sich mit Händen und Füßen, weil er endlich einen adäquaten Platz für seine umfangreiche Gartenzwergsammlung gefunden hat.

Frage: Hat E gegen B den Herausgabeanspruch aus § 985?

All Together Now

Fall 5

X verkauft an Y ein leer stehendes Haus mit Grundstück. Die Einigung hinsichtlich des Eigentumsübergangs wird notariell beurkundet und der Antrag auf Eintragung beim Grundbuchamt gestellt. Nun widerruft X gegenüber Y und dem Grundbuchamt seine Willenserklärung bezüglich der Einigung über den Eigentumsübergang. Trotzdem wird Y als neuer Eigentümer im Grundbuch eingetragen. Kurz darauf richtet sich Y in dem leer stehenden Haus ein. X ist der Meinung, ein Eigentumswechsel habe nicht stattgefunden und verlangt von Y Herausgabe des Grundstücks gemäß § 985.

Frage: Zu Recht?

Fall 6

A veräußert sein Grundstück an Z. Die Auflassung wird notariell beurkundet. Kurz vor der Eintragung des Z als neuer Eigentümer im Grundbuch wird über das Vermögen des A das Insolvenzverfahren eröffnet. Dann erfolgt die Eintragung des Z.

Frage: Hat Z Eigentum erworben?

Fall 7

F erwirbt von O ein landwirtschaftliches Anwesen. Nachdem F das Anwesen bezogen hat, bemerkt er, dass der Traktor der Marke „Gigant", mit dem O das Anwesen bewirtschaftete, verschwunden ist. Nachbarn berichten, O habe den Traktor bei seinem Auszug mitgenommen. F ist der Ansicht, der Traktor gehöre zum Anwesen und verlangt von O Herausgabe desselben.

Frage: Zu Recht?

Fall 8

Der fälschlicherweise im Grundbuch als Eigentümer eingetragene G verpachtet dem B „sein" Grundstück für eine bestimmte Zeit. Später verkauft und übereignet er das Grundstück an E. Dieser weiß nichts von der Unrichtigkeit des Grundbuchs. Obwohl die vereinbarte Pachtzeit abläuft, nutzt B das Grundstück weiter.

Frage: Hat E gegen B einen Herausgabeanspruch aus § 985?

Alle Fälle auf einmal

Fall 9

A ist fälschlicherweise als Eigentümer eines Grundstücks im Grundbuch eingetragen. Sein alleiniger zukünftiger Erbe ist E, der bezüglich der Eintragung im Grundbuch gutgläubig ist. A und E vereinbaren, dass das Grundstück vor dem Erbfall gegen einen geringen Betrag an E veräußert werden soll, da A das Geld kurzfristig benötigt. So geschieht es. E wird als Eigentümer im Grundbuch eingetragen. Später meldet sich der ursprüngliche wahre Eigentümer W und verlangt von E Herausgabe des Grundstücks gemäß § 985.

Frage: Zu Recht?

Fall 10

Eigentümer E verpachtet sein Grundstück an B. Danach wird über das Vermögen des E das Insolvenzverfahren eröffnet. Eine entsprechende Eintragung erfolgt im Grundbuch. Anschließend veräußert E das Grundstück an den gutgläubigen Y, der das Grundbuch nicht einsieht. Die Eintragung des Y als Eigentümer des Grundstücks erfolgt trotz der bestehenden Eintragung der Eröffnung des Insolvenzverfahrens. Als die Pachtzeit abgelaufen ist, verlangt Y vom weiternutzenden B Herausgabe des Grundstücks gemäß § 985.

Frage: Zu Recht?

Fall 11

E ist als Eigentümer eines Hausgrundstücks zu Unrecht im Grundbuch eingetragen. Er verkauft das Grundstück an den gutgläubigen Y. Eine Einigung über den Eigentümerwechsel und der Antrag auf Eintragung desselben im Grundbuch erfolgen. Jetzt erfährt Y, dass nicht E, sondern W der wahre Eigentümer ist. Die Grundbucheintragung des Y als Eigentümer wird wenig später vorgenommen. Kurz darauf besetzt der Hausbesetzer H das Anwesen.

Frage: Hat Y gegen H einen Herausgabeanspruch aus § 985?

Fall 12

Der zu Unrecht im Grundbuch als Eigentümer eingetragene L veräußert „sein" Hausgrundstück an den gutgläubigen C. Kurz vor der erwarteten Eintragung des C im Grundbuch erwirkt der wahre Eigentümer E per einstweiliger Verfügung die Eintragung eines Widerspruchs gegen die Richtigkeit des Grundbuchs. Zwischenzeitlich ist C – mit Erlaubnis des L – in das Haus eingezogen und hat es sich gemütlich ge-

All Together Now

macht. E verlangt von C Herausgabe des Grundstücks. C bemerkt zu Recht, er sei bei der Antragstellung auf Eintragung gutgläubig gewesen (§ 892 II Hs. 1). Auf die Eintragung des Widerspruchs komme es deshalb nicht an. Er erwarte täglich seine Eintragung als Eigentümer und lehne deshalb die Räumung des Grundstücks ab.

Frage: Wird C als Eigentümer im Grundbuch eingetragen werden?

Hypothek

Fall 13

Aufgrund eines Darlehensvertrags zahlt H an S 100.000 €. Zur Sicherung der Rückzahlungsforderung des H einigen sich die Parteien über die Bestellung einer Briefhypothek am Grundstück des S. Die Hypothekenbestellung erfolgt unter Übergabe des Hypothekenbriefs.

Frage: Welche Ansprüche hat H, wenn die Forderung fällig ist?

Fall 14

Aufgrund eines Darlehensvertrags zahlt H an S 100.000 €. Zur Sicherung der Rückzahlungsforderung des H einigen sich die Parteien über die Bestellung einer Buchhypothek am Grundstück des S. Die Übergabe eines Hypothekenbriefs wird ausgeschlossen. Im Übrigen erfolgt die Hypothekenbestellung formgerecht.

Frage: Welche Ansprüche hat H, wenn die Forderung fällig ist?

Fall 15

S möchte seiner Ehefrau zum Hochzeitstag einen sündhaft teuren Sportwagen schenken. Dazu fehlen ihm aber die finanziellen Mittel. Deshalb schließt S mit dem unterstützungsbereiten H einen Darlehensvertrag. H zahlt wie vereinbart 200.000 € an S. Die Rückzahlungsforderung des H soll durch eine Briefhypothek gesichert werden. S ist jedoch nicht Eigentümer des Grundstücks, sondern nur fälschlicherweise als solcher im Grundbuch eingetragen. Trotzdem bestellt er für den gutgläubigen H die Briefhypothek unter Übergabe des Hypothekenbriefs. Der wahre Eigentümer E bewirkt kurze Zeit später über § 894 (sogenannter Grundbuchberichtigungsanspruch) seine Eintragung als Eigentümer im Grundbuch.

Frage: Welche Ansprüche hat H, wenn die Forderung fällig ist?

Alle Fälle auf einmal

Fall 16

H verkauft dem S seine Wasserpistolensammlung für 10.000 €. Den Kaufpreis soll S am 01.08. begleichen. Zur Sicherung der Kaufpreisforderung des H einigen sich die Parteien über die Bestellung einer Briefhypothek am Grundstück des S. Die Hypothekenbestellung erfolgt unter Übergabe des Hypothekenbriefs. Später tritt H die Zahlungsforderung formgerecht an A ab. Hierbei erfolgt die Abtretung in schriftlicher Form auf dem Hypothekenbrief und unter Übergabe des Hypothekenbriefs. Nunmehr wird die Zahlungsforderung fällig. S ist aber zahlungsunfähig.

Frage: Hat A gegen S einen Anspruch aus § 1147?

Fall 17

Weil S sich wegen Geldmangels seinen Wunsch auf einen gekürten Deckhengst nicht erfüllen kann, schließt er mit H einen Darlehensvertrag über 500.000 €. H zahlt daraufhin das Darlehen an S. Zur Sicherung der Rückzahlungsforderung des H einigen sich die Parteien über die Bestellung einer Briefhypothek am Grundstück des S. Die Hypothekenbestellung erfolgt unter Übergabe des Hypothekenbriefs. Nun ficht S seine Willenserklärung bezüglich der Einigung über die Hypothek gemäß §§ 119, 142 begründet an. H tritt später die Rückzahlungsforderung aus dem Darlehensvertrag in schriftlicher Form auf dem Hypothekenbrief und unter Übergabe des Hypothekenbriefs an den gutgläubigen A ab. Dann wird die Forderung auf Rückzahlung des Darlehens fällig. S ist zahlungsunfähig.

Frage: Hat A gegen S einen Anspruch aus § 1147?

Fall 18

S will einen Jugendtraum verwirklichen. Er hat schon immer davon geträumt, Eigentümer eines alten Kohlefrachters zu werden, auf dem er ein schwimmendes Theater etablieren möchte. Aufgrund des Mangels an flüssigen finanziellen Mitteln schließt er mit H einen Darlehensvertrag. H zahlt daraufhin das Darlehen in Höhe von 400.000 € an S. Zur Sicherung der Rückzahlungsforderung des H einigen sich die Parteien über die Bestellung einer Briefhypothek am Grundstück des S. Die Hypothekenbestellung erfolgt unter Übergabe des Hypothekenbriefs. Nun ficht S seine Willenserklärung bezüglich des Darlehensvertrags gemäß §§ 119, 142 begründet an. H, der den Hypothekenbrief immer noch in Händen hält, tritt später die Forderung aus dem Darlehensvertrag formgerecht an den gutgläubigen A ab. Zum Zeitpunkt der vermeintlichen Fälligkeit des Anspruchs auf Darlehensrückzahlung will A in das Grundstück des S vollstrecken, da dieser zahlungsunfähig ist.

Frage: Hat A gegen S einen Anspruch aus § 1147?

All Together Now

Fall 19

S trägt sich mit dem Gedanken, eine umfangreiche Zucht mit kaukasischen Edelhühnern zu gründen. Um das Unternehmen finanzieren zu können, schließt er mit H einen Darlehensvertrag. H zahlt daraufhin das Darlehen an S. Zur Sicherung der Rückzahlungsforderung des H einigen sich die Parteien über die Bestellung einer Briefhypothek am Grundstück des S. Die Hypothekenbestellung erfolgt unter Übergabe des Hypothekenbriefs. Nun ficht S sowohl seine Willenserklärung bezüglich des Darlehensvertrags als auch seine Willenserklärung bezüglich der Hypothekeneinigung gemäß §§ 119, 142 begründet an. H, der den Hypothekenbrief noch immer in Händen hält, tritt später die Forderung aus dem Darlehensvertrag formgerecht an den gutgläubigen A ab. Zum Zeitpunkt der vermeintlichen Fälligkeit des Anspruchs auf Darlehensrückzahlung will A in das Grundstück des S vollstrecken, weil dieser zahlungsunfähig ist.

Frage: Hat A gegen S einen Anspruch aus § 1147 ?

Fall 20

S schuldet dem H 10.000 € aus dem Verkauf eines Designer-Aschenbechers. Zur Sicherung der Zahlungsforderung des H einigen sich die Parteien über die Bestellung einer Buchhypothek am Grundstück des S. Die Übergabe eines Hypothekenbriefs wird ausgeschlossen. S händigt H eine Eintragungsbewilligung aus. Nach dem Antrag auf Eintragung unter Vorlage der Bewilligung beim Grundbuchamt wird über das Vermögen des S das Insolvenzverfahren eröffnet. Davon erhält H Kenntnis. Die Hypothek wird zugunsten des H im Grundbuch eingetragen. Jetzt wird der Anspruch auf Zahlung des Kaufpreises fällig. Wegen der Zahlungsunfähigkeit des S will H in dessen Grundstück vollstrecken.

Frage: Hat H gegen S einen Anspruch aus § 1147 ?

Fall 21

S möchte einen teuren Wunsch seines Schwiegervaters verwirklichen. Dieser will Pferde in Afghanistan züchten. Um das Unternehmen finanzieren zu können, schließen S und H einen Darlehensvertrag. H zahlt wie vereinbart 700.000 € an S. Die Forderung des H soll durch eine Briefhypothek gesichert werden. S ist jedoch nicht Eigentümer des Grundstücks, sondern nur fälschlicherweise als solcher im Grundbuch eingetragen. Trotzdem einigt sich S mit dem gutgläubigen H bezüglich der Hypothekenbestellung. Die Parteien vereinbaren, dass H berechtigt sein soll, sich den Hypothekenbrief direkt vom Grundbuchamt aushändigen zu lassen. Der Antrag auf Eintragung der Hypothek im Grundbuch erfolgt. Jetzt erfährt H, dass nicht S, sondern E der wahre Eigentümer ist. Dieser wird wenig später als Eigentümer im Grundbuch eingetragen. Auch die Aushändigung des Hypothekenbriefs an H und die Eintragung der

Hypothek erfolgen. Als die Rückzahlungsforderung fällig wird, stellt sich heraus, dass S zahlungsunfähig ist.

Frage: Hat H gegen E einen Anspruch aus § 1147?

Verteidigungsmöglichkeiten gegen die Hypothek

Fall 22

Aufgrund eines Darlehensvertrags zahlt H an S 500.000 €. Das Darlehen soll bis zum 31.01. zurückgezahlt werden. Zur Sicherung der Rückzahlungsforderung des H einigen sich die Parteien über die Bestellung einer Briefhypothek am Grundstück des S. Die Hypothekenbestellung erfolgt formgerecht. Auf Bitten des S vereinbaren die Parteien später, dass S das Geld erst am 31.08. zurückzahlen soll. Plötzlich gerät H in Geldnot. Deshalb fordert er von S schon am 15.05. die Rückzahlung. S macht auf die Stundungsvereinbarung aufmerksam. H will aber für den Fall der Nichtzahlung in das Grundstück des S vollstrecken.

Frage: Wird H mit dem Anspruch aus § 1147 durchdringen?

Fall 23

Aufgrund eines Darlehensvertrags zahlt H an S 500.000 €. Zur Sicherung der Rückzahlungsforderung des H einigen sich H und der Freund F des S über die Bestellung einer Briefhypothek am Grundstück des F. Die Hypothekenbestellung erfolgt formgerecht. S vergisst die Rückzahlung des Darlehens bei Fälligkeit. Viel später macht H gegenüber S den Anspruch aus § 488 I 2 geltend. Nunmehr wendet S zu Recht ein, die Forderung auf Darlehensrückzahlung sei mittlerweile verjährt. Auch F macht auf die Verjährung aufmerksam.

Frage: Hat H gegen F den Anspruch aus § 1147?

Fall 24

H hat für den Palast des S ein exklusives neues Dach erstellt. Zur Sicherung der Werklohnforderung des H einigen sich die Parteien über die Bestellung einer Briefhypothek am Grundstück des S. Die Hypothekenbestellung erfolgt unter Übergabe des Hypothekenbriefs. Auf Bitten des S erklärt H, dass S die vereinbarte, bereits fällige Vergütung erst am 31.08. zahlen soll. Plötzlich gerät H in Geldnot. Deshalb veräußert

All Together Now

er die hypothekarisch gesicherte Forderung am 31.05. formgerecht an den Unwissenden A, der von der Vereinbarung bezüglich der erst späteren Zahlung im Verhältnis S – H nichts weiß. A macht den Zahlungsanspruch aus § 631 I gegen S schon am 15.06. geltend. Dieser verweist auf die Stundungsvereinbarung. A äußert sofort, er werde Duldung der Zwangsvollstreckung verlangen, wenn er mit dem Zahlungsanspruch nicht durchdringe. S stellt sich gegenüber A auf den Standpunkt, auch hier helfe ihm die Stundungsvereinbarung.

Frage: Wie ist die Rechtslage?

Fall 25

H und S schließen einen Darlehensvertrag über 100.000 €, weil H sich bereit erklärt hat, eine halbjährige Weltreise des S zu finanzieren. Die Zahlung des Geldes an S erfolgt. Die Rückzahlung soll dieser bis zum 31.01. vornehmen. Zur Sicherung der Rückzahlungsforderung des H einigen sich der Cousin C des S und H über die Bestellung einer Briefhypothek am Grundstück des C. Die Hypothekenbestellung erfolgt unter Übergabe des Hypothekenbriefs. Auf dringliche Bitte des C erklärt H, dass er den Anspruch auf Duldung der Zwangsvollstreckung erst am 31.08. geltend machen werde. Plötzlich gerät H in Geldnot. Deshalb veräußert er die hypothekarisch gesicherte Forderung am 31.05. formgerecht an X, der von der eben genannten Vereinbarung zwischen C und H weiß. X macht den Rückzahlungsanspruch aus § 488 I 2 gegenüber S schon am 15.06. geltend. S verweist auf die Stundungsvereinbarung. X möchte in das Grundstück des C vollstrecken, falls er mit seinem Zahlungsanspruch gegen S nicht durchdringt. C beruft sich ebenfalls auf die Stundungsvereinbarung.

Frage: Wie ist die Rechtslage?

Fall 26

Aufgrund eines Kaufvertrags bezüglich eines Kamels verpflichtet sich S am 31.01. gegenüber H, den Kaufpreis in Höhe von 10.000 € bis zum 31.03. zu zahlen. Zur Sicherung der Zahlungsforderung des H einigen sich die Tante T des S und H über die Bestellung einer Briefhypothek am Grundstück der T. Die Hypothekenbestellung erfolgt unter Übergabe des Hypothekenbriefs. Als H am 15.11. von S Zahlung des lange fälligen Kaufpreises aus § 433 II verlangt, stellt sich dessen Zahlungsunfähigkeit heraus. Als H gegenüber T den Anspruch auf Duldung der Zwangsvollstreckung aus § 1147 geltend macht, wendet T zu Recht ein, seitens S bestehe seit dem Abschluss des Kaufvertrags die Möglichkeit einer Anfechtung wegen arglistiger Täuschung. Hierauf berufe sie sich.

Frage: Hat H gegen T den Anspruch aus § 1147?

Alle Fälle auf einmal

Fall 27

S bittet H um finanzielle Hilfe, weil er ein ziemlich marodes Fachwerkhaus erwerben möchte. Aufgrund des daraufhin geschlossenen Darlehensvertrags zahlt H an S 250.000 €. Zur Sicherung der Rückzahlungsforderung des H einigen sich die Parteien über die Bestellung einer Briefhypothek am Grundstück des S. Die Hypothekenbestellung erfolgt unter Übergabe des Hypothekenbriefs. Später tritt H die Forderung aus dem Darlehensvertrag formgerecht an A ab. Als A gegenüber S bei Fälligkeit Rückzahlung des Darlehens fordert, äußert S zu Recht, er habe schon vor der Abtretung die gesamte Schuld an H gezahlt. Deshalb verweigert er eine erneute Zahlung an A. Dieser ist empört und wendet ein, er habe von den ihm erst jetzt bekannt gewordenen Umständen nichts gewusst. Er ist der Meinung, er habe zumindest die Hypothek gutgläubig erworben und könne von S Duldung der Zwangsvollstreckung verlangen, wenn er mit dem Zahlungsanspruch nicht durchdringt.

Frage: Hat A gegen S einen der geltend gemachten Ansprüche?

Fall 28

Aufgrund eines Kaufvertrags über ein Powerboot schuldet S dem H 250.000 €. Zur Sicherung der Zahlungsforderung des H einigen sich die Parteien über die Bestellung einer Sicherungshypothek am Grundstück des S. Die Hypothekenbestellung erfolgt formgerecht. Später tritt H die Forderung aus dem Kaufvertrag formgerecht an A ab. Als A gegenüber S bei Fälligkeit des Anspruchs aus § 433 II Zahlung fordert, äußert S wahrheitsgemäß, er habe von der Abtretung nichts gewusst. Deshalb habe er gerade die gesamte Summe an den vermeintlichen Gläubiger H gezahlt. Zu einer erneuten Zahlung sei er nicht bereit. A möchte in das Grundstück des S vollstrecken, wenn er mit seinem Zahlungsanspruch scheitert.

Frage: Hat A einen der geltend gemachten Ansprüche?

Fall 29

Aufgrund eines Darlehensvertrags zahlt H an S 250.000 €. Zur Sicherung der Rückzahlungsforderung des H einigen sich die Parteien über die Bestellung einer Sicherungshypothek am Grundstück des S. Die Hypothekenbestellung erfolgt formgerecht. Später tritt H die Rückzahlungsforderung aus dem Darlehensvertrag formgerecht an A ab. Als A gegenüber S bei Fälligkeit des Darlehens die Ansprüche aus § 488 I 2 und aus § 1147 geltend macht, äußert S wahrheitsgemäß, er habe schon vor der Abtretung die gesamte Schuld an H gezahlt. Deshalb verweigere er eine Zahlung an A.

Frage: Hat A einen der geltend gemachten Ansprüche?

All Together Now

(Sicherungs-) Grundschuld

Fall 30

Aufgrund eines Darlehensvertrags verpflichtet sich G, dem S 100.000 € darzuleihen. Die Zahlung des Geldes erfolgt. Zur Sicherung der Rückzahlungsforderung des G einigen sich die Parteien über die Bestellung einer Briefgrundschuld am Grundstück des S. Die Grundschuldbestellung erfolgt unter Übergabe des Grundschuldbriefs.

Frage: Welche Ansprüche hat G, wenn die Forderung fällig ist?

Fall 31

Um ein mittelgroßes Luftkissenboot kaufen zu können, bittet S den G um die Finanzierung des Vorhabens. Daraufhin schließen S und G einen Darlehensvertrag. G zahlt wie vereinbart 200.000 € an S. Die Forderung des G soll durch eine Briefgrundschuld gesichert werden. S ist jedoch nicht Eigentümer des Grundstücks, sondern nur fälschlicherweise als solcher im Grundbuch eingetragen. Trotzdem bestellt er für den gutgläubigen G die Briefgrundschuld unter Übergabe des Grundschuldbriefs. Der wahre Eigentümer E bewirkt kurze Zeit später über § 894 seine Eintragung als Eigentümer im Grundbuch.

Frage: Welche Ansprüche hat G, wenn die Forderung fällig ist?

Fall 32

G möchte S unterstützen, der einen esoterischen Fachverlag aufbauen will. Aufgrund des daraufhin zwischen G und S geschlossenen Darlehensvertrags zahlt G an S die vereinbarte Darlehenssumme. Zur Sicherung der Rückzahlungsforderung des G einigen sich die Parteien über die Bestellung einer Briefgrundschuld am Grundstück des S. Die Grundschuldbestellung erfolgt unter Übergabe des Grundschuldbriefs. Später tritt G die Forderung aus dem Darlehensvertrag an A ab. Die Briefgrundschuld wird formgerecht auf A übertragen. Hierbei erfolgt die Übertragung in schriftlicher Form auf dem Grundschuldbrief und unter Übergabe desselben. Nunmehr wird die Forderung auf Rückzahlung des Darlehens fällig. S ist jedoch zahlungsunfähig.

Frage: Hat A gegen S einen Anspruch aus §§ 1192, 1147?

Alle Fälle auf einmal

Fall 33

S schließt mit G einen Kaufvertrag über eine riesige Zimmerpalme. Zur Sicherung des Kaufpreisanspruchs des G einigen sich die Parteien über die Bestellung einer Briefgrundschuld am Grundstück des S. Die Grundschuldbestellung erfolgt unter Eintragung der Einigung im Grundbuch und Übergabe des Grundschuldbriefs. Nun ficht S seine Willenserklärung bezüglich der Einigung über die Grundschuld gemäß §§ 119, 142 an. G tritt später die Forderung aus dem Kaufvertrag in schriftlicher Form auf dem Grundschuldbrief und unter Übergabe desselben an den gutgläubigen A ab. Dann wird die Kaufpreisforderung fällig. S ist jedoch zahlungsunfähig.

Frage: Hat A gegen S einen Anspruch aus §§ 1192, 1147 ?

Fall 34

Aufgrund eines Darlehensvertrags zahlt G an S 200.000 €. Die Forderung des G soll durch eine Briefgrundschuld gesichert werden. S ist jedoch nicht Eigentümer des Grundstücks, sondern nur fälschlicherweise als solcher im Grundbuch eingetragen. Trotzdem einigt sich S mit dem gutgläubigen G bezüglich der Grundschuldbestellung. Die Parteien vereinbaren, dass G berechtigt sein soll, sich den Grundschuldbrief direkt vom Grundbuchamt aushändigen zu lassen. Der Antrag auf Eintragung der Grundschuld ins Grundbuch erfolgt. Jetzt erfährt G, dass nicht S, sondern E der wahre Eigentümer ist. Dieser bewirkt später über § 894 die Eintragung als Eigentümer im Grundbuch. Die Aushändigung des Grundschuldbriefs und die Eintragung der Grundschuld erfolgen.

Frage: Welche Ansprüche hat G, wenn die Forderung fällig ist ?

Verteidigungsmöglichkeiten gegen die (Sicherungs-) Grundschuld

Fall 35

G fördert das geschäftliche Engagement des S, der in Aktien investieren will durch ein Darlehen. Er zahlt an S 10.000 € aus. Das Darlehen soll bis zum 31.01. zurückgezahlt werden. Zur Sicherung der Rückzahlungsforderung des G einigen sich die Parteien über die Bestellung einer Briefgrundschuld am Grundstück des S. Die Grundschuldbestellung erfolgt formgerecht. Auf Bitten des S vereinbaren die Parteien später, dass S das Geld erst am 31.08. zurückzahlen soll und dass G im Übrigen erst zum genannten Zeitpunkt aus der Sicherungsgrundschuld vorgehen darf. Plötzlich gerät G in Geldnot. Deshalb macht er den Rückzahlungsanspruch aus § 488 I 2 und

All Together Now

den Anspruch auf Duldung der Zwangsvollstreckung aus §§ 1192 I, 1147 gegenüber S schon am 15.05. geltend. S macht auf die Stundungsvereinbarung aufmerksam.

Frage: Hat G die geltend gemachten Ansprüche?

Fall 36

G zahlt an S ein Darlehen in Höhe von 100.000 €, da dieser trotz momentanen Geldmangels einen Wagen für den anstehenden Karnevalszug errichten lassen möchte. Zur Sicherung der Rückzahlungsforderung des G einigen sich der Freund F des S und G über die Bestellung einer Briefgrundschuld am Grundstück des F. Die Grundschuldbestellung erfolgt formgerecht. Weil G in Geldschwierigkeiten gerät, tritt er die Forderung an Z ab und überträgt auch die Grundschuld formgerecht auf ihn. Dabei verschweigt er, dass S bereits vor der Forderungsabtretung bzw. der Grundschuldübertragung seine schon fällige Zahlungsschuld beglichen hat. Z weiß von alledem nichts. Als Z von S Rückzahlung des Darlehens verlangt, verweist dieser auf die bereits erfolgte Zahlung. Daraufhin fordert Z von F Duldung der Zwangsvollstreckung.

Frage: Hat Z die geltend gemachten Ansprüche?

Fall 37

Aufgrund eines Kaufvertrags bezüglich einer DVD-Sammlung aller „Lindenstraße"-Folgen schuldet der diesbezüglich begeisterte S dem G 20.000 €. Zur Sicherung der Zahlungsforderung einigen sich G und S über die Bestellung einer Briefgrundschuld am Grundstück des S. Die Grundschuldbestellung erfolgt formgerecht. Nunmehr tritt der zwischenzeitlich verarmte G die Forderung auf Kaufpreiszahlung an seinen Gläubiger X ab, um diesen zu besänftigen. Die Grundschuld überträgt er aus demselben Grunde formgerecht auf seinen Gläubiger Y. Diese Umstände kennt S nicht. Er zahlt zur Begleichung der Kaufpreisforderung 20.000 € an G. Später verlangt X von S Kaufpreiszahlung und Y von S Duldung der Zwangsvollstreckung.

Frage: Haben X und Y die geltend gemachten Ansprüche?

Fall 38

Zur Sicherung eines noch auszuzahlenden Darlehens einigen sich G und S über die Bestellung einer Briefgrundschuld am Grundstück des S, die am 10.05. fällig werden soll. Die Grundschuldbestellung erfolgt formgerecht. Im Folgenden kommt es aber nicht zur Auszahlung des Darlehens. G überträgt später die Grundschuld formgerecht auf Z. Dabei verschweigt er, dass er das Darlehen nicht an S ausgezahlt hat. Zum Zeitpunkt der Fälligkeit verlangt Z von S Duldung der Zwangsvollstreckung.

Frage: Hat Z den geltend gemachten Anspruch?

Alle Fälle auf einmal

Vormerkung

| **Fall 39** | ✓ |

Grundstückseigentümer E verkauft dem K sein Grundstück. K lässt sich den aus dem Kaufvertrag resultierenden Anspruch auf Übereignung durch eine (Auflassungs-) Vormerkung sichern, da die Übereignung selbst erst sechs Monate später stattfinden soll. Noch vor Ablauf dieses Zeitraums veräußert der geldgierige E das Grundstück an den Dritten D, der ihm wesentlich mehr Geld dafür zahlt.

Frage: Hat K gegen D einen Anspruch aus § 888 I ?

| **Fall 40** | ✓ |

Der zu Unrecht im Grundbuch als Eigentümer eingetragene N verkauft dem K „sein" Grundstück. K ist bezüglich der Eigentümerstellung des N gutgläubig. Die Übereignung soll erst sechs Monaten später erfolgen. K lässt sich deshalb seinen Übereignungsanspruch durch eine (Auflassungs-) Vormerkung sichern. Vor der Übereignung erreicht der wahre Eigentümer E durch Geltendmachung des Anspruchs aus § 894 gegen N seine Eintragung ins Grundbuch.

Frage: Hat K gegen E einen Anspruch aus § 888 I ?

| **Fall 41** | ✓ |

Eigentümer E schließt mit K einen Kaufvertrag über sein Grundstück. Die Übereignung soll später stattfinden. Zur Sicherung seines Übereignungsanspruchs wird ins Grundbuch zugunsten des K eine (Auflassungs-) Vormerkung eingetragen. K, der plötzlich unbedingt Geld braucht, tritt seinen Übereignungsanspruch gegen E an den Kaufwilligen A ab. Nun verkauft und übereignet E das Grundstück an den wesentlich mehr Geld bietenden D. A macht gegen D den Anspruch aus § 888 I geltend.

Frage: Zu Recht ?

| **Fall 42** | ✓ |

N, der zu Unrecht als Eigentümer eines Grundstücks im Grundbuch eingetragen ist, verkauft dem K „sein" Grundstück. K, der die Unrichtigkeit des Grundbuchs kennt, lässt seinen Übereignungsanspruch durch eine (Auflassungs-) Vormerkung sichern.

All Together Now

Anschließend tritt er seinen Anspruch gegen N an den gutgläubigen A ab. Jetzt erreicht der wahre Eigentümer E über § 894 seine Eintragung ins Grundbuch.

Frage: Kann A gegen E aus der Vormerkung gemäß § 888 I vorgehen?

Grundbuchberichtigung

Fall 43

Der wahre Eigentümer E erfährt, dass X fälschlicherweise als Eigentümer seines Grundstücks im Grundbuch eingetragen ist. Nun will er dagegen vorgehen.

Frage: Hat E gegen X einen Anspruch aus § 894?

Fall 44

Der anstatt E zu Unrecht als Eigentümer im Grundbuch eingetragene N veräußert „sein" Grundstück an den bösgläubigen X, der dann als Eigentümer im Grundbuch eingetragen wird. X veräußert anschließend das Grundstück an den gutgläubigen Y, dessen Eintragung als Eigentümer im Grundbuch wenig später erfolgt. Als E hiervon erfährt, möchte er gegen Y vorgehen.

Frage: Hat E gegen Y einen Anspruch aus § 894?

Fall 45

Zur Sicherung eines noch auszuzahlenden Darlehens einigen sich G und S über die Bestellung einer Briefgrundschuld am Grundstück des S. Die Grundschuldbestellung erfolgt formgerecht. Im Folgenden kommt es aber nicht zur Auszahlung des Darlehens. G überträgt später die Grundschuld formgerecht auf Z. Dabei verschweigt er, dass er das Darlehen nicht an S ausgezahlt hat.

Frage: Hat S gegen Z einen Anspruch aus § 894?

Eine kleine Einführung

Grundstückseigentum
- Eine kleine Einführung

1. Vorgeplänkel

Wie im Mobiliarsachenrecht – das sich mit beweglichen Sachen beschäftigt – dreht sich im Immobiliarsachenrecht – das sich mit unbeweglichen Sachen beschäftigt – oft alles um die Frage: *Wie erwirbt man eigentlich Eigentum?* Und der Beantwortung genau dieser Frage schenken die meisten Publikationen den größten Raum. Das ist einerseits sinnvoll, weil dadurch die Kernprobleme vermittelt werden. Andererseits ist aber zu beachten, dass *die Frage*, wer denn nun eigentlich Eigentümer eines Grundstücks *ist*, in den meisten Klausuren und Hausarbeiten *innerhalb eines Anspruchs* – also gerade nicht isoliert – *zu prüfen* ist.

2. Eigentumserwerb im Anspruchsaufbau

Den *Herausgabeanspruch* aus *§ 985* habt ihr bestimmt schon einmal kennengelernt, und zwar ebenfalls im Sachenrecht. Üblicherweise seid ihr mit dem Herausgabeanspruch im Bereich der beweglichen Sachen konfrontiert worden. Ihr habt euch dann fragen müssen, ob X von Y mit Erfolg Herausgabe des Autos, der Waschmaschine, des Weihnachtsbaums oder der Kuhglocke verlangen kann. Im Folgenden beschäftigen wir uns aber mit unbeweglichen Sachen, dem Immobiliarsachenrecht. Und wer hätt's gedacht: Auch Grundstücke kann man „herausverlangen". Und natürlich – wie bei beweglichen Sachen – nach § 985.

So weit, so gut. Wo aber liegen die Unterschiede der Prüfungen eines Anspruchs aus § 985 bezüglich beweglicher und unbeweglicher Sachen? Wie immer im Detail! Eines ist allen Prüfungen gemein: Der Anspruch aus § 985 steht nur dem Eigentümer zu. Die Prüfung, ob der Anspruchsteller Eigentümer der (hier unbeweglichen) Sache ist, funktioniert so: Ihr müsst euch regelmäßig fragen, ob der Anspruchsteller als ursprünglicher Nichteigentümer nun Eigentum erworben hat oder ob er als ursprünglicher Eigentümer das Eigentum wieder verloren hat. Das Letztere – nämlich ein Eigentumsverlust des ursprünglichen Eigentümers – ist immer dann der Fall, wenn eine andere Person Eigentum erworben hat.

Eigentum erwerben kann man strukturell auf zwei unterschiedliche Arten, nämlich vertraglich (rechtsgeschäftlich) oder gesetzlich. Klausur- bzw. hausarbeitsrelevant ist vor allem der vertragliche bzw. rechtsgeschäftliche Bereich.

Grundstückseigentum

In diesem Bereich – also dem vertraglichen Bereich – gibt es nun wiederum *zwei Möglichkeiten* des Eigentumserwerbs. Es gibt den

- *Erwerb vom Berechtigten*
- *Erwerb vom Nichtberechtigten*

In schriftlichen Arbeiten empfiehlt es sich, zunächst zu prüfen, ob ein Eigentumserwerb vom Berechtigten in Betracht kommt. Sollte dies mangels einer Berechtigung des Veräußerers ausscheiden, ist gleich im Anschluss daran zu erörtern, ob im speziellen Fall ein Eigentumserwerb vom Nichtberechtigten zu bejahen ist.

Wie das wiederum funktioniert und welche einzelnen Voraussetzungen zu prüfen sind, werdet ihr in den folgenden Fällen sehen. Wie gesagt: Die Unterschiede zur Prüfung eines Herausgabeanspruchs bezüglich beweglicher Sachen liegen im Detail.

Und: Solltet ihr in einer Klausur oder Hausarbeit tatsächlich einmal (nur) mit der Frage konfrontiert werden, wer denn nun Eigentümer des Grundstücks ist, könnt ihr auf das hier Erlernte einfach zurückgreifen. Ihr müsst dann den Eigentumserwerb separiert prüfen. Keine Angst: Auch wie das geht, werdet ihr spätestens nach der Bearbeitung der Fälle wissen.

Los geht's!

Fall 1

Fall 1

Der Not leidende G ist Eigentümer eines Grundstücks. Um seiner finanziellen Misere zu entkommen, verpachtet er das Grundstück für eine bestimmte Zeit an B. Während der Pachtzeit verkauft und übereignet G das Grundstück an E. Nach Ablauf der vereinbarten Pachtzeit nutzt B das Grundstück weiter.

Frage: Hat E gegen B einen Herausgabeanspruch aus § 985 ?

Lösungsskizze Fall 1

- **E gegen B Herausgabe des Grundstücks gemäß § 985 ?**

I. Anspruch entstanden ?

  1. Voraussetzungen des § 985 ?

   a. Anspruchsgegner (B) ist Besitzer ? (+)

   b. Anspruchsteller (E) ist Eigentümer ?

   aa. ursprünglich (−)

   bb. Eigentumserwerb des E von G gemäß §§ 873, 925 ?
   = Erwerb des E vom Berechtigten G

   (1) Einigung ?
   = Auflassung = dinglicher Vertrag zwischen Veräußerer und Erwerber über den Eigentumsübergang

   (a) zwei wirksame Willenserklärungen ? (+)

   (b) keine Vereinbarung einer Bedingung, § 925 II ? (+)

   (c) Abgabe der Willenserklärungen in der Form des § 925 I ? (+)

   (d) <u>also</u>: Einigung (+)

   (2) Eintragung der Einigung im Grundbuch ? (+)

   (3) Einigsein im Zeitpunkt der Eintragung ?
   = keine der Willenserklärungen darf widerrufen worden sein
   HIER (+) → kein Widerruf

   (4) Berechtigung des Veräußerers ?
   = der verfügungsbefugte Eigentümer oder der Nichteigentümer, der gesetzlich verfügungsbefugt ist oder der vom Berechtigten ermächtigt ist
   HIER (+) → G ist verfügungsbefugter Eigentümer

   (5) <u>also</u>: Eigentumserwerb des E vom Berechtigten G gemäß §§ 873, 925 (+)

Grundstückseigentum

    cc. <u>also</u>: Anspruchsteller (E) ist Eigentümer (+)

  c. <u>also</u>: Voraussetzungen des § 985 (+)

  2. Voraussetzungen des § 986 ?
    = Anspruchsgegner hat kein Recht zum Besitz
    HIER (+) → die Pachtzeit ist abgelaufen

  3. <u>also</u>: Anspruch entstanden (+)

II. Anspruch untergegangen ? (–)

III. Anspruch durchsetzbar ? (+)

IV. Ergebnis:
  E gegen B Herausgabe des Grundstücks gemäß § 985 (+)

Formulierungsvorschlag Fall 1

- E gegen B Herausgabe des Grundstücks gemäß § 985

E könnte gegen B einen Anspruch auf Herausgabe des Grundstücks gemäß § 985 haben.

I.   Der Anspruch müsste entstanden sein.

1.   Nach § 985 muss der Anspruchsteller Eigentümer und der Anspruchsgegner Besitzer der Sache sein.

a.   Anspruchsgegner B ist Besitzer des Grundstücks.

b.   Anspruchsteller E müsste Eigentümer des Grundstücks sein.

aa.   Ursprünglich war er nicht Eigentümer.

bb.   E könnte jedoch Eigentum vom Berechtigten G gemäß §§ 873, 925 erworben haben.

Die Parteien haben sich wirksam über den Eigentumsübergang geeinigt.

Die Eintragung der Einigung im Grundbuch ist erfolgt.

Die Parteien waren sich auch noch im Zeitpunkt der Eintragung einig.

Außerdem war der ursprüngliche Eigentümer G verfügungsbefugt, also Berechtigter.

Demnach hat E vom Berechtigten G gemäß §§ 873, 925 Eigentum erworben.

cc.   Somit ist der Anspruchsteller E Eigentümer.

c.   Also liegen die Voraussetzungen des § 985 vor.

Fall 1

2. Der Anspruchsgegner dürfte zudem kein Recht zum Besitz gemäß § 986 haben. Die vereinbarte Pachtzeit ist abgelaufen. B hat kein Recht zum Besitz am Grundstück. Damit steht § 986 dem Anspruch auf Herausgabe nicht entgegen.

3. Demnach ist der Anspruch entstanden.

II. Der Anspruch ist nicht untergegangen.

III. Er ist auch durchsetzbar.

IV. E hat gegen B den Anspruch auf Herausgabe des Grundstücks gemäß § 985.

Fazit

1. Das war ein unglaublich einfacher Fall aus dem Bereich „Herausgabe eines Grundstücks". Und er hatte und hat nur einen Sinn: Ihr solltet die Struktur eines Anspruchs aus § 985 kennenlernen. Daneben besteht ein vertraglicher Anspruch aus §§ 581 II, 546 I. Beachtet dann auch § 546 a.

   Das folgende Fazit ist allerdings lang und länger. Lest es bitte nicht nur einmal gründlichst durch. Es bietet eine solide Basis für alle weiteren Fälle. Die umfangreichen Informationen werden euch vielleicht „erschlagen". Nichtsdestotrotz müsst ihr euch besser jetzt als später alle Details einprägen, um die folgenden Fälle lösen zu können.

2. Wie ihr gesehen habt, müssen nicht nur die Voraussetzungen des § 985 vorliegen. Zudem ist § 986 zu beachten.

3. ***Doch zunächst zu § 985:*** Hiernach kann der Eigentümer vom Besitzer Herausgabe der Sache verlangen. Der Anspruchsteller muss also Eigentümer, der Anspruchsgegner muss Besitzer sein. Sinnvoll ist es, zuerst das zu prüfen, was oft unproblematisch ist. Und das ist die Frage, ob der Anspruchsgegner Besitzer der Sache ist. Im Falle einer umgekehrten Prüfung (erst Eigentümer, dann Besitzer) passiert es nämlich ach so oft, dass nach u.U. mehrseitiger Prüfung der Eigentümerstellung des Anspruchstellers vollkommen vergessen wird, die Besitzerstellung des Anspruchsgegners anzusprechen.

   Erst danach wendet ihr euch der Frage zu, ob der Anspruchsteller Eigentümer der Sache ist. Bewährt hat sich in diesem Zusammenhang die sogenannte ***„historische" Prüfung***. Und die habt ihr – spätestens im vorliegenden Fall – kennengelernt. Wenn dem Sachverhalt zu entnehmen ist, dass der Anspruchsteller nicht von vornherein Eigentümer war, bringt ihr genau das zu Papier: „Ursprünglich war XY nicht Eigentümer". Dann wendet ihr euch der Frage zu, ob er vielleicht (später) Eigentum an der Sache erworben hat. Eigentum an einem Grundstück kann man vom Berechtigten oder vom Nichtberechtigten erwerben. Beginnen solltet ihr allerdings regelmäßig mit der Prüfung eines Eigentumserwerbs vom Berechtigten. Wenn das – eben mangels Berechtigung – nicht klappt, bleibt immer noch die Prüfung des Erwerbs vom Nichtberechtigten. Hierbei könnt ihr dann bezüglich fast aller Voraussetzungen auf die vorherige Prüfung verweisen.

39

Grundstückseigentum

4. *Eigentum* an einem Grundstück – also einer unbeweglichen Sache – kann man *vom Berechtigten gemäß §§ 873, 925* erlangen. Also müssen die Voraussetzungen der genannten Normen vorliegen.

   Zunächst muss eine *Einigung* der Vertragsschließenden vorliegen. Die Einigung wird – im Immobiliarsachenrecht – auch als *Auflassung* bezeichnet. Es handelt sich hierbei um einen dinglichen Vertrag zwischen Verkäufer und Käufer über den Eigentumsübergang. Stopp: „Dinglicher" Vertrag? Die meisten von euch können – hoffentlich – etwas mit dieser Terminologie anfangen. Der Gegenbegriff nennt sich „schuldrechtlicher" Vertrag. Und was bedeutet das alles? Ihr erinnert euch vielleicht an das in Deutschland geltende „Abstraktionsprinzip". Es gibt immer das schuldrechtliche Verpflichtungs- oder Kausalgeschäft, eben den schuldrechtlichen Vertrag und das dingliche Erfüllungsgeschäft, hier die Übereignung, zu der der dingliche Vertrag über den Eigentumsübergang gehört. Das schuldrechtliche Verpflichtungsgeschäft besteht aus dem Kaufvertrag gemäß § 433, in dem sich der Verkäufer verpflichtet, das Grundstück an den Käufer zu übereignen. Das dingliche Erfüllungsgeschäft besteht dann in eben diesem Eigentumsübergang, zu dem auch der dingliche Vertrag, die Einigung über den Eigentumsübergang gehört.

   Beim Prüfungspunkt *„Einigung"* solltet ihr an verschiedene Details denken, die allerdings nur zu problematisieren sind, wenn auch wirklich Probleme auftauchen.

   Es müssen *zwei wirksame Willenserklärungen* vorliegen. Achtet in diesem Zusammenhang darauf, ob Nichtigkeitsgründe bestehen oder die wirksame Anfechtung einer Willenserklärung erfolgt ist.

   Außerdem darf die Übereignung *nicht unter einer Bedingung* vereinbart worden sein. Die Willenserklärungen sind bedingungsfeindlich, § 925 II. Es soll nämlich ein rechtlicher Schwebezustand verhindert werden.

   Die Willenserklärungen müssen *in der Form des § 925 I* abgegeben werden, also entweder bei gleichzeitiger Anwesenheit beider Vertragsteile vor einem Notar (Vertretung ist zulässig, persönliche Anwesenheit somit nicht erforderlich) oder durch Erklärung in einem schriftlichen Vergleich (selten!)

   Achtung: Die Beurkundung der Einigung ist nicht Voraussetzung einer wirksamen Grundstücksübereignung!!! Das ist beim schuldrechtlichen Kausalgeschäft (s.o.) ganz anders. Hier ist die Beurkundung gemäß §§ 433, 311 b I 1 grundsätzlich erforderlich. Aber: In der Praxis wird die dingliche Einigung fast immer zusammen mit dem zugrunde liegenden Kaufvertrag beurkundet, weil eine Grundbucheintragung bezüglich des Eigentümerwechsels an sich voraussetzt, dass die Einigung in der Form des § 29 GBO (= Grundbuchordnung; lesen!) nachgewiesen wird.

5. Zum Prüfungspunkt *„Eintragung der Einigung im Grundbuch"*: Entscheidend ist nur, dass der Eigentümerwechsel eingetragen wird, nicht etwa wie. Eine entgegen GBO-Vorschriften erfolgte Eintragung ist immer wirksam.

6. Ein *„Einigsein im Zeitpunkt der Eintragung"* liegt vor, wenn keiner der Willenserklärungen bis zu diesem Zeitpunkt widerrufen wurde. Ein Widerruf ist

Fall 1

aber nur möglich, solange keine Bindung an die Einigungserklärung eingetreten ist. Eine solche Bindung tritt gemäß § 873 II in vier Fällen ein:

- bei notarieller Beurkundung der Einigungserklärungen
- bei Abgabe der Erklärungen vor dem Grundbuchamt
- bei Einreichung der Erklärungen beim Grundbuchamt
- bei Aushändigung einer der Grundbuchordnung entsprechenden Eintragungsbewilligung (§§ 19, 29 GBO) durch den Berechtigten an den Erwerber.

7. Zudem muss eine *„Berechtigung des Veräußerers"* vorliegen. Der Veräußerer ist regelmäßig berechtigt, wenn er Eigentümer der Sache ist. Nicht berechtigt und damit nicht verfügungsbefugt ist somit der Nichteigentümer und auch der Eigentümer, der in seiner Verfügungsbefugnis beschränkt ist (z.b. § 80 I InsO = Insolvenzordnung; lesen!!!).

Eine Verfügung dieser Personen ist unwirksam, wenn nicht einer der folgenden Umstände gegeben ist:

- der an sich Nichtberechtigte ist gemäß § 185 vom Berechtigten zur Veräußerung ermächtigt
- der an sich Nichtberechtigte ist sonst gesetzlich verfügungsbefugt (z.b. gemäß § 80 I InsO = der Insolvenzverwalter)
- der an sich Berechtigte ist zwar in seiner Verfügungsbefugnis beschränkt, aber es liegen die Voraussetzungen des § 878 vor; die Verfügungsbeschränkung bleibt ohne Wirkung, wenn sie eintritt, nachdem die Einigungserklärung für den Veräußerer bindend geworden ist (= notarielle Beurkundung seiner Willenserklärung, § 873 II) und der Antrag auf Eintragung des Eigentumswechsels beim Grundbuchamt gestellt wurde, § 13 GBO

Anmerkung: Wenn keiner dieser Ausnahmefälle eingreift, kommt allenfalls ein Eigentumserwerb vom Nichtberechtigten in Betracht

8. Letztlich darf der **Anspruchsgegner kein Recht zum Besitz** haben, *§ 986*. In unserem Fall hat B kein Recht zum Besitz am Grundstück, weil die Pachtzeit abgelaufen ist (vgl. §§ 581 I 1, II, 546 I).

9. Da der Anspruchsteller Eigentümer des Grundstücks ist und der Anspruchsgegner kein Recht zum Besitz hat, besteht der Anspruch auf Herausgabe gemäß § 985.

10. Das waren viele viele Details, gell? Prägt sie euch ein. Oder noch besser: Fertigt ein eigenes Schema, das ihr jederzeit erweitern könnt. Es kann nur nützen und wird euch in der Bearbeitung der folgenden Fälle unterstützen.

11. Und: Sollte euch der eine oder andere Wortlaut dieses Fazits bekannt vorgekommen sein, liegt ihr richtig. Ihr habt euch vielleicht bereits mit dem Buch „Die Fälle – BGB - Sachenrecht 1 - Mobiliarsachenrecht" beschäftigt. Dessen Fall 1 stimmt in vielen Punkten mit dem hiesigen Fall 1 überein. Das Recht der beweglichen Sachen (Mobilien) und das Recht der unbeweglichen Sachen (Immobilien) entsprechen sich zumindest teilweise.

Grundstückseigentum

Fall 2

E verkauft und übereignet sein Grundstück an B. Nach einiger Zeit ficht E seine im Rahmen des Kaufvertrags abgegebene Willenserklärung nach § 119 begründet an. B will das Grundstück nicht räumen.

Frage: Hat E gegen B einen Herausgabeanspruch aus § 985 ?

Lösungsskizze Fall 2

- **E gegen B Herausgabe des Grundstücks gemäß § 985 ?**

I. Anspruch entstanden ?

  1. *Voraussetzungen des § 985 ?*

    a. *Anspruchsgegner (B) ist Besitzer ?* (+)

    b. *Anspruchsteller (E) ist Eigentümer ?*

      aa. *ursprünglich* (+)

      bb. *Eigentumsverlust des E durch Eigentumserwerb des B von E gemäß §§ 873, 925 ?*
      = Erwerb des B vom Berechtigten E

        (1) Einigung ?
        = Auflassung = dinglicher Vertrag zwischen Veräußerer und Erwerber über den Eigentumsübergang

          (a) zwei wirksame Willenserklärungen ?
          = keine Nichtigkeitsgründe und keine wirksame Anfechtung einer Willenserklärung

          HIER (+) → zwar ist ein wirksam angefochtenes Rechtsgeschäft gemäß § 142 I nichtig; die nach § 119 erfolgte Anfechtung der Willenserklärung erfasst jedoch lediglich den Kaufvertrag, also das schuldrechtliche Verpflichtungsgeschäft; nicht erfasst ist das dingliche Verfügungsgeschäft, also die Übereignung (Abstraktionsprinzip!!!)

          (b) keine Vereinbarung einer Bedingung, § 925 II ? (+)

          (c) Abgabe der Willenserklärungen in der Form des § 925 I ? (+)

          (d) <u>also</u>: Einigung (+)

        (2) Eintragung der Einigung im Grundbuch ? (+)

        (3) Einigsein im Zeitpunkt der Eintragung ?
        = keine der Willenserklärungen darf widerrufen worden sein

          HIER (+) → kein Widerruf

Fall 2

(4) Berechtigung des Veräußerers ?
= der verfügungsbefugte Eigentümer oder der Nichteigentümer, der gesetzlich verfügungsbefugt ist oder der vom Berechtigten ermächtigt ist

HIER (+) → E ist verfügungsbefugter Eigentümer

(5) also: Eigentumsverlust des E durch Eigentumserwerb des B vom Berechtigten E gemäß §§ 873, 925 (+)

cc. *also: Anspruchsteller (E) ist Eigentümer* (−)

c. *also: Voraussetzungen des § 985* (−)

2. *also: Anspruch entstanden* (−)

II. Ergebnis:
E gegen B Herausgabe des Grundstücks gemäß § 985 (−)

Formulierungsvorschlag Fall 2

- E gegen B Herausgabe des Grundstücks gemäß § 985

E könnte gegen B einen Anspruch auf Herausgabe des Grundstücks gemäß § 985 haben.

I. Der Anspruch müsste entstanden sein.

1. Nach § 985 muss der Anspruchsteller Eigentümer und der Anspruchsgegner Besitzer der Sache sein.

a. Anspruchsgegner B ist Besitzer des Grundstücks.

b. Anspruchsteller E müsste Eigentümer des Grundstücks sein.

aa. Ursprünglich war er Eigentümer.

bb. E hätte jedoch sein Eigentum verloren, wenn B seinerseits Eigentum erworben hat. In Betracht kommt ein Eigentumserwerb des B vom Berechtigten E gemäß §§ 873, 925.

Die Parteien müssten sich wirksam über den Eigentumsübergang geeinigt haben. Dazu müssen sie einen dinglichen Vertrag über den Eigentumsübergang (Auflassung) geschlossen haben. Voraussetzung ist zunächst die Abgabe zweier wirksamer Willenserklärungen. Fraglich erscheint in diesem Zusammenhang lediglich, wie sich die seitens E durchgeführte Anfechtung auswirkt. Zwar ist ein wirksam angefochtenes Rechtsgeschäft gemäß § 142 I nichtig. Die nach § 119 erfolgte Anfechtung der Willenserklärung erfasst jedoch lediglich das den Kaufvertrag, also das schuldrechtliche Verpflichtungsgeschäft. Nicht erfasst ist das dingliche Verfügungsgeschäft, also die Übereignung. Insofern liegt eine wirksame Einigung über den Eigentumsübergang vor.

Die Eintragung der Einigung im Grundbuch ist erfolgt.

Grundstückseigentum

Die Parteien waren sich auch noch im Zeitpunkt der Eintragung einig.

Außerdem war der ursprüngliche Eigentümer E verfügungsbefugt, also Berechtigter.

Demnach hat B vom Berechtigten E gemäß §§ 873, 925 Eigentum erworben. E hat also sein Eigentum verloren.

cc. Somit ist der Anspruchsteller E nicht Eigentümer.

c. Also fehlt es an einer Voraussetzung des § 985.

2. Demnach ist der Anspruch nicht entstanden.

II. E hat gegen B keinen Anspruch auf Herausgabe des Grundstücks gemäß § 985.

Fazit

1. Das Ergebnis bereitet in der hier separiert aufbereiteten Form durchaus Bauchschmerzen. Das ist mir klar. Denn der Fall befasste sich lediglich mit dem Herausgabeanspruch nach § 985. Hätte die Fragestellung etwa „Wie ist die Rechtslage?" gelautet, wäre ein Ausflug ins Bereicherungsrecht angezeigt gewesen. Und das Bereicherungsrecht hätte zu einem Ergebnis geführt, mit dem jeder leben kann. Dort erfolgt quasi der „Ausgleich". Denn: E hat gegen B selbstverständlich einen Anspruch aus § 812 I 1 Alt. 1 auf Rückübereignung des Grundstücks, da er seine im Rahmen des Kaufvertrags abgegebene Willenserklärung wirksam angefochten hat.

2. Und noch einmal zum Anspruch aus **§ 985**: Hiernach kann der Eigentümer vom Besitzer **Herausgabe der Sache** verlangen. Der Anspruchsteller muss also Eigentümer, der Anspruchsgegner muss Besitzer sein. Wenn ihr euch der Frage zuwendet, ob der Anspruchsteller Eigentümer der Sache ist, bewährt sich in diesem Zusammenhang die sog. „historische" Prüfung.

Wenn dem Sachverhalt zu entnehmen ist, dass der Anspruchsteller nicht von vornherein Eigentümer war, bringt ihr genau das zu Papier: „Ursprünglich war XY nicht Eigentümer". Dann wendet ihr euch der Frage zu, ob er vielleicht (später) Eigentum an der Sache erworben hat. Diese Konstellation habt ihr im vorigen Fall 1 kennengelernt.

Hier war es jedoch anders. Wenn dem Sachverhalt zu entnehmen ist, dass der Anspruchsteller ursprünglich Eigentümer war, bringt ihr eben dies zu Papier: „Ursprünglich war XY Eigentümer". Dann wendet ihr euch der Frage zu, ob er vielleicht (später) das Eigentum an der Sache verloren hat. Eigentum hat er verloren, wenn ein anderer Eigentum erworben hat. Der „andere" kann natürlich auch – wie in unserem Fall – der Anspruchsgegner sein. Hier kam ein Eigentumserwerb des (Anspruchsgegners) B vom (Anspruchsteller) E in Betracht. So viel zum Prüfungsaufbau.

Fall 2

3. Und abermals: Eigentum an einem Grundstück – also einer unbeweglichen Sache – kann man vom Berechtigten gemäß §§ 873, 925 erlangen. Also müssen die Voraussetzungen der genannten Normen vorliegen.

   Zunächst muss eine *Einigung* der Vertragsschließenden erfolgt sein. Die Einigung wird auch als Auflassung bezeichnet. Es handelt sich hierbei um einen dinglichen Vertrag zwischen Verkäufer und Käufer über den Eigentumsübergang.

   Noch einmal, weil's so wichtig ist: „Dinglicher" Vertrag? Das Pendant nennt sich „schuldrechtlicher" Vertrag. Und was bedeutet das alles? Ihr erinnert euch vielleicht an das in Deutschland geltende „Abstraktionsprinzip". Es gibt immer das schuldrechtliche Verpflichtungs- oder Kausalgeschäft, eben den schuldrechtlichen Vertrag und das dingliche Erfüllungsgeschäft, hier die Übereignung, zu der der dingliche Vertrag über den Eigentumsübergang gehört. Das schuldrechtliche Verpflichtungsgeschäft besteht aus dem Kaufvertrag gemäß § 433, in dem sich der Verkäufer verpflichtet, das Grundstück an den Käufer zu übereignen. Das dingliche Erfüllungsgeschäft besteht dann in eben diesem Eigentumsübergang, zu dem auch der dingliche Vertrag, die Einigung über den Eigentumsübergang gehört.

   Hier war nur die eben genannte „Einigung" zu überdenken. Eine wirksame Einigung besteht aus der Abgabe zweier wirksamer Willenserklärungen. Fraglich erscheint in diesem Zusammenhang lediglich, wie sich die seitens E durchgeführte Anfechtung auswirkt. E hat nur seine den Kaufvertrag betreffende Willenserklärung, nicht aber seine Willenserklärung bezüglich des Eigentumsübergangs angefochten. Von der nach § 119 erfolgten Anfechtung wird demnach nur das schuldrechtliche Verpflichtungsgeschäft, also der Kaufvertrag (§ 433) erfasst. Nicht erfasst ist das dingliche Verfügungsgeschäft, also die Übereignung. Insofern liegt eine wirksame Einigung über den Eigentumsübergang vor.

   Denkt immer an das Abstraktionsprinzip!!!

4. Zum Verständnis: Solltet ihr in einer Klausur oder Hausarbeit mit dem Begriff *„Verkauf"* konfrontiert werden, spricht dies (nur) für den Abschluss eines Kaufvertrags, also des schuldrechtlichen Verpflichtungsgeschäfts.

   Sollte von einer *„Übereignung"* die Rede sein, bezieht sich dies nur auf die Übereignung, also das dingliche Erfüllungsgeschäft.

   Sollte von einer *„Veräußerung"* gesprochen werden, umfasst dies im Zweifel sowohl das schuldrechtliche Verpflichtungsgeschäft als auch das dingliche Erfüllungsgeschäft.

5. Bezüglich der Prüfungspunkte „Einigung", „Eintragung", „Einigsein" und „Berechtigung" dürfte es sich lohnen, abermals in das recht umfangreiche Fazit des vorigen Falles (Fall 1) zurückzublättern. Dort findet ihr mannigfaltige Details, die euch die Lösung der nächsten Fälle erleichtern werden. Lernt die Details und den Prüfungsaufbau auswendig. Es lohnt sich!!!

Grundstückseigentum

Fall 3

E verkauft dem B sein Grundstück mit Villa. Die Auflassung erfolgt wenig später unter der Bedingung, dass die zuständige Behörde den Eigentumswechsel genehmigt. B wird nach einigen Wochen als Eigentümer im Grundbuch eingetragen. Nun okkupiert der militante Hausbesetzer H das leer stehende Anwesen und richtet sich häuslich ein.

Frage: Hat B gegen H einen Herausgabeanspruch aus § 985 ?

Lösungsskizze Fall 3

- **B gegen H Herausgabe des Grundstücks gemäß § 985 ?**
I. Anspruch entstanden ?
   1. *Voraussetzungen des § 985 ?*
      a. Anspruchsgegner (H) ist Besitzer ? (+)
      b. Anspruchsteller (B) ist Eigentümer ?
         aa. ursprünglich (−)
         bb. Eigentumserwerb des B von E gemäß §§ 873, 925 ?
         = Erwerb des B vom Berechtigten E
            (1) Einigung ?
            = Auflassung = dinglicher Vertrag zwischen Veräußerer und Erwerber über den Eigentumsübergang
               (a) zwei wirksame Willenserklärungen ? (+)
               (b) keine Vereinbarung einer Bedingung, § 925 II ?
                  HIER (+) → zwar ist die Auflassung unter der Bedingung erfolgt, dass die Behörde den Eigentumswechsel genehmigt; diese Bedingung ist aber notwendige Voraussetzung für den Eigentumserwerb, also eine sog. Rechtsbedingung; diese hindert nicht den Eigentumserwerb
               (c) Abgabe der Willenserklärungen in der Form des § 925 I ? (+)
               (d) <u>also</u>: Einigung (+)
            (2) Eintragung der Einigung im Grundbuch ? (+)
            (3) Einigsein im Zeitpunkt der Eintragung ?
            = keine der Willenserklärungen darf widerrufen worden sein
               HIER (+) → kein Widerruf
            (4) Berechtigung des Veräußerers ?
            = der verfügungsbefugte Eigentümer oder der Nichteigentümer, der

Fall 3

gesetzlich verfügungsbefugt ist oder der vom Berechtigten ermächtigt ist

HIER (+) → E ist verfügungsbefugter Eigentümer

(5) also: Eigentumserwerb des B vom Berechtigten E gemäß §§ 873, 925 (+)

cc. also: Anspruchsteller (B) ist Eigentümer (+)

c. also: Voraussetzungen des § 985 (+)

2. Voraussetzungen des § 986 ?
= Anspruchsgegner hat kein Recht zum Besitz
HIER (+) → Hausbesetzer H hat kein Besitzrecht

3. also: Anspruch entstanden (+)

II. Anspruch untergegangen ? (−)

III. Anspruch durchsetzbar ? (+)

IV. Ergebnis:
B gegen H Herausgabe des Grundstücks gemäß § 985 (+)

Formulierungsvorschlag Fall 3

- B gegen H Herausgabe des Grundstücks gemäß § 985

B könnte gegen H einen Anspruch auf Herausgabe des Grundstücks gemäß § 985 haben.

I. Der Anspruch müsste entstanden sein.

1. Nach § 985 muss der Anspruchsteller Eigentümer und der Anspruchsgegner Besitzer der Sache sein.

a. Anspruchsgegner H ist Besitzer des Grundstücks.

b. Anspruchsteller B müsste Eigentümer des Grundstücks sein.

aa. Ursprünglich war er nicht Eigentümer.

bb. B könnte jedoch Eigentum vom Berechtigten E gemäß §§ 873, 925 erworben haben.

Die Parteien müssten sich wirksam über den Eigentumsübergang geeinigt haben. Dazu müssen sie einen dinglichen Vertrag über den Eigentumsübergang (Auflassung) geschlossen haben. Die Parteien haben zwei Willenserklärungen bezüglich der Einigung über den Eigentumsübergang abgegeben. Sie dürften die Vereinbarung jedoch nicht unter einer Bedingung abgegeben haben, § 925 II. Zwar ist die Auflassung unter der Bedingung erfolgt, dass die Behörde den Eigentumswechsel genehmigt. Diese Bedingung ist aber notwendige Voraussetzung für den Eigentumserwerb, also eine sogenannte Rechtsbedingung.

47

Grundstückseigentum

Eine Rechtsbedingung hindert aber nicht den Eigentumserwerb. Die Abgabe der Willenserklärungen erfolgte in der Form des § 925 I. Also liegt eine wirksame Einigung vor.

Die Eintragung der Einigung im Grundbuch ist erfolgt.

Die Parteien waren sich auch noch im Zeitpunkt der Eintragung einig.

Außerdem war der ursprüngliche Eigentümer E verfügungsbefugt, also Berechtigter.

Demnach hat B vom Berechtigten E gemäß §§ 873, 925 Eigentum erworben.

cc. Somit ist der Anspruchsteller B Eigentümer.

c. Also liegen die Voraussetzungen des § 985 vor.

2. Der Anspruchsgegner dürfte zudem kein Recht zum Besitz gemäß § 986 haben. H hat als Hausbesetzer kein Recht zum Besitz am Grundstück. Damit steht § 986 dem Anspruch auf Herausgabe nicht entgegen.

3. Demnach ist der Anspruch entstanden.

II. Der Anspruch ist nicht untergegangen.

III. Er ist auch durchsetzbar.

IV. B hat gegen H den Anspruch auf Herausgabe des Grundstücks gemäß § 985.

Fazit

1. Lest bitte noch einmal das jeweilige Fazit zu Fall 1 und Fall 2. Solltet ihr Anfänger in dieser Materie sein, wird das – ob der Wiederholung – alle Einzelheiten in eure Gehirne „einbrennen". Und so sollte das auch sein. Den Fortgeschrittenen kann's im Übrigen auch nicht schaden.

2. Hier ging es um einen problematischen Punkt innerhalb des Prüfungspunktes *„Einigung"*. Nachdem ihr das Erfordernis des Vorliegens zweier Willenserklärungen bezüglich des Eigentumsübergangs problemlos abhaken konntet, musstet ihr euch der Frage zuwenden, ob die Einigung möglicherweise unter der *„Vereinbarung einer (unzulässigen) Bedingung"* stattgefunden hat.

   Die Auflassung hatte zwar unter einer Bedingung stattgefunden, das war aber schlussendlich nicht nachteilig für die Wirksamkeit der Einigung. Die Bedingung bezog sich lediglich darauf, dass die Behörde den Eigentumswechsel genehmigt. Eine solche Bedingung ist aber notwendige Voraussetzung für den Eigentumserwerb, also eine sogenannte **Rechtsbedingung**. Eine Rechtsbedingung hindert aber nicht den Eigentumserwerb.

   Etwas anders gilt etwa, wenn die Parteien den Eigentumsübergang unter der Bedingung erklärt hätten, dass das Nachbargrundstück bis zum Jahresende zum Bauland erklärt wird. Eine derartige Bedingung ist nicht notwendige Voraussetzung für den Eigentumsübergang. Sie ist demnach unzulässig. An einer solchen Bedingung scheitert somit eine wirksame Einigung regelmäßig.

Fall 4

Fall 4

E verkauft dem B sein Grundstück mit Haus. Die Auflassung erfolgt. Dem Eintragungsantrag wird seitens des Grundbuchamtes mit der Eintragung des B als Eigentümer im Grundbuch entsprochen, obwohl die Auflassung nicht in der Form des § 29 GBO (Grundbuchordnung) nachgewiesen wurde. E bemerkt dies später. Da er selbst das Hausgrundstück gerne wieder nutzen möchte, verlangt er von B unter Hinweis auf den bemerkten „Mangel" der Übereignung die Herausgabe. B wehrt sich mit Händen und Füßen, weil er endlich einen adäquaten Platz für seine umfangreiche Gartenzwergsammlung gefunden hat.

Frage: Hat E gegen B den Herausgabeanspruch aus § 985?

Lösungsskizze Fall 4

- **E gegen B Herausgabe des Grundstücks gemäß § 985?**

I. Anspruch entstanden?

   1. Voraussetzungen des § 985?

     a. Anspruchsgegner (B) ist Besitzer? (+)

     b. Anspruchsteller (E) ist Eigentümer?

       aa. ursprünglich (+)

       bb. Eigentumsverlust des E durch Eigentumserwerb des B von E gemäß §§ 873, 925?
       = Erwerb des B vom Berechtigten E

       (1) Einigung?
         = Auflassung = dinglicher Vertrag zwischen Veräußerer und Erwerber über den Eigentumsübergang

         (a) zwei wirksame Willenserklärungen? (+)

         (b) keine Vereinbarung einer Bedingung, § 925 II? (+)

         (c) Abgabe der Willenserklärungen in der Form des § 925 I? (+)

         (d) also: Einigung (+)

       (2) Eintragung der Einigung im Grundbuch?
         HIER (+) → zwar ist die Eintragung entgegen § 29 GBO erfolgt; dies hat aber keine Auswirkungen; entscheidend ist, <u>dass</u> eine Eintragung erfolgt ist; wie die Eintragung erfolgt ist, ist irrelevant

       (3) Einigsein im Zeitpunkt der Eintragung?
         = keine der Willenserklärungen darf widerrufen worden sein

         HIER (+) → kein Widerruf

Grundstückseigentum

(4) Berechtigung des Veräußerers ?
= der verfügungsbefugte Eigentümer oder der Nichteigentümer, der gesetzlich verfügungsbefugt ist oder der vom Berechtigten ermächtigt ist

HIER (+) → E ist verfügungsbefugter Eigentümer

(5) also: Eigentumsverlust des E durch Eigentumserwerb des B vom Berechtigten E gemäß §§ 873, 925 (+)

  cc. also: Anspruchsteller (E) ist Eigentümer (−)

 c. also: Voraussetzungen des § 985 (−)

2. *also: Anspruch entstanden* (−)

II. Ergebnis:
E gegen B Herausgabe des Grundstücks gemäß § 985 (−)

Formulierungsvorschlag Fall 4

- E gegen B Herausgabe des Grundstücks gemäß § 985

E könnte gegen B einen Anspruch auf Herausgabe des Grundstücks gemäß § 985 haben.

I.   Der Anspruch müsste entstanden sein.

1.   Nach § 985 muss der Anspruchsteller Eigentümer und der Anspruchsgegner Besitzer der Sache sein.

a.   Anspruchsgegner B ist Besitzer des Grundstücks.

b.   Anspruchsteller E müsste Eigentümer des Grundstücks sein.

aa.   Ursprünglich war er Eigentümer.

bb.   E hätte jedoch sein Eigentum verloren, wenn B seinerseits Eigentum erworben hat. In Betracht kommt ein Eigentumserwerb des B vom Berechtigten E gemäß §§ 873, 925.

Die Parteien haben sich wirksam über den Eigentumsübergang geeinigt.

Fraglich ist aber, ob die Eintragung der Einigung im Grundbuch wirksam erfolgt ist. Zwar ist die Eintragung entgegen § 29 GBO erfolgt. Dies hat aber keine Auswirkungen. Entscheidend ist, *dass* eine Eintragung erfolgt ist. Wie die Eintragung erfolgt ist, ist irrelevant. Also ist die Eintragung wirksam.

Die Parteien waren sich auch noch im Zeitpunkt der Eintragung einig.

Außerdem war der ursprüngliche Eigentümer E verfügungsbefugt, also Berechtigter.

Fall 4

	Demnach hat B vom Berechtigten E gemäß §§ 873, 925 Eigentum erworben. E hat also sein Eigentum verloren.
cc.	Somit ist der Anspruchsteller E nicht Eigentümer.
c.	Also fehlt es an einer Voraussetzung des § 985.
2.	Demnach ist der Anspruch nicht entstanden.
II.	Mithin hat E gegen B keinen Anspruch auf Herausgabe des Grundstücks gemäß § 985.

Fazit

1. Hinsichtlich des Aufbaus („Eigentumsverlust durch Eigentumserwerb ...") dürfte es für alle Unentschlossenen und noch nicht Gefestigten unter euch sinnvoll sein, noch einmal das Fazit zu Fall 2 zu lesen. Jaja, es hilft ...

2. Hier ging es innerhalb des Prüfungspunktes *„Eintragung der Einigung im Grundbuch"* um die Nichtbeachtung des § 29 GBO. Die genannte Norm (lesen!) sagt u.a. lediglich, dass eine Eintragung nur vorgenommen werden soll, wenn die Eintragungsbewilligung durch öffentliche oder öffentlich beglaubigte Urkunden nachgewiesen wird. Ob das indes der Fall war, ist für die eigentliche Eigentumsübertragung irrelevant. Entscheidend ist, <u>dass</u> eine Eintragung erfolgt ist. Wichtig: Die Nichtbeachtung von GBO-Vorschriften hindert nicht den Eigentumsübergang!

Grundstückseigentum

Fall 5

X verkauft an Y ein leer stehendes Haus mit Grundstück. Die Einigung hinsichtlich des Eigentumsübergangs wird notariell beurkundet und der Antrag auf Eintragung beim Grundbuchamt gestellt. Nun widerruft X gegenüber Y und dem Grundbuchamt seine Willenserklärung bezüglich der Einigung über den Eigentumsübergang. Trotzdem wird Y als neuer Eigentümer im Grundbuch eingetragen. Kurz darauf richtet sich Y in dem leer stehenden Haus ein. X ist der Meinung, ein Eigentumswechsel habe nicht stattgefunden und verlangt von Y Herausgabe des Grundstücks gemäß § 985.

Frage: Zu Recht?

Lösungsskizze Fall 5

- **X gegen Y Herausgabe des Grundstücks gemäß § 985 ?**

I. Anspruch entstanden ?

   1. Voraussetzungen des § 985 ?

      a. Anspruchsgegner (Y) ist Besitzer ? (+)

      b. Anspruchsteller (X) ist Eigentümer ?

         aa. ursprünglich (+)

         bb. Eigentumsverlust des X durch Eigentumserwerb des Y von X gemäß §§ 873, 925 ?
         = Erwerb des Y vom Berechtigten X

         (1) Einigung ?
         = Auflassung = dinglicher Vertrag zwischen Veräußerer und Erwerber über den Eigentumsübergang

           (a) zwei wirksame Willenserklärungen ?
           HIER (+) → der erfolgte Widerruf beseitigt – im Gegensatz zu einer Anfechtung – nicht die Wirksamkeit der Willenserklärung des X; der Widerruf hat allenfalls Auswirkungen auf das Einigsein im Zeitpunkt der Eintragung

           (b) keine Vereinbarung einer Bedingung, § 925 II ? (+)

           (c) Abgabe der Willenserklärungen in der Form des § 925 I ? (+)

           (d) <u>also</u>: Einigung (+)

         (2) Eintragung der Einigung im Grundbuch ? (+)

Fall 5

(3) Einigsein im Zeitpunkt der Eintragung ?
= keine der Willenserklärungen darf widerrufen worden sein

HIER (+) → zwar hat X seine Willenserklärung gegenüber Y und dem Grundbuchamt widerrufen; ein Widerruf ist aber nur möglich, solange keine Bindung an die Einigungserklärung eingetreten ist; eine solche Bindung tritt gemäß § 873 II u.a. bei notarieller Beurkundung der Einigungserklärungen und bei Abgabe der Erklärungen vor dem Grundbuchamt ein; beides ist vorliegend geschehen, also ist der Widerruf ohne Wirkung

(4) Berechtigung des Veräußerers ?
= der verfügungsbefugte Eigentümer oder der Nichteigentümer, der gesetzlich verfügungsbefugt ist oder der vom Berechtigten ermächtigt ist

HIER (+) → X ist verfügungsbefugter Eigentümer

(5) also: Eigentumsverlust des X durch Eigentumserwerb des Y vom Berechtigten X gemäß §§ 873, 925 (+)

cc. <u>also</u>: Anspruchsteller (X) ist Eigentümer (–)

c. <u>also</u>: Voraussetzungen des § 985 (–)

2. <u>also</u>: Anspruch entstanden (–)

II. Ergebnis:
X gegen Y Herausgabe des Grundstücks gemäß § 985 (–)

Formulierungsvorschlag Fall 5

- X gegen Y Herausgabe des Grundstücks gemäß § 985

X könnte gegen Y einen Anspruch auf Herausgabe des Grundstücks gemäß § 985 haben.

I. Der Anspruch müsste entstanden sein.

1. Nach § 985 muss der Anspruchsteller Eigentümer und der Anspruchsgegner Besitzer der Sache sein.

a. Anspruchsgegner Y ist Besitzer des Grundstücks.

b. Anspruchsteller X müsste Eigentümer des Grundstücks sein.

aa. Ursprünglich war er Eigentümer.

bb. X hätte jedoch sein Eigentum verloren, wenn Y seinerseits Eigentum erworben hat. In Betracht kommt ein Eigentumserwerb des Y vom Berechtigten X gemäß §§ 873, 925.

Grundstückseigentum

Die Parteien müssten sich wirksam über den Eigentumsübergang geeinigt haben. Dazu müssen sie einen dinglichen Vertrag über den Eigentumsübergang (Auflassung) geschlossen haben. Voraussetzung ist zunächst die Abgabe zweier wirksamer Willenserklärungen. Fraglich erscheint in diesem Zusammenhang lediglich, wie sich der seitens X geäußerte Widerruf seiner Willenserklärung gegenüber Y und dem Grundbuchamt auswirkt. Der erfolgte Widerruf beseitigt – im Gegensatz zu einer Anfechtung – nicht die Wirksamkeit der Willenserklärung des X. Der Widerruf hat allenfalls Auswirkungen auf das Einigsein im Zeitpunkt der Eintragung. Insofern liegt eine wirksame Einigung über den Eigentumsübergang vor.

Die Eintragung der Einigung im Grundbuch ist erfolgt.

Fraglich ist zudem, ob ein Einigsein im Zeitpunkt der Eintragung bestand. Ein Einigsein liegt regelmäßig vor, wenn keine der Willenserklärungen widerrufen worden ist. Nun hat zwar X seine Willenserklärung gegenüber Y und dem Grundbuchamt widerrufen. Ein Widerruf ist aber nur möglich, solange keine Bindung an die Einigungserklärung eingetreten ist. Eine solche Bindung tritt gemäß § 873 II u.a. bei notarieller Beurkundung der Einigungserklärungen und bei Abgabe der Erklärungen vor dem Grundbuchamt ein. Beides ist vorliegend geschehen. Wegen der Bindung an die Einigungserklärung entfaltet der Widerruf also keine Wirkung. Es ist von einem Einigsein im Zeitpunkt der Eintragung auszugehen.

Außerdem war der ursprüngliche Eigentümer X verfügungsbefugt, also Berechtigter.

Demnach hat Y vom Berechtigten X gemäß §§ 873, 925 Eigentum erworben. X hat also sein Eigentum verloren.

cc. Somit ist der Anspruchsteller X nicht Eigentümer.

c. Also fehlt es an einer Voraussetzung des § 985.

2. Demnach ist der Anspruch nicht entstanden.

II. Mithin hat X gegen Y keinen Anspruch auf Herausgabe des Grundstücks gemäß § 985.

Fazit

1. Wenn in einer Klausur ein **Widerruf** auftaucht, sollten regelmäßig die Alarmglocken klingeln. Zur Klarstellung: Ihr wisst, dass unabdingbare Voraussetzung der Auflassung (dinglicher Vertrag zur Eigentumsübertragung) die Einigung ist. Jede Vertragspartei hat aber das Recht, einen Widerruf gegen die eigene Willenserklärung bezüglich des Eigentumsübergangs auszusprechen. Das ist im Gesetz nicht extra erwähnt. Muss es aber auch nicht, da Einigkeit darüber besteht, dass die Einigung zum Zeitpunkt der Eintragung im Grundbuch noch wirksam sein muss. Die Wirksamkeit der Einigung wird als *„Einigsein"* bezeichnet. Eine **Bindung an die eigene Willenserklärung** tritt allerdings erst

Fall 5

ein, wenn die Voraussetzungen des *§ 873 II* vorliegen. Ein vorher ausgesprochener Widerruf einer Partei „killt" also deren Willenserklärung. Es liegt kein Einigsein vor. Die Auflassung ist damit kaputt. Ein Widerruf einer Partei, der (erst) ausgesprochen wurde, nachdem eine der Voraussetzungen des § 873 II erfüllt wurde, läuft ins Leere. Dann ist eine Bindung an die eigene Willenserklärung – und somit an die Einigung – eingetreten. Keiner kann mehr etwas kaputt machen.

Es gilt also zu ergründen, unter welchen Voraussetzungen eine Bindung an die Einigung eintritt bzw. ab welchem Zeitpunkt ein Widerruf nicht mehr zieht. Achtung: Nur eine der Voraussetzungen des § 873 II muss vorliegen, um einen Widerruf zu kippen. Konzentriert euch insbesondere auf die folgenden Möglichkeiten. Die übrigen Varianten sind in Klausuren de facto gegenstandslos.

2. Die erste Möglichkeit des § 873 II spricht von einer Bindung ab dem Zeitpunkt, wenn beide Erklärungen der Einigung notariell beurkundet sind. So lag und liegt es in unserem Fall.

3. Die dritte Möglichkeit des § 873 II greift den Umstand auf, dass eine Einreichung der Erklärungen beim Grundbuchamt erfolgt ist. Auch dann tritt eine Bindung ein. So lag und liegt es in unserem Fall ebenfalls.

Grundstückseigentum

Fall 6

A veräußert sein Grundstück an Z. Die Auflassung wird notariell beurkundet. Kurz vor der Eintragung des Z als neuer Eigentümer im Grundbuch wird über das Vermögen des A das Insolvenzverfahren eröffnet. Dann erfolgt die Eintragung des Z.

Frage: Hat Z Eigentum erworben?

Lösungsskizze Fall 6

- **Eigentumserwerb des Z?**

I. Eigentumserwerb des Z von A gemäß §§ 873, 925?
= Erwerb des Z vom Berechtigten A

1. Einigung?
= Auflassung = dinglicher Vertrag zwischen Veräußerer und Erwerber über den Eigentumsübergang

a. zwei wirksame Willenserklärungen? (+)

b. keine Vereinbarung einer Bedingung, § 925 II? (+)

c. Abgabe der Willenserklärungen in der Form des § 925 I? (+)

d. also: Einigung (+)

2. Eintragung der Einigung im Grundbuch? (+)

3. Einigsein im Zeitpunkt der Eintragung?
= keine der Willenserklärungen darf widerrufen worden sein

HIER (+) → kein Widerruf

4. Berechtigung des Veräußerers?
= der verfügungsbefugte Eigentümer oder der Nichteigentümer, der gesetzlich verfügungsbefugt ist oder der vom Berechtigten ermächtigt ist

HIER (+) → zwar muss der Veräußerer grundsätzlich bis zum Zeitpunkt der Vollendung des Rechtserwerbs berechtigt sein; A war bei der Eintragung des neuen Eigentümers im Grundbuch aber nicht mehr berechtigt; über sein Vermögen wurde das Insolvenzverfahren eröffnet; insofern war er in seiner Verfügungsbefugnis beschränkt, § 80 I InsO = Insolvenzordnung; § 878 – der über § 91 II InsO Anwendung findet – bestimmt jedoch, dass die vom Berechtigten abgegebene Erklärung nicht dadurch unwirksam wird, dass der Berechtigte in seiner Verfügung beschränkt wird, nachdem die Erklärung für ihn bindend geworden und der Antrag auf Eintragung gestellt worden ist; die Auflassungserklärung des A ist für ihn mit der Beurkundung (§ 873 II Var. 1) bindend geworden; dies geschah vor dem Eintritt der Verfügungsbeschränkung; ebenfalls vor Eintritt der Verfügungsbeschränkung ist der Eintragungs-

Fall 6

antrag gestellt worden; insofern sind die Voraussetzungen des § 878 gegeben, d.h. die erforderliche Berechtigung liegt vor

5. *also*: *Eigentumserwerb des Z vom Berechtigten A gemäß §§ 873, 925* (+)

II. Ergebnis:
Eigentumserwerb des Z (+)

Formulierungsvorschlag Fall 6

- Eigentumserwerb des Z

Z könnte Eigentum erworben haben.

I. In Betracht kommt ein Eigentumserwerb des Z vom Berechtigten A gemäß §§ 873, 925.

1. Die Parteien haben sich wirksam über den Eigentumsübergang geeinigt.
2. Die Eintragung der Einigung im Grundbuch ist erfolgt.
3. Die Parteien waren sich auch noch im Zeitpunkt der Eintragung einig.
4. A müsste Berechtigter gewesen sein. Berechtigt ist der verfügungsbefugte Eigentümer oder der Nichteigentümer, der gesetzlich verfügungsbefugt ist oder der vom Berechtigten ermächtigt ist. Zwar muss der Veräußerer grundsätzlich bis zum Zeitpunkt der Vollendung des Rechtserwerbs berechtigt sein. A war bei der Eintragung des neuen Eigentümers im Grundbuch aber nicht mehr berechtigt. Über sein Vermögen wurde das Insolvenzverfahren eröffnet. Insofern war er in seiner Verfügungsbefugnis beschränkt, § 80 I InsO. § 878 – der über § 91 II InsO Anwendung findet – bestimmt jedoch, dass die Erklärung des Berechtigten nicht dadurch unwirksam wird, dass der Berechtigte in seiner Verfügung beschränkt wird, nachdem die Erklärung für ihn bindend geworden und der Antrag auf Eintragung gestellt worden ist. Die Auflassungserklärung des A ist für ihn mit der Beurkundung (§ 873 II Var. 1) bindend geworden. Dies geschah vor dem Eintritt der Verfügungsbeschränkung. Ebenfalls vor Eintritt der Verfügungsbeschränkung ist der Eintragungsantrag gestellt worden. Insofern sind die Voraussetzungen des § 878 gegeben, d.h. die Berechtigung liegt vor.
5. Demnach hat Z vom Berechtigten A gemäß §§ 873, 925 Eigentum erworben.
II. Also liegt ein Eigentumserwerb des Z vor.

Grundstückseigentum

Fazit

1. Ihr habt es gemerkt. Die Fallfrage war ausnahmsweise eine andere, als in den vorherigen Fällen. Während dort nach dem Herausgabeanspruch aus § 985 gefragt war, solltet ihr in diesem Fall ergründen, ob ein Eigentumserwerb stattgefunden hat.

   Das dürfte keine Probleme bereitet haben. Ihr musstet einfach einen Teil der gewohnten Prüfung aus § 985 herauslösen und mit neuen Vorzeichen versehen. Im Übrigen war die Prüfungsreihenfolge absolut identisch.

2. Dann wurdet ihr im Rahmen der *„Berechtigung des Veräußerers"* mit *§ 878* konfrontiert. Und der greift nachträgliche Verfügungsbeschränkungen auf. Verfügungsbeschränkungen sind aber nur zu berücksichtigen, wenn keine Bindung an die Einigung, also kein Einigsein zu bejahen ist. Das kommt euch bekannt vor? Aber sicher. Im vorigen Fall habt ihr § 873 II kennengelernt. Dieser Paragraf stellt klar, wann eine Bindung eintritt. In unserem Fall ist – das dürfte klar sein – eine Bindung eingetreten.

   Und welchen *Sinn* hat die Regelung *des § 878*? Ganz einfach: Die Norm stellt auf den Zeitpunkt ab, ab dem nur noch die Eintragung im Grundbuch zum endgültigen Rechtserwerb fehlt. Wie lange es dauert, bis es zu einer Eintragung kommt, wissen nur die Götter und die Grundbuchbeamten. Es kann ganz schnell gehen oder ein bisschen länger dauern. Und wenn dann die nachträgliche Verfügungsbeschränkung zu einem Zeitpunkt eintritt, in der die Eintragungsprozedur eben etwas länger dauert? Und (noch) nicht eingetreten wäre, wenn die Eintragung recht schnell erfolgt wäre? Eben: Vor diesen Unwägbarkeiten soll der Erwerber durch § 878 geschützt werden.

3. Und immer noch zur *„Berechtigung des Veräußerers"*: Üblicherweise ist das der verfügungsbefugte Eigentümer. A war zwar zum Zeitpunkt der Übereignung Eigentümer, aber über sein Vermögen ist vor der Endgültigkeit des Rechtserwerbs – nämlich der Eintragung des neuen Eigentümers im Grundbuch – das Insolvenzverfahren eröffnet worden.

   Insolvenz? Bereits seit 1999 (lang lang ist's her) gilt das Insolvenzrecht. Es hat u.a. das Konkursrecht ersetzt. Früher war – wie umgangssprachlich noch heute – die Formulierung „... in Konkurs gefallen ..." gängig. Seit 1999 spricht man davon, dass über das Vermögen einer Person das Insolvenzverfahren eröffnet wurde. Im Ergebnis ist dasselbe gemeint. Der Anspruchsgegner ist zahlungsunfähig. Erst im Weiteren wird sich zeigen, ob bei der betreffenden Person noch etwas zu holen ist.

Fall 7

Fall 7

F erwirbt von O ein landwirtschaftliches Anwesen. Nachdem F das Anwesen bezogen hat, bemerkt er, dass der Traktor der Marke „Gigant", mit dem O das Anwesen bewirtschaftete, verschwunden ist. Nachbarn berichten, O habe den Traktor bei seinem Auszug mitgenommen. F ist der Ansicht, der Traktor gehöre zum Anwesen und verlangt von O Herausgabe desselben.

Frage: Zu Recht?

Lösungsskizze Fall 7

Vorüberlegung: F könnte mit dem Grundstück auch dessen Zubehör (§ 926 I i.V.m. § 97) erworben haben. Es ist demnach innerhalb des Herausgabeanspruchs zu prüfen, ob er das Grundstück erworben hat <u>und</u> ob es sich bei dem Traktor um Zubehör des Grundstücks handelt.

- **F gegen O Herausgabe des Traktors gemäß § 985 ?**

I. Anspruch entstanden ?

   1. Voraussetzungen des § 985 ?

      a. Anspruchsgegner (O) ist Besitzer ? (+)

      b. Anspruchsteller (F) ist Eigentümer ?

         aa. ursprünglich (−)

         bb. Eigentumserwerb des F am Traktor durch Eigentumserwerb des F von O am Grundstück gemäß §§ 873, 925 ?
         = Erwerb des F vom Berechtigten O

         (1) Einigung ?
         = Auflassung = dinglicher Vertrag zwischen Veräußerer und Erwerber über den Eigentumsübergang

            (a) zwei wirksame Willenserklärungen ? (+)

            (b) keine Vereinbarung einer Bedingung, § 925 II ? (+)

            (c) Abgabe der Willenserklärungen in der Form des § 925 I ? (+)

            (d) <u>also</u>: Einigung (+)

         (2) Eintragung der Einigung im Grundbuch ? (+)

         (3) Einigsein im Zeitpunkt der Eintragung ?
         = keine der Willenserklärungen darf widerrufen worden sein

            HIER (+) → kein Widerruf

Grundstückseigentum

(4) Berechtigung des Veräußerers ?
= der verfügungsbefugte Eigentümer oder der Nichteigentümer, der gesetzlich verfügungsbefugt ist oder der vom Berechtigten ermächtigt ist

HIER (+) → O ist verfügungsbefugter Eigentümer

(5) Zubehöreigenschaft des herausverlangten Gegenstandes (§ 926 I i.V.m. § 97) ?
= im Zweifel erstreckt sich die Veräußerung eines Grundstücks auf das Zubehör

HIER (+) → der Traktor dient der Bewirtschaftung des Grundstücks, also der Hauptsache und steht zum Grundstück in einem entsprechenden räumlichen Verhältnis; § 98 Nr. 2 stellt dies noch einmal ausdrücklich klar

(6) also: Eigentumserwerb des F vom Berechtigten O gemäß §§ 873, 925 (+) und des Zubehörs (+)

cc. also: Anspruchsteller (F) ist Eigentümer (+)

c. also: Voraussetzungen des § 985 (+)

2. Voraussetzungen des § 986 ?
= Anspruchsgegner hat kein Recht zum Besitz

HIER (+)

3. *also: Anspruch entstanden (+)*

II. Anspruch untergegangen ? (−)

III. Anspruch durchsetzbar ? (+)

IV. Ergebnis:
F gegen O Herausgabe des Traktors gemäß § 985 (+)

Formulierungsvorschlag Fall 7

- F gegen O Herausgabe des Traktors gemäß § 985

F könnte gegen O einen Anspruch auf Herausgabe des Traktors gemäß § 985 haben.

I. Der Anspruch müsste entstanden sein.

1. Nach § 985 muss der Anspruchsteller Eigentümer und der Anspruchsgegner Besitzer der Sache sein.

a. Anspruchsgegner O ist Besitzer des Traktors.

b. Anspruchsteller F müsste Eigentümer des Traktors sein.

Fall 7

aa. Ursprünglich war er nicht Eigentümer.

bb. Er könnte jedoch mit dem Grundstück auch dessen Zubehör (§ 97) erworben haben. Es ist demnach zu prüfen, ob F das Grundstück erworben hat und ob es sich bei dem Traktor um Zubehör des Grundstücks handelt.

F könnte Eigentum am Grundstück vom Berechtigten O gemäß §§ 873, 925 erworben haben.

Die Parteien haben sich wirksam über den Eigentumsübergang geeinigt.

Die Eintragung der Einigung im Grundbuch ist erfolgt.

Die Parteien waren sich auch noch im Zeitpunkt der Eintragung einig.

Außerdem war der ursprüngliche Eigentümer O verfügungsbefugt, also Berechtigter.

Bei dem herausverlangten Gegenstand müsste es sich um Zubehör (§ 97) des Grundstücks handeln. Sollte der Traktor Zubehör sein, wäre ein gleichzeitiger Erwerb mit dem Grundstück zu bejahen (§ 926 I). Der Traktor dient der Bewirtschaftung des Grundstücks, also der Hauptsache und steht zum Grundstück in einem entsprechenden räumlichen Verhältnis. § 98 Nr. 2 stellt dies noch einmal ausdrücklich klar. Also handelt es sich bei dem Traktor um Zubehör des Grundstücks.

Demnach hat F vom Berechtigten O gemäß §§ 873, 925 Eigentum am Grundstück und wegen § 926 I in Verbindung mit §§ 97, 98 Nr. 2 auch Eigentum am Zubehörstück Traktor erworben.

cc. Somit ist der Anspruchsteller F Eigentümer.

c. Also liegen die Voraussetzungen des § 985 vor.

2. Der Anspruchsgegner dürfte zudem kein Recht zum Besitz gemäß § 986 haben. Ein Recht des O zum Besitz am Traktor ist nicht ersichtlich. Damit steht § 986 dem Anspruch auf Herausgabe nicht entgegen.

3. Demnach ist der Anspruch entstanden.

II. Der Anspruch ist nicht untergegangen.

III. Er ist auch durchsetzbar.

IV. F hat gegen O einen Anspruch auf Herausgabe des Traktors gemäß § 985.

Fazit

1. ***Mit dem Erwerb eines Grundstücks*** kann man automatisch viele lustige ***andere Sachen erwerben***. Doch Spaß beiseite: Bei Grundstücken sind einige Vorschriften interessant, die ihr ganz am Anfang des BGB findet. Zu beachten sind insbesondere die ***§§ 94 ff***.

Grundstückseigentum

2. Zunächst ist an **§ 94 I** zu denken. Mit dem Grundstück erwirbt man automatisch die **wesentlichen Bestandteile**. Merken: Dazu gehört alles, was mit dem Grundstück fest verbunden ist, so z.B. Häuser, Mauern, Bäume oder Pflanzen. Und es geht noch weiter. In **§ 94 II** wird darauf verwiesen, dass Gebäude ebenfalls wesentliche Bestandteile haben (also wesentliche Bestandteile der wesentlichen Bestandteile). Merken: Dazu gehört alles, was mit dem Gebäude fest verbunden ist. Und was heißt „fest verbunden"? Das ist nach der Verkehrsanschauung zu beurteilen. Ihr findet in Kommentaren lange Auflistungen, die verdeutlichen, wie sich verschiedene Gerichte zu welchen Bestandteilen äußern. Teilweise geschieht dies nicht erst in der Kommentierung zu § 94, sondern schon in den Ausführungen zu § 93. Macht euch einen fröhlichen Nachmittag!

3. Der § 94 (und auch § 93) einschränkende **§ 95** will klarstellen, was **Scheinbestandteile** sind. Das sind u.a. solche Bestandteile, die nur zu einem vorübergehenden Zweck mit dem Grundstück oder dem Gebäude verbunden sind. Beispiel: Immer wenn ein Mieter oder Pächter etwas mit dem Grundstück oder dem Gebäude verbindet, ist an einen Scheinbestandteil zu denken. Aber: Immer wenn von vornherein klar ist, dass die verbundene Sache nach Beendigung der Miete / der Pacht beim Eigentümer verbleiben soll, sieht die rechtliche Wertung ganz anders aus.

4. **§ 96** normiert, dass **Rechte**, die mit dem Grundstückseigentum verbunden sind, Bestandteile des Grundstücks sind. Hierzu gehören etwa Grunddienstbarkeiten und Reallasten.

5. Und nun noch einmal zum **Zubehör**. Laut **§ 926 I** erwirbt der Erwerber mit dem Eigentum am Grundstück auch Eigentum am Zubehör, wenn sich die Parteien darüber einig sind. Im Zweifel erstreckt sich die Veräußerung auf das Zubehör. Was Zubehör ist, bestimmt **§ 97**. Es handelt sich um bewegliche Sachen, die ohne Bestandteil der Hauptsache – also des Grundstücks – zu sein, der Hauptsache zu dienen bestimmt sind und zu ihr in einem dementsprechenden räumlichen Verhältnis stehen. **§ 98 Nr. 2** gibt dazu einige Beispiele. In unserem Fall ist das „Gerät" einschlägig.

   Beachtet abschließend **auch § 926 II** (lesen).

6. Und weil ihr euch gerade mit dem Gesetzestext beschäftigt: Die **§§ 99 ff** erzählen viel über Früchte, Nutzungen und alles was damit zusammenhängt. Ein Lesen dieser Vorschriften kann nicht schaden.

Fall 8

Fall 8

Der fälschlicherweise im Grundbuch als Eigentümer eingetragene G verpachtet dem B „sein" Grundstück für eine bestimmte Zeit. Später verkauft und übereignet er das Grundstück an E. Dieser weiß nichts von der Unrichtigkeit des Grundbuchs. Obwohl die vereinbarte Pachtzeit abläuft, nutzt B das Grundstück weiter.

Frage: Hat E gegen B einen Herausgabeanspruch aus § 985 ?

Lösungsskizze Fall 8

- **E gegen B Herausgabe des Grundstücks gemäß § 985 ?**

I. Anspruch entstanden ?

   1. Voraussetzungen des § 985 ?

      a. Anspruchsgegner (B) ist Besitzer ? (+)

      b. Anspruchsteller (E) ist Eigentümer ?

         aa. ursprünglich (−)

         bb. Eigentumserwerb des E von G gemäß §§ 873, 925 ?
         = Erwerb des E vom Berechtigten G

            (1) Einigung ?
            = Auflassung = dinglicher Vertrag zwischen Veräußerer und Erwerber über den Eigentumsübergang

               (a) zwei wirksame Willenserklärungen ? (+)

               (b) keine Vereinbarung einer Bedingung, § 925 II ? (+)

               (c) Abgabe der Willenserklärungen in der Form des § 925 I ? (+)

               (d) <u>also</u>: Einigung (+)

            (2) Eintragung der Einigung im Grundbuch ? (+)

            (3) Einigsein im Zeitpunkt der Eintragung ?
            = keine der Willenserklärungen darf widerrufen worden sein

               HIER (+) → kein Widerruf

            (4) Berechtigung des Veräußerers ?
            = der verfügungsbefugte Eigentümer oder der Nichteigentümer, der gesetzlich verfügungsbefugt ist oder der vom Berechtigten ermächtigt ist

               HIER (−) → G ist weder Eigentümer noch Ermächtigter nach § 185; eine sonstige Verfügungsbefugnis ist nicht ersichtlich

Grundstückseigentum

(5) *also: Eigentumserwerb des E vom Berechtigten G gemäß §§ 873, 925 (−)*

cc. *Eigentumserwerb des E von G gemäß §§ 873, 925, 892 ?*
= Erwerb des E vom Nichtberechtigten G

(1) *Einigung ? (+), s.o.*

(2) *Eintragung der Einigung im Grundbuch ? (+), s.o.*

(3) *Einigsein im Zeitpunkt der Eintragung ? (+), s.o.*

(4) *„Berechtigungsersatz" ?*
= Voraussetzungen des § 892

(a) *Rechtsgeschäftlicher Erwerb ?*
= nicht durch gesetzlichen Erwerb
HIER (+)

(b) *Verkehrsgeschäft ?*
= bei Güteraustausch zwischen zwei Personen; nicht bei persönlicher oder wirtschaftlicher Identität des Übereignenden mit dem Erwerber
HIER (+)

(c) *Unrichtigkeit des Grundbuchs ?*
= Inhalt des Grundbuchs stimmt nicht mit der Wirklichkeit überein
HIER (+) → G ist fälschlicherweise als Eigentümer im Grundbuch eingetragen

(d) *Legitimation des Verfügenden als Berechtigter ?*
= der das Eigentum Übertragende muss aus dem Grundbuch als Berechtigter hervorgehen
HIER (+)

(e) *Gutgläubigkeit des Erwerbers ?*
= keine positive Kenntnis von der Unrichtigkeit des Grundbuchs bis zur Vollendung des Rechtserwerbs
HIER (+) → E hatte bis zu seiner Eintragung als Eigentümer keine positive Kenntnis von der Unrichtigkeit des Grundbuchs

(f) *keine Eintragung eines Widerspruchs gemäß § 899 gegen die Richtigkeit des Grundbuchs ?*
HIER (+)

(g) *also: Voraussetzungen des § 892 (+)*

(5) *also: Eigentumserwerb des E vom Nichtberechtigten G gemäß §§ 873, 925, 892 (+)*

dd. *also: Anspruchsteller (E) ist Eigentümer (+)*

c. *also: Voraussetzungen des § 985 (+)*

Fall 8

2. Voraussetzungen des § 986 ?
= Anspruchsgegner hat kein Recht zum Besitz
HIER (+) → die Pachtzeit im Verhältnis G – B ist abgelaufen

3. <u>also</u>: Anspruch entstanden (+)

II. Anspruch untergegangen ? (–)

III. Anspruch durchsetzbar ? (+)

IV. Ergebnis:
E gegen B Herausgabe des Grundstücks gemäß § 985 (+)

Formulierungsvorschlag Fall 8

- E gegen B Herausgabe des Grundstücks gemäß § 985

E könnte gegen B einen Anspruch auf Herausgabe des Grundstücks gemäß § 985 haben.

I. Der Anspruch müsste entstanden sein.

1. Nach § 985 muss der Anspruchsteller Eigentümer und der Anspruchsgegner Besitzer der Sache sein.

a. Anspruchsgegner B ist Besitzer des Grundstücks.

b. Anspruchsteller E müsste Eigentümer des Grundstücks sein.

aa. Ursprünglich war er nicht Eigentümer.

bb. E könnte jedoch Eigentum vom Berechtigten G gemäß §§ 873, 925 erworben haben.

Die Parteien haben sich wirksam über den Eigentumsübergang geeinigt.

Die Eintragung der Einigung im Grundbuch ist erfolgt.

Die Parteien waren sich auch noch im Zeitpunkt der Eintragung einig.

G müsste Berechtigter gewesen sein. Berechtigt ist der verfügungsbefugte Eigentümer oder der Nichteigentümer, der gesetzlich verfügungsbefugt ist oder der vom Berechtigten ermächtigt ist. G war weder Eigentümer noch Ermächtigter nach § 185. Eine sonstige Verfügungsbefugnis ist nicht ersichtlich. Somit fehlte die Berechtigung des G.

Demnach hat E nicht vom Berechtigten G gemäß §§ 873, 925 Eigentum erworben.

cc. E könnte jedoch Eigentum vom Nichtberechtigten G gemäß §§ 873, 925, 892 erworben haben.

Grundstückseigentum

Die Parteien haben sich wirksam über den Eigentumsübergang geeinigt.

Die Eintragung der Einigung im Grundbuch ist erfolgt.

Die Parteien waren sich auch noch im Zeitpunkt der Eintragung einig.

Fraglich ist, ob die Voraussetzungen des § 892 vorliegen.

Es hat ein rechtsgeschäftlicher Erwerb stattgefunden.

Außerdem liegt ein Verkehrsgeschäft vor.

Zudem ist das Grundbuch unrichtig. G ist fälschlicherweise als Eigentümer im Grundbuch eingetragen.

Der das Eigentum Übertragende war aus dem Grundbuch als Berechtigter ersichtlich.

Weiterhin muss der Erwerber im Zeitpunkt des Rechtserwerbs gutgläubig gewesen sein. Diesbezüglich schadet nur positive Kenntnis von der Unrichtigkeit des Grundbuchs. E wusste bis zu seiner Eintragung als Eigentümer nichts von der Unrichtigkeit des Grundbuchs. Er war somit gutgläubig.

Ein Widerspruch gemäß § 899 gegen die Richtigkeit des Grundbuchs ist nicht erfolgt.

Also liegen die Voraussetzungen des § 892 vor.

Demnach hat E vom Nichtberechtigten G gemäß §§ 873, 925, 892 Eigentum erworben.

dd. Somit ist der Anspruchsteller E Eigentümer.

c. Also liegen die Voraussetzungen des § 985 vor.

2. Der Anspruchsgegner dürfte zudem kein Recht zum Besitz gemäß § 986 haben. Die vereinbarte Pachtzeit im Verhältnis G – B ist abgelaufen. B hat kein Recht zum Besitz am Grundstück. Damit steht § 986 dem Anspruch auf Herausgabe nicht entgegen.

3. Demnach ist der Anspruch entstanden.

II. Der Anspruch ist nicht untergegangen.

III. Er ist auch durchsetzbar.

IV. E hat gegen B den Anspruch auf Herausgabe des Grundstücks gemäß § 985.

Fazit

1. Zuerst noch einmal zum Anspruch aus § 985. Es bietet sich an (vgl. schon Fazit Fall 1), zunächst zu prüfen, ob der Anspruchsgegner Besitzer des Grundstücks ist. Erst danach ist zu fragen, ob der Anspruchsteller Eigentümer der Sache (des Grundstücks) ist.

Fall 8

2. Diese Prüfung solltet ihr „historisch" vornehmen. Und noch einmal zur Wiederholung:

   Wenn dem Sachverhalt zu entnehmen ist, dass der Anspruchsteller nicht von vornherein Eigentümer war, bringt ihr genau das zu Papier: „Ursprünglich war XY nicht Eigentümer". Dann wendet ihr euch der Frage zu, ob er vielleicht (später) Eigentum an der Sache erworben hat. Eigentum an einem Grundstück kann man vom Berechtigten oder vom Nichtberechtigten erwerben. Beginnen solltet ihr regelmäßig mit der Prüfung eines Eigentumserwerbs vom Berechtigten. Wenn das – mangels Berechtigung – nicht klappt, bleibt immer noch die Prüfung des Erwerbs vom Nichtberechtigten. Hierbei könnt ihr dann bezüglich fast aller Voraussetzungen auf die vorherige Prüfung verweisen.

3. Ihr habt es gesehen: *Eigentum* an einem Grundstück kann man nicht nur vom Berechtigten gemäß §§ 873, 925, sondern auch *vom **Nichtberechtigten** gemäß §§ 873, 925, 892* erwerben. Also müssen die Voraussetzungen der genannten Normen vorliegen.

4. Lest zu den Prüfungspunkten „Einigung", „Eintragung der Einigung im Grundbuch" und „Einigsein im Zeitpunkt der Eintragung" noch einmal das Fazit zu Fall 1. Den folgenden Prüfungspunkt „Berechtigung des Veräußerers" habt ihr im Rahmen der Prüfung des Eigentumserwerbs vom Berechtigten verneinen müssen.

5. Stattdessen ist beim Erwerb vom Nichtberechtigten mangels der **Berechtigung** auf einen anderen Prüfungspunkt einzugehen. Den habe ich in der Lösungsskizze eher unjuristisch *„Berechtigungsersatz"* genannt. Merkt euch diesen Terminus, aber bringt ihn bitte nicht in der Klausur zu Papier. Ihr könnt es – wie schon im Formulierungsvorschlag aufgezeigt – etwa wie folgt ausdrücken: „Fraglich ist, ob die *Voraussetzungen des § 892* vorliegen". Dann wendet ihr euch den einzelnen Voraussetzungen der Norm zu, auf die ihr aber nur breiter eingehen solltet, wenn sie wirklich problematisch sind. Ansonsten dürft ihr euch – wie im Formulierungsvorschlag gesehen – auf einzelne feststellende Sätze zu den Prüfungsunterpunkten zurückziehen. Und das sind die folgenden:

   Zuerst muss ein *„rechtsgeschäftlicher Erwerb"* vorliegen. Bei gesetzlichen Erwerbstatbeständen kommt ein gutgläubiger Erwerb naturgemäß nicht in Betracht.

   Es muss sich um ein *„Verkehrsgeschäft"* handeln. Ein solches liegt beim Güteraustausch zwischen zwei Personen vor, nicht aber bei persönlicher oder wirtschaftlicher Identität des Übereignenden mit dem Erwerber.

   Außerdem ist eine *„Unrichtigkeit des Grundbuchs"* gefordert. Das ist dann der Fall, wenn der Inhalt des Grundbuchs nicht mit der Wirklichkeit übereinstimmt. Der übliche Fall der Nichtübereinstimmung des Grundbuchinhalts mit der Wirklichkeit ist der, dass eine Person fälschlicherweise als Eigentümer im Grundbuch eingetragen ist.

   Zudem ist eine *„Legitimation des Verfügenden als Berechtigter"* gefordert. Soll heißen: Der das Eigentum Übertragende muss aus dem Grundbuch als Berechtigter (hier: verfügungsbefugter Eigentümer) hervorgehen.

Grundstückseigentum

Und dann kommt ein ganz wichtiger Prüfungspunkt: Die *„Gutgläubigkeit des Erwerbers"*. Der (potenzielle) Erwerber des Grundstücks muss im Zeitpunkt des Rechtserwerbs gutgläubig hinsichtlich der Richtigkeit des Grundbuchs sein. In diesem Zusammenhang schadet nur die positive Kenntnis des Erwerbers bezüglich der Unrichtigkeit des Grundbuchs. Der Erwerber muss also wissen, dass das Grundbuch unrichtig ist. Die tatsächliche Einsicht im Grundbuch ist im Übrigen nicht Voraussetzung.

Ein wenig anders gestaltet sich der „gute Glaube" beim gutgläubigen Erwerb von beweglichen Sachen. Vergleicht doch einmal § 892 mit § 932.

Letztlich darf *„keine Eintragung eines Widerspruchs gemäß § 899 gegen die Richtigkeit des Grundbuchs"* in dasselbe erfolgt sein.

Sollten alle in dieser Ziffer des Fazits aufgeführten Voraussetzungen vorliegen, steht der Bejahung des Prüfungspunkts „Berechtigungsersatz" (Voraussetzungen des § 892) nichts im Weg.

6. Schlussendlich darf der Anspruchsgegner kein Recht zum Besitz haben, § 986. Denkt bitte auch an diesen Prüfungspunkt. Er wird leider im Eifer des Gefechts allzu gerne vergessen.

7. Da der Anspruchsteller nun Eigentümer des Grundstücks ist und der Anspruchsgegner kein Recht zum Besitz hat, besteht der Anspruch auf Herausgabe gemäß § 985.

Fall 9

Fall 9

A ist fälschlicherweise als Eigentümer eines Grundstücks im Grundbuch eingetragen. Sein alleiniger zukünftiger Erbe ist E, der bezüglich der Eintragung im Grundbuch gutgläubig ist. A und E vereinbaren, dass das Grundstück vor dem Erbfall gegen einen geringen Betrag an E veräußert werden soll, da A das Geld kurzfristig benötigt. So geschieht es. E wird als Eigentümer im Grundbuch eingetragen. Später meldet sich der ursprüngliche wahre Eigentümer W und verlangt von E Herausgabe des Grundstücks gemäß § 985.

Frage: Zu Recht?

Lösungsskizze Fall 9

- **W gegen E Herausgabe des Grundstücks gemäß § 985 ?**

I. Anspruch entstanden ?

  1. Voraussetzungen des § 985 ?

   a. Anspruchsgegner (E) ist Besitzer ? (+)

   b. Anspruchsteller (W) ist Eigentümer ?

   aa. ursprünglich (+)

   bb. Eigentumsverlust des W durch Eigentumserwerb des E von A gemäß §§ 873, 925 ?
   = Erwerb des E vom Berechtigten A

   (1) Einigung ?
   = Auflassung = dinglicher Vertrag zwischen Veräußerer und Erwerber über den Eigentumsübergang

   (a) zwei wirksame Willenserklärungen ? (+)

   (b) keine Vereinbarung einer Bedingung, § 925 II ? (+)

   (c) Abgabe der Willenserklärungen in der Form des § 925 I ? (+)

   (d) <u>also</u>: Einigung (+)

   (2) Eintragung der Einigung im Grundbuch ? (+)

   (3) Einigsein im Zeitpunkt der Eintragung ?
   = keine der Willenserklärungen darf widerrufen worden sein

   HIER (+) → kein Widerruf

   (4) Berechtigung des Veräußerers ?
   = der verfügungsbefugte Eigentümer oder der Nichteigentümer, der gesetzlich verfügungsbefugt ist oder der vom Berechtigten ermächtigt ist

Grundstückseigentum

HIER (−) → A ist zu Unrecht als Eigentümer im Grundbuch eingetragen

(5) also: Eigentumsverlust des W durch Eigentumserwerb des E vom Berechtigten A gemäß §§ 873, 925 (−)

cc. Eigentumsverlust des W durch Eigentumserwerb des E von A gemäß §§ 873, 925, 892?
= Erwerb des E vom Nichtberechtigten A

(1) Einigung? (+), s.o.

(2) Eintragung der Einigung im Grundbuch? (+), s.o.

(3) Einigsein im Zeitpunkt der Eintragung? (+), s.o.

(4) „Berechtigungsersatz"?
= Voraussetzungen des § 892

(a) Rechtsgeschäftlicher Erwerb? (+)

(b) Verkehrsgeschäft?
= bei Güteraustausch zwischen zwei Personen; nicht bei persönlicher oder wirtschaftlicher Identität des Übereignenden mit dem Erwerber

HIER (−) → zwar liegt an sich ein Güteraustausch zwischen zwei nicht identischen Personen vor; es handelt sich aber um einen Fall der sog. „vorweggenommenen Erbfolge"; der Erwerber verdient insofern keinen Schutz; wäre die Erbfolge (§ 1922) eingetreten, hätte er niemals gutgläubig Eigentum erwerben können (dann fehlt ein rechtsgeschäftlicher Erwerb); wenn aber – wie hier – die Erbfolge nur vorweggenommen wird, darf der zukünftige Erbe durch den vorherigen Erwerb nicht besser gestellt werden, als wenn er das Grundstück durch einen Erbfall erworben hätte; danach ist ein Verkehrsgeschäft zu verneinen (a.A. vertretbar)

(c) also: Voraussetzungen des § 892 (−)

(5) also: Eigentumsverlust des W durch Eigentumserwerb des E vom Nichtberechtigten A gemäß §§ 873, 925, 892 (−)

dd. also: Anspruchsteller (W) ist Eigentümer (+)

c. also: Voraussetzungen des § 985 (+)

2. Voraussetzungen des § 986?
= Anspruchsgegner hat kein Recht zum Besitz

HIER (+) → ein Besitzrecht ist nicht ersichtlich

3. also: Anspruch entstanden (+)

II. Anspruch untergegangen? (−)

III. Anspruch durchsetzbar? (+)

Fall 9

IV. Ergebnis:
W gegen E Herausgabe des Grundstücks gemäß § 985 (+)

Formulierungsvorschlag Fall 9

- W gegen E Herausgabe des Grundstücks gemäß § 985

W könnte gegen E einen Anspruch auf Herausgabe des Grundstücks gemäß § 985 haben.

I. Der Anspruch müsste entstanden sein.

1. Nach § 985 muss der Anspruchsteller Eigentümer und der Anspruchsgegner Besitzer der Sache sein.

a. Anspruchsgegner E ist Besitzer des Grundstücks.

b. Anspruchsteller W müsste Eigentümer des Grundstücks sein.

aa. Ursprünglich war er Eigentümer.

bb. W hätte jedoch sein Eigentum verloren, wenn E seinerseits Eigentum erworben hat. In Betracht kommt ein Eigentumserwerb des E vom Berechtigten A gemäß §§ 873, 925.

Die Parteien haben sich wirksam über den Eigentumsübergang geeinigt.

Die Eintragung der Einigung im Grundbuch ist erfolgt.

Die Parteien waren sich auch noch im Zeitpunkt der Eintragung einig.

A müsste Berechtigter gewesen sein. Berechtigt ist der verfügungsbefugte Eigentümer oder der Nichteigentümer, der gesetzlich verfügungsbefugt ist oder der vom Berechtigten ermächtigt ist. A war weder Eigentümer noch Ermächtigter nach § 185. Eine sonstige Verfügungsbefugnis ist nicht ersichtlich. Somit fehlte die Berechtigung des A.

Demnach hat E nicht vom Berechtigten A gemäß §§ 873, 925 Eigentum erworben. W hat also auf diesem Wege sein Eigentum nicht verloren.

cc. W hätte jedoch sein Eigentum verloren, wenn E seinerseits Eigentum vom Nichtberechtigten A gemäß §§ 873, 925, 892 erworben hat.

Die Parteien haben sich wirksam über den Eigentumsübergang geeinigt.

Die Eintragung der Einigung im Grundbuch ist erfolgt.

Die Parteien waren sich auch noch im Zeitpunkt der Eintragung einig.

Fraglich ist, ob die Voraussetzungen des § 892 vorliegen.

Es hat ein rechtsgeschäftlicher Erwerb stattgefunden.

Außerdem müsste ein Verkehrsgeschäft vorliegen. Ein solches ist beim Güteraustausch zwischen zwei Personen gegeben. Es liegt regelmäßig nicht vor bei

Grundstückseigentum

persönlicher oder wirtschaftlicher Identität des Übereignenden mit dem Erwerber. Zwar handelt es sich an sich einen Güteraustausch zwischen zwei nicht identischen Personen, nämlich zwischen E und A. Zugleich handelt es sich aber um einen Fall der sogenannten „vorweggenommenen Erbfolge". Der Erwerber (E) verdient insofern keinen Schutz. Wäre die Erbfolge (§ 1922) eingetreten, hätte er niemals gutgläubig Eigentum erwerben können. Dann fehlte nämlich schon ein rechtsgeschäftlicher Erwerb. Wenn aber – wie hier – die Erbfolge nur vorweggenommen wird, darf der zukünftige Erbe durch den vorherigen Erwerb nicht besser gestellt werden, als wenn er das Grundstück (erst) durch einen Erbfall erworben hätte. Danach ist ein Verkehrsgeschäft zu verneinen.

Also fehlt es an einer Voraussetzung des § 892.

Demnach hat E auch nicht vom Nichtberechtigten A gemäß §§ 873, 925, 892 Eigentum erworben. Auch auf diese Weise hat W sein Eigentum nicht verloren.

dd. Somit ist der Anspruchsteller W nach wie vor Eigentümer.

c. Also liegen die Voraussetzungen des § 985 vor.

2. Der Anspruchsgegner dürfte zudem kein Recht zum Besitz gemäß § 986 haben. Ein Recht des E zum Besitz am Grundstück ist nicht ersichtlich. Damit steht § 986 dem Anspruch auf Herausgabe nicht entgegen.

3. Demnach ist der Anspruch entstanden.

II. Der Anspruch ist nicht untergegangen.

III. Er ist auch durchsetzbar.

IV. W hat gegen E den Anspruch auf Herausgabe des Grundstücks gemäß § 985.

Fazit

1. Solche Fälle werden euch in der Praxis wohl nur begegnen, wenn euer Dozent das Problem vor der Klausur angerissen hat. Aus dem Himmel der Erkenntnis war der Fall sicherlich nicht zu lösen. Ich wollte lediglich aufzeigen, dass es auch im Prüfungspunkt *„Verkehrsgeschäft"* rumoren kann.

2. Merkt euch nur so viel, wie euch die Definition in der Lösungsskizze verraten hat: Ein Verkehrsgeschäft liegt beim **Güteraustausch** zwischen zwei Personen, nicht aber bei persönlicher oder wirtschaftlicher Identität des Übereignenden mit dem Erwerber vor. Das sollte reichen, um problemgeschärft in die Klausur zu marschieren.

Fall 10

Fall 10

Eigentümer E verpachtet sein Grundstück an B. Danach wird über das Vermögen des E das Insolvenzverfahren eröffnet. Eine entsprechende Eintragung erfolgt im Grundbuch. Anschließend veräußert E das Grundstück an den gutgläubigen Y, der das Grundbuch nicht einsieht. Die Eintragung des Y als Eigentümer des Grundstücks erfolgt trotz der bestehenden Eintragung der Eröffnung des Insolvenzverfahrens. Als die Pachtzeit abgelaufen ist, verlangt Y vom weiternutzenden B Herausgabe des Grundstücks gemäß § 985.

Frage: Zu Recht?

Lösungsskizze Fall 10

- **Y gegen B Herausgabe des Grundstücks gemäß § 985?**

I. Anspruch entstanden?

   1. *Voraussetzungen des § 985?*

      a. *Anspruchsgegner (B) ist Besitzer?* (+)

      b. *Anspruchsteller (Y) ist Eigentümer?*

        aa. *ursprünglich* (–)

        bb. *Eigentumserwerb des Y von E gemäß §§ 873, 925?*
        = Erwerb des Y vom Berechtigten E

          (1) Einigung?
          = Auflassung = dinglicher Vertrag zwischen Veräußerer und Erwerber über den Eigentumsübergang

            (a) zwei wirksame Willenserklärungen? (+)

            (b) keine Vereinbarung einer Bedingung, § 925 II? (+)

            (c) Abgabe der Willenserklärungen in der Form des § 925 I? (+)

            (d) <u>also</u>: Einigung (+)

          (2) Eintragung der Einigung im Grundbuch? (+)

          (3) Einigsein im Zeitpunkt der Eintragung?
          = keine der Willenserklärungen darf widerrufen worden sein
            HIER (+) → kein Widerruf

          (4) Berechtigung des Veräußerers?
          = der verfügungsbefugte Eigentümer oder der Nichteigentümer, der gesetzlich verfügungsbefugt ist oder der vom Berechtigten ermächtigt ist

Grundstückseigentum

HIER (−) → E ist zwar Eigentümer, aber durch die Eröffnung des Insolvenzverfahrens (§ 80 I InsO = Insolvenzordnung) in seiner Verfügungsbefugnis beschränkt (relative Verfügungsbeschränkung)

(5) also: Eigentumserwerb des Y vom Berechtigten E gemäß §§ 873, 925 (−)

cc. **Eigentumserwerb des Y von E gemäß §§ 873, 925, 892 ?**
= Erwerb des Y vom Nichtberechtigten E

(1) Einigung ? (+), s.o.

(2) Eintragung der Einigung im Grundbuch ? (+), s.o.

(3) Einigsein im Zeitpunkt der Eintragung ? (+), s.o.

(4) „Berechtigungsersatz" ?
= Voraussetzungen des § 892

(a) Rechtsgeschäftlicher Erwerb ? (+)

(b) Verkehrsgeschäft ? (+)

(c) Unrichtigkeit des Grundbuchs ?
= Inhalt des Grundbuchs stimmt nicht mit der Wirklichkeit überein

HIER (−) !!! → in das Grundbuch wurde richtigerweise die Verfügungsbeschränkung des E eingetragen

(d) also: Voraussetzungen des § 892 (−)

(5) also: Eigentumserwerb des Y vom Nichtberechtigten E gemäß §§ 873, 925, 892 (−)

dd. *also: Anspruchsteller (Y) ist Eigentümer (−)*

c. *also: Voraussetzungen des § 985 (−)*

2. *also: Anspruch entstanden (−)*

II. Ergebnis:
Y gegen B Herausgabe des Grundstücks gemäß § 985 (−)

Formulierungsvorschlag Fall 10

- **Y gegen B Herausgabe des Grundstücks gemäß § 985**

Y könnte gegen B einen Anspruch auf Herausgabe des Grundstücks gemäß § 985 haben.

I. Der Anspruch müsste entstanden sein.

1. Nach § 985 muss der Anspruchsteller Eigentümer und der Anspruchsgegner Besitzer der Sache sein.

Fall 10

a. Anspruchsgegner B ist Besitzer des Grundstücks.

b. Anspruchsteller Y müsste Eigentümer des Grundstücks sein.

aa. Ursprünglich war er nicht Eigentümer.

bb. Y könnte jedoch Eigentum vom Berechtigten E gemäß §§ 873, 925 erworben haben.

Die Parteien haben sich wirksam über den Eigentumsübergang geeinigt.

Die Eintragung der Einigung im Grundbuch ist erfolgt.

Die Parteien waren sich auch noch im Zeitpunkt der Eintragung einig.

E müsste Berechtigter gewesen sein. Berechtigt ist der verfügungsbefugte Eigentümer oder der Nichteigentümer, der gesetzlich verfügungsbefugt ist oder der vom Berechtigten ermächtigt ist. E war zwar Eigentümer, aber durch die Eröffnung des Insolvenzverfahrens in seiner Verfügungsbefugnis beschränkt, § 80 I InsO (relative Verfügungsbeschränkung). E war auch nicht Ermächtigter nach § 185. Eine sonstige Verfügungsbefugnis ist nicht ersichtlich. Somit fehlte die Berechtigung des E.

Demnach hat Y nicht vom Berechtigten E gemäß §§ 873, 925 Eigentum erworben.

cc. Y könnte jedoch Eigentum vom Nichtberechtigten E gemäß §§ 873, 925, 892 erworben haben.

Die Parteien haben sich wirksam über den Eigentumsübergang geeinigt.

Die Eintragung der Einigung im Grundbuch ist erfolgt.

Die Parteien waren sich auch noch im Zeitpunkt der Eintragung einig.

Fraglich ist, ob die Voraussetzungen des § 892 vorliegen.

Es hat ein rechtsgeschäftlicher Erwerb stattgefunden.

Außerdem liegt ein Verkehrsgeschäft vor.

Zudem müsste das Grundbuch unrichtig sein. Das Grundbuch ist unrichtig, wenn sein Inhalt nicht mit der Wirklichkeit übereinstimmt. Im Grundbuch wurde jedoch richtigerweise die Verfügungsbeschränkung des E eingetragen. Mithin war der Inhalt des Grundbuchs richtig.

Also fehlt es an einer Voraussetzung des § 892.

Demnach hat Y auch nicht vom Nichtberechtigten E gemäß §§ 873, 925, 892 Eigentum erworben.

dd. Somit ist der Anspruchsteller Y nicht Eigentümer.

c. Also fehlt es an einer Voraussetzung des § 985.

2. Demnach ist der Anspruch nicht entstanden.

II. Mithin hat Y gegen B keinen Anspruch auf Herausgabe des Grundstücks gemäß § 985.

Grundstückseigentum

Fazit

1. Ein Eigentumserwerb des Anspruchstellers Y vom Berechtigten E scheiterte an der Berechtigung des Veräußerers. E ist zwar nach wie vor Eigentümer des Grundstücks, aber durch die Eröffnung des *Insolvenz*verfahrens (vgl. § 80 I InsO) in seiner Verfügungsbefugnis beschränkt (relative Verfügungsbeschränkung).

   Bereits im Fazit zu Fall 6 hatte ich Wissenswertes zu den Begriffen „Konkurs" und „Insolvenz" ausgeführt.

2. Bei der Prüfung des Eigentumserwerbs des Anspruchstellers Y vom Nichtberechtigten E war der Prüfungspunkt „Berechtigungsersatz" (= Voraussetzungen des § 892) problematisch. Während die Prüfungsunterpunkte „Rechtsgeschäftlicher Erwerb" und „Verkehrsgeschäft" schnell bejaht werden konnten, bereitete die *„Unrichtigkeit des Grundbuchs"* u.U. Kopfschmerzen. Eine solche Unrichtigkeit des Grundbuchs liegt nur vor, wenn der Inhalt des Grundbuchs nicht mit der Wirklichkeit übereinstimmt. Das Grundbuch war aber nicht unrichtig! Richtigerweise wurde die Verfügungsbeschränkung des E im Grundbuch eingetragen. Also scheiterte ein Eigentumserwerb vom Nichtberechtigten an dieser Stelle.

3. Wichtig: Auf die Frage, ob der Erwerber im Rahmen des § 892 gutgläubig war, kam es gar nicht an.

Fall 11

Fall 11

E ist als Eigentümer eines Hausgrundstücks zu Unrecht im Grundbuch eingetragen. Er verkauft das Grundstück an den gutgläubigen Y. Eine Einigung über den Eigentümerwechsel und der Antrag auf Eintragung desselben im Grundbuch erfolgen. Jetzt erfährt Y, dass nicht E, sondern W der wahre Eigentümer ist. Die Grundbucheintragung des Y als Eigentümer wird wenig später vorgenommen. Kurz darauf besetzt der Hausbesetzer H das Anwesen.

Frage: Hat Y gegen H einen Herausgabeanspruch aus § 985 ?

Lösungsskizze Fall 11

- Y gegen H Herausgabe des Grundstücks gemäß § 985 ?

I. Anspruch entstanden ?

   1. *Voraussetzungen des § 985 ?*

      a. *Anspruchsgegner (H) ist Besitzer ?* (+)

      b. *Anspruchsteller (Y) ist Eigentümer ?*

         aa. *ursprünglich* (−)

         bb. *Eigentumserwerb des Y von E gemäß §§ 873, 925 ?*
         = Erwerb des Y vom Berechtigten E

           (1) Einigung ?
           = Auflassung = dinglicher Vertrag zwischen Veräußerer und Erwerber über den Eigentumsübergang

              (a) zwei wirksame Willenserklärungen ? (+)

              (b) keine Vereinbarung einer Bedingung, § 925 II ? (+)

              (c) Abgabe der Willenserklärungen in der Form des § 925 I ? (+)

              (d) <u>also</u>: Einigung (+)

           (2) Eintragung der Einigung im Grundbuch ? (+)

           (3) Einigsein im Zeitpunkt der Eintragung ?
           = keine der Willenserklärungen darf widerrufen worden sein

           HIER (+) → kein Widerruf

           (4) Berechtigung des Veräußerers ?
           = der verfügungsbefugte Eigentümer oder der Nichteigentümer, der gesetzlich verfügungsbefugt ist oder der vom Berechtigten ermächtigt ist

Grundstückseigentum

HIER (−) → E ist weder Eigentümer noch Ermächtigter nach § 185; eine sonstige Verfügungsbefugnis ist nicht ersichtlich

(5) also: Eigentumserwerb des Y vom Berechtigten E gemäß §§ 873, 925 (−)

cc. Eigentumserwerb des Y von E gemäß §§ 873, 925, 892 ?
= Erwerb des Y vom Nichtberechtigten E

(1) Einigung ? (+), s.o.

(2) Eintragung der Einigung im Grundbuch ? (+), s.o.

(3) Einigsein im Zeitpunkt der Eintragung ? (+), s.o.

(4) „Berechtigungsersatz" ?
= Voraussetzungen des § 892

(a) Rechtsgeschäftlicher Erwerb ? (+)

(b) Verkehrsgeschäft ? (+)

(c) Unrichtigkeit des Grundbuchs ?
= Inhalt des Grundbuchs stimmt nicht mit der Wirklichkeit überein

HIER (+) → E ist fälschlicherweise als Eigentümer im Grundbuch eingetragen

(d) Legitimation des Verfügenden als Berechtigter ? (+)

(e) Gutgläubigkeit des Erwerbers ?
= keine positive Kenntnis von der Unrichtigkeit des Grundbuchs bis zur Vollendung des Rechtserwerbs

HIER (+) → Y hatte keine positive Kenntnis von der Unrichtigkeit des Grundbuchs; zwar könnte man meinen, dass die Gutgläubigkeit zum Zeitpunkt des Rechtserwerbs (= Eintragung im Grundbuch) nicht mehr vorlag, weil Y zu diesem Zeitpunkt wusste, dass nicht E, sondern W wahrer Eigentümer ist; gemäß § 892 II Hs. 1 muss die Gutgläubigkeit jedoch nur bis zur Antragstellung vorliegen, wenn nur noch die Eintragung erforderlich ist; diese Voraussetzung liegt bei Y vor

(f) keine Eintragung eines Widerspruchs gemäß § 899 gegen die Richtigkeit des Grundbuchs ? (+)

(g) also: Voraussetzungen des § 892 (+)

(5) also: Eigentumserwerb des Y vom Nichtberechtigten E gemäß §§ 873, 925, 892 (+)

dd. also: Anspruchsteller (Y) ist Eigentümer (+)

c. also: Voraussetzungen des § 985 (+)

2. Voraussetzungen des § 986 ?
= Anspruchsgegner hat kein Recht zum Besitz

HIER (+) → Hausbesetzer H hat kein Besitzrecht

Fall 11

3. also: Anspruch entstanden (+)

II. Anspruch untergegangen ? (−)

III. Anspruch durchsetzbar ? (+)

IV. Ergebnis:
Y gegen H Herausgabe des Grundstücks gemäß § 985 (+)

Formulierungsvorschlag Fall 11

- Y gegen H Herausgabe des Grundstücks gemäß § 985

Y könnte gegen H einen Anspruch auf Herausgabe des Grundstücks gemäß § 985 haben.

I. Der Anspruch müsste entstanden sein.

1. Nach § 985 muss der Anspruchsteller Eigentümer und der Anspruchsgegner Besitzer der Sache sein.

a. Anspruchsgegner H ist Besitzer des Grundstücks.

b. Anspruchsteller Y müsste Eigentümer des Grundstücks sein.

aa. Ursprünglich war er nicht Eigentümer.

bb. Y könnte jedoch Eigentum vom Berechtigten E gemäß §§ 873, 925 erworben haben.

Die Parteien haben sich wirksam über den Eigentumsübergang geeinigt.

Die Eintragung der Einigung im Grundbuch ist erfolgt.

Die Parteien waren sich auch noch im Zeitpunkt der Eintragung einig.

E müsste Berechtigter gewesen sein. Berechtigt ist der verfügungsbefugte Eigentümer oder der Nichteigentümer, der gesetzlich verfügungsbefugt ist oder der vom Berechtigten ermächtigt ist. E war weder Eigentümer noch Ermächtigter nach § 185. Eine sonstige Verfügungsbefugnis ist nicht ersichtlich. Somit fehlte die Berechtigung des E.

Demnach hat Y nicht vom Berechtigten E gemäß §§ 873, 925 Eigentum erworben.

cc. Y könnte jedoch Eigentum vom Nichtberechtigten E gemäß §§ 873, 925, 892 erworben haben.

Die Parteien haben sich wirksam über den Eigentumsübergang geeinigt.

Die Eintragung der Einigung im Grundbuch ist erfolgt.

Die Parteien waren sich auch noch im Zeitpunkt der Eintragung einig.

79

Grundstückseigentum

Fraglich ist, ob die Voraussetzungen des § 892 vorliegen.

Es hat ein rechtsgeschäftlicher Erwerb stattgefunden.

Außerdem liegt ein Verkehrsgeschäft vor.

Zudem ist das Grundbuch unrichtig. E ist fälschlicherweise als Eigentümer im Grundbuch eingetragen.

Der das Eigentum Übertragende war aus dem Grundbuch als Berechtigter ersichtlich.

Weiterhin muss der Erwerber im Zeitpunkt des Rechtserwerbs gutgläubig gewesen sein. Diesbezüglich schadet nur positive Kenntnis von der Unrichtigkeit des Grundbuchs. Zwar könnte man meinen, dass die Gutgläubigkeit zum Zeitpunkt des Rechtserwerbs (= Eintragung im Grundbuch) nicht mehr vorlag, weil Y zu diesem Zeitpunkt wusste, dass nicht E, sondern W wahrer Eigentümer ist. Gemäß § 892 II Hs. 1 muss die Gutgläubigkeit jedoch nur bis zur Antragstellung vorliegen, wenn nur noch die Eintragung erforderlich ist. Diese Voraussetzung liegt bei Y vor. Er war somit gutgläubig.

Ein Widerspruch gemäß § 899 gegen die Richtigkeit des Grundbuchs ist nicht erfolgt.

Also liegen die Voraussetzungen des § 892 vor.

Demnach hat Y vom Nichtberechtigten E gemäß §§ 873, 925, 892 Eigentum erworben.

dd. Somit ist der Anspruchsteller Y Eigentümer.

c. Also liegen die Voraussetzungen des § 985 vor.

2. Der Anspruchsgegner dürfte zudem kein Recht zum Besitz gemäß § 986 haben. H hat als Hausbesetzer kein Recht zum Besitz am Grundstück. Damit steht § 986 dem Anspruch auf Herausgabe nicht entgegen.

3. Demnach ist der Anspruch entstanden.

II. Der Anspruch ist nicht untergegangen.

III. Er ist auch durchsetzbar.

IV. Y hat gegen H den Anspruch auf Herausgabe des Grundstücks gemäß § 985.

Fazit

1. Ihr hattet es mit einer weiteren Problemkonstellation zu tun, die gerne in Klausuren auftaucht.

   Es drehte sich alles um die Frage, **wann oder bis wann** der vom Nichtberechtigten Erwerbende **gutgläubig** sein muss. Anders gefragt: Bis zu welchem Zeitpunkt darf der Erwerbende keine positive Kenntnis von der Unrichtigkeit des Grundbuchs haben? Gilt grundsätzlich, dass der gute Glaube bis zur Ein-

Fall 11

tragung im Grundbuch vorhanden sein muss? Oder ist ein Erwerb auch möglich, wenn der Erwerber vor der Eintragung bösgläubig wird?

Die Erleuchtung bringt – wie so oft – das Gesetz. Der ein wenig ungenau formulierte *§ 892 II Hs. 1* beantwortet die Fragen. Ist zum (hier: Grundstücks-) Erwerb (nur noch) die Eintragung erforderlich, ist für die Kenntnis des Erwerbers der Zeitpunkt der Antragstellung auf Eintragung maßgebend. Also: Ergänzt den Gesetzestext um die schon im vorigen Satz in Klammern aufgeführten Worte „nur noch". Dann dürfte alles klar sein. Nach der Antragstellung darf der Erwerbende bösgläubig sein. Das schadet dann nix mehr.

Und welchen Sinn hat das? Warum bis zur Antragstellung gutgläubig, dann aber ruhig bösgläubig?

Ihr habt eine **ähnliche Konstellation** schon einmal kennengelernt. In Fall 6 seid ihr mit *§ 878* konfrontiert worden. Lest zunächst das dortige Fazit abermals.

2. § 878 ist im Rahmen eines Erwerbs vom Berechtigten innerhalb des Prüfungspunktes „Berechtigung des Veräußerers" zu berücksichtigen. Es soll die Frage geklärt werden, bis zu welchem Zeitpunkt der Veräußerer berechtigt sein muss bzw. ab wann eine (nachträgliche) Verfügungsbeschränkung für den (hier: Eigentums-) Erwerb keine Rolle mehr spielt.

§ 892 II Hs. 1 ist im Rahmen eines gutgläubigen Erwerbs vom Nichtberechtigten innerhalb des Prüfungspunktes „Gutgläubigkeit des Erwerbers" einzubeziehen. Es soll die Frage geklärt werden, bis zu welchem Zeitpunkt der Erwerber gutgläubig sein muss bzw. ab wann eine Bösgläubigkeit für den (hier: Eigentums-) Erwerb keine Rolle mehr spielt.

Beiden Regelungen ist eines gemein. Und nun wiederhole ich mich. Das alles habt ihr schon einmal im Rahmen des Fall 6 – dort zu § 878 – gelesen: Beide Normen stellen auf den Zeitpunkt ab, ab dem nur noch die Eintragung im Grundbuch zum endgültigen Rechtserwerb fehlt. Wie lange es dauert, bis es zu einer Eintragung kommt, wissen nur die Götter und die Grundbuchbeamten. Es kann ganz schnell gehen oder ein bisschen länger dauern. Nun noch einmal zu § 878: Und wenn dann die nachträgliche Verfügungsbeschränkung zu einem Zeitpunkt eintritt, in der die Eintragungsprozedur eben etwas länger dauert? Und (noch) nicht eingetreten wäre, wenn die Eintragung recht schnell erfolgt wäre? Oder zu § 892 II Hs. 1: Und wenn der Erwerber zu einem Zeitpunkt bösgläubig wird, in der die Eintragungsprozedur eben etwas länger dauert? Und er (noch) gutgläubig gewesen wäre, wenn die Eintragung recht schnell erfolgt wäre?

Eben: Vor diesen Unwägbarkeiten soll der Erwerber durch § 878 und durch § 892 II Hs. 1 geschützt werden.

Grundstückseigentum

Fall 12

Der zu Unrecht im Grundbuch als Eigentümer eingetragene L veräußert „sein" Hausgrundstück an den gutgläubigen C. Kurz vor der erwarteten Eintragung des C im Grundbuch erwirkt der wahre Eigentümer E per einstweiliger Verfügung die Eintragung eines Widerspruchs gegen die Richtigkeit des Grundbuchs. Zwischenzeitlich ist C – mit Erlaubnis des L – in das Haus eingezogen und hat es sich gemütlich gemacht. E verlangt von C Herausgabe des Grundstücks. C bemerkt zu Recht, er sei bei der Antragstellung auf Eintragung gutgläubig gewesen (§ 892 II Hs. 1). Auf die Eintragung des Widerspruchs komme es deshalb nicht an. Er erwarte täglich seine Eintragung als Eigentümer und lehne deshalb die Räumung des Grundstücks ab.

Frage: Wird C als Eigentümer im Grundbuch eingetragen werden?

Lösungsskizze Fall 12

Vorüberlegung: C wird als Eigentümer im Grundbuch eingetragen werden, wenn alle Voraussetzungen für einen Eigentumserwerb vorliegen, die schlussendlich zur Eintragung führen müssen.

- **Voraussetzungen für einen Eigentumserwerb des C ?**

I. Voraussetzungen für Eigentumserwerb des C von L gemäß §§ 873, 925 ?
 = Erwerb des C vom Berechtigten L

 1. Einigung ?
  = Auflassung = dinglicher Vertrag zwischen Veräußerer und Erwerber über den Eigentumsübergang

  a. zwei wirksame Willenserklärungen ? (+)

  b. keine Vereinbarung einer Bedingung, § 925 II ? (+)

  c. Abgabe der Willenserklärungen in der Form des § 925 I ? (+)

  d. also: Einigung (+)

 2. Einigsein im Zeitpunkt der Eintragung ?
  = keine der Willenserklärungen darf widerrufen worden sein

  HIER (+) → zwar ist noch keine Eintragung erfolgt; ein Widerruf im Verhältnis Veräußerer (L) – Erwerber (C) ist jedoch bisher nicht erfolgt und auch bis zur etwaigen Eintragung des C auszuschließen; L will das Grundstück veräußern und C möchte es erwerben

 3. Berechtigung des Veräußerers ?
  = der verfügungsbefugte Eigentümer oder der Nichteigentümer, der gesetzlich verfügungsbefugt ist oder der vom Berechtigten ermächtigt ist

Fall 12

HIER (−) → L ist weder Eigentümer noch Ermächtigter nach § 185; eine sonstige Verfügungsbefugnis ist nicht ersichtlich

4. also: Voraussetzungen für Eigentumserwerb des C vom Berechtigten L gemäß §§ 873, 925 (−)

II. Voraussetzungen für Eigentumserwerb des C von L gemäß §§ 873, 925, 892?
= Erwerb des C vom Nichtberechtigten L

1. Einigung? (+), s.o.

2. Einigsein im Zeitpunkt der Eintragung? (+), s.o.

3. „Berechtigungsersatz"?
= Voraussetzungen des § 892

a. Rechtsgeschäftlicher Erwerb? (+)

b. Verkehrsgeschäft? (+)

c. Unrichtigkeit des Grundbuchs?
= Inhalt des Grundbuchs stimmt nicht mit der Wirklichkeit überein

HIER (+) → L ist fälschlicherweise als Eigentümer im Grundbuch eingetragen

d. Legitimation des Verfügenden als Berechtigter? (+)

e. Gutgläubigkeit des Erwerbers?
= keine positive Kenntnis von der Unrichtigkeit des Grundbuchs bis zur Vollendung des Rechtserwerbs

HIER (+) → C hatte keine positive Kenntnis von der Unrichtigkeit des Grundbuchs

f. keine Eintragung eines Widerspruchs gemäß § 899 gegen die Richtigkeit des Grundbuchs?

HIER (−) → kurz vor der erwarteten Eintragung des C im Grundbuch hat der wahre Eigentümer E per einstweiliger Verfügung die Eintragung eines Widerspruchs gegen die Richtigkeit des Grundbuchs erwirkt; soweit der potenzielle Erwerber C einwendet, er sei bei der Antragstellung auf Eintragung gutgläubig gewesen (§ 892 II Hs. 1) und auf die Eintragung des Widerspruchs komme es deshalb nicht an, geht er fehl; nur die tatsächliche Eintragung des Widerspruchs zählt insofern und schließt einen gutgläubigen Erwerb vom Nichtberechtigten aus

g. also: Voraussetzungen des § 892 (−)

4. also: Voraussetzungen für Eigentumserwerb des C vom Nichtberechtigten L gemäß §§ 873, 925, 892 (−)

III. Ergebnis:
Voraussetzungen für einen Eigentumserwerb des C (−) und somit Eintragung des C als Eigentümer im Grundbuch (−)

Grundstückseigentum

Formulierungsvorschlag Fall 12

C wird als Eigentümer im Grundbuch eingetragen werden, wenn alle Voraussetzungen für einen Eigentumserwerb vorliegen, die schlussendlich zur Eintragung führen müssen.

- Voraussetzungen für einen Eigentumserwerb des C

I. Möglicherweise liegen die Voraussetzungen für einen Eigentumserwerb des C vom Berechtigten L gemäß §§ 873, 925 vor.

1. Die Parteien haben sich wirksam über den Eigentumsübergang geeinigt.

2. Die Parteien werden sich auch noch im Zeitpunkt der Eintragung einig sein. Zwar ist noch keine Eintragung erfolgt; ein Widerruf im Verhältnis L – C, also im Verhältnis Veräußerer – Erwerber ist jedoch bisher nicht erfolgt und auch bis zur etwaigen Eintragung des C auszuschließen. L will das Grundstück veräußern und C möchte es erwerben.

3. L müsste Berechtigter gewesen sein. Berechtigt ist der verfügungsbefugte Eigentümer oder der Nichteigentümer, der gesetzlich verfügungsbefugt ist oder der vom Berechtigten ermächtigt ist. L war weder Eigentümer noch Ermächtigter nach § 185. Eine sonstige Verfügungsbefugnis ist nicht ersichtlich. Somit fehlte die Berechtigung des L.

4. Demnach liegen die Voraussetzungen für einen Eigentumserwerb des C vom Berechtigten L gemäß §§ 873, 925 nicht vor.

II. Möglicherweise liegen jedoch die Voraussetzungen für einen Eigentumserwerb des C vom Nichtberechtigten L gemäß §§ 873, 925, 892 vor.

1. Die Parteien haben sich wirksam über den Eigentumsübergang geeinigt.

2. Die Parteien werden sich auch noch im Zeitpunkt der Eintragung einig sein.

3. Fraglich ist, ob die Voraussetzungen des § 892 vorliegen.

a. Es hat ein rechtsgeschäftlicher Erwerb stattgefunden.

b. Außerdem liegt ein Verkehrsgeschäft vor.

c. Zudem ist das Grundbuch unrichtig. L ist fälschlicherweise als Eigentümer im Grundbuch eingetragen.

d. Der das Eigentum Übertragende war aus dem Grundbuch als Berechtigter ersichtlich.

e. Weiterhin muss der Erwerber im Zeitpunkt des Rechtserwerbs gutgläubig gewesen sein. Diesbezüglich schadet nur positive Kenntnis von der Unrichtigkeit des Grundbuchs. C hatte keine Kenntnis von der Unrichtigkeit des Grundbuchs, war also gutgläubig.

f. E hat jedoch kurz vor der erwarteten Eintragung des C im Grundbuch per einstweiliger Verfügung die Eintragung eines Widerspruchs gemäß § 899 gegen die Richtigkeit des Grundbuchs erwirkt. Fraglich ist, wie sich die Eintra-

Fall 12

gung des Widerspruchs auf die Tatsache auswirkt, dass der potenzielle Erwerber C bei der Antragstellung auf Eintragung gutgläubig gewesen ist, § 892 II Hs. 1. Auf die Gutgläubigkeit zum Zeitpunkt des Antrags auf Eintragung kommt es jedoch nicht an, wenn später ein Widerspruch gegen die Richtigkeit des Grundbuchs erfolgt ist. Nur die tatsächliche Eintragung des Widerspruchs vor der Eintragung eines neuen Eigentümers zählt insofern und schließt einen gutgläubigen Erwerb vom Nichtberechtigten aus.

g. Also sind nicht alle Voraussetzungen des § 892 erfüllt.

4. Demnach liegen auch die Voraussetzungen für einen Eigentumserwerb des C vom Nichtberechtigten L gemäß §§ 873, 925 nicht vor.

III. Da nicht alle Voraussetzungen für einen Eigentumserwerb vorliegen, die schlussendlich zur Eintragung führen müssen, wird C nicht als Eigentümer im Grundbuch eingetragen werden.

Fazit

1. Und wieder einmal ein Fall, der in der Fragestellung nicht an den Herausgabeanspruch des § 985 anknüpfte, sondern im Kern nach dem Eigentumserwerb fragte. Der Aufbau sollte an sich keine Probleme bereitet haben.

2. Im Übrigen führte der Fall die Problematik des vorigen Falles 11 fort. Es sollte die Frage beleuchtet werden, ob der gute Glaube seitens des Erwerbers bis zum Zeitpunkt der Antragstellung auf Eintragung ausreicht, um tatsächlich mit der späteren Eintragung im Grundbuch Eigentum zu erwerben. Oder ob die Eintragung eines Widerspruchs gegen die Richtigkeit des Grundbuchs eine Berufung auf § 892 II Hs. 1 ausschließt.

3. Tatsächlich ist darauf abzustellen, ob ein **Widerspruch** eingetragen wurde oder nicht. Ist ein Widerspruch zwischen dem Antrag auf Eintragung und der tatsächlichen Eintragung erfolgt, besteht kein Gutglaubensschutz.

4. Die Eintragung eines Widerspruchs kann derjenige bewirken, der einen **Anspruch aus § 894** hat. Der sogenannte Grundbuchberichtigungsanspruch setzt voraus, dass jemand ein Recht besitzt, das nicht richtig im Grundbuch eingetragen ist. Er ist also benachteiligt. In unserem Fall war das der wahre Eigentümer E. Weil aber die Geltendmachung des Anspruchs aus § 894 geraume Zeit in Anspruch nehmen kann, eröffnet das Gesetz die schnelle Möglichkeit der Eintragung eines Widerspruchs gegen die Richtigkeit des Grundbuchs. Die Eintragung des Widerspruchs soll den Benachteiligten schützen. Der wahre Eigentümer E kann somit grundsätzlich den gutgläubigen Erwerb eines Dritten vom zu Unrecht im Grundbuch eingetragenen Nichtberechtigten verhindern.

5. Und zum Schluss: Die Prüfung des an sich obligatorischen Punktes *„Eintragung der Einigung im Grundbuch"* musste hier selbstverständlich *fehlen*. Die Fragestellung lautete nämlich, ob C als Eigentümer im Grundbuch eingetragen werden wird. Damit kann noch gar keine Eintragung der Einigung erfolgt

Grundstückseigentum

sein. Wenn ihr den folgenden Prüfungspunkt „Einigsein im Zeitpunkt der Eintragung" überhaupt ansprechen wolltet, musste das in der hier präsentierten Form geschehen. Unter Hinweis auf die noch nicht erfolgte Eintragung war aufzuschlüsseln, dass im Verhältnis L – C bis zur Eintragung nicht mit einem Widerspruch zu rechnen ist, da L an der Veräußerung (er will ja Kohle sehen!) und C am Erwerb des Grundstücks interessiert ist.

6. So, dieses Kapitel habt ihr geschafft. Es bietet die Grundlage für alle folgenden Fälle. Solltet ihr mit Unsicherheiten kämpfen, empfiehlt es sich durchaus, die vorigen Fälle nochmals durchzuarbeiten. Denn: Das Immobiliarsachenrecht ist ein großer Baukasten!

Eine kleine Einführung

Hypothek

- Eine kleine Einführung

1. Vorgeplänkel

Und jetzt ein weiterer wichtiger Themenblock innerhalb des Immobiliarsachenrechts. Ab nun werdet ihr euch zunächst mit den unterschiedlichen Erwerbsformen der Hypothek herumärgern und die eine oder andere Gemeinheit kennenlernen. Danach habt ihr die Möglichkeit, euch mit Einwendungen und Einreden gegen den Anspruch aus der Hypothek zu beschäftigen. Doch halt: Was ist überhaupt eine Hypothek und welche unterschiedlichen Arten gibt es? Ist ein gutgläubiger Erwerb möglich? Gibt es Besonderheiten? Ach, der Fragen sind so viele.

2. Hypothekenerwerb im Anspruchsaufbau

Zunächst das Allgemeine. Im Immobiliarsachenrecht gibt es Grundpfandrechte. Zu diesen beschränkt dinglichen Rechten gehören klausurträchtig die Hypothek (§§ 1113 ff) und die Grundschuld (§§ 1191 ff).

Wenden wir uns der **Hypothek** zu. Sie dient der *Sicherung eines schuldrechtlichen Anspruchs*. Oft wird ein Anspruch auf Darlehensrückzahlung (§ 488 I 2) gesichert, es kommt aber *jeder* andere *Zahlungsanspruch* in Betracht (z.B. § 433 II). Das Besondere bei der Hypothek ist, dass der Gläubiger sich im Falle der Nichtzahlung an das Grundstück halten kann, für das der Schuldner oder eine dritte Person die Hypothek „bestellt" hat. Der Gläubiger hat dann nämlich die Möglichkeit, gemäß § 1147 die Duldung der Zwangsvollstreckung zu verlangen.

Der Vorteil der Hypothek (und der Grundschuld) als Sicherungsmittel ist wie schon gesagt, dass der Gläubiger einer gesicherten Forderung sich gemäß *§ 1147* aus dem Grundstück befriedigen kann. Eine derart feste Sicherheit bieten die übrigen bekannten Kreditsicherungsmittel nicht. Denkt etwa an die sogenannten Personalsicherheiten oder -kredite. Dazu gehört etwa die Bürgschaft. Hier besteht u.a. die Möglichkeit, dass derjenige, der die Forderung persönlich gesichert hat, zahlungsunfähig wird. Dann schaut der Gläubiger verwundert in die Röhre. Auch andere Sicherungsmittel bieten nicht denselben Schutz wie die Hypothek (oder die Grundschuld) bzw. sind im Rechtsverkehr äußerst umständlich. Das Pfandrecht an beweglichen Sachen hat z.B. den Nachteil, dass der Verpfändende den unmittelbaren Besitz an der verpfändeten Sache verliert. Daran sind in der Praxis nur wenige interessiert. Ohne auf alle übrigen Sicherungsmittel eingehen zu wollen, bleibt festzuhalten, dass die Hypothek (und die Grundschuld) wesentlich gläubigerfreundlicher ist.

Im Laufe der Jahre hat die Grundschuld der Hypothek als Sicherungsmittel in der Praxis allerdings den Rang abgelaufen. Warum, werdet ihr spätestens im Kapitel zu den Grundschuldfällen sehen. Nichtsdestotrotz hat der Gesetzgeber damals die Hy-

Hypothek

pothek präferiert und normiert, dass für die Grundschuld grundsätzlich die Voraussetzungen über die Hypothek gelten sollen (vgl. § 1192; lesen). Deshalb ist es unerlässlich, sich erst vertieft mit der Hypothek zu befassen, um anschließend die Besonderheiten der Grundschuld wesentlich einfacher verstehen zu können.

Um euch den Einstieg ins Hypothekenrecht zu erleichtern: In diesem Buch werde ich insbesondere auf die (normale) Verkehrshypothek eingehen. Sie gibt es in zwei Formen, nämlich als Briefhypothek und als Buchhypothek. Außerdem werdet ihr irgendwann die Sicherungshypothek kennenlernen. Sie spielt allerdings in Klausuren eine eher untergeordnete Rolle. Wie im ersten Kapitel (Eigentum) werdet ihr – diesmal im Rahmen des Anspruchs aus § 1147 (Duldung der Zwangsvollstreckung) – mit den unterschiedlichen Erwerbsformen bei der Hypothek konfrontiert. Ihr erinnert euch: Beim Erwerb des Eigentums an einem Grundstück gab es zwei Erwerbsformen, den Erwerb vom Berechtigten und den Erwerb vom Nichtberechtigten. Ebenso ist das im Hypothekenrecht. Aber es geht noch weiter.

Beim Eigentumserwerb habt ihr lediglich den „direkten" Erwerb des Erwerbers vom Eigentümer oder Nichteigentümer kennengelernt. Nun kann eine Hypothek aber auch übertragen werden. Das geschieht immer mit der Abtretung der Forderung, die die Hypothek sichern soll. Abtretung? Na klar, § 398!

Um es deutlich zu machen: Zuerst besteht die Hypothek nicht. Dann soll eine Forderung durch eine Hypothek gesichert werden. Es findet ein direkter Hypothekenerwerb zwischen dem Gläubiger der Forderung einerseits und dem Berechtigten oder Nichtberechtigten andererseits statt. Anschließend überträgt der Gläubiger – etwa weil er Geld benötigt – die durch die Hypothek gesicherte Forderung auf einen Dritten. Im Folgenden werde ich in dieser Konstellation vom „abgeleiteten" Erwerb sprechen. Der abgeleitete Erwerb ist wiederum grundsätzlich vom Berechtigten oder vom Nichtberechtigten möglich. Warum und in welchen Fällen ein Erwerb vom Nichtberechtigten möglich ist, werdet ihr in den folgenden Fällen erfahren.

Zu denken ist also an *vier Arten des Hypothekenerwerbs*:

- der *direkte Erwerb vom Berechtigten*
- der *direkte Erwerb vom Nichtberechtigten*

- der *abgeleitete Erwerb vom Berechtigten*
- der *abgeleitete Erwerb vom Nichtberechtigten*

In schriftlichen Arbeiten empfiehlt es sich, zunächst zu prüfen, ob ein direkter Hypothekenerwerb vom Berechtigten in Betracht kommt. Sollte dies mangels einer Berechtigung des Veräußerers ausscheiden, ist gleich im Anschluss daran zu erörtern, ob im speziellen Fall ein direkter Hypothekenerwerb vom Nichtberechtigten zu bejahen ist. Danach ist u.U. eine Prüfung des abgeleiteten Hypothekenerwerbs vom Berechtigten und – wenn's daran hapert – vom Nichtberechtigten gefragt.

Es ist grundsätzlich so wie bei der nunmehr bekannten Prüfung des Eigentumserwerbs. Ihr könnt in vielen Fällen auf das schon Erlernte zurückgreifen. Ich habe es schon erwähnt: Das Immobiliarsachenrecht ist ein großer Baukasten.

Fall 13

Fall 13

Aufgrund eines Darlehensvertrags zahlt H an S 100.000 €. Zur Sicherung der Rückzahlungsforderung des H einigen sich die Parteien über die Bestellung einer Briefhypothek am Grundstück des S. Die Hypothekenbestellung erfolgt unter Übergabe des Hypothekenbriefs.

Frage: Welche Ansprüche hat H, wenn die Forderung fällig ist?

Lösungsskizze Fall 13

- **H gegen S Rückzahlung des Darlehens gemäß § 488 I 2?**

    HIER (+) → die Rückzahlung ist fällig

- **H gegen S Duldung der Zwangsvollstreckung gemäß § 1147?**

I. Anspruch entstanden?

1. *Anspruchsgegner (S) ist Eigentümer des Grundstücks?* (+)

2. *Anspruchsteller (H) ist Inhaber der Briefhypothek?*

    a. *ursprünglich* (−)

    b. *Briefhypothekenerwerb des H von S gemäß §§ 873, 1113, 1115 ff?*
    = direkter Erwerb des H vom Berechtigten S

    aa. *Einigung, §§ 873, 1113 I?*
    = darüber, dass ein Grundstück eine bestimmte Forderung sichern soll

    HIER (+) → der Anspruch auf Rückzahlung des Darlehens sollte gesichert werden

    bb. *Eintragung der Einigung im Grundbuch, §§ 873, 1115?* (+)

    cc. *Briefübergabe oder -ersatz, § 1117?*

    HIER (+) → Übergabe, § 1117 I 1

    dd. *Bestehen der Forderung?*
    = die Hypothek ist akzessorisch; also ohne Forderung keine Hypothek

    HIER (+) → der Anspruch auf Darlehensrückzahlung, § 488 I 2

    ee. *Berechtigung des Bestellers?*

    HIER (+) → S ist verfügungsbefugter Grundstückseigentümer

    ff. *also: direkter Briefhypothekenerwerb des H vom Berechtigten S gemäß §§ 873, 1113, 1115 ff* (+)

Hypothek

c. *also:* Anspruchsteller (H) ist Inhaber der Briefhypothek (+)

3. *also:* Anspruch entstanden (+)

II. Anspruch untergegangen ? (−)

III. Anspruch durchsetzbar ? (+)

IV. Ergebnis:
H gegen S Anspruch auf Duldung der Zwangsvollstreckung gemäß § 1147 (+)

- **Gesamtergebnis**

H gegen S Rückzahlung des Darlehens gemäß § 488 I 2 (+) und im Falle der Nichtzahlung Anspruch auf Duldung der Zwangsvollstreckung gemäß § 1147 (+)

Formulierungsvorschlag Fall 13

- **H gegen S Rückzahlung des Darlehens gemäß § 488 I 2**

H hat gegen S einen Anspruch auf Rückzahlung des Darlehens. Der Anspruch ist fällig.

- **H gegen S Duldung der Zwangsvollstreckung gemäß § 1147**

Außerdem könnte H gegen S einen Anspruch auf Duldung der Zwangsvollstreckung gemäß § 1147 haben.

I. Der Anspruch müsste entstanden sein.

1. Anspruchsgegner S ist Eigentümer des Grundstücks.

2. Anspruchsteller H müsste Inhaber der Briefhypothek sein.

a. Ursprünglich war er nicht Inhaber.

b. H könnte jedoch die Briefhypothek direkt vom Berechtigten S gemäß §§ 873, 1113, 1115 ff erworben haben.

Die Parteien haben sich gemäß §§ 873, 1113 I darüber geeinigt, dass ein Grundstück eine bestimmte Forderung sichern soll. Das Grundstück des S sollte den Anspruch des H auf Rückzahlung des Darlehens sichern.

Die Eintragung der Einigung im Grundbuch ist erfolgt, §§ 873, 1115.

Der Hypothekenbrief ist übergeben worden, § 1117 I 1.

Zudem bestand eine Forderung, nämlich der Anspruch auf Darlehensrückzahlung, § 488 I 2.

Fall 13

Außerdem war der Eigentümer S verfügungsbefugt, also Berechtigter. Demnach hat H direkt vom Berechtigten S gemäß §§ 873, 1113, 1115 ff die Briefhypothek erworben.

c. Somit ist der Anspruchsteller H Inhaber der Briefhypothek.
3. Demnach ist der Anspruch entstanden.
II. Der Anspruch ist nicht untergegangen.
III. Er ist auch durchsetzbar.
IV. Also hat H gegen S einen Anspruch auf Duldung der Zwangsvollstreckung gemäß § 1147.

- Gesamtergebnis

H hat gegen S einen Darlehensrückzahlungsanspruch gemäß § 488 I 2. Im Falle der Nichtzahlung kann er von S Duldung der Zwangsvollstreckung gemäß § 1147 verlangen.

Fazit

1. Das war also der erste Fall zum Hypothekenrecht. Er war – wie es sich für einen ersten Fall gehört – sehr einfach. Aufgezeigt werden sollte lediglich die Struktur eines Anspruchs aus § 1147 auf Duldung der Zwangsvollstreckung. Innerhalb des Anspruchs war der (direkte) Erwerb einer Hypothek vom Berechtigten zu prüfen.

   Und: Der Fall betraf eine Konstellation, die ihr in der Einleitung zu diesem Kapitel noch nicht genau kennengelernt habt. Dort hatte ich noch bewusst auf eine detaillierte Unterscheidung „Briefhypothek – Buchhypothek" verzichtet, um den Einstieg in die Materie nicht unnötig zu komplizieren. Spätestens im Sachverhalt solltet ihr allerdings anhand der Formulierung „Briefhypothek" stutzig geworden sein. Ein Blick ins Gesetz hat dann hoffentlich Klarheit gebracht. Die §§ 1116 ff machen die Unterscheidung der beiden Hypothekenarten mehr oder minder deutlich. Zum Anfang nur so viel: Die „normale" Hypothek ist die Briefhypothek, mit der ihr auch in Klausuren und Hausarbeiten immer wieder konfrontiert werdet. Unter den Voraussetzungen des § 1116 II kann die Briefhypothek ausgeschlossen werden. Dann wollen die Beteiligten eine Buchhypothek.

   Ihr habt es sicherlich bemerkt: Bei der Bestellung einer Briefhypothek, also dem direkten Briefhypothekenerwerb vom Berechtigten, läuft vieles ähnlich wie beim Erwerb eines Grundstücks vom Berechtigten. Schaut doch noch einmal in Fall 1 und vergleicht den Grundstückserwerb mit dem Hypothekenerwerb in diesem Fall. Ein nochmaliges paralleles Lesen des Fazits zu Fall 1 kann ebenfalls nicht schaden.

2. Beim direkten Briefhypothekenerwerb ist der Einstieg in die Erwerbsprüfung die gleiche wie beim Grundstückserwerb. Zuerst ist festzustellen, dass der An-

Hypothek

spruchsteller ursprünglich nicht Inhaber der Hypothek war. Dann ist die Frage zu stellen, ob der Anspruchsteller die Hypothek (direkt) vom Berechtigten erworben hat. Zudem sind die einzelnen Prüfungspunkte zumindest ähnlich.

3. Es muss eine **Einigung** – hier darüber, dass ein Grundstück eine bestimmte Forderung sichern soll – erfolgt sein, §§ 873, 1113 I.

   Eine **Eintragung** der Einigung im Grundbuch ist ebenfalls erforderlich, §§ 873, 1115.

   § 1117 regelt dann bei der **Briefhypothek**, welche **speziellen Erwerbsvoraussetzungen** außerdem vorliegen müssen. Meist wird der Hypothekenbrief übergeben, § 1117 I. Aber auch eine Vereinbarung im Sinne des § 1117 II (lesen!) ist denkbar. Beachtet zum Schluss die Regelung des § 1117 III.

   Und nun das Wichtigste: Unabdingbare Voraussetzung für den Erwerb einer Hypothek vom Berechtigten ist das Bestehen der zugrunde liegenden Forderung. Man hört und liest in diesem Zusammenhang immer wieder das Stichwort „Akzessorietät". Damit ist gemeint, dass die zugrunde liegende Forderung und die Hypothek untrennbar miteinander verbunden sind. **Besteht keine Forderung, kann keine Hypothek erworben werden!!!** Gibt's hierzu Ausnahmen? Klaro, aber die kommen erst später.

   Letzte Voraussetzung für den direkten Hypothekenerwerb vom Berechtigten ist – wie sollte es anders sein – die **Berechtigung des die Hypothek Bestellenden**. Soll heißen: Der, der mit seinem Grundstück die Forderung eines Gläubigers sichern will, muss hierzu berechtigt sein. Und wann ist er berechtigt? Das kennt ihr schon aus den Fällen zum Grundstückserwerb. Üblicherweise ist er immer dann berechtigt, wenn er verfügungsbefugter Eigentümer des Grundstücks ist. Aber auch andere Berechtigungen sind denkbar. Sollten sie euch nicht direkt einfallen, lohnt ein Blick ins Fazit zu Fall 1. Dort findet ihr eine zusammenfassende Übersicht.

4. Abermals dürfte aufgefallen sein, dass ihr in der Prüfung des Falls auf vieles zurückgreifen konntet, was ihr bereits hinlänglich kanntet. Ich möchte an dieser Stelle gerne noch einmal das Stichwort „Baukastenprinzip" erwähnen. Sollten alle obigen Voraussetzungen erfüllt sein, steht einem direkten Erwerb der Briefhypothek vom Berechtigten nichts im Wege. Der Anspruchsteller ist jetzt Inhaber der Briefhypothek und der Anspruch auf Duldung der Zwangsvollstreckung somit entstanden. Wenn er nicht untergegangen und zudem durchsetzbar ist, hat der Anspruchsteller einen Anspruch auf Duldung der Zwangsvollstreckung. That's it.

5. **Achtung:** Natürlich darf der Gläubiger nicht zweimal „zugreifen" und sowohl die schuldrechtliche Forderung aus § 488 I 2 (oder aus einem anderen Zahlungsanspruch) geltend machen als auch den Duldungsanspruch aus § 1147. In der Praxis wird er erst versuchen, den Zahlungsanspruch durchzusetzen. Wenn das – etwa weil der Schuldner zahlungsunfähig ist – nicht klappt, bleibt ihm der Anspruch auf Duldung der Zwangsvollstreckung in das Grundstück gemäß § 1147. Denn die Hypothek soll ja nur die schuldrechtliche Forderung sichern.

Fall 13

Deshalb werdet ihr in vielen Aufgabenstellungen den Vermerk finden, dass der Schuldner die eigentliche Forderung nicht begleichen kann. Gefragt ist dann (nur) der Anspruch aus § 1147. Nichtsdestotrotz kann die Aufgabenstellung natürlich auch anders gestaltet sein. Wenn nach dem Forderungsanspruch und dem Anspruch auf Duldung der Zwangsvollstreckung gefragt ist, dürft ihr nach einer etwaigen Bejahung des ersten Anspruchs nicht die Gesamtprüfung mit dem Hinweis abbrechen, nun bleibe für den Anspruch aus § 1147 kein Raum mehr. Denn: Grundsätzlich bestehen beide Ansprüche nebeneinander. Ob und inwieweit der eine oder andere Anspruch in der Praxis geltend gemacht werden kann, steht auf einem ganz anderen Blatt.

Zuletzt ein eigentlich überflüssiger Hinweis: Weil der Anspruch auf Duldung der Zwangsvollstreckung nur einen Zahlungsanspruch sichern soll, hat der Gläubiger selbstverständlich kein Wahlrecht bezüglich der Geltendmachung des einen oder des anderen Anspruchs.

Hypothek

Fall 14

Aufgrund eines Darlehensvertrags zahlt H an S 100.000 €. Zur Sicherung der Rückzahlungsforderung des H einigen sich die Parteien über die Bestellung einer Buchhypothek am Grundstück des S. Die Übergabe eines Hypothekenbriefs wird ausgeschlossen. Im Übrigen erfolgt die Hypothekenbestellung formgerecht.

Frage: Welche Ansprüche hat H, wenn die Forderung fällig ist?

Lösungsskizze Fall 14

- **H gegen S Rückzahlung des Darlehens gemäß § 488 I 2?**

    HIER (+) → die Rückzahlung ist fällig

- **H gegen S Duldung der Zwangsvollstreckung gemäß § 1147?**

I. Anspruch entstanden?

1. *Anspruchsgegner (S) ist Eigentümer des Grundstücks?* (+)

2. *Anspruchsteller (H) ist Inhaber der Buchhypothek?*

    a. *ursprünglich* (−)

    b. *Buchhypothekenerwerb des H von S gemäß §§ 873, 1113, 1115 ff?*
    = direkter Erwerb des H vom Berechtigten S

    aa. Einigung, §§ 873, 1113 I?
    = darüber, dass ein Grundstück eine bestimmte Forderung sichern soll

    HIER (+) → der Anspruch auf Rückzahlung des Darlehens sollte gesichert werden

    bb. Einigung über Ausschluss eines Hypothekenbriefs, § 1116 II?

    HIER (+)

    cc. Eintragung dieser Einigungen im Grundbuch, §§ 873, 1116 II?

    HIER (+)

    dd. Bestehen der Forderung?
    = die Hypothek ist akzessorisch; also ohne Forderung keine Hypothek

    HIER (+) → der Anspruch auf Darlehensrückzahlung, § 488 I 2

    ee. Berechtigung des Bestellers?

    HIER (+) → S ist verfügungsbefugter Grundstückseigentümer

Fall 14

ff. also: direkter Buchhypothekenerwerb des H vom Berechtigten S gemäß §§ 873, 1113, 1115 ff (+)

c. *also:* Anspruchsteller (H) ist Inhaber der Buchhypothek (+)

3. *also:* Anspruch entstanden (+)

II. Anspruch untergegangen? (−)

III. Anspruch durchsetzbar? (+)

IV. Ergebnis:
H gegen S Anspruch auf Duldung der Zwangsvollstreckung gemäß § 1147 (+)

- **Gesamtergebnis**

H gegen S Rückzahlung des Darlehens gemäß § 488 I 2 (+) und im Falle der Nichtzahlung Anspruch auf Duldung der Zwangsvollstreckung gemäß § 1147 (+)

Formulierungsvorschlag Fall 14

- **H gegen S Rückzahlung des Darlehens gemäß § 488 I 2**

H hat gegen S einen Anspruch auf Rückzahlung des Darlehens. Der Anspruch ist fällig.

- **H gegen S Duldung der Zwangsvollstreckung gemäß § 1147**

Außerdem könnte H gegen S einen Anspruch auf Duldung der Zwangsvollstreckung gemäß § 1147 haben.

I. Der Anspruch müsste entstanden sein.

1. Anspruchsgegner S ist Eigentümer des Grundstücks.

2. Anspruchsteller H müsste Inhaber der Buchhypothek sein.

a. Ursprünglich war er nicht Inhaber.

b. H könnte jedoch die Buchhypothek direkt vom Berechtigten S gemäß §§ 873, 1113, 1115 ff erworben haben.

Die Parteien haben sich gemäß §§ 873, 1113 I darüber geeinigt, dass ein Grundstück eine bestimmte Forderung sichern soll. Das Grundstück des S sollte den Anspruch des H auf Rückzahlung des Darlehens sichern.

Weiterhin haben sich die Parteien über den Ausschluss eines Hypothekenbriefs geeinigt, § 1116 II.

Hypothek

Die Eintragung der Einigungen im Grundbuch ist erfolgt, §§ 873, 1116 III.

Zudem bestand eine Forderung, nämlich der Anspruch auf Darlehensrückzahlung, § 488 I 2.

Außerdem war der Eigentümer S verfügungsbefugt, also Berechtigter.

Demnach hat H direkt vom Berechtigten S gemäß §§ 873, 1113, 1115 ff die Buchhypothek erworben.

c. Somit ist der Anspruchsteller H Inhaber der Buchhypothek.

3. Demnach ist der Anspruch entstanden.

II. Der Anspruch ist nicht untergegangen.

III. Er ist auch durchsetzbar.

IV. Also hat H gegen S einen Anspruch auf Duldung der Zwangsvollstreckung gemäß § 1147.

- Gesamtergebnis

H hat gegen S einen Darlehensrückzahlungsanspruch gemäß § 488 I 2. Im Falle der Nichtzahlung kann er von S Duldung der Zwangsvollstreckung gemäß § 1147 verlangen.

Fazit

1. Der *einzige Unterschied* dieses – wiederum unspektakulären – Falls zum vorherigen war, dass es sich nunmehr um eine *Buchhypothek* handelte und nicht um eine Briefhypothek. Es sollten Gemeinsamkeiten und Unterschiede erkannt und umgesetzt werden.

2. Wie schon im Fazit des vorherigen Falls angedeutet, müssen sich die Parteien nicht nur darüber einigen, dass ein Grundstück eine bestimmte Forderung sichern soll. Darüber hinaus muss eine Einigung über den Ausschluss des Hypothekenbriefes erfolgen, § 1116 II. Voraussetzung ist somit das Bestehen von *zwei Einigungen*. Nicht nur die hier zuerst genannte Einigung ist *im Grundbuch einzutragen* (so bei der Briefhypothek), sondern *beide Einigungen*. Natürlich fällt die im vorigen Fall bezüglich der Briefhypothek erforderliche Voraussetzung „Briefübergabe oder -ersatz" weg. Es handelt sich ja um eine Buchhypothek.

3. In den folgenden Fällen werdet ihr fast ausschließlich mit dem „Normalfall" der Briefhypothek traktiert werden. Allenfalls im Fazit werde ich noch einmal strukturell und übersichtsmäßig auf die kleinen Unterschiede hinweisen, die sich bei einer Buchhypothek ergeben.

Fall 15

Fall 15

S möchte seiner Ehefrau zum Hochzeitstag einen sündhaft teuren Sportwagen schenken. Dazu fehlen ihm aber die finanziellen Mittel. Deshalb schließt S mit dem unterstützungsbereiten H einen Darlehensvertrag. H zahlt wie vereinbart 200.000 € an S. Die Rückzahlungsforderung des H soll durch eine Briefhypothek gesichert werden. S ist jedoch nicht Eigentümer des Grundstücks, sondern nur fälschlicherweise als solcher im Grundbuch eingetragen. Trotzdem bestellt er für den gutgläubigen H die Briefhypothek unter Übergabe des Hypothekenbriefs. Der wahre Eigentümer E bewirkt kurze Zeit später über § 894 (sogenannter Grundbuchberichtigungsanspruch) seine Eintragung als Eigentümer im Grundbuch.

Frage: Welche Ansprüche hat H, wenn die Forderung fällig ist ?

Lösungsskizze Fall 15

- H gegen S Rückzahlung des Darlehens gemäß § 488 I 2 ?

HIER (+) → die Rückzahlung ist fällig

- H gegen E (!!!) Duldung der Zwangsvollstreckung gemäß § 1147 ?

I. Anspruch entstanden ?

1. Anspruchsgegner (E) ist Eigentümer des Grundstücks ?

HIER (+) → E war immer wahrer Eigentümer des Grundstücks; die Dokumentation seiner Eigentümerstellung im Grundbuch ist überdies erfolgt

2. Anspruchsteller (H) ist Inhaber der Briefhypothek ?

a. *ursprünglich* (−)

b. *Briefhypothekenerwerb des H von S gemäß §§ 873, 1113, 1115 ff ?*
= direkter Erwerb des H vom Berechtigten S

aa. *Einigung, §§ 873, 1113 I ?*
= darüber, dass ein Grundstück eine bestimmte Forderung sichern soll
HIER (+) → der Anspruch auf Rückzahlung des Darlehens sollte gesichert werden

bb. *Eintragung der Einigung im Grundbuch, §§ 873, 1115 ?* (+)

cc. *Briefübergabe oder -ersatz, § 1117 ?*
HIER (+) → Übergabe, § 1117 I 1

Hypothek

dd. Bestehen der Forderung ?
= die Hypothek ist akzessorisch; also ohne Forderung keine Hypothek

HIER (+) → der Anspruch auf Darlehensrückzahlung, § 488 I 2

ee. Berechtigung des Bestellers ?
= der verfügungsbefugte Eigentümer oder der Nichteigentümer, der gesetzlich verfügungsbefugt ist oder der vom Berechtigten ermächtigt ist

HIER (−) → S ist weder Eigentümer des Grundstücks noch Ermächtigter noch sonst verfügungsbefugt

ff. also: *direkter Briefhypothekenerwerb des H vom Berechtigten S gemäß §§ 873, 1113, 1115 ff* (−)

c. Briefhypothekenerwerb des H von S gemäß §§ 873, 1113, 1115 ff, 892 ?
= direkter Erwerb des H vom Nichtberechtigten S

aa. Einigung, §§ 873, 1113 I ? (+)

bb. Eintragung der Einigung im Grundbuch, §§ 873, 1115 ? (+)

cc. Briefübergabe oder -ersatz, § 1117 ? (+)

dd. Bestehen der Forderung ? (+)

ee. „Berechtigungsersatz" ?
= Voraussetzungen des § 892

(1) Rechtsgeschäftlicher Erwerb ? (+)

(2) Verkehrsgeschäft ? (+)

(3) Unrichtigkeit des Grundbuchs ? (+)

(4) Legitimation des Verfügenden als Berechtigter ? (+)

(5) Gutgläubigkeit des Erwerbers ?
= keine positive Kenntnis von der Unrichtigkeit des Grundbuchs bis zur Vollendung des Rechtserwerbs

HIER (+)

(6) keine Eintragung eines Widerspruchs gemäß § 899 gegen die Richtigkeit des Grundbuchs ? (+)

(7) also: Voraussetzungen des § 892 (+)

ff. also: *direkter Briefhypothekenerwerb des H vom Nichtberechtigten S gemäß §§ 873, 1113, 1115 ff, 892* (+)

d. also: *Anspruchsteller (H) ist Inhaber der Briefhypothek* (+)

3. also: Anspruch entstanden (+)

II. Anspruch untergegangen ? (−)

III. Anspruch durchsetzbar ? (+)

Fall 15

IV. Ergebnis:
H gegen E (!!!) Anspruch auf Duldung der Zwangsvollstreckung gemäß § 1147 (+)

- **Gesamtergebnis**

H gegen S Rückzahlung des Darlehens gemäß § 488 I 2 (+) und im Falle der Nichtzahlung H gegen E Anspruch auf Duldung der Zwangsvollstreckung gemäß § 1147 (+)

Formulierungsvorschlag Fall 15

- **H gegen S Rückzahlung des Darlehens gemäß § 488 I 2**

H hat gegen S einen Anspruch auf Rückzahlung des Darlehens. Der Anspruch ist fällig.

- **H gegen E Duldung der Zwangsvollstreckung gemäß § 1147**

H könnte zudem gegen E einen Anspruch auf Duldung der Zwangsvollstreckung gemäß § 1147 haben.

I. Der Anspruch müsste entstanden sein.

1. Anspruchsgegner E ist Eigentümer des Grundstücks. Er war immer wahrer Eigentümer. Die Dokumentation seiner Eigentümerstellung im Grundbuch ist überdies erfolgt.

2. Anspruchsteller H müsste Inhaber der Briefhypothek sein.

a. Ursprünglich war er nicht Inhaber.

b. H könnte jedoch die Briefhypothek direkt vom Berechtigten S gemäß §§ 873, 1113, 1115 ff erworben haben.

Die Parteien haben sich gemäß §§ 873, 1113 I darüber geeinigt, dass ein Grundstück eine bestimmte Forderung sichern soll. Das Grundstück des S sollte den Anspruch des H auf Rückzahlung des Darlehens sichern.

Die Eintragung der Einigung im Grundbuch ist erfolgt, §§ 873, 1115.

Der Hypothekenbrief ist übergeben worden, § 1117 I 1.

Zudem bestand eine Forderung, nämlich der Anspruch auf Darlehensrückzahlung, § 488 I 2.

S müsste Berechtigter gewesen sein. Berechtigt ist der verfügungsbefugte Eigentümer oder der Nichteigentümer, der gesetzlich verfügungsbefugt ist oder der vom Berechtigten ermächtigt ist. S war weder Eigentümer noch Ermächtig-

Hypothek

ter nach § 185. Eine sonstige Verfügungsbefugnis ist nicht ersichtlich. Somit fehlte die Berechtigung des S.

Also hat H die Briefhypothek nicht direkt vom Berechtigten S gemäß §§ 873, 1113, 1115 ff erworben.

c. Möglicherweise hat H die Briefhypothek aber direkt vom Nichtberechtigten S gemäß §§ 873, 1113, 1115 ff, 892 erworben.

Die Parteien haben sich gemäß §§ 873, 1113 I darüber geeinigt, dass ein Grundstück eine bestimmte Forderung sichern soll. Das Grundstück des S sollte den Anspruch des H auf Rückzahlung des Darlehens sichern.

Die Eintragung der Einigung im Grundbuch ist erfolgt, §§ 873, 1115.

Der Hypothekenbrief ist übergeben worden, § 1117 I 1.

Zudem bestand eine Forderung, nämlich der Anspruch auf Darlehensrückzahlung, § 488 I 2.

Fraglich ist, ob die Voraussetzungen des § 892 vorliegen.

Es hat ein rechtsgeschäftlicher Erwerb stattgefunden.

Außerdem liegt ein Verkehrsgeschäft vor.

Zudem war das Grundbuch unrichtig. S war fälschlicherweise als Eigentümer im Grundbuch eingetragen.

Der Verfügende war aus dem Grundbuch als Berechtigter ersichtlich.

Weiterhin muss der Erwerber im Zeitpunkt des Rechtserwerbs gutgläubig bezüglich der Eigentümerstellung des Veräußerers sein. Hier schadet nur positive Kenntnis der Unrichtigkeit des Grundbuchs. H war bezüglich der Eigentümerstellung des S gutgläubig.

Ein Widerspruch gemäß § 899 gegen die Richtigkeit des Grundbuchs ist nicht erfolgt.

Mithin liegen die Voraussetzungen des § 892 vor.

Also hat H die Briefhypothek direkt vom Nichtberechtigten S gemäß §§ 873, 1113, 1115 ff, 892 erworben.

d. Somit ist der Anspruchsteller H Inhaber der Briefhypothek.

3. Demnach ist der Anspruch entstanden.

II. Der Anspruch ist nicht untergegangen.

III. Er ist auch durchsetzbar.

IV. H hat gegen E einen Anspruch auf Duldung der Zwangsvollstreckung gemäß § 1147.

- Gesamtergebnis

H hat gegen S einen Darlehensrückzahlungsanspruch gemäß § 488 I 2. Im Falle der Nichtzahlung kann er von E Duldung der Zwangsvollstreckung gemäß § 1147 verlangen.

Fall 15

Fazit

1. Im Sachverhalt durftet ihr den folgenden Satz lesen: „... E bewirkt kurze Zeit später über § 894 (sogenannter Grundbuchberichtigungsanspruch) seine Eintragung als Eigentümer im Grundbuch." Das mag an dieser Stelle irritiert haben. Im Fazit zu Fall 12 ist euch *§ 894* schon einmal über den Weg gelaufen. Da ich dem *Grundbuchberichtigungsanspruch* später noch ein eigenes Kapitel widmen möchte und der Prüfungsaufbau des Anspruchs aus § 894 hier irrelevant ist, verliere ich jetzt nur einige Worte.

    Es gibt Fallkonstellationen, in denen ein falscher Rechtsinhaber anstatt des richtigen Rechtsinhabers im Grundbuch eingetragen ist, etwa – wie in unserem Fall – ein falscher Eigentümer. Andererseits sind Konstellationen denkbar, in denen zugunsten einer Person fälschlicherweise ein Recht im Grundbuch eingetragen ist, das den Eigentümer belastet, etwa eine Hypothek oder eine Grundschuld. In beiden Konstellationen will der betroffene, nicht eingetragene wahre Eigentümer bzw. der eingetragene, aber durch das Recht eines anderen belastete Eigentümer schlussendlich nur eines. Er will den richtigen Zustand (wieder) herstellen. Das gelingt ihm allein mit der Eintragung eines Widerspruchs (§ 899) im Grundbuch nicht ganz. Hierdurch dokumentiert er lediglich, dass an der Grundbucheintragung irgendetwas faul ist. Erst wenn die Eintragungen im Grundbuch endgültig die wahre Rechtslage wiedergeben, kann er aufatmen.

    Der Betroffene erreicht dieses Ziel mit dem Grundbuchberichtigungsanspruch aus § 894 (spätestens jetzt lesen). Das soll fürs Erste genügen.

2. Es gibt ihn also auch hier, den Erwerb vom Nichtberechtigten. Den *Erwerb eines Grundstücks vom Nichtberechtigten* gemäß §§ 873, 925, 892 habt ihr ab Fall 8 kennengelernt. Und? Gibt's wesentliche Unterschiede beim direkten Erwerb einer (Brief-) Hypothek vom Nichtberechtigten? Nein. Im Folgenden wiederhole ich deshalb im Wesentlichen einen Teil des Fazits aus Fall 8.

3. Den Prüfungspunkt *„Berechtigung des Veräußerers"* habt ihr im Rahmen der Prüfung des Hypothekenerwerbs vom Berechtigten verneinen müssen.

4. Stattdessen ist beim Erwerb vom Nichtberechtigten mangels der Berechtigung auf einen anderen Prüfungspunkt einzugehen. Den habe ich in der Lösungsskizze abermals – wie beim Eigentumserwerb vom Nichtberechtigten – eher unjuristisch *„Berechtigungsersatz"* genannt. Merkt euch diesen Terminus, aber bringt ihn nicht in der Klausur zu Papier. Ihr könnt es – wie schon aufgezeigt – etwa wie folgt ausdrücken: „Fraglich ist, ob die Voraussetzungen des § 892 vorliegen". Dann wendet ihr euch den einzelnen Voraussetzungen der Norm zu, auf die ihr aber nur breiter eingehen solltet, wenn sie wirklich problematisch sind. Ansonsten dürft ihr euch – wie im Formulierungsvorschlag gesehen – auf einzelne feststellende Sätze zu den Prüfungsunterpunkten zurückziehen. Und die Prüfungsunterpunkte sind die folgenden:

    Zuerst muss ein *„rechtsgeschäftlicher Erwerb"* vorliegen. Bei gesetzlichen Erwerbstatbeständen kommt ein gutgläubiger Erwerb naturgemäß nicht in Betracht.

Hypothek

Es muss sich um ein *„Verkehrsgeschäft"* handeln. Ein solches liegt beim Güteraustausch zwischen zwei Personen vor, nicht aber bei persönlicher oder wirtschaftlicher Identität des Übereignenden mit dem Erwerber.

Außerdem ist eine *„Unrichtigkeit des Grundbuchs"* gefordert. Das ist dann der Fall, wenn der Inhalt des Grundbuchs nicht mit der Wirklichkeit übereinstimmt. Der übliche Fall der Nichtübereinstimmung des Grundbuchinhalts mit der Wirklichkeit ist der, dass eine Person fälschlicherweise als Eigentümer im Grundbuch eingetragen ist.

Zudem ist eine *„Legitimation des Verfügenden als Berechtigter"* gefordert. Soll heißen: Der die Hypothek Bestellende muss aus dem Grundbuch als Berechtigter (hier: Eigentümer) hervorgehen.

Und dann kommt ein ganz wichtiger Prüfungspunkt: Die *„Gutgläubigkeit des Erwerbers"*. Der (potenzielle) Erwerber der Hypothek muss im Zeitpunkt des Rechtserwerbs gutgläubig hinsichtlich der Richtigkeit des Grundbuchs sein. In diesem Zusammenhang schadet nur die positive Kenntnis des Erwerbers bezüglich der Unrichtigkeit des Grundbuchs. Der Erwerber muss also wissen, dass das Grundbuch unrichtig ist. Die tatsächliche Einsicht im Grundbuch ist im Übrigen nicht Voraussetzung.

Ein wenig anders gestaltet sich der „gute Glaube" beim gutgläubigen Erwerb von beweglichen Sachen. Vergleicht bitte (abermals) § 892 mit § 932. Jetzt!

Letztlich darf *„keine Eintragung eines Widerspruchs gemäß § 899 gegen die Richtigkeit des Grundbuchs"* in dasselbe eingetragen sein.

Sollten alle in dieser Ziffer des Fazits aufgeführten Voraussetzungen vorliegen, steht der Bejahung des Prüfungspunkts „Berechtigungsersatz" nichts im Weg.

5. Der Fall behandelte die Konstellation **Briefhypothek**. Bei der **Buchhypothek** sieht der Aufbau nur geringfügig anders aus. Hier also nun die Unterschiede.

Im Anspruch des H gegen E (!!!) auf Duldung der Zwangsvollstreckung gemäß § 1147 lauten die folgenden Prüfungspunkte anders:

I.
...
2. Anspruchsteller (H) ist Inhaber der Buchhypothek ?
...
 b. Buchhypothekenerwerb des H von S gemäß §§ 873, 1113, 1115 ff ?
...
  bb. Einigung über Ausschluss eines Hypothekenbriefs, § 1116 II ?
  cc. Eintragung der Einigungen im Grundbuch, §§ 873, 1116 II ?
...
  ff. also: direkter Buchhypothekenerwerb des H vom Berechtigten S
   gemäß §§ 873, 1113, 1115 ff (−)
 c. Buchhypothekenerwerb d. H von S gem. §§ 873, 1113, 1115 ff, 892 ?
...
  ff. also: direkter Buchhypothekenerwerb des H vom Nichtberechtig-
   ten S gemäß §§ 873, 1113, 1115 ff, 892 (+)
 d. also: Anspruchsteller (H) ist Inhaber der Buchhypothek (+)
...

Fall 16

Fall 16

H verkauft dem S seine Wasserpistolensammlung für 10.000 €. Den Kaufpreis soll S am 01.08. begleichen. Zur Sicherung der Kaufpreisforderung des H einigen sich die Parteien über die Bestellung einer Briefhypothek am Grundstück des S. Die Hypothekenbestellung erfolgt unter Übergabe des Hypothekenbriefs. Später tritt H die Zahlungsforderung formgerecht an A ab. Hierbei erfolgt die Abtretung in schriftlicher Form auf dem Hypothekenbrief und unter Übergabe des Hypothekenbriefs. Nunmehr wird die Zahlungsforderung fällig. S ist aber zahlungsunfähig.

Frage: Hat A gegen S einen Anspruch aus § 1147?

Lösungsskizze Fall 16

- A gegen S Duldung der Zwangsvollstreckung gemäß § 1147?

I. Anspruch entstanden?

1. Anspruchsgegner (S) ist Eigentümer des Grundstücks? (+)

2. Anspruchsteller (A) ist Inhaber der Briefhypothek?

  a. ursprünglich (−)

  Vorüberlegung: A ist Inhaber der Hypothek, wenn zunächst ein Erwerb im Verhältnis S – H und dann ein Erwerb im Verhältnis H – A erfolgt ist

  b. Briefhypothekenerwerb des H von S gemäß §§ 873, 1113, 1115 ff?
    = direkter Erwerb des H vom Berechtigten S

  aa. Einigung, §§ 873, 1113 I?
    = darüber, dass ein Grundstück eine bestimmte Forderung sichern soll

    HIER (+) → der Anspruch auf Kaufpreiszahlung sollte gesichert werden

  bb. Eintragung der Einigung im Grundbuch, §§ 873, 1115? (+)

  cc. Briefübergabe oder -ersatz, § 1117?

    HIER (+) → Übergabe, § 1117 I 1

  dd. Bestehen der Forderung?
    = die Hypothek ist akzessorisch; also ohne Forderung keine Hypothek

    HIER (+) → der Anspruch auf Kaufpreiszahlung, § 433 II

  ee. Berechtigung des Bestellers?
    = der verfügungsbefugte Eigentümer oder der Nichteigentümer, der gesetzlich verfügungsbefugt ist oder der vom Berechtigten ermächtigt ist

    HIER (+) → S ist verfügungsbefugter Grundstückseigentümer

103

Hypothek

ff. also: direkter Briefhypothekenerwerb des H vom Berechtigten S gemäß §§ 873, 1113, 1115 ff (+)

c. Übergang der Briefhypothek von H auf A gemäß §§ 398, 1154, 1153 ?
= abgeleiteter Erwerb des A vom Berechtigten H

aa. Forderungsabtretung gemäß § 398 ?
= die der Hypothek zugrunde liegende Forderung

HIER (+) → Abtretung des Anspruchs auf Kaufpreiszahlung

bb. in der Form des § 1154 ?
= bei der Briefhypothek §§ 1154 I, II, 1117

(1) Abtretungserklärung in schriftlicher Form auf dem Brief bzw. gesonderter Urkunde oder Eintragung der Abtretung im Grundbuch ?

HIER (+) → in schriftlicher Form auf dem Brief

(2) Briefübergabe oder -ersatz, § 1117 ?

HIER (+) → Übergabe

(3) also: in der Form des § 1154 (+)

cc. Berechtigung des Abtretenden ?
= Abtretender muss Inhaber der Forderung und Inhaber der Hypothek sein

HIER (+)

dd. also: abgeleiteter Erwerb des A vom Berechtigten H gemäß §§ 398, 1154, 1153 (+)

d. also: Anspruchsteller (A) ist Inhaber der Briefhypothek (+)

3. *also:* Anspruch entstanden (+)

II. Anspruch untergegangen ? (−)

III. Anspruch durchsetzbar ? (+)

IV. Ergebnis:
A gegen S Anspruch auf Duldung der Zwangsvollstreckung gemäß § 1147 (+)

Fall 16

Formulierungsvorschlag Fall 16

- A gegen S Duldung der Zwangsvollstreckung gemäß § 1147

A könnte gegen S einen Anspruch auf Duldung der Zwangsvollstreckung gemäß § 1147 haben.

I. Der Anspruch müsste entstanden sein.

1. Anspruchsgegner S ist Eigentümer des Grundstücks.

2. Anspruchsteller A müsste Inhaber der Briefhypothek sein.

a. Ursprünglich war er nicht Inhaber.

A ist jedoch Inhaber der Hypothek, wenn zunächst ein Erwerb im Verhältnis S – H und dann ein Erwerb im Verhältnis H – A erfolgt ist.

b. H könnte die Briefhypothek direkt vom Berechtigten S gemäß §§ 873, 1113, 1115 ff erworben haben.

Die Parteien haben sich gemäß §§ 873, 1113 I darüber geeinigt, dass ein Grundstück eine bestimmte Forderung sichern soll. Das Grundstück des S sollte den Anspruch des H auf Kaufpreiszahlung sichern.

Die Eintragung der Einigung im Grundbuch ist erfolgt, §§ 873, 1115.

Der Hypothekenbrief ist übergeben worden, § 1117 I 1.

Zudem bestand eine Forderung, nämlich der Anspruch auf Kaufpreiszahlung, § 433 II.

Außerdem war der Eigentümer S verfügungsbefugt, also Berechtigter.

Demnach hat H direkt vom Berechtigten S gemäß §§ 873, 1113, 1115 ff die Briefhypothek erworben.

c. Weiterhin könnte die Briefhypothek gemäß §§ 398, 1154, 1153 von H auf A übergegangen sein, also ein abgeleiteter Erwerb des A vom Berechtigten H stattgefunden haben.

Die der Hypothek zugrunde liegende Forderung auf Kaufpreiszahlung ist gemäß § 398 abgetreten worden.

Da es sich um eine Briefhypothek handelt, müsste die Abtretung in der Form der §§ 1154 I, II, 1117 erfolgt sein. Die Abtretung erfolgte in schriftlicher Form auf dem Hypothekenbrief. Der Hypothekenbrief ist übergeben worden, § 1117 I 1. Demnach geschah die Abtretung formgerecht.

Die Berechtigung des Abtretenden ist zu bejahen.

Also ist die Briefhypothek gemäß §§ 398, 1154, 1153 von H auf A übergegangen. Es hat ein abgeleiteter Erwerb des A vom Berechtigten H stattgefunden.

d. Somit ist der Anspruchsteller A Inhaber der Briefhypothek.

3. Demnach ist der Anspruch entstanden.

Hypothek

II. Der Anspruch ist nicht untergegangen.

III. Er ist auch durchsetzbar.

IV. A hat gegen S einen Anspruch auf Duldung der Zwangsvollstreckung gemäß § 1147.

Fazit

1. Gerade habt ihr die nächste Erweiterung kennengelernt. Wie ich euch schon eingangs in der Einführung zu diesem Kapitel beschrieben hatte, gibt es beim Hypothekenerwerb nicht nur den „direkten", sondern auch den *„abgeleiteten" Erwerb der Hypothek*.
2. Sicherlich habt ihr schon einmal davon gehört, dass man Forderungen (Ansprüche) abtreten kann. Das geschieht etwa dann, wenn der Forderungsinhaber dringend Geld benötigt. Beispiel: A hat gegen X einen Anspruch auf Rückzahlung eines Darlehens in Höhe von 20.000 € gemäß § 488 I 2. Der Anspruch ist durch eine Hypothek am Grundstück des X gesichert, aber noch nicht fällig. Weil A dringend Geld benötigt, verkauft er die Darlehensforderung an Z, der 17.000 € dafür zahlen will (schuldrechtlicher Kaufvertrag, § 433) und tritt die Forderung in der nötigen Form an Z ab (dingliche Abtretung, §§ 398, 1154, 1153). Dann erhält A von Z die vereinbarten 17.000 €. Das funktioniert genauso bei jedem anderen Zahlungsanspruch. In unserem Fall war es ein Anspruch auf Zahlung des Kaufpreises, § 433 II.

    Halt: „Dingliche" Abtretung? Die meisten von euch können – hoffentlich – etwas mit dieser Terminologie anfangen. Der Gegenbegriff nennt sich „schuldrechtlicher" Vertrag. Und was bedeutet das alles? Ihr erinnert euch vielleicht an das in Deutschland obligatorische „Abstraktionsprinzip". Es gibt immer das schuldrechtliche Verpflichtungs- oder Kausalgeschäft, eben den schuldrechtlichen Vertrag und das dingliche Erfüllungsgeschäft, hier die Abtretung der Forderung. Das schuldrechtliche Verpflichtungsgeschäft besteht aus dem Kaufvertrag gemäß § 433, in dem sich der Verkäufer verpflichtet, die Forderung an den Kaufwilligen abzutreten. Das dingliche Erfüllungsgeschäft besteht dann – wie schon beschrieben – in eben dieser Abtretung der Forderung gemäß § 398.
3. Wenn eine hypothekarische Forderung abgetreten wird, muss die Abtretung in der Form der §§ 1154, 1117 erfolgen (noch einmal lesen). Bei der Briefhypothek sind die Vorschriften der §§ 1154 I, II und 1117 einschlägig. In unserem Fall geschah das durch Abtretungserklärung in schriftlicher Form auf dem Brief und Briefübergabe an den Erwerbenden.
4. Um es klarzustellen: Verfallt nicht dem Irrglauben, dass es den „abgeleiteten" Erwerb nur bei Hypotheken gibt. Er ist nur gerade bei Hypotheken besonders klausurwichtig und -üblich. Selbstverständlich ist eine „vergleichbare" Konstellation auch beim Erwerb eines Grundstücks denkbar, die zwar streng juristisch keinen „abgeleiteten" Erwerb darstellt, aber demselben Grundmuster folgt.

Fall 16

Beispiel: A schließt mit X einen schuldrechtlichen Kaufvertrag bezüglich der Übereignung eines noch dem A gehörenden Grundstücks an X zum Preis von 170.000 €. Die Übereignung soll erst in sechs Monaten erfolgen. X hat nun einen schuldrechtlichen Anspruch auf Übereignung des Grundstücks gemäß § 433 I 1. Den kann er aber erst nach der vereinbarten Zeit geltend machen. Nun kommt der Dritte Z ins Spiel, der sich für das Grundstück interessiert und dem X 200.000 € bietet. X ist zwar noch nicht Eigentümer des Grundstücks, hat aber – das habt ihr gesehen – einen schuldrechtlichen Anspruch auf Übereignung gemäß § 433 I 1 gegen A. Diesen Anspruch (diese Forderung) kann er an Z (schuldrechtlich) verkaufen (§ 433) und (dinglich) abtreten (§ 398). Z seinerseits kann dann nach Ablauf der zwischen A und X vereinbarten Zeit von A Übereignung des Grundstücks verlangen (§ 433 I 1).

Dass das streng genommen kein „abgeleiteter" Grundstückserwerb ist, dürfte jedem klar sein. Noch einmal zurück zu unserem aktuellen Fall: Dort hatte H seine hypothekarisch gesicherte Forderung an A abgetreten. Zuerst war also H Inhaber der Hypothek. Dann wurde A durch die Abtretung Hypothekeninhaber.

Im Beispielsfall ist X jedoch niemals Grundstückseigentümer („Inhaber") geworden und hat dann das Eigentum an Z übertragen. X hatte gemäß § 433 I 1 lediglich einen schuldrechtlichen Anspruch auf Übereignung des Grundstücks gegen A. Und den hat er an Z abgetreten. Insofern ist es müßig, von einem „abgeleiteten" Erwerb zu sprechen.

Hypothek

Fall 17

Weil S sich wegen Geldmangels seinen Wunsch auf einen gekürten Deckhengst nicht erfüllen kann, schließt er mit H einen Darlehensvertrag über 500.000 €. H zahlt daraufhin das Darlehen an S. Zur Sicherung der Rückzahlungsforderung des H einigen sich die Parteien über die Bestellung einer Briefhypothek am Grundstück des S. Die Hypothekenbestellung erfolgt unter Übergabe des Hypothekenbriefs. Nun ficht S seine Willenserklärung bezüglich der Einigung über die Hypothek gemäß §§ 119, 142 begründet an. H tritt später die Rückzahlungsforderung aus dem Darlehensvertrag in schriftlicher Form auf dem Hypothekenbrief und unter Übergabe des Hypothekenbriefs an den gutgläubigen A ab. Dann wird die Forderung auf Rückzahlung des Darlehens fällig. S ist zahlungsunfähig.

Frage: Hat A gegen S einen Anspruch aus § 1147?

Lösungsskizze Fall 17

- **A gegen S Duldung der Zwangsvollstreckung gemäß § 1147?**

I. Anspruch entstanden?

   1. Anspruchsgegner (S) ist Eigentümer des Grundstücks? (+)

   2. Anspruchsteller (A) ist Inhaber der Briefhypothek?

     a. ursprünglich (−)

     Vorüberlegung: A ist Inhaber der Hypothek, wenn entweder zunächst ein Erwerb im Verhältnis S − H und anschließend ein Erwerb im Verhältnis H − A erfolgt ist oder wenn trotz fehlenden direkten Erwerbs des H von S ein wirksamer abgeleiteter Erwerb im Verhältnis H − A erfolgt ist

     b. Briefhypothekenerwerb des H von S gemäß §§ 873, 1113, 1115 ff?
     = direkter Erwerb des H vom Berechtigten S

       aa. Einigung, §§ 873, 1113 I?
       = darüber, dass ein Grundstück eine bestimmte Forderung sichern soll

       HIER (−) → nichtig durch erfolgte Anfechtung, §§ 119, 142

      bb. <u>also:</u> direkter Briefhypothekenerwerb des H vom Berechtigten S gemäß §§ 873, 1113, 1115 ff (−)

     c. Briefhypothekenerwerb des H von S gemäß §§ 873, 1113, 1115 ff, 892?
     = direkter Erwerb des H vom Nichtberechtigten S

       aa. Einigung, §§ 873, 1113 I? (−), s.o.

      bb. <u>also:</u> direkter Briefhypothekenerwerb des H vom Nichtberechtigten S gemäß §§ 873, 1113, 1115 ff, 892 (−)

Fall 17

d. Übergang der Briefhypothek von H auf A gemäß §§ 398, 1154, 1153 ?
= abgeleiteter Erwerb des A vom Berechtigten H

aa. Forderungsabtretung gemäß § 398 ?
= die der Hypothek zugrunde liegende Forderung
HIER (+) → Abtretung des Anspruchs auf Darlehensrückzahlung

bb. in der Form des § 1154 ?
= bei der Briefhypothek §§ 1154 I, II, 1117

(1) Abtretungserklärung in schriftlicher Form auf dem Brief bzw. gesonderter Urkunde oder Eintragung der Abtretung im Grundbuch ?

HIER (+) → in schriftlicher Form auf dem Hypothekenbrief

(2) Briefübergabe oder -ersatz, § 1117 ?

HIER (+) → Übergabe

(3) <u>also</u>: in der Form des § 1154 (+)

cc. Berechtigung des Abtretenden ?
= Abtretender muss Inhaber der Forderung und Inhaber der Hypothek sein

HIER (−) → zwar ist H Inhaber der Rückzahlungsforderung aus dem Darlehen; wegen der erfolgten Anfechtung der Einigung ist H aber (rückwirkend) nicht Inhaber der Hypothek geworden, § 142 I

dd. <u>also</u>: abgeleiteter Erwerb des A vom Berechtigten H gemäß §§ 398, 1154, 1153 (−)

e. Übergang der Briefhypothek von H auf A gem. §§ 398, 1154, 1153, 892 ?
= abgeleiteter Erwerb des A vom Nichtberechtigten H

aa. Forderungsabtretung gemäß § 398 ? (+)

bb. in der Form des § 1154 ? (+)

cc. „Berechtigungsersatz" ?
= Voraussetzungen des § 892

(1) Rechtsgeschäftlicher Erwerb ?

HIER (+) → an sich normiert § 1153 einen gesetzlichen Übergang der Hypothek, also gerade keinen rechtsgeschäftlichen Übergang; dem Erwerb nach § 1153 liegt aber eine rechtsgeschäftliche Übertragung zugrunde; dies reicht aus

(2) Verkehrsgeschäft ? (+)

(3) Unrichtigkeit des Grundbuchs ? (+)

(4) Legitimation des Verfügenden als Berechtigter ? (+)

(5) Gutgläubigkeit des Erwerbers ?

HIER (+) → A war bezüglich der Hypothekeninhaberschaft des H gutgläubig

Hypothek

(6) keine Eintragung eines Widerspruchs gemäß § 899 gegen die Richtigkeit des Grundbuchs ? (+)

(7) <u>also</u>: Voraussetzungen des § 892 (+)

dd. <u>also</u>: abgeleiteter Erwerb des A vom Nichtberechtigten H gemäß §§ 398, 1154, 1153, 892 (+)

f. <u>also</u>: Anspruchsteller (A) ist Inhaber der Briefhypothek (+)

3. <u>also</u>: Anspruch entstanden (+)

II. Anspruch untergegangen ? (−)

III. Anspruch durchsetzbar ? (+)

IV. Ergebnis:
A gegen S Anspruch auf Duldung der Zwangsvollstreckung gemäß § 1147 (+)

Formulierungsvorschlag Fall 17

- A gegen S Duldung der Zwangsvollstreckung gemäß § 1147

A könnte gegen S einen Anspruch auf Duldung der Zwangsvollstreckung gemäß § 1147 haben.

I. Der Anspruch müsste entstanden sein.

1. Anspruchsgegner S ist Eigentümer des Grundstücks.

2. Anspruchsteller A müsste Inhaber der Briefhypothek sein.

a. Ursprünglich war er nicht Inhaber.

A ist aber Inhaber der Hypothek, wenn entweder zunächst ein Erwerb im Verhältnis S – H und dann ein Erwerb im Verhältnis H – A erfolgt ist oder wenn trotz fehlenden direkten Erwerbs des H von S ein wirksamer abgeleiteter Erwerb im Verhältnis H – A erfolgt ist.

b. H könnte die Briefhypothek direkt vom Berechtigten S gemäß §§ 873, 1113, 1115 ff erworben haben.

Fraglich ist, ob sich die Parteien gemäß §§ 873, 1113 I darüber geeinigt haben, dass ein Grundstück eine bestimmte Forderung sichern soll. An sich sollte das Grundstück des S den Anspruch des H auf Rückzahlung des Darlehens sichern.

Voraussetzung ist zunächst die Abgabe zweier wirksamer Willenserklärungen. Fraglich erscheint in diesem Zusammenhang lediglich, wie sich die seitens S durchgeführte Anfechtung auswirkt. Die nach § 119 erfolgte Anfechtung betrifft

Fall 17

die Willenserklärung bezüglich der Einigung über die Hypothek. Insofern liegt keine wirksame Einigung vor. Sie ist gemäß §§ 119, 142 nichtig.

Also hat H die Briefhypothek nicht direkt vom Berechtigten S gemäß §§ 873, 1113, 1115 ff erworben.

c. Möglicherweise hat H aber die Briefhypothek direkt vom Nichtberechtigten S gemäß §§ 873, 1113, 1115 ff, 892 erworben.

Eine Einigung gemäß §§ 873, 1113 I darüber, dass ein Grundstück eine bestimmte Forderung sichern soll, scheitert jedoch abermals an der erfolgten Anfechtung der Willenserklärung bezüglich der Einigung über die Hypothek. Insofern liegt keine wirksame Einigung vor. Sie ist gemäß §§ 119, 142 nichtig.

Demnach hat H die Briefhypothek auch nicht direkt vom Nichtberechtigten S gemäß §§ 873, 1113, 1115 ff, 892 erworben.

d. Weiterhin könnte die Briefhypothek gemäß §§ 398, 1154, 1153 von H auf A übergegangen sein, also ein abgeleiteter Erwerb des A vom Berechtigten H stattgefunden haben.

Die der Hypothek zugrunde liegende Forderung auf Darlehensrückzahlung ist gemäß § 398 abgetreten worden.

Da es sich um eine Briefhypothek handelt, müsste die Abtretung in der Form der §§ 1154 I, II, 1117 erfolgt sein. Die Abtretung erfolgte in schriftlicher Form auf dem Hypothekenbrief. Der Hypothekenbrief ist übergeben worden, § 1117 I 1. Demnach geschah die Abtretung formgerecht.

Fraglich ist die Berechtigung des Abtretenden. Der Abtretende müsste Forderungsinhaber und Inhaber der Hypothek gewesen sein. H war Inhaber der Forderung. Er ist aber wegen der erfolgten Anfechtung der Einigung nicht Inhaber der Hypothek geworden, § 142 I. Also ist eine Berechtigung des Abtretenden zu verneinen.

Demnach ist die Briefhypothek nicht gemäß §§ 398, 1154, 1153 von H auf A übergegangen. Es hat kein abgeleiteter Erwerb des A vom Berechtigten H stattgefunden.

e. Letztlich könnte die Briefhypothek gemäß §§ 398, 1154, 1153, 892 von H auf A übergegangen sein, also ein abgeleiteter Erwerb des A vom Nichtberechtigten H stattgefunden haben.

Die der Hypothek zugrunde liegende Forderung auf Darlehensrückzahlung ist gemäß § 398 abgetreten worden.

Die Abtretung der Briefhypothek ist in der Form des § 1154 erfolgt.

Fraglich ist, ob die Voraussetzungen des § 892 vorliegen.

Es müsste ein rechtsgeschäftlicher Erwerb stattgefunden haben. An sich normiert § 1153 einen gesetzlichen Übergang der Hypothek, also gerade keinen rechtsgeschäftlichen Übergang. Dem Erwerb nach § 1153 liegt aber eine rechtsgeschäftliche Übertragung zugrunde. Dies reicht aus.

Außerdem liegt ein Verkehrsgeschäft vor.

Hypothek

Zudem ist das Grundbuch unrichtig. H ist fälschlicherweise als Hypothekeninhaber im Grundbuch eingetragen.

Der Verfügende war aus dem Grundbuch als Berechtigter ersichtlich.

Weiterhin muss der Erwerber im Zeitpunkt des Rechtserwerbs gutgläubig bezüglich der Hypothekeninhaberschaft des Übertragenden sein. Hier schadet nur positive Kenntnis der Unrichtigkeit des Grundbuchs. A war bezüglich der Inhaberschaft des H gutgläubig.

Ein Widerspruch gemäß § 899 gegen die Richtigkeit des Grundbuchs ist nicht erfolgt.

Mithin liegen die Voraussetzungen des § 892 vor.

Also ist die Briefhypothek gemäß §§ 398, 1154, 1153, 892 von H auf A übergegangen. Es hat ein abgeleiteter Erwerb des A vom Nichtberechtigten H stattgefunden.

f. Somit ist der Anspruchsteller A Inhaber der Briefhypothek.

3. Demnach ist der Anspruch entstanden.

II. Der Anspruch ist nicht untergegangen.

III. Er ist auch durchsetzbar.

IV. A hat gegen S einen Anspruch auf Duldung der Zwangsvollstreckung gemäß § 1147.

Fazit

1. Gerade habt ihr den ersten „Hammerfall" aus dem Hypothekenrecht kennengelernt. Und weitere werden folgen. Da diese und die noch folgenden Konstellationen äußerst **klausurrelevant** sind, solltet ihr euch nicht der nachmittäglichen Maniküre zuwenden, sondern äußerst wach mitdenken.

2. In unserem Fall ist zunächst eine Hypothekenbestellung im Verhältnis S – H erfolgt. Dann ist die hypothekarisch gesicherte Forderung von H an A abgetreten worden. Gewollt war also ein Übergang der Hypothek von H auf A. Aber: Dummerweise hat S seine **Willenserklärung bezüglich der Einigung über die Hypothek** gemäß §§ 119, 142 **begründet angefochten**, und zwar schon vor der Abtretung. Das hat zur Folge (§ 142 lesen!), dass das Rechtsgeschäft (die Hypothekenbestellung im Verhältnis S – H) als von Anfang an nichtig betrachtet wird. So ein Mist! Kann A dann überhaupt noch Inhaber der Hypothek werden? H, der die Hypothek auf A übertragen wollte, ist ja (wegen § 142) gar nicht Inhaber der Hypothek geworden. Noch einmal zur Klarstellung: Natürlich ist H im Zeitablauf erst einmal Hypothekeninhaber geworden. Dann ist jedoch seitens S die Anfechtung erfolgt. Folge der Anfechtung ist, dass die Hypothekenbestellung von Anfang an (und nicht erst ab der Anfechtung) nichtig ist. H ist somit (sozusagen rückwirkend) niemals Inhaber der Hypothek geworden.

Fall 17

Er hat die Hypothek aber nach der Anfechtung auf den gutgläubigen A übertragen. Und wie geht das? Da er den Hypothekenbrief noch in Händen hielt, konnte er die hypothekarisch gesicherte Forderung an A, der von der Anfechtung nichts wusste, abtreten.

3. Wie das genau funktioniert, habt ihr in der Lösungsskizze gesehen. H ist wegen der erfolgten Anfechtung der Einigung bezüglich der Hypothekenbestellung niemals Inhaber der Hypothek geworden. Er konnte die Hypothek demnach allenfalls als Nichtberechtigter auf A übertragen. Denn der Übertragende muss (Prüfungspunkt: „Berechtigung des Abtretenden") sowohl Inhaber der Forderung als auch Inhaber der Hypothek sein. Zwar war H Forderungsinhaber, jedoch wegen der erfolgten Anfechtung nicht Hypothekeninhaber. In Betracht kommt nur der „abgeleitete" Hypothekenerwerb vom Nichtberechtigten.

4. Zunächst muss eine *Forderungsabtretung* stattgefunden haben (§ 398), und zwar in der Form des § 1154. Bei der Briefhypothek sind die §§ 1154 I, II, 1117 zu beachten. Das machte hier keine Probleme.

Mangels „Berechtigung" war auf einen anderen Prüfungspunkt einzugehen. Den habe ich in der Lösungsskizze einmal mehr – wie schon beim Eigentumserwerb vom Nichtberechtigten – eher unjuristisch *„Berechtigungsersatz"* genannt. Bringt diesen Terminus nicht in der Klausur zu Papier. Ihr könnt es – wie schon im Formulierungsvorschlag aufgezeigt – etwa wie folgt ausdrücken: „Fraglich ist, ob die Voraussetzungen des § 892 vorliegen". Dann wendet ihr euch den einzelnen Voraussetzungen der Norm zu, auf die ihr aber nur breiter eingehen solltet, wenn sie wirklich problematisch sind. Ansonsten dürft ihr euch – wie im Formulierungsvorschlag gesehen – auf einzelne feststellende Sätze zu den Prüfungsunterpunkten zurückziehen. Und die Prüfungsunterpunkte sind die folgenden:

Zuerst muss ein *„rechtsgeschäftlicher Erwerb"* vorliegen. Bei gesetzlichen Erwerbstatbeständen kommt ein gutgläubiger Erwerb naturgemäß nicht in Betracht. Und nun die Besonderheit: § 1153 fordert an sich einen gesetzlichen Übergang der Hypothek, also gerade keinen rechtsgeschäftlichen Übergang. Dem Erwerb nach § 1153 liegt aber eine rechtsgeschäftliche Übertragung zugrunde. Dies reicht für die Bejahung der Voraussetzung aus.

Es muss sich um ein *„Verkehrsgeschäft"* handeln. Ein solches liegt beim Güteraustausch zwischen zwei Personen vor, nicht aber bei persönlicher oder wirtschaftlicher Identität des Übereignenden mit dem Erwerber.

Außerdem ist eine *„Unrichtigkeit des Grundbuchs"* gefordert. Das ist dann der Fall, wenn der Inhalt des Grundbuchs nicht mit der Wirklichkeit übereinstimmt. Der übliche Fall der Nichtübereinstimmung des Grundbuchinhalts mit der Wirklichkeit ist der, dass eine Person fälschlicherweise *als Hypothekeninhaber* im Grundbuch eingetragen ist. Achtung: Das gilt nur für den abgeleiteten Erwerb. Beim direkten Erwerb ist das Grundbuch üblicherweise unrichtig, wenn eine Person fälschlicherweise als Eigentümer eingetragen ist.

Zudem ist eine *„Legitimation des Verfügenden als Berechtigter"* gefordert. Soll heißen: Der die Hypothek Übertragende muss aus dem Grundbuch als Berechtigter (hier: Hypothekeninhaber) hervorgehen.

Hypothek

Und dann kommt ein ganz wichtiger Prüfungspunkt: Die *„Gutgläubigkeit des Erwerbers"*. Der (potenzielle) Erwerber der Hypothek muss im Zeitpunkt des Rechtserwerbs gutgläubig hinsichtlich der Richtigkeit des Grundbuchs sein. In diesem Zusammenhang schadet nur die positive Kenntnis des Erwerbers bezüglich der Unrichtigkeit des Grundbuchs. Der Erwerber muss also wissen, dass das Grundbuch unrichtig ist. Die tatsächliche Einsicht im Grundbuch ist im Übrigen nicht Voraussetzung. Der gute Glaube bezieht sich beim abgeleiteten Hypothekenerwerb nicht etwa – wie beim direkten Hypothekenerwerb – auf die Eigentümerstellung, sondern auf die *Hypothekeninhaberschaft* des Übertragenden.

Letztlich darf *„keine Eintragung eines Widerspruchs gemäß § 899 gegen die Richtigkeit des Grundbuchs"* in dasselbe eingetragen sein.

Sollten alle in dieser Ziffer des Fazits aufgeführten Voraussetzungen vorliegen, steht der Bejahung des Prüfungspunkts „Berechtigungsersatz" nichts im Weg.

5. Vielleicht haben es noch nicht alle bemerkt. Deshalb noch einmal: Beim „direkten" Erwerb einer Hypothek vom Nichtberechtigten war bislang unter der Voraussetzung „Berechtigungsersatz" u.a. zu prüfen, ob das Grundbuch unrichtig ist. Das war dann der Fall, wenn der die Hypothek Übertragende fälschlicherweise *als Eigentümer* im Grundbuch eingetragen war. Beim „abgeleiteten" Erwerb einer Hypothek vom Nichtberechtigten müsst ihr etwas anderes prüfen. Das Grundbuch ist unrichtig, wenn der Übertragende fälschlicherweise *als Hypothekeninhaber* im Grundbuch eingetragen ist.

    Unter dem Prüfungspunkt „Legitimation des Verfügenden als Berechtigter" war beim „direkten" Erwerb der Hypothek gefordert, dass der Verfügende aus dem Grundbuch *als Eigentümer* des Grundstücks hervorgeht. Beim „abgeleiteten" Erwerb der Hypothek muss der Verfügende aus dem Grundbuch *als Hypothekeninhaber* hervorgehen.

    Jetzt geht es nur noch um den Prüfungspunkt „Gutgläubigkeit des Erwerbers". Beim „direkten" Erwerb der Hypothek war gefordert, dass der Erwerbende gutgläubig *bezüglich der Eigentümerstellung* des Verfügenden war. Beim „abgeleiteten" Erwerb der Hypothek muss der Erwerbende gutgläubig *bezüglich der Inhaberschaft der Hypothek* sein. Anders formuliert: Er muss im guten Glauben sein, dass der Übertragende Hypothekeninhaber ist.

6. Noch einmal zum Mitdenken und Einprägen: Die besondere Konstellation dieses Falles war, dass wegen der erfolgten Anfechtung im Ergebnis von Anfang an keine Hypothek wirksam bestellt wurde.

Fall 18

Fall 18

S will einen Jugendtraum verwirklichen. Er hat schon immer davon geträumt, Eigentümer eines alten Kohlefrachters zu werden, auf dem er ein schwimmendes Theater etablieren möchte. Aufgrund des Mangels an flüssigen finanziellen Mitteln schließt er mit H einen Darlehensvertrag. H zahlt daraufhin das Darlehen in Höhe von 400.000 € an S. Zur Sicherung der Rückzahlungsforderung des H einigen sich die Parteien über die Bestellung einer Briefhypothek am Grundstück des S. Die Hypothekenbestellung erfolgt unter Übergabe des Hypothekenbriefs. Nun ficht S seine Willenserklärung bezüglich des Darlehensvertrags gemäß §§ 119, 142 begründet an. H, der den Hypothekenbrief immer noch in Händen hält, tritt später die Forderung aus dem Darlehensvertrag formgerecht an den gutgläubigen A ab. Zum Zeitpunkt der vermeintlichen Fälligkeit des Anspruchs auf Darlehensrückzahlung will A in das Grundstück des S vollstrecken, da dieser zahlungsunfähig ist.

Frage: Hat A gegen S einen Anspruch aus § 1147 ?

Lösungsskizze Fall 18

- **A gegen S Duldung der Zwangsvollstreckung gemäß § 1147 ?**

I. Anspruch entstanden ?

1. *Anspruchsgegner (S) ist Eigentümer des Grundstücks ?* (+)

2. *Anspruchsteller (A) ist Inhaber der Briefhypothek ?*

   a. *ursprünglich* (−)

   Vorüberlegung: A ist Inhaber der Hypothek, wenn entweder zunächst ein Erwerb im Verhältnis S – H und anschließend ein Erwerb im Verhältnis H – A erfolgt ist oder wenn trotz fehlenden direkten Erwerbs des H von S ein wirksamer abgeleiteter Erwerb im Verhältnis H – A erfolgt ist

   b. *Briefhypothekenerwerb des H von S gemäß §§ 873, 1113, 1115 ff ?*
   = direkter Erwerb des H vom Berechtigten S

   aa. Einigung, §§ 873, 1113 I ?
   = darüber, dass ein Grundstück eine bestimmte Forderung sichern soll

   HIER (+) → der Anspruch auf Rückzahlung des Darlehens sollte gesichert werden

   bb. Eintragung der Einigung im Grundbuch, §§ 873, 1115 ? (+)

   cc. Briefübergabe oder -ersatz, § 1117 ?

   HIER (+) → Übergabe, § 1117 I 1

115

Hypothek

dd. Bestehen der Forderung ?
= die Hypothek ist akzessorisch; also ohne Forderung keine Hypothek

HIER (−) → der Anspruch auf Darlehensrückzahlung besteht nicht, da der Darlehensvertrag gemäß §§ 119, 142 wirksam angefochten worden ist

ee. <u>also</u>: direkter Briefhypothekenerwerb des H vom Berechtigten S gemäß §§ 873, 1113, 1115 ff (−)

c. Briefhypothekenerwerb des H von S gemäß §§ 873, 1113, 1115 ff, 892 ?
= direkter Erwerb des H vom Nichtberechtigten S

aa. Einigung, §§ 873, 1113 I ? (+)

bb. Eintragung der Einigung im Grundbuch, §§ 873, 1115 ? (+)

cc. Briefübergabe oder -ersatz, § 1117 ? (+)

dd. Bestehen der Forderung ? (−), s.o.

ee. <u>also</u>: direkter Briefhypothekenerwerb des H vom Nichtberechtigten S gemäß §§ 873, 1113, 1115 ff, 892 (−)

d. Übergang der Briefhypothek von H auf A gemäß §§ 398, 1154, 1153 ?
= abgeleiteter Erwerb des A vom Berechtigten H

aa. Forderungsabtretung gemäß § 398 ?
= die der Hypothek zugrunde liegende Forderung

HIER (+) → es ist eine Forderungsabtretung im Verhältnis H − A erfolgt; obwohl die Forderung wegen der erfolgten Anfechtung des Darlehensvertrags nicht existiert, hat dies zunächst keine Auswirkungen auf einen etwaigen Erwerb des A

bb. in der Form des § 1154 ? (+)

cc. Berechtigung des Abtretenden ?
= Abtretender muss Inhaber der Forderung und Inhaber der Hypothek sein

HIER (−) → zwar war H zum Zeitpunkt der Abtretung Hypothekeninhaber; wegen der erfolgten Anfechtung des Darlehensvertrags ist H jedoch (rückwirkend) nicht Inhaber der Forderung geworden, § 142 I

dd. <u>also</u>: abgeleiteter Erwerb des A vom Berechtigten H gemäß §§ 398, 1154, 1153 (−)

e. Übergang der Briefhypothek von H auf A gem. §§ 398, 1154, 1153, 892 ?
= abgeleiteter Erwerb des A vom Nichtberechtigten H

aa. Forderungsabtretung gemäß § 398 ?
= die der Hypothek zugrunde liegende Forderung

HIER (+) → es ist eine Forderungsabtretung im Verhältnis H − A erfolgt; obwohl die Forderung wegen der erfolgten Anfechtung des Darlehensvertrags nicht existiert, hat dies zunächst keine Auswirkungen auf einen etwaigen Erwerb des A

Fall 18

bb. in der Form des § 1154 ? (+)

cc. „Berechtigungsersatz" ?
= Voraussetzungen der §§ 1138, 892 (also nicht § 892 allein); das Gesetz überwindet in § 1138 die fehlende Forderungsberechtigung des Abtretenden und fingiert für den Übergang der Hypothek (§ 1153) die Forderung, wenn die Voraussetzungen des § 892 bezüglich der Forderung (!!!) vorliegen

(1) Rechtsgeschäftlicher Erwerb beabsichtigt ? (+)

(2) Verkehrsgeschäft ? (+)

(3) Unrichtigkeit des Grundbuchs ? (+)

(4) Legitimation des Verfügenden als Berechtigter ? (+)

(5) Gutgläubigkeit des Erwerbers bez. der Forderung ? (+)

(6) keine Eintragung eines Widerspruchs gemäß § 899 gegen die Richtigkeit des Grundbuchs ? (+)

(7) also: Voraussetzungen der §§ 1138, 892 (+) → die Forderung wird somit gemäß § 1138 fingiert, damit die Hypothek gemäß § 1153 übergehen kann (+)

dd. also: abgeleiteter Erwerb des A vom Nichtberechtigten H gemäß §§ 398, 1154, 1153, 892 (+)

f. also: Anspruchsteller (A) ist Inhaber der Briefhypothek (+)

3. *also: Anspruch entstanden (+)*

II. Anspruch untergegangen ? (−)

III. Anspruch durchsetzbar ? (+)

IV. Ergebnis:
A gegen S Anspruch auf Duldung der Zwangsvollstreckung gemäß § 1147 (+)

Formulierungsvorschlag Fall 18

- A gegen S Duldung der Zwangsvollstreckung gemäß § 1147

A könnte gegen S einen Anspruch auf Duldung der Zwangsvollstreckung gemäß § 1147 haben.

I. Der Anspruch müsste entstanden sein.

1. Anspruchsgegner S ist Eigentümer des Grundstücks.

2. Anspruchsteller A müsste Inhaber der Briefhypothek sein.

Hypothek

a. Ursprünglich war er nicht Inhaber.

A ist aber Inhaber der Hypothek, wenn entweder zunächst ein Erwerb im Verhältnis S – H und dann ein Erwerb im Verhältnis H – A erfolgt ist oder wenn trotz fehlenden direkten Erwerbs des H von S ein wirksamer abgeleiteter Erwerb im Verhältnis H – A erfolgt ist.

b. H könnte die Briefhypothek direkt vom Berechtigten S gemäß §§ 873, 1113, 1115 ff erworben haben.

Die Parteien haben sich gemäß §§ 873, 1113 I darüber geeinigt, dass ein Grundstück eine bestimmte Forderung sichern soll. Das Grundstück des S sollte den Anspruch des H auf Rückzahlung des Darlehens sichern.

Die Eintragung der Einigung im Grundbuch ist erfolgt, §§ 873, 1115.

Der Hypothekenbrief ist übergeben worden, § 1117 I 1.

Fraglich ist, ob eine Forderung bestand. Die Hypothek ist nämlich akzessorisch. Also besteht ohne Forderung keine Hypothek. Der Anspruch auf Darlehensrückzahlung besteht nicht, da der Darlehensvertrag gemäß §§ 119, 142 wirksam angefochten worden ist. Mithin bestand keine Forderung.

Also hat H die Briefhypothek nicht direkt vom Berechtigten S gemäß §§ 873, 1113, 1115 ff erworben.

c. Möglicherweise hat H jedoch die Briefhypothek direkt vom Nichtberechtigten S gemäß §§ 873, 1113, 1115 ff, 892 erworben.

Die Parteien haben sich gemäß §§ 873, 1113 I darüber geeinigt, dass ein Grundstück eine bestimmte Forderung sichern soll. Das Grundstück des S sollte den Anspruch des H auf Rückzahlung des Darlehens sichern.

Die Eintragung der Einigung im Grundbuch ist erfolgt, §§ 873, 1115.

Der Hypothekenbrief ist übergeben worden, § 1117 I 1.

Es bestand jedoch wegen der wirksamen Anfechtung des Darlehensvertrag gemäß §§ 119, 142 keine Forderung auf Darlehensrückzahlung.

Demnach hat H die Briefhypothek auch nicht direkt vom Nichtberechtigten S gemäß §§ 873, 1113, 1115 ff, 892 erworben.

d. Weiterhin könnte die Briefhypothek gemäß §§ 398, 1154, 1153 von H auf A übergegangen sein, also ein abgeleiteter Erwerb des A vom Berechtigten H stattgefunden haben.

Es müsste eine Forderungsabtretung gemäß § 398, d.h. eine Abtretung der der Hypothek zugrunde liegenden Forderung erfolgt sein. Eine Forderungsabtretung im Verhältnis H – A ist erfolgt. Obwohl die Forderung wegen der erfolgten Anfechtung des Darlehensvertrags nicht existiert, hat dies zunächst keine Auswirkungen auf einen etwaigen Erwerb des A.

Die Abtretung ist in der Form des § 1154, also formgerecht erfolgt.

Fraglich ist die Berechtigung des Abtretenden. Der Abtretende müsste Forderungsinhaber und Inhaber der Hypothek gewesen sein. Zwar war H zum Zeitpunkt der Abtretung Hypothekeninhaber. Wegen der erfolgten Anfechtung des

Fall 18

Darlehensvertrags ist er jedoch nicht Inhaber der Forderung geworden, § 142 I. Also ist eine Berechtigung des Abtretenden zu verneinen.

Demnach ist die Briefhypothek nicht gemäß §§ 398, 1154, 1153 von H auf A übergegangen. Es hat kein abgeleiteter Erwerb des A vom Berechtigten H stattgefunden.

e. Letztlich könnte die Briefhypothek gemäß §§ 398, 1154, 1153, 892 von H auf A übergegangen sein, also ein abgeleiteter Erwerb des A vom Nichtberechtigten H stattgefunden haben.

Es müsste eine Forderungsabtretung gemäß § 398, d.h. eine Abtretung der der Hypothek zugrunde liegenden Forderung erfolgt sein. Eine Forderungsabtretung im Verhältnis H – A ist erfolgt. Obwohl die Forderung wegen der erfolgten Anfechtung des Darlehensvertrags nicht existiert, hat dies zunächst keine Auswirkungen auf einen etwaigen Erwerb des A.

Die Abtretung ist in der Form des § 1154, also formgerecht erfolgt.

Fraglich ist, ob die Voraussetzungen der §§ 1138, 892 vorliegen. Das Gesetz überwindet in § 1138 die fehlende Forderungsberechtigung des Abtretenden und fingiert für den Übergang der Hypothek (§ 1153) die Forderung, wenn die Voraussetzungen des § 892 bezüglich der Forderung vorliegen.

Ein rechtsgeschäftlicher Erwerb war zumindest beabsichtigt. Dies reicht aus.

Außerdem liegt ein Verkehrsgeschäft vor.

Zudem ist das Grundbuch unrichtig. H ist fälschlicherweise als Hypothekeninhaber im Grundbuch eingetragen.

Der Übertragende war aus dem Grundbuch als Berechtigter ersichtlich.

A war bezüglich des Bestehens der Forderung gutgläubig.

Ein Widerspruch gemäß § 899 gegen die Richtigkeit des Grundbuchs ist nicht erfolgt.

Also liegen die Voraussetzungen der §§ 1138, 892 vor. Die Forderung wird somit gemäß § 1138 fingiert, damit die Hypothek gemäß § 1153 übergehen kann.

Mithin ist die Briefhypothek gemäß §§ 398, 1154, 1153, 892 von H auf A übergegangen. Es hat ein abgeleiteter Erwerb des A vom Nichtberechtigten H stattgefunden.

f. Somit ist der Anspruchsteller A Inhaber der Briefhypothek.

3. Demnach ist der Anspruch entstanden.

II. Der Anspruch ist nicht untergegangen.

III. Er ist auch durchsetzbar.

IV. A hat gegen S einen Anspruch auf Duldung der Zwangsvollstreckung gemäß § 1147.

Hypothek

Fazit

1. Nun habt ihr den zweiten „Hammerfall" aus dem Hypothekenrecht kennengelernt. Und ein weiterer wird folgen. Da diese und die noch folgende Konstellation *äußerst klausurrelevant* sind, solltet ihr den hiesigen Ausführungen abermals wach folgen.

2. In unserem Fall ist zunächst eine Hypothekenbestellung im Verhältnis S – H erfolgt. Dann ist die hypothekarisch gesicherte Forderung von H an A abgetreten worden. Gewollt war also ein Übergang der Hypothek von H auf A. Aber: Ärgerlicherweise hat S seine *Willenserklärung bezüglich des Darlehensvertrags* gemäß §§ 119, 142 *angefochten*, und zwar schon vor der Abtretung. Das hat zur Folge (§ 142 lesen!), dass das Rechtsgeschäft (der Darlehensvertrag im Verhältnis S – H) als von Anfang an nichtig betrachtet wird. Shit! Kann A überhaupt noch Inhaber der Hypothek werden, wenn die der Hypothek zugrunde liegende Forderung gänzlich fehlt? Noch einmal zur Klarstellung: Anders als im vorigen Fall ist H, wenn man den Zeitablauf betrachtet, nicht Hypothekeninhaber geworden. Um eine Hypothek „direkt" vom Berechtigten oder vom Nichtberechtigten zu erwerben, muss auf jeden Fall eine (zugrunde liegende) Forderung bestehen. Die einzig in Betracht kommende Darlehensrückzahlungsforderung besteht aber nicht, weil S den Darlehensvertrag wirksam angefochten hat. Ein „direkter" Hypothekenerwerb scheidet demnach aus.

3. Es kann somit allenfalls ein „abgeleiteter" Erwerb stattgefunden haben. Der „abgeleitete" Erwerb vom Berechtigten scheitert allerdings mangels Berechtigung des H. Der Abtretende muss nämlich (Prüfungspunkt: „Berechtigung des Abtretenden") immer Forderungsinhaber sein. Wegen der erfolgten Anfechtung des Darlehensvertrags war H aber nicht Forderungsinhaber. Folglich bleibt allenfalls ein „abgeleiteter" Erwerb der Hypothek vom Nichtberechtigten.

4. Zunächst muss eine *Forderungsabtretung* stattgefunden haben (§ 398), und zwar in der Form des § 1154. Bei der Briefhypothek sind die §§ 1154 I, II, 1117 zu beachten. Das machte – wie im vorherigen Fall – keine Probleme. Wichtig: Obwohl die Forderung wegen der erfolgten Anfechtung des Darlehensvertrags nicht existiert, hat dies zunächst keine Auswirkungen auf einen etwaigen Erwerb des A. Hier war nur zu prüfen, ob überhaupt eine formgerechte Abtretung stattgefunden hat. Das ergibt sich aus der Regelung der §§ 1138, 892.

Mangels „Berechtigung" war einmal mehr auf den Prüfungspunkt *„Berechtigungsersatz"* einzugehen. Und der beschränkt sich *nicht allein* auf eine Prüfung der *Voraussetzungen des § 892* (schaut in diesem Zusammenhang vergleichend in die Lösung des vorigen Falles). Denn wir haben es ja mit einer großen Besonderheit zu tun. Zwar ist (siehe vorhergehender Prüfungspunkt) eine formgerechte Abtretung erfolgt, es besteht jedoch wegen der erfolgten Anfechtung gar keine Forderung. Und wie lässt sich der Konflikt lösen? Die Antwort ergibt sich aus *§ 1138*, der u.a. auf § 892 verweist. Der nach meiner Meinung etwas unglücklich formulierte § 1138 will sagen: Das Gesetz überwindet die fehlende Forderungsberechtigung des Abtretenden und fingiert für den Übergang der Hypothek (§ 1153) die Forderung, wenn die Voraussetzungen des § 892 bezüglich der Forderung vorliegen. Achtung: Schlussendlich erwirbt

Fall 18

A keine Forderung, sondern – wenn überhaupt – nur die Hypothek. Damit er die Hypothek erwerben kann, *wird die Forderung* lediglich *für einen kurzen Moment fingiert*. Aber eben nur dann, wenn bezüglich der Forderung die Voraussetzungen des § 892 gegeben sind. Und das sind die folgenden:

Im vorigen Fall (blättert noch einmal zurück) musste zuerst ein „rechtsgeschäftlicher Erwerb" vorliegen, also gerade kein gesetzlicher Erwerb. § 1153 fordert nun aber an sich einen gesetzlichen Übergang der Hypothek, also gerade keinen rechtsgeschäftlichen Übergang. Denn: Mit der Übertragung der Forderung geht die Hypothek automatisch auf den neuen Gläubiger über. Dem Erwerb nach § 1153 liegt jedoch eine rechtsgeschäftliche Übertragung zugrunde. Dies soll nach allgemeiner Ansicht ausreichen.

Im aktuellen Fall ergibt sich aber ein Problem. Damit die Hypothek überhaupt übergehen kann, wird für den Moment des Übergangs allenfalls eine Forderung fingiert. Folglich kann dem Erwerb nach § 1153 keine rechtsgeschäftliche Übertragung zugrunde liegen. Folgerichtig muss es ausreichen, dass ein *rechtsgeschäftlicher Erwerb beabsichtigt* war.

Sollten euch die dann zu prüfenden Punkte *„Verkehrsgeschäft", „Unrichtigkeit des Grundbuchs"* und *„Legitimation des Verfügenden als Berechtigter"* unklar sein, schaut noch einmal in das Fazit des vorigen Falls.

Anders als im vorigen Fall muss der Erwerbende *gutgläubig hinsichtlich des Bestehens der Forderung* sein.

Letztlich darf *„keine Eintragung eines Widerspruchs gemäß § 899 gegen die Richtigkeit des Grundbuchs"* in dasselbe eingetragen sein.

5. Wenn – wie hier – alle Voraussetzungen der §§ 1138, 892 vorliegen, wird die Forderung gemäß § 1138 fingiert, damit die Hypothek gemäß § 1153 übergehen kann. Man spricht in diesem Zusammenhang im Übrigen gerne von der sogenannten „forderungsentkleideten" Hypothek.

6. Was unterscheidet diesen Fall vom vorigen? Im vorigen Fall scheiterte die Hypothekenbestellung (der direkte Erwerb) an der Anfechtung der erforderlichen Einigung bezüglich der Hypothek. Anders als dort erfolgte im aktuellen Fall eine Anfechtung des Darlehensvertrages mit der Folge, dass die Hypothekenbestellung (der direkte Erwerb) mangels Forderung (Akzessorietät!) nicht funktionierte.

7. Übrig bleibt somit nur noch eine Problemkonstellation. Welche wird das wohl sein? Augenscheinlich eine Kombination der Konstellationen. Die Lösung des Problems werdet ihr im nächsten Fall kennenlernen.

Hypothek

Fall 19

S trägt sich mit dem Gedanken, eine umfangreiche Zucht mit kaukasischen Edelhühnern zu gründen. Um das Unternehmen finanzieren zu können, schließt er mit H einen Darlehensvertrag. H zahlt daraufhin das Darlehen an S. Zur Sicherung der Rückzahlungsforderung des H einigen sich die Parteien über die Bestellung einer Briefhypothek am Grundstück des S. Die Hypothekenbestellung erfolgt unter Übergabe des Hypothekenbriefs. Nun ficht S sowohl seine Willenserklärung bezüglich des Darlehensvertrags als auch seine Willenserklärung bezüglich der Hypothekeneinigung gemäß §§ 119, 142 begründet an. H, der den Hypothekenbrief noch immer in Händen hält, tritt später die Forderung aus dem Darlehensvertrag formgerecht an den gutgläubigen A ab. Zum Zeitpunkt der vermeintlichen Fälligkeit des Anspruchs auf Darlehensrückzahlung will A in das Grundstück des S vollstrecken, weil dieser zahlungsunfähig ist.

Frage: Hat A gegen S einen Anspruch aus § 1147 ?

Lösungsskizze Fall 19

- A gegen S Duldung der Zwangsvollstreckung gemäß § 1147 ?

I. Anspruch entstanden ?

   1. Anspruchsgegner (S) ist Eigentümer des Grundstücks ? (+)

   2. Anspruchsteller (A) ist Inhaber der Briefhypothek ?

      a. ursprünglich (–)

      Vorüberlegung: A ist Inhaber der Hypothek, wenn entweder zunächst ein Erwerb im Verhältnis S – H und anschließend ein Erwerb im Verhältnis H – A erfolgt ist oder wenn trotz fehlenden direkten Erwerbs des H von S ein wirksamer abgeleiteter Erwerb im Verhältnis H – A erfolgt ist

      b. Briefhypothekenerwerb des H von S gemäß §§ 873, 1113, 1115 ff ?
      = direkter Erwerb des H vom Berechtigten S

         aa. Einigung, §§ 873, 1113 I ?
         = darüber, dass ein Grundstück eine bestimmte Forderung sichern soll

           HIER (–) → nichtig durch erfolgte Anfechtung, §§ 119, 142

         bb. also: direkter Briefhypothekenerwerb des H vom Berechtigten S gemäß §§ 873, 1113, 1115 ff (–)

      c. Briefhypothekenerwerb des H von S gemäß §§ 873, 1113, 1115 ff, 892 ?
      = direkter Erwerb des H vom Nichtberechtigten S

         aa. Einigung, §§ 873, 1113 I ? (–), s.o.

Fall 19

bb. also: direkter Briefhypothekenerwerb des H vom Nichtberechtigten S gemäß §§ 873, 1113, 1115 ff, 892 (–)

d. Übergang der Briefhypothek von H auf A gemäß §§ 398, 1154, 1153?
= abgeleiteter Erwerb des A vom Berechtigten H

aa. Forderungsabtretung gemäß § 398?
= die der Hypothek zugrunde liegende Forderung

HIER (+) → es ist eine Forderungsabtretung im Verhältnis H – A erfolgt; obwohl die Forderung wegen der erfolgten Anfechtung des Darlehensvertrags nicht existiert, hat dies zunächst keine Auswirkungen auf einen etwaigen Erwerb des A

bb. in der Form des § 1154? (+)

cc. Berechtigung des Abtretenden?
= Abtretender muss Inhaber der Forderung und Inhaber der Hypothek sein

HIER (–) → wegen der erfolgten Anfechtung des Darlehensvertrags ist H nicht Inhaber der Forderung geworden und wegen der Anfechtung der Einigung auch nicht Inhaber der Hypothek, § 142 I

dd. also: abgeleiteter Erwerb des A vom Berechtigten H gemäß §§ 398, 1154, 1153 (–)

e. Übergang der Briefhypothek von H auf A gem. §§ 398, 1154, 1153, 892?
= abgeleiteter Erwerb des A vom Nichtberechtigten H

aa. Forderungsabtretung gemäß § 398?
= die der Hypothek zugrunde liegende Forderung

HIER (+) → es ist eine Forderungsabtretung im Verhältnis H – A erfolgt; obwohl die Forderung wegen der erfolgten Anfechtung des Darlehensvertrags nicht existiert, hat dies zunächst keine Auswirkungen auf einen etwaigen Erwerb des A

bb. in der Form des § 1154? (+)

cc. „Berechtigungsersatz"?
= Voraussetzungen der §§ 1138, 892 (also nicht § 892 allein); das Gesetz überwindet in § 1138 die fehlende Forderungsberechtigung des Abtretenden und fingiert für den Übergang der Hypothek (§ 1153) die Forderung, wenn die Voraussetzung des § 892 bezüglich der Forderung (!!!) vorliegen

(1) Rechtsgeschäftlicher Erwerb beabsichtigt? (+)

(2) Verkehrsgeschäft? (+)

(3) Unrichtigkeit des Grundbuchs? (+)

(4) Legitimation des Verfügenden als Berechtigter? (+)

(5) Gutgläubigkeit des Erwerbers bez. der Forderung? (+)

Hypothek

    (6) keine Eintragung eines Widerspruchs gemäß § 899 gegen die Richtigkeit des Grundbuchs ? (+)

    (7) <u>also</u>*: Voraussetzungen der §§ 1138, 892* (+) → *die Forderung wird somit gemäß § 1138 fingiert, damit die Hypothek gemäß § 1153 übergehen kann; dies kann aber nur geschehen, wenn der Übertragende (= H) Inhaber der Hypothek ist !!!!!*

   dd. Übertragender ist Hypothekeninhaber ?

    HIER (−) → wegen der erfolgten Anfechtung der Einigung ist H nicht Inhaber der Hypothek geworden

    aber: § 1153 gilt auch dann, wenn bez. der Hypothek die Voraussetzungen des § 892 vorliegen

    (1) Rechtsgeschäftlicher Erwerb der Hypothek ?

    HIER (+) → an sich normiert § 1153 einen gesetzlichen Übergang der Hypothek, also gerade keinen rechtsgeschäftlichen Übergang; der Erwerb nach § 1153 basiert aber auf einer fingierten rechtsgeschäftlichen Übertragung der zugrunde liegenden Forderung gemäß §§ 1138, 892; dies reicht aus

    (2) Verkehrsgeschäft ? (+)

    (3) Unrichtigkeit des Grundbuchs ? (+)

    (4) Legitimation des Verfügenden als Berechtigter ? (+)

    (5) Gutgläubigkeit des Erwerbers bez. der Hypothek ? (+)

    (6) keine Eintragung eines Widerspruchs gemäß § 899 gegen die Richtigkeit des Grundbuchs ? (+)

    (7) <u>also</u>*: gemäß § 1153 geht die Hypothek über, da auch bez. der Hypothek die Voraussetzungen des § 892 vorliegen*
    → *Übertragender (= H) ist Hypothekeninhaber*

  ee. <u>also</u>*: abgeleiteter Erwerb des A vom Nichtberechtigten H gemäß §§ 398, 1154, 1153, 892* (+)

 f. <u>also</u>*: Anspruchsteller (A) ist Inhaber der Briefhypothek* (+)

3. <u>also</u>**: Anspruch entstanden** (+)

II. Anspruch untergegangen ? (−)

III. Anspruch durchsetzbar ? (+)

IV. Ergebnis:
   A gegen S Anspruch auf Duldung der Zwangsvollstreckung gemäß § 1147 (+)

Fall 19

Formulierungsvorschlag Fall 19

- A gegen S Duldung der Zwangsvollstreckung gemäß § 1147

A könnte gegen S einen Anspruch auf Duldung der Zwangsvollstreckung gemäß § 1147 haben.

I. Der Anspruch müsste entstanden sein.

1. Anspruchsgegner S ist Eigentümer des Grundstücks.

2. Anspruchsteller A müsste Inhaber der Briefhypothek sein.

a. Ursprünglich war er nicht Inhaber.

A ist aber Inhaber der Hypothek, wenn entweder zunächst ein Erwerb im Verhältnis S – H und dann ein Erwerb im Verhältnis H – A erfolgt ist oder wenn trotz fehlenden direkten Erwerbs des H von S ein wirksamer abgeleiteter Erwerb im Verhältnis H – A erfolgt ist.

b. H könnte die Briefhypothek direkt vom Berechtigten S gemäß §§ 873, 1113, 1115 ff erworben haben.

Die Parteien müssten sich gemäß §§ 873, 1113 I darüber geeinigt haben, dass ein Grundstück eine bestimmte Forderung sichern soll. An sich sollte das Grundstück des S den Anspruch des H auf Rückzahlung des Darlehens sichern.

Voraussetzung für die Wirksamkeit der Einigung ist aber die Abgabe zweier wirksamer Willenserklärungen. Fraglich erscheint in diesem Zusammenhang lediglich, wie sich die seitens S durchgeführte Anfechtung auswirkt. Die nach § 119 erfolgte Anfechtung betrifft die Willenserklärung bezüglich der Einigung über die Hypothek. Insofern liegt keine wirksame Einigung vor. Sie ist gemäß §§ 119, 142 nichtig.

Also hat H die Briefhypothek nicht direkt vom Berechtigten S gemäß §§ 873, 1113, 1115 ff erworben.

c. Möglicherweise hat H aber die Briefhypothek direkt vom Nichtberechtigten S gemäß §§ 873, 1113, 1115 ff, 892 erworben.

Eine Einigung gemäß §§ 873, 1113 I darüber, dass ein Grundstück eine bestimmte Forderung sichern soll, scheitert jedoch abermals an der erfolgten Anfechtung der Willenserklärung bezüglich der Einigung über die Hypothek. Insofern liegt keine wirksame Einigung vor. Sie ist gemäß §§ 119, 142 nichtig.

Demnach hat H die Briefhypothek auch nicht direkt vom Nichtberechtigten S gemäß §§ 873, 1113, 1115 ff, 892 erworben.

d. Weiterhin könnte die Briefhypothek gemäß §§ 398, 1154, 1153 von H auf A übergegangen sein, also ein abgeleiteter Erwerb des A vom Berechtigten H stattgefunden haben.

Es müsste eine Forderungsabtretung gemäß § 398, d.h. eine Abtretung der der Hypothek zugrunde liegenden Forderung erfolgt sein. Eine Forderungsabtre-

125

Hypothek

tung im Verhältnis H – A ist erfolgt. Obwohl die Forderung wegen der erfolgten Anfechtung des Darlehensvertrags nicht existiert, hat dies zunächst keine Auswirkungen auf einen etwaigen Erwerb des A.

Die Abtretung ist in der Form des § 1154, also formgerecht erfolgt.

Fraglich ist die Berechtigung des Abtretenden. Der Abtretende müsste Forderungsinhaber und Inhaber der Hypothek gewesen sein. Wegen der erfolgten Anfechtung des Darlehensvertrags ist H jedoch nicht Inhaber der Forderung geworden und wegen der Anfechtung der Einigung auch nicht Inhaber der Hypothek, § 142 I. Also ist eine Berechtigung des Abtretenden zu verneinen.

Demnach ist die Briefhypothek nicht gemäß §§ 398, 1154, 1153 von H auf A übergegangen. Es hat kein abgeleiteter Erwerb des A vom Berechtigten H stattgefunden.

e. Letztlich könnte die Briefhypothek gemäß §§ 398, 1154, 1153, 892 von H auf A übergegangen sein, also ein abgeleiteter Erwerb des A vom Nichtberechtigten H stattgefunden haben.

Es müsste eine Forderungsabtretung gemäß § 398, d.h. eine Abtretung der der Hypothek zugrunde liegenden Forderung erfolgt sein. Eine Forderungsabtretung im Verhältnis H – A ist erfolgt. Obwohl die Forderung wegen der erfolgten Anfechtung des Darlehensvertrags nicht existiert, hat dies zunächst keine Auswirkungen auf einen etwaigen Erwerb des A.

Die Abtretung ist in der Form des § 1154, also formgerecht erfolgt.

Fraglich ist, ob die Voraussetzungen der §§ 1138, 892 vorliegen. Das Gesetz überwindet in § 1138 die fehlende Forderungsberechtigung des Abtretenden und fingiert für den Übergang der Hypothek (§ 1153) die Forderung, wenn die Voraussetzungen des § 892 bezüglich der Forderung vorliegen.

Ein rechtsgeschäftlicher Erwerb war zumindest beabsichtigt. Dies reicht aus.

Außerdem liegt ein Verkehrsgeschäft vor.

Zudem ist das Grundbuch unrichtig. H ist fälschlicherweise als Hypothekeninhaber im Grundbuch eingetragen.

Der Übertragende war aus dem Grundbuch als Berechtigter ersichtlich.

A war bezüglich des Bestehens der Forderung gutgläubig.

Ein Widerspruch gemäß § 899 gegen die Richtigkeit des Grundbuchs ist nicht erfolgt.

Also liegen die Voraussetzungen der §§ 1138, 892 vor. Die Forderung wird somit gemäß § 1138 fingiert, damit die Hypothek gemäß § 1153 übergehen kann.

Dies kann aber nur dann geschehen, wenn der Übertragende Inhaber der Hypothek ist.

H müsste demnach Hypothekeninhaber sein. Wegen der erfolgten Anfechtung der Einigung ist er aber nicht Inhaber der Hypothek geworden.

Zu beachten ist jedoch, dass § 1153 auch dann gilt, wenn bezüglich der Hypothek die Voraussetzungen des § 892 vorliegen.

Fall 19

Es müsste ein rechtsgeschäftlicher Erwerb der Hypothek stattgefunden haben. An sich normiert § 1153 einen gesetzlichen Übergang der Hypothek, also gerade keinen rechtsgeschäftlichen Übergang. Der Erwerb nach § 1153 basiert aber auf einer fingierten rechtsgeschäftlichen Übertragung der zugrunde liegenden Forderung gemäß §§ 1138, 892. Dies reicht aus.

Außerdem liegt ein Verkehrsgeschäft vor.

Zudem ist das Grundbuch unrichtig. H ist fälschlicherweise als Hypothekeninhaber im Grundbuch eingetragen.

Der Übertragende war aus dem Grundbuch als Berechtigter ersichtlich.

A war auch bezüglich der Hypothekeninhaberschaft des H gutgläubig.

Ein Widerspruch gemäß § 899 gegen die Richtigkeit des Grundbuchs ist nicht erfolgt.

Folglich liegen bezüglich der Hypothek die Voraussetzungen des § 892 vor.

Also ist die Briefhypothek gemäß §§ 398, 1154, 1153, 892 von H auf A übergegangen. Es hat ein abgeleiteter Erwerb des A vom Nichtberechtigten H stattgefunden.

f. Somit ist der Anspruchsteller A Inhaber der Briefhypothek.

3. Demnach ist der Anspruch entstanden.

II. Der Anspruch ist nicht untergegangen.

III. Er ist auch durchsetzbar.

IV. A hat gegen S einen Anspruch auf Duldung der Zwangsvollstreckung gemäß § 1147.

Fazit

1. Zum Ersten, zum Zweiten und zum ... Dritten. Der letzte klausurrelevante Problemfall zum Hypothekenerwerb ist überstanden. Bröseln wir den Fall abschließend noch einmal auf.

2. Es ist zunächst eine Hypothekenbestellung im Verhältnis S – H erfolgt. Dann ist die hypothekarisch gesicherte Forderung von H an A abgetreten worden. Gewollt war also ein Übergang der Hypothek von H auf A. Aber: S hat sowohl seine Willenserklärung bezüglich des Darlehensvertrags als auch seine Willenserklärung bezüglich der Hypothekeneinigung gemäß §§ 119, 142 wirksam angefochten, und zwar schon vor der Abtretung. Das hat zur Folge (§ 142 lesen!), dass beide Rechtsgeschäfte (der Darlehensvertrag im Verhältnis S – H und die Hypothekenbestellung im Verhältnis S – H) als von Anfang an nichtig betrachtet werden. Noch einmal zur Klarstellung: Anders als im vorvorigen Fall ist H, wenn man den Zeitablauf betrachtet, nicht Hypothekeninhaber geworden. Um eine Hypothek „direkt" vom Berechtigten oder vom Nichtberechtigten zu erwerben, muss auf jeden Fall eine (zugrunde liegende) Forderung bestehen.

Hypothek

Die einzig in Betracht kommende Darlehensrückzahlungsforderung besteht aber nicht, weil S (auch) den Darlehensvertrag wirksam angefochten hat. Ein „direkter" Hypothekenerwerb scheidet demnach aus. Anders als im vorigen Fall scheitert ein „direkter" Erwerb (vom Berechtigten oder Nichtberechtigten) jedoch nicht erst im Prüfungspunkt „Bestehen der Forderung", sondern bereits im Prüfungspunkt „Einigung, §§ 873, 1113 I". S hat ja auch seine Willenserklärung hinsichtlich der Hypothekeneinigung wirksam angefochten.

3. In der anschließenden Prüfung eines „abgeleiteten Erwerbs vom Nichtberechtigten" folgt die Lösung bis zum Prüfungspunkt: „Berechtigungsersatz" den Ausführungen des vorigen Falles. Erst dann wird's spannend.

Wie im vorigen Fall beschränkt sich der Prüfungspunkt „Berechtigungsersatz" nicht allein auf eine Prüfung der Voraussetzungen des § 892. Vielmehr kommt wieder § 1138 ins Spiel. Da wegen der erfolgten Anfechtung des Darlehensvertrags keine Forderung existiert, kann diese allenfalls gemäß § 1138 fingiert werden, damit die Hypothek übergehen kann. Voraussetzung ist jedoch, dass bezüglich der Forderung die Voraussetzungen des § 892 vorliegen. Und das sind – einmal wieder – die folgenden:

Damit die Hypothek überhaupt übergehen kann, wird für den Moment des Übergangs allenfalls eine Forderung fingiert. Folglich kann dem Erwerb nach § 1153 – wie an sich erforderlich – keine rechtsgeschäftliche Übertragung zugrunde liegen. Folgerichtig muss es ausreichen, dass ein *rechtsgeschäftlicher Erwerb beabsichtigt* war.

Sollten euch die dann zu prüfenden Punkte *„Verkehrsgeschäft", „Unrichtigkeit des Grundbuchs"* und *„Legitimation des Verfügenden als Berechtigter"* unklar sein, schaut noch einmal in das Fazit des vorvorigen Falls.

Der Erwerbende muss *gutgläubig hinsichtlich des Bestehens der <u>Forderung</u>* sein.

Zudem darf *„keine Eintragung eines Widerspruchs gemäß § 899 gegen die Richtigkeit des Grundbuchs"* in dasselbe eingetragen sein.

4. Wenn – wie hier – alle Voraussetzungen der §§ 1138, 892 vorliegen, wird die Forderung gemäß § 1138 fingiert, damit die Hypothek gemäß § 1153 übergehen kann. Aber: Die Hypothek kann selbstverständlich nur dann übergehen, wenn der Übertragende (hier H) Inhaber der Hypothek ist. Wegen der erfolgten wirksamen Anfechtung der Hypothekeneinigung durch S ist H jedoch nicht Inhaber der Hypothek geworden.

Und jetzt kommt das Besondere: § 1153 (= mit der Übertragung der Forderung geht die Hypothek über) gilt auch dann, wenn *bezüglich der <u>Hypothek</u>* die *Voraussetzungen des § 892* vorliegen.

Zum Prüfungspunkt *„rechtsgeschäftlicher Erwerb"*: An sich normiert § 1153 einen gesetzlichen Übergang der Hypothek, also gerade keinen rechtsgeschäftlichen Übergang. Dem Erwerb nach § 1153 liegt aber eine <u>fingierte</u> rechtsgeschäftliche Übertragung der Forderung gemäß §§ 1138, 892 zugrunde. Das reicht aus.

Fall 19

Die dann folgenden Prüfungspunkte *„Verkehrsgeschäft", „Unrichtigkeit des Grundbuchs"* und *„Legitimation des Verfügenden als Berechtigter"* machen keinerlei Probleme.

Der Erwerbende muss **gutgläubig bezüglich der Hypothekeninhaberschaft** sein.

Zudem darf *„keine Eintragung eines Widerspruchs gemäß § 899 gegen die Richtigkeit des Grundbuchs"* in dasselbe eingetragen sein.

5. Für die Kopflahmen noch einmal: In dieser Fallkonstellation muss der Erwerber einerseits *gutgläubig* hinsichtlich des Bestehens der **Forderung** (siehe Fazit 3.) und andererseits *gutgläubig* bezüglich der **Hypothekeninhaberschaft** (siehe Fazit 4.) sein.

6. So, ihr seid fast erlöst! Kennenlernen durftet ihr in den Fällen 13 bis 19 alle grundsätzlich möglichen einfachen Hypothekenerwerbsformen. Wir wollen resümieren: Angefangen hat das Kapitel mit dem „direkten" Erwerb vom Berechtigten. Es folgte der „direkte" Erwerb vom Nichtberechtigten und dann der „abgeleitete" Erwerb vom Berechtigten. Mit den drei Problemkonstellationen zum „abgeleiteten" Erwerb vom Nichtberechtigten (Forderung fehlt / Hypothek fehlt / Forderung und Hypothek fehlen) musstet ihr euch zum Schluss herumärgern.

Kurz vor dem Ende des Kapitels möchte ich darauf hinweisen, dass in die Fälle – außer den üblichen Grundproblemen zum Hypothekenerwerb in den dargestellten Konstellationen – keine weiteren Probleme eingebaut waren. Deshalb will ich euch zur Übung mit zwei weiteren Fällen ärgern. Ihr sollt sehen, was ihr bis jetzt gelernt habt. Ein Tipp: Das Problem des folgenden Falls habt ihr schon einmal im Rahmen der Fälle zum Grundstückserwerb lösen müssen.

Hypothek

Fall 20

S schuldet dem H 10.000 € aus dem Verkauf eines Designer-Aschenbechers. Zur Sicherung der Zahlungsforderung des H einigen sich die Parteien über die Bestellung einer Buchhypothek am Grundstück des S. Die Übergabe eines Hypothekenbriefs wird ausgeschlossen. S händigt H eine Eintragungsbewilligung aus. Nach dem Antrag auf Eintragung unter Vorlage der Bewilligung beim Grundbuchamt wird über das Vermögen des S das Insolvenzverfahren eröffnet. Davon erhält H Kenntnis. Die Hypothek wird zugunsten des H im Grundbuch eingetragen. Jetzt wird der Anspruch auf Zahlung des Kaufpreises fällig. Wegen der Zahlungsunfähigkeit des S will H in dessen Grundstück vollstrecken.

Frage: Hat H gegen S einen Anspruch aus § 1147 ?

Lösungsskizze Fall 20

- **H gegen S Duldung der Zwangsvollstreckung gemäß § 1147 ?**

Vorüberlegung: H kann trotz der Eröffnung des Insolvenzverfahrens über das Vermögen des S gemäß § 1147 in dessen Grundstück vollstrecken, wenn er abgesonderte Befriedigung verlangen kann. Nach § 49 InsO (Insolvenzordnung) ist dies grundsätzlich möglich. Um in das Grundstück zu vollstrecken, muss er jedoch eine Hypothek erworben haben.

I. Anspruch entstanden ?

   1. Anspruchsgegner (S) ist Eigentümer des Grundstücks ? (+)

   2. Anspruchsteller (H) ist Inhaber der Buchhypothek ?

      a. *ursprünglich* (−)

      b. ***Buchhypothekenerwerb des H von S gemäß §§ 873, 1113, 1115 ff ?***
      = direkter Erwerb des H vom Berechtigten S

         aa. Einigung, §§ 873, 1113 I ?
         = darüber, dass ein Grundstück eine bestimmte Forderung sichern soll
         HIER (+) → der Anspruch auf Kaufpreiszahlung sollte gesichert werden

         bb. Einigung über Ausschluss eines Hypothekenbriefs, § 1116 II ?
         HIER (+)

         cc. Eintragung dieser Einigungen im Grundbuch, §§ 873, 1116 II ?
         HIER (+)

         dd. Bestehen der Forderung ?
         = die Hypothek ist akzessorisch; also ohne Forderung keine Hypothek
         HIER (+) → der Anspruch auf Kaufpreiszahlung, § 433 II

Fall 20

ee. Berechtigung des Bestellers ?
= der verfügungsbefugte Eigentümer oder der Nichteigentümer, der gesetzlich verfügungsbefugt ist oder der vom Berechtigten ermächtigt ist

HIER (+) → zwar muss der die Hypothek Bestellende grundsätzlich bis zum Zeitpunkt der Vollendung des Rechtserwerbs berechtigt sein; dies war S bei der Eintragung der Hypothek im Grundbuch nicht mehr, da über sein Vermögen das Insolvenzverfahren eröffnet worden ist; insofern war er in seiner Verfügungsbefugnis beschränkt, § 80 I InsO (Insolvenzordnung); § 878 – der über § 91 II InsO Anwendung findet – bestimmt jedoch, dass die Erklärung des Berechtigten nicht dadurch unwirksam wird, dass der Berechtigte in seiner Verfügung beschränkt wird, nachdem die Erklärung für ihn bindend geworden und der Antrag auf Eintragung gestellt worden ist; eine Bindung gemäß § 873 II ist mit Aushändigung der Eintragungsbewilligung an S eingetreten; die Aushändigung erfolgte auch vor dem Eintritt der Verfügungsbeschränkung; ebenfalls vor Eintritt der Verfügungsbeschränkung ist der Eintragungsantrag gestellt worden; insofern sind die Voraussetzungen des § 878 gegeben, d.h. die erforderliche Berechtigung liegt vor

ff. also: direkter Buchhypothekenerwerb des H vom Berechtigten S gemäß §§ 873, 1113, 1115 ff (+)

c. also: Anspruchsteller (H) ist Inhaber der Buchhypothek (+)

3. *also: Anspruch entstanden (+)*

II. Anspruch untergegangen ? (–)

III. Anspruch durchsetzbar ? (+)

IV. Ergebnis:
H gegen S Anspruch auf Duldung der Zwangsvollstreckung gemäß § 1147 (+);
H hat gemäß § 49 InsO ein Recht auf abgesonderte Befriedigung; es besteht jedoch die Möglichkeit, dass der Insolvenzverwalter von seinem Verwertungsrecht aus § 165 InsO Gebrauch macht

---

Formulierungsvorschlag Fall 20

- H gegen S Duldung der Zwangsvollstreckung gemäß § 1147

H könnte gegen S einen Anspruch auf Duldung der Zwangsvollstreckung gemäß § 1147 haben. Gemäß § 49 InsO hat er trotz der Eröffnung des Insolvenzverfahrens ein grundsätzliches Recht auf abgesonderte Befriedigung (Vollstreckung in das Grundstück). Um in das Grundstück zu vollstrecken, muss er jedoch eine Hypothek erworben haben.

Hypothek

I. Der Anspruch gemäß § 1147 müsste entstanden sein.

1. Anspruchsgegner S ist Eigentümer des Grundstücks.

2. Anspruchsteller H müsste Inhaber der Buchhypothek sein.

a. Ursprünglich war er nicht Inhaber.

b. H könnte jedoch die Buchhypothek direkt vom Berechtigten S gemäß §§ 873, 1113, 1115 ff erworben haben.

Die Parteien haben sich gemäß §§ 873, 1113 I darüber geeinigt, dass ein Grundstück eine bestimmte Forderung sichern soll. Das Grundstück des S sollte den Anspruch des H auf Kaufpreiszahlung sichern.

Zudem haben sich die Parteien über den Ausschluss eines Hypothekenbriefs geeinigt, § 1116 II.

Die Eintragung der Einigungen im Grundbuch ist erfolgt, §§ 873, 1116 III.

Zudem bestand eine Forderung, nämlich der Anspruch auf Kaufpreiszahlung, § 433 II.

S müsste Berechtigter gewesen sein. Berechtigt ist der verfügungsbefugte Eigentümer oder der Nichteigentümer, der gesetzlich verfügungsbefugt ist oder der vom Berechtigten ermächtigt ist. Zwar muss der die Hypothek Bestellende grundsätzlich bis zum Zeitpunkt der Vollendung des Rechtserwerbs berechtigt sein. Dies war S bei der Eintragung der Hypothek im Grundbuch nicht mehr, da er zwar Eigentümer gewesen, aber über sein Vermögen das Insolvenzverfahren eröffnet worden ist. Insofern war er in seiner Verfügungsbefugnis beschränkt, § 80 I InsO. § 878 – der über § 91 II InsO Anwendung findet – bestimmt jedoch, dass die Erklärung des Berechtigten nicht dadurch unwirksam wird, dass der Berechtigte in seiner Verfügung beschränkt wird, nachdem die Erklärung für ihn bindend geworden und der Antrag auf Eintragung gestellt worden ist. Eine Bindung gemäß § 873 II ist mit Aushändigung der Eintragungsbewilligung an S eingetreten. Die Aushändigung erfolgte auch vor dem Eintritt der Verfügungsbeschränkung. Ebenfalls vor Eintritt der Verfügungsbeschränkung ist der Eintragungsantrag gestellt worden. Insofern sind die Voraussetzungen des § 878 gegeben, d.h. die erforderliche Berechtigung liegt vor.

Folglich hat H direkt vom Berechtigten S gemäß §§ 873, 1113, 1115 ff die Buchhypothek erworben.

c. Somit ist der Anspruchsteller H Inhaber der Buchhypothek.

3. Demnach ist der Anspruch entstanden.

II. Der Anspruch ist nicht untergegangen.

III. Er ist auch durchsetzbar.

IV. Also hat H gegen S einen Anspruch auf Duldung der Zwangsvollstreckung gemäß § 1147. Er hat gemäß § 49 InsO ein Recht auf abgesonderte Befriedigung. Es besteht jedoch die Möglichkeit, dass der Insolvenzverwalter von seinem Verwertungsrecht aus § 165 InsO Gebrauch macht.

Fall 20

Fazit

1. Das war doch eigentlich gar nicht so schwer, oder? Das leidige Grundproblem – die Frage nach der „Berechtigung" – habt ihr schon in Fall 6 kennengelernt. Und § 878 sollte hinlänglich bekannt sein. Lediglich der Einstieg in die Prüfung könnte etwas schwierig gewesen sein. Einige von euch werden sich bis dato noch nicht mit der Insolvenzordnung (InsO) auseinandergesetzt haben. Aber nun wisst ihr ja, wie's funktioniert.

2. An sich wollte ich nur aufzeigen, dass einmal mehr das Baukastenprinzip zu bemühen war. Wenn ihr euch bestimmte Problemlösungen aus den Eigentumserwerbsfällen eingeprägt habt, dürfte es nicht allzu schwerfallen, sie in andere Bereiche – hier ins Hypothekenrecht – zu transferieren.

3. Und: Während dem Gläubiger früher im Konkursrecht nach §§ 4 I, II, 47 KO (Konkursordnung) ein uneingeschränktes **Absonderungsrecht** zur Seite stand, besteht dieses Verwertungsrecht nach dem seit 1999 geltenden Insolvenzrecht zwar – wie schon aufgezeigt – grundsätzlich nach wie vor (vgl. § 49 InsO). Beschränkt ist das Recht jedoch durch § 165 InsO: Hiernach kann der Insolvenzverwalter bestimmte Rechte geltend machen, obwohl an dem unbeweglichen Gegenstand ein Absonderungsrecht besteht. Aber danach war nicht gefragt. Aufhänger des Falls und Einstieg in die Lösung des Falls war die Möglichkeit des Gläubigers, im Insolvenzverfahren abgesonderte Befriedigung zu verlangen.

Hypothek

Fall 21

S möchte einen teuren Wunsch seines Schwiegervaters verwirklichen. Dieser will Pferde in Afghanistan züchten. Um das Unternehmen finanzieren zu können, schließen S und H einen Darlehensvertrag. H zahlt wie vereinbart 700.000 € an S. Die Forderung des H soll durch eine Briefhypothek gesichert werden. S ist jedoch nicht Eigentümer des Grundstücks, sondern nur fälschlicherweise als solcher im Grundbuch eingetragen. Trotzdem einigt sich S mit dem gutgläubigen H bezüglich der Hypothekenbestellung. Die Parteien vereinbaren, dass H berechtigt sein soll, sich den Hypothekenbrief direkt vom Grundbuchamt aushändigen zu lassen. Der Antrag auf Eintragung der Hypothek im Grundbuch erfolgt. Jetzt erfährt H, dass nicht S, sondern E der wahre Eigentümer ist. Dieser wird wenig später als Eigentümer im Grundbuch eingetragen. Auch die Aushändigung des Hypothekenbriefs an H und die Eintragung der Hypothek erfolgen. Als die Rückzahlungsforderung fällig wird, stellt sich heraus, dass S zahlungsunfähig ist.

Frage: Hat H gegen E einen Anspruch aus § 1147?

Lösungsskizze Fall 21

- **H gegen E Duldung der Zwangsvollstreckung gemäß § 1147?**

I. Anspruch entstanden?

   1. Anspruchsgegner (E) ist Eigentümer des Grundstücks? (+)

   2. Anspruchsteller (H) ist Inhaber der Briefhypothek?

     a. ursprünglich (−)

     b. Briefhypothekenerwerb des H von S gemäß §§ 873, 1113, 1115 ff?
     = direkter Erwerb des H vom Berechtigten S

        aa. Einigung, §§ 873, 1113 I?
        = darüber, dass ein Grundstück eine bestimmte Forderung sichern soll

           HIER (+) → der Anspruch auf Rückzahlung des Darlehens sollte gesichert werden

        bb. Eintragung der Einigung im Grundbuch, §§ 873, 1115? (+)

        cc. Briefübergabe oder -ersatz, § 1117?

           HIER (+) → Vereinbarung der Berechtigung des Gläubigers H, sich den Brief direkt vom Grundbuchamt aushändigen zu lassen, § 1117 II

        dd. Bestehen der Forderung?
        = die Hypothek ist akzessorisch; also ohne Forderung keine Hypothek

           HIER (+) → der Anspruch auf Darlehensrückzahlung, § 488 I 2

Fall 21

ee. Berechtigung des Bestellers ?
= der verfügungsbefugte Eigentümer oder der Nichteigentümer, der gesetzlich verfügungsbefugt ist oder der vom Berechtigten ermächtigt ist

HIER (−) → S ist weder Eigentümer des Grundstücks noch Ermächtigter noch sonst verfügungsbefugt

ff. also: direkter Briefhypothekenerwerb des H vom Berechtigten S gemäß §§ 873, 1113, 1115 ff (−)

c. Briefhypothekenerwerb des H von S gemäß §§ 873, 1113, 1115 ff, 892 ?
= direkter Erwerb des H vom Nichtberechtigten S

aa. Einigung, §§ 873, 1113 I ? (+)

bb. Eintragung der Einigung im Grundbuch, §§ 873, 1115 ? (+)

cc. Briefübergabe oder -ersatz, § 1117 ? (+), s.o.

dd. Bestehen der Forderung ? (+), s.o.

ee. „Berechtigungsersatz" ?
= Voraussetzungen des § 892

(1) Rechtsgeschäftlicher Erwerb ? (+)

(2) Verkehrsgeschäft ? (+)

(3) Unrichtigkeit des Grundbuchs ? (+)

(4) Legitimation des Verfügenden als Berechtigter ? (+)

(5) Gutgläubigkeit des Erwerbers ?
= keine positive Kenntnis von der Unrichtigkeit des Grundbuchs bis zur Vollendung des Rechtserwerbs

HIER (+) → H hatte keine positive Kenntnis von der Unrichtigkeit des Grundbuchs; zwar könnte man meinen, dass die Gutgläubigkeit zum Zeitpunkt des Rechtserwerbs nicht mehr vorlag, weil H zu diesem Zeitpunkt wusste, dass nicht S, sondern E wahrer Eigentümer ist; gemäß § 892 II Hs. 1 muss die Gutgläubigkeit jedoch nur bis zur Antragstellung vorliegen, wenn nur noch die Eintragung erforderlich ist; tatsächlich war nur noch die Eintragung erforderlich und nicht etwa noch die Hypothekenbriefübergabe gemäß § 1117 I; die Parteien haben die Briefübergabe gemäß § 1117 II durch die Vereinbarung ersetzt, dass H berechtigt sein soll, sich den Brief vom Grundbuchamt aushändigen zu lassen

(6) keine Eintragung eines Widerspruchs gemäß § 899 gegen die Richtigkeit des Grundbuchs ? (+)

(7) also: Voraussetzungen des § 892 (+)

ff. also: direkter Briefhypothekenerwerb des H vom Nichtberechtigten S gemäß §§ 873, 1113, 1115 ff, 892 (+)

d. also: Anspruchsteller (H) ist Inhaber der Briefhypothek (+)

3. *also: Anspruch entstanden (+)*

135

Hypothek

II. Anspruch untergegangen ? (−)

III. Anspruch durchsetzbar ? (+)

IV. Ergebnis:
H gegen E Anspruch auf Duldung der Zwangsvollstreckung gemäß § 1147 (+)

Formulierungsvorschlag Fall 21

- **H gegen E Duldung der Zwangsvollstreckung gemäß § 1147**

H könnte gegen E einen Anspruch auf Duldung der Zwangsvollstreckung gemäß § 1147 haben.

I. Der Anspruch müsste entstanden sein.

1. Anspruchsgegner E ist Eigentümer des Grundstücks.

2. Anspruchsteller H müsste Inhaber der Briefhypothek sein.

a. Ursprünglich war er nicht Inhaber.

b. H könnte jedoch die Briefhypothek direkt vom Berechtigten S gemäß §§ 873, 1113, 1115 ff erworben haben.

Die Parteien haben sich gemäß §§ 873, 1113 I darüber geeinigt, dass ein Grundstück eine bestimmte Forderung sichern soll. Das Grundstück des S sollte den Anspruch des H auf Rückzahlung des Darlehens sichern.

Die Eintragung der Einigung im Grundbuch ist erfolgt, §§ 873, 1115.

Der Hypothekenbrief ist zwar nicht übergeben worden, § 1117 I 1. Die Parteien haben die Übergabe jedoch durch die Vereinbarung ersetzt, dass H berechtigt sein soll, sich den Hypothekenbrief direkt vom Grundbuchamt aushändigen zu lassen, § 1117 II.

Zudem bestand eine Forderung, nämlich der Anspruch auf Darlehensrückzahlung, § 488 I 2.

S müsste Berechtigter gewesen sein. Berechtigt ist der verfügungsbefugte Eigentümer oder der Nichteigentümer, der gesetzlich verfügungsbefugt ist oder der vom Berechtigten ermächtigt ist. S war weder Eigentümer noch Ermächtigter nach § 185. Eine sonstige Verfügungsbefugnis ist nicht ersichtlich. Somit fehlte die Berechtigung des S.

Also hat H die Briefhypothek nicht direkt vom Berechtigten S gemäß §§ 873, 1113, 1115 ff erworben.

c. Möglicherweise hat H jedoch die Briefhypothek direkt vom Nichtberechtigten S gemäß §§ 873, 1113, 1115 ff, 892 erworben.

Fall 21

Die Parteien haben sich gemäß §§ 873, 1113 I darüber geeinigt, dass ein Grundstück eine bestimmte Forderung sichern soll. Das Grundstück des S sollte den Anspruch des H auf Rückzahlung des Darlehens sichern. Die Eintragung der Einigung im Grundbuch ist erfolgt, §§ 873, 1115. Die Form des § 1117 II wurde gewahrt.

Zudem bestand eine Forderung, nämlich der Anspruch auf Darlehensrückzahlung, § 488 I 2.

Fraglich ist, ob die Voraussetzungen des § 892 vorliegen.

Es hat ein rechtsgeschäftlicher Erwerb stattgefunden.

Außerdem liegt ein Verkehrsgeschäft vor.

Zudem ist das Grundbuch unrichtig. S ist fälschlicherweise als Eigentümer im Grundbuch eingetragen.

Der Verfügende war aus dem Grundbuch als Berechtigter ersichtlich.

Weiterhin muss der Erwerber im Zeitpunkt des Rechtserwerbs gutgläubig gewesen sein. Diesbezüglich schadet nur positive Kenntnis von der Unrichtigkeit des Grundbuchs. Zwar könnte man meinen, dass die Gutgläubigkeit zum Zeitpunkt des Rechtserwerbs nicht mehr vorlag, weil H zu diesem Zeitpunkt wusste, dass nicht S, sondern E wahrer Eigentümer ist. Gemäß § 892 II Hs. 1 muss die Gutgläubigkeit jedoch nur bis zur Antragstellung vorliegen, wenn nur noch die Eintragung erforderlich ist. Tatsächlich war nur noch die Eintragung erforderlich und nicht etwa noch die Hypothekenbriefübergabe nach § 1117 I. Die Parteien haben die Briefübergabe gemäß § 1117 II durch die Vereinbarung ersetzt, dass H berechtigt sein soll, sich den Brief vom Grundbuchamt aushändigen zu lassen. H war somit gutgläubig.

Ein Widerspruch gemäß § 899 gegen die Richtigkeit des Grundbuchs ist nicht erfolgt.

Mithin liegen die Voraussetzungen des § 892 vor.

Also hat H die Briefhypothek direkt vom Nichtberechtigten S gemäß §§ 873, 1113, 1115 ff, 892 erworben.

d. Somit ist der Anspruchsteller H Inhaber der Briefhypothek.
3. Demnach ist der Anspruch entstanden.
II. Der Anspruch ist nicht untergegangen.
III. Er ist auch durchsetzbar.
IV. H hat gegen E einen Anspruch auf Duldung der Zwangsvollstreckung gemäß § 1147.

Hypothek

Fazit

1. Nach den Ausführungen im Fazit des vorhergehenden Falls dürfte die Lösung – solltet ihr an **§ 892 II Hs. 1** gedacht haben – keine Schwierigkeit bereitet haben. Die vergleichbare Problemstellung habt ihr im Rahmen des Grundstückserwerbs schon einmal in Fall 11 bearbeiten dürfen.
2. Bei der Prüfung des Hypothekenerwerbs vom Berechtigten musstet ihr die **Vereinbarung gemäß § 1117 II** bemerken und zu Papier bringen. Den Prüfungspunkt „Berechtigung des Veräußerers" habt ihr selbstverständlich verneint.
3. Stattdessen war beim Erwerb vom Nichtberechtigten neben der erneuten kurzen Nennung des § 1117 II mangels der Berechtigung auf den Prüfungspunkt **„Berechtigungsersatz"** einzugehen. Problematisch war hier die **„Gutgläubigkeit des Erwerbers"**. Der (potenzielle) Erwerber der Hypothek muss im Zeitpunkt des Rechtserwerbs gutgläubig hinsichtlich der Richtigkeit des Grundbuchs sein. In diesem Zusammenhang schadet nur die positive Kenntnis des Erwerbers bezüglich der Unrichtigkeit des Grundbuchs. Nun wusste H aber von der Unrichtigkeit, allerdings erst nach Abschluss der Vereinbarung gemäß § 1117 II und dem Antrag auf Eintragung im Grundbuch.

§ 892 II Hs. 1 gibt die Antwort auf die Frage, bis zu welchem Zeitpunkt der Erwerber gutgläubig sein muss bzw. ab wann eine Bösgläubigkeit für den (hier: Hypotheken-) Erwerb keine Rolle mehr spielt. § 892 II Hs. 1 stellt auf den Zeitpunkt ab, ab dem nur noch die Eintragung im Grundbuch zum endgültigen Rechtserwerb fehlt. Denn wie lange es dauert, bis es zu einer Eintragung kommt, wissen nur die Götter und die Grundbuchbeamten. Es kann ganz schnell gehen oder ein bisschen länger dauern. Hierauf hat der Erwerber aber keinerlei Einfluss.

In unserem Fall haben die Parteien die zum Hypothekenerwerb grundsätzlich erforderliche Briefübergabe (§ 1117 I) durch die Vereinbarung nach § 1117 II ersetzt, wonach H berechtigt sein sollte, sich den Hypothekenbrief direkt vom Grundbuchamt aushändigen zu lassen. Tatsächlich war also nach der Stellung des Antrags auf Eintragung der Hypothek im Grundbuch eben nur noch diese Eintragung zum Erwerb der Hypothek notwendig. Und das ist der Zeitpunkt, auf den § 892 II Hs. 1 abstellt. Erst nach dem genannten Zeitpunkt hat H positiv erfahren, dass S nicht Eigentümer des Grundstücks ist und mithin das Grundbuch unrichtig ist. H war also gutgläubig.

Achtung: Denkt noch einmal an den vorigen Fall! Bei der Bestellung einer Buchhypothek hätte das Ganze genauso funktioniert. Erst nach der Stellung des Eintragungsantrags wäre H bösgläubig geworden. Wieder hätte somit § 892 II Hs. 1 geholfen.

Und wie ist es, wenn eine Briefhypothek bestellt werden soll, H aber zwar erst nach dem Antrag auf Grundbucheintragung, jedoch vor der obligatorischen Briefübergabe gemäß § 1117 I erfährt, dass das Grundbuch unrichtig ist? Pech gehabt! § 892 II Hs. 1 stellt (sprachlich missverständlich) darauf ab, dass <u>nur noch</u> die Eintragung erfolgen muss. In dieser Konstellation muss aber auch noch der Hypothekenbrief übergeben werden.

Fall 21

4. Lest zu der gesamten Problematik noch einmal das Fazit zu Fall 11.

5. Im Übrigen: Wenn ihr euch gefragt haben solltet, wie der wahre Eigentümer seine (Wieder-) Eintragung im Grundbuch erreicht, lest schon einmal spaßeshalber § *894*. Er enthält den sogenannten *Grundbuchberichtigungsanspruch*. Ich habe mich schon einmal im Fazit zu Fall 15 einführend mit dem genannten Anspruch beschäftigt. Mehr dazu später in einem eigenen kleinen Kapitel.

6. So, das soll zum Hypothekenerwerb reichen. Merkt euch, dass viele Probleme, die euch schon bei den Fällen zum Eigentumserwerb ereilt haben, auch beim Hypothekenerwerb auftauchen können. Und nicht nur dort, sondern in allen Bereichen, die sich mit dem Erwerb irgendeines Immobiliarrechts befassen.

Aber das Buch neigt sich ja noch nicht dem Ende zu. Auf ins nächste Kapitel. Lasst euch überraschen ...

Verteidigung (Hypothek)

Verteidigungsmöglichkeiten gegen die Hypothek

- Eine kleine Einführung

1. Vorgeplänkel

Im vorigen Kapitel habt ihr die unterschiedlichen Möglichkeiten des Erwerbs einer (Brief- oder Buch-) Hypothek kennengelernt. Regelmäßig erlangt der Erwerber die Hypothek dadurch, dass er eine Forderung erwirbt.

Wenn die Forderung (z.B. auf Darlehensrückzahlung) durch eine Hypothek am Grundstück des Forderungsschuldners (Y) gesichert wurde, sind Forderungsschuldner und Hypothekenschuldner identisch. Der Erwerber hat einen Forderungsanspruch und einen Anspruch auf Duldung der Zwangsvollstreckung aus der Hypothek gegen Y. Beide Ansprüche bestehen nebeneinander. In der Praxis besteht jedoch weder ein Wahlrecht noch die Möglichkeit, beide Ansprüche geltend zu machen.

Wenn die gegen Y bestehende Forderung nicht durch eine Hypothek an dessen Grundstück, sondern durch eine Hypothek am Grundstück einer dritten Person (Z) gesichert wurde, sind Forderungsschuldner und Hypothekenschuldner nicht identisch. Der Erwerber hat einen Forderungsanspruch gegen Y und einen Anspruch auf Duldung der Zwangsvollstreckung aus der Hypothek gegen Z.

Im vorigen Kapitel wurdet ihr lediglich mit der Frage konfrontiert, ob der Anspruchsteller Inhaber der Forderung bzw. Inhaber der Hypothek ist.

Eine weitere Problematik, die nahtlos an die dargestellte Fragestellung anschließt, soll jetzt beleuchtet werden. Zu fragen ist nämlich immer auch, ob der Anspruchsgegner sich gegen den jeweiligen Anspruch verteidigen kann.

2. „Einwendungen" und „Einreden"

Der Anspruchsgegner darf sich tatsächlich gegen einen Zahlungsanspruch oder den Anspruch auf Duldung der Zwangsvollstreckung wehren. Er kann u.U. „Einwendungen" oder „Einreden" gegen den jeweiligen Anspruch geltend machen.

Die in diesem Zusammenhang wichtigen Normen will ich euch in der Einführung vorab präsentieren, damit ihr nicht vollkommen „unbeleckt" zur Lösung der folgenden Fälle ansetzt. Es gibt wichtige Vorschriften, die ihr euch unbedingt einprägen solltet und „Selbstverständlichkeiten", die sich nicht direkt aus dem Gesetzestext entnehmen

Eine kleine Einführung

lassen. Ihr werdet jedoch immer wieder mit den Termini „Einwendungen" oder „Einreden" konfrontiert.

Deshalb erscheint es sinnvoll, vor der Nennung der Grundregeln zu klären, was unter „Einwendungen" oder „Einreden" zu verstehen ist.

- Einwendungen

Mit einer *Einwendung* kann der Anspruchsgegner behaupten, der seitens des Anspruchstellers geltend gemachte *Anspruch* sei *nicht entstanden* (= rechtshindernde Einwendung) oder *untergegangen/erloschen* (= rechtsvernichtende Einwendung). Erinnert ihr euch? Das habt ihr (hoffentlich) schon immer innerhalb der Prüfungspunkte „Anspruch entstanden?" bzw. „Anspruch untergegangen?" bedacht und gegebenenfalls geprüft.

Der Anspruch ist etwa *nicht entstanden*, wenn Nichtigkeits-/Unwirksamkeitsgründe vorliegen oder eine wirksame Anfechtung erfolgt ist.
Zu den Nichtigkeits-/Unwirksamkeitsgründen zählen z.B. § 105, §§ 106 ff, § 116 S. 2, § 117 I, § 118, § 125, § 134, § 138 (alle lesen!).
Eine wirksame Anfechtung (§ 142 I lesen!) ist erfolgt, wenn einer der Anfechtungsgründe (§ 119 I, § 119 II, § 120, § 123) vorliegt und unter Wahrung der Anfechtungsfrist (§ 121 oder § 124) die Anfechtung erklärt wurde (§ 143).

Der schuldrechtliche (Zahlungs-) Anspruch ist *untergegangen/erloschen*, wenn der Schuldner = Anspruchsgegner z.B. die geschuldete Zahlung geleistet hat (Erfüllung, § 362). Der Anspruch auf Duldung der Zwangsvollstreckung zieht dann grundsätzlich auch nicht mehr, weil aus der Hypothek gemäß § 1177 eine Eigentümergrundschuld geworden ist.

- Einreden

Mit einer *Einrede* kann der Anspruchsgegner behaupten, es bestehe ein *Gegenrecht* zum geltend gemachten Anspruch. Wenn ein Gegenrecht besteht, ist der Anspruch *nicht durchsetzbar*. Erinnert ihr euch? Das habt ihr (wiederum hoffentlich) schon immer innerhalb des Prüfungspunktes „Anspruch durchsetzbar?" geprüft.

Hier behauptet der Anspruchsgegner also nicht, der geltend gemachte Anspruch bestehe nicht, sondern trägt vor, es gebe ein Recht, das den tatsächlich bestehenden Anspruch des Anspruchstellers für eine gewisse Zeit – also vorübergehend – aufschiebe oder für alle Zeiten – also dauernd – hindere. Aufschiebende Einreden finden sich z.B. in § 273 und § 320 (Zurückbehaltungsrecht). Auch die Stundung der Zahlung ist hier angesiedelt. Eine dauernde Einrede enthält z.B. § 214 (Verjährung).

141

Verteidigung (Hypothek)

3. Eine Übersicht

Und was bedeutet das alles nun für die Verteidigungsmöglichkeiten eines Zahlungsschuldners bzw. eines Eigentümers, dessen Grundstück durch eine Hypothek belastet ist? Wann kann wer Einwendungen und/oder Einreden gegen einen Anspruch geltend machen?

Zum Verständnis: Es gibt **vier** (in Zahlen: 4) **Konstellationen**, die euch ereilen können. Sie unterscheiden sich aber nicht grundlegend, sondern ergänzen sich.

Die eine Seite: Forderungsinhaber und Inhaber der Hypothek sind immer personengleich. Zu beachten ist aber, ob der Forderungs- und (=) Hypothekeninhaber noch derselbe ist wie zum Zeitpunkt des Entstehens der Forderung / der Hypothek oder ob eine Abtretung der Forderung / ein Übergang der Hypothek auf eine andere (weitere) Person stattgefunden hat.

Die andere Seite: Forderungsgegner (Schuldner) und Eigentümer des durch die Hypothek belasteten Grundstücks können personengleich oder personenverschieden sein. Ihr wisst ja: Die sichernde Hypothek kann der Forderungsschuldner am eigenen Grundstück bestellen, aber auch eine andere Person kann die Forderung mit einer Hypothek auf sein Grundstück sichern.

Daraus ergeben sich die **vier Konstellationen** (im Folgenden „K"):

K 1: Kein Übergang / Schuldner und Eigentümer sind personengleich

K 2: Kein Übergang / Schuldner und Eigentümer sind personenverschieden

K 3: Übergang / Schuldner und Eigentümer sind personengleich

K 4: Übergang / Schuldner und Eigentümer sind personenverschieden

Und nun im Einzelnen:

K 1: Kein Übergang / Schuldner und Eigentümer sind personengleich **oder**

K 2: Kein Übergang / Schuldner und Eigentümer sind personenverschieden

Der **Schuldner der** (hier hypothekarisch gesicherten) **Forderung** kann gegenüber dem Zahlungsanspruch des Forderungsinhabers geltend machen:

- alle Einwendungen
- alle Einreden

Das muss im Gesetz nicht extra erwähnt werden. Es handelt sich um eine „Selbstverständlichkeit".

Eine kleine Einführung

Der *Eigentümer* (personengleich oder personenverschieden mit dem Schuldner) *des* mit der Hypothek belasteten *Grundstücks* kann gegenüber dem Anspruch auf Duldung der Zwangsvollstreckung geltend machen:
- alle eigenen Einwendungen und Einreden aus der Hypothekenbestellung („Selbstverständlichkeit")
- Einreden gemäß § 1137 I, also alle Einreden (nicht Einwendungen!!!), die dem Forderungsschuldner zustehen oder einem Bürgen nach § 770 zustehen

K 3: Übergang / Schuldner und Eigentümer sind personengleich **oder**

K 4: Übergang / Schuldner und Eigentümer sind personenverschieden

Der *Schuldner der* (hier hypothekarisch gesicherten) *Forderung* kann gegenüber dem Zahlungsanspruch des Forderungsinhabers = des neuen Gläubigers geltend machen:
- gemäß § 404 alle Einwendungen aus der Forderung
- gemäß § 404 (über dessen Wortlaut hinaus) alle Einreden aus der Forderung
- außerdem § 407 (bei Zahlung an den alten Gläubiger nach Abtretung)

Der *Eigentümer* (personengleich oder personenverschieden mit dem Schuldner) *des* mit der Hypothek belasteten *Grundstücks* kann gegenüber dem Anspruch auf Duldung der Zwangsvollstreckung geltend machen:
- alle eigenen Einwendungen aus der Hypothek („Selbstverständlichkeit")
- Einreden gemäß § 1157 S. 1: nach Übergang der Hypothek auch gegenüber dem Erwerber alle Einreden, die ihm persönlich gegen die Hypothek (also im Verhältnis zum alten Gläubiger) zustanden; nach § 1157 S. 2 gilt (u.a.) § 892 für diese Einrede; der Anspruchsteller kann die Hypothek also gutgläubig einredefrei erworben haben
- Einreden gemäß § 1137 I, also alle Einreden, die dem Forderungsschuldner zustehen oder einem Bürgen nach § 770 zustehen; zu beachten ist aber immer, dass der Anspruchsteller die Hypothek gutgläubig einredefrei erworben haben kann (§§ 1138, 892)

Achtung: Oft sind die Einreden des Schuldners (der hypothekarisch gesicherten) Forderung erst und allenfalls innerhalb des Anspruchs auf Duldung der Zwangsvollstreckung zu prüfen. Und zwar dann, wenn nur nach dem Anspruch aus § 1147 gefragt ist. Denkt in diesem Zusammenhang an die Verweisungsvorschrift des § 1137 I.

So, das soll für den Anfang reichen. Lest bitte die aufgeführten Vorschriften mehrfach und greift auf das mittlerweile Erlernte zurück. Abermals viel Spaß!!!

Verteidigung (Hypothek)

Fall 22

Aufgrund eines Darlehensvertrags zahlt H an S 500.000 €. Das Darlehen soll bis zum 31.01. zurückgezahlt werden. Zur Sicherung der Rückzahlungsforderung des H einigen sich die Parteien über die Bestellung einer Briefhypothek am Grundstück des S. Die Hypothekenbestellung erfolgt formgerecht. Auf Bitten des S vereinbaren die Parteien später, dass S das Geld erst am 31.08. zurückzahlen soll. Plötzlich gerät H in Geldnot. Deshalb fordert er von S schon am 15.05. die Rückzahlung. S macht auf die Stundungsvereinbarung aufmerksam. H will aber für den Fall der Nichtzahlung in das Grundstück des S vollstrecken.

Frage: Wird H mit dem Anspruch aus § 1147 durchdringen?

Lösungsskizze Fall 22

- **H gegen S Duldung der Zwangsvollstreckung gemäß § 1147 ?**

I. Anspruch entstanden ?

  1. Anspruchsgegner (S) ist Eigentümer des Grundstücks ? (+)

  2. Anspruchsteller (H) ist Inhaber der Briefhypothek ? (+)

  3. also: Anspruch entstanden (+)

II. Anspruch untergegangen ? (−)

III. Anspruch durchsetzbar ?

  1. § 1137 I 1 i.V.m. der Stundungseinrede ?
   = gemäß § 1137 I 1 kann der Eigentümer gegen die Hypothek (u.a.) die dem persönlichen Schuldner zustehenden Einreden geltend machen

   HIER (+) → S kann als Eigentümer gemäß § 1137 I 1 die dem persönlichen Schuldner zustehenden Einreden geltend machen; er selbst als persönlicher Schuldner kann die Zahlung aufgrund der Stundungsabrede bis zum 31.08. verweigern; S hat auf die Stundungsvereinbarung hingewiesen

  2. also: Anspruch durchsetzbar (−)

IV. Ergebnis:
   H gegen S Anspruch auf Duldung der Zwangsvollstreckung gemäß § 1147 (+), aber (momentan) nicht durchsetzbar

Fall 22

Formulierungsvorschlag Fall 22

- H gegen S Duldung der Zwangsvollstreckung gemäß § 1147

H könnte gegen S einen Anspruch auf Duldung der Zwangsvollstreckung gemäß § 1147 haben.

I. Der Anspruch müsste entstanden sein.

1. Anspruchsgegner S ist Eigentümer des Grundstücks.

2. Außerdem ist der Anspruchsteller H Inhaber der Briefhypothek.

3. Demnach ist der Anspruch entstanden.

II. Der Anspruch ist nicht untergegangen.

III. Der Anspruch müsste durchsetzbar sein.

1. S könnte gegen den Anspruch auf Duldung der Zwangsvollstreckung gemäß § 1137 I 1 i.V.m. der Stundungseinrede vorgehen.

Gemäß § 1137 I kann der Eigentümer gegen die Hypothek unter anderem die dem persönlichen Schuldner zustehenden Einreden geltend machen. Der persönliche Schuldner kann die Zahlung bis zum Ende einer Stundung verweigern. S kann als Eigentümer die ihm selbst als persönlichem Schuldner zustehenden Einreden geltend machen. Er kann die Zahlung aufgrund der Stundungsabrede bis zum 31.08. verweigern. S hat auf die Stundungsvereinbarung hingewiesen. Gemäß § 1137 I kann er die Einrede auch dem Anspruch aus § 1147 entgegensetzen.

2. Der Anspruch ist bis zum genannten Zeitpunkt nicht durchsetzbar.

IV. Mangels Durchsetzbarkeit wird H mit seinem Anspruch auf Duldung der Zwangsvollstreckung aus § 1147 (momentan) nicht durchdringen.

Fazit

1. Zum Anfang dieses Kapitels seid ihr wie schon gewohnt mit einem sehr einfachen Fall verwöhnt worden, der euch in die Materie einführen sollte. Wenn ihr meine Ratschläge aus der „Einführung" tatsächlich beherzigt habt, müsstet ihr mit der Lösung des Falles gut zurechtgekommen sein. Ich habe bewusst auf eine ausführliche Prüfung des Anspruchs aus § 1147 verzichtet, um euch an dieser Stelle (noch) nicht mit Prüfungspunkten zu überfüttern. Es war vollkommen klar, wer Eigentümer und wer Inhaber der Hypothek ist. Das kann in den folgenden Fällen aber durchaus problematisch sein.

2. Erinnert ihr euch an die Konstellationen K1 – K4? Hier waren nur zwei Personen beteiligt. Es hat kein Übergang der Forderung / der Hypothek stattgefun-

Verteidigung (Hypothek)

den. Zudem waren Schuldner und Eigentümer personengleich. K1 war demnach die richtige Konstellation.

Der **Schuldner** der (hier hypothekarisch gesicherten) Forderung kann gegenüber dem Zahlungsanspruch (hier § 488 I 2) des Forderungsinhabers alle Einwendungen und alle Einreden geltend machen. Das muss im Gesetz nicht ausdrücklich erwähnt werden. Es handelt sich um eine „Selbstverständlichkeit".

Schwierigkeiten hat allenfalls die Einordnung des „Zahlungsaufschubs" (Stundung) machen können. Was ist das denn? Einwendung oder Einrede? Das ist im Ergebnis an sich egal. Ihr kommt immer zur richtigen Lösung. Aber: Wenn's denn eine Einwendung wäre, müsste der Einwand der Stundung systematisch im Prüfungspunkt „Anspruch untergegangen?" geprüft werden. Das kann aber doch nicht sein, oder? Die Stundung ist lediglich ein Recht, das einen bestehenden Anspruch für eine gewisse Zeit hindert. Sie ist mithin einem Zurückbehaltungsrecht vergleichbar und damit in die Kategorie „aufschiebende Einreden" einzuordnen. Also ist der systematisch richtige Prüfungsort der Punkt „Anspruch durchsetzbar?" Wenn nach dem Zahlungsanspruch aus § 488 I 2 gefragt worden wäre, hättet ihr so prüfen müssen. Im Ergebnis ist der Anspruch wegen der Stundungsvereinbarung momentan nicht durchsetzbar.

Der **Eigentümer** (personengleich oder personenverschieden mit dem Schuldner) des mit der Hypothek belasteten Grundstücks kann gegenüber dem Anspruch auf Duldung der Zwangsvollstreckung zum einen alle eigenen Einwendungen und Einreden aus der Hypothekenbestellung („Selbstverständlichkeit") geltend machen und zum anderen Einreden gemäß § 1137 I, also alle Einreden (nicht Einwendungen!!!), die dem Forderungsschuldner zustehen oder einem Bürgen nach § 770 zustehen.

Auf Grundlage der eben erfolgten Einordnung (Stundung = Einrede) war der Prüfungsstandort offensichtlich. Forderungsschuldner und Eigentümer sind identisch. Es handelt sich nicht um eine eigene Einwendung oder Einrede des Eigentümers aus der Hypothekenbestellung. Gemäß § 1137 I 1 kann der Eigentümer außerdem die dem persönlichen Schuldner (hier die ihm selbst als persönlicher Schuldner) zustehenden Einreden geltend machen. Der persönliche Schuldner S kann die Zahlung bis zum Ende der Stundung verweigern. Somit war der richtige Prüfungsstandort der Stundungseinrede (i.V.m. § 1137 I 1) abermals der Punkt „Anspruch durchsetzbar?"

Ihr habt es hoffentlich bemerkt: Bei einer Kategorisierung der Stundung als Einwendung (also nicht Einrede) wäre die Lösung des Falls in die Hose gegangen. Bei der Frage nach dem Anspruch auf Duldung der Zwangsvollstreckung hättet ihr keine eigene Einwendung oder Einrede des Eigentümers aus der Hypothekenbestellung finden können. Zudem hätte euch § 1137 I nicht weitergeholfen. Denn der bezieht sich nur auf Einreden, nicht aber auf Einwendungen.

3. **Achtung:** Wenn ihr nur nach dem Anspruch aus § 1147 gefragt werdet, gilt es, im Rahmen des § 1137 I Einreden des Forderungsschuldners (gegen den schuldrechtlichen Anspruch) zu prüfen. Im Regelfall ist das denkbar einfach. Ihr könnt euch – wie hier – die gesamte Prüfung des (hier Rückzahlungs-) Anspruchs sparen. Aber: Es gibt Konstellationen, in denen der Zahlungsanspruch

Fall 22

scheitert, nicht jedoch der Anspruch auf Duldung der Zwangsvollstreckung. Unter welchen Voraussetzungen das möglich ist, werdet ihr noch sehen.

4. Wenn ihr nur ein bisschen unsicher sein solltet, sei euch Folgendes ans Herz gelegt: Noch einmal die Einführung lesen und dann abermals diesen Fall bearbeiten.

5. Ich habe es schon mehrmals erwähnt: Natürlich darf der Gläubiger nicht zweimal „zugreifen". Er darf nicht die schuldrechtliche Forderung geltend machen und den Duldungsanspruch aus § 1147. In der Praxis wird er erst versuchen, den Zahlungsanspruch durchzusetzen. Wenn das – etwa weil der Schuldner zahlungsunfähig ist – nicht klappt, bleibt ihm der Anspruch auf Duldung der Zwangsvollstreckung in das Grundstück gemäß § 1147. Denn die Hypothek soll ja nur die schuldrechtliche Forderung sichern. Und: Weil der Anspruch auf Duldung der Zwangsvollstreckung nur einen Zahlungsanspruch sichern soll, hat der Gläubiger auch kein Wahlrecht bezüglich der Geltendmachung des einen oder anderen Anspruchs. Lest dazu noch einmal die Ausführungen in Fall 13, Fazit 5.

Verteidigung (Hypothek)

Fall 23

Aufgrund eines Darlehensvertrags zahlt H an S 500.000 €. Zur Sicherung der Rückzahlungsforderung des H einigen sich H und der Freund F des S über die Bestellung einer Briefhypothek am Grundstück des F. Die Hypothekenbestellung erfolgt formgerecht. S vergisst die Rückzahlung des Darlehens bei Fälligkeit. Viel später macht H gegenüber S den Anspruch aus § 488 I 2 geltend. Nunmehr wendet S zu Recht ein, die Forderung auf Darlehensrückzahlung sei mittlerweile verjährt. Auch F macht auf die Verjährung aufmerksam.

Frage: Hat H gegen F den Anspruch aus § 1147?

Lösungsskizze Fall 23

- **H gegen F Duldung der Zwangsvollstreckung gemäß § 1147?**

I. Anspruch entstanden?

   1. Anspruchsgegner (F) ist Eigentümer des Grundstücks? (+)

   2. Anspruchsteller (H) ist Inhaber der Briefhypothek? (+)

   3. also: Anspruch entstanden (+)

II. Anspruch untergegangen? (−)

III. Anspruch durchsetzbar?

   1. § 1137 I 1 i.V.m. der Verjährungseinrede des § 214?
   = gemäß § 1137 I 1 kann der Eigentümer gegen die Hypothek (u.a.) die dem persönlichen Schuldner zustehenden Einreden geltend machen

   HIER (−) → zwar kann F grundsätzlich als Eigentümer gemäß § 1137 I 1 die dem persönlichen Schuldner zustehenden Einreden geltend machen; S als persönlicher Schuldner kann die Zahlung aufgrund der Verjährungseinrede gemäß § 214 dauerhaft verweigern; auf die Einrede des S kann sich F jedoch ausnahmsweise nicht berufen; dies wird durch die Sonderregel § 216 I ausgeschlossen

   2. also: Anspruch durchsetzbar (+)

IV. Ergebnis:
   H gegen F Anspruch auf Duldung der Zwangsvollstreckung gemäß § 1147 (+)

Fall 23

Formulierungsvorschlag Fall 23

- H gegen F Duldung der Zwangsvollstreckung gemäß § 1147

H könnte gegen F einen Anspruch auf Duldung der Zwangsvollstreckung gemäß § 1147 haben.

I. Der Anspruch müsste entstanden sein.

1. Anspruchsgegner F ist Eigentümer des Grundstücks.

2. Außerdem ist der Anspruchsteller H Inhaber der Briefhypothek.

3. Demnach ist der Anspruch entstanden.

II. Der Anspruch ist nicht untergegangen.

III. Der Anspruch müsste durchsetzbar sein.

1. F könnte gegen den Anspruch auf Duldung der Zwangsvollstreckung gemäß § 1137 I 1 i.V.m. der Verjährungseinrede vorgehen.

Gemäß § 1137 I kann der Eigentümer gegen die Hypothek unter anderem die dem persönlichen Schuldner zustehenden Einreden geltend machen. S als persönlicher Schuldner kann die Zahlung aufgrund der Verjährungseinrede gemäß § 214 dauerhaft verweigern. F müsste demnach als Eigentümer die dem persönlichen Schuldner S zustehende Einrede der Verjährung geltend machen können. Auf diese Einrede des S kann sich F jedoch ausnahmsweise nicht berufen. Dies wird durch die Sonderregel des § 216 I ausgeschlossen. F kann also nicht wirksam gegen den Anspruch auf Duldung der Zwangsvollstreckung vorgehen.

2. Der Anspruch ist demnach auch durchsetzbar.

IV. H hat gegen F einen Anspruch auf Duldung der Zwangsvollstreckung gemäß § 1147.

Fazit

1. *Die zweite Konstellation:* Nach dem vorangegangenen Fall dürfte euch der Einstieg zur Lösung nicht überfordert haben. Es ging darum, eine richtige Einordnung des Einwands der Verjährung vorzunehmen und dann im Detail zu arbeiten. Das Lesen des Gesetzestextes hilft hierbei ungemein.

2. Erinnert ihr euch an die Konstellationen K1 – K4? Hier waren tatsächlich drei Personen beteiligt. Es hat zwar kein Übergang der Forderung / der Hypothek stattgefunden. Aber Schuldner und Eigentümer waren personenverschieden. K2 war demnach die richtige Konstellation. Es existieren aber keinerlei Unterschiede zu K1. Mit dem bisher Kennengelernten (vgl. „Einführung" und voriger Fall) durftet ihr abermals arbeiten. Und noch einmal:

Verteidigung (Hypothek)

Der **Schuldner** der (hypothekarisch gesicherten) Forderung kann gegenüber dem Zahlungsanspruch des Forderungsinhabers alle Einwendungen und alle Einreden geltend machen. Das muss im Gesetz nicht ausdrücklich erwähnt werden. Es handelt sich um eine „Selbstverständlichkeit".
Nach dem Zahlungsanspruch (hier § 488 I 2) war zwar nicht konkret gefragt. Wie aber hättet ihr diesen Anspruch geprüft, wenn danach gefragt worden wäre? Die Verjährung (§ 214) war im Sachverhalt als gegeben unterstellt worden. Es handelt sich um eine dauernde Einrede, die im Punkt „Anspruch durchsetzbar?" zu prüfen ist. Wichtig: Genau genommen besteht der Anspruch auf Darlehensrückzahlung gemäß § 488 I 2 nach wie vor. Aber: Wegen der eingetretenen Verjährung ist der Anspruch auf Darlehensrückzahlung dauerhaft nicht durchsetzbar. Das wäre die Lösung gewesen.

Der **Eigentümer** (personengleich oder personenverschieden mit dem Schuldner) des mit der Hypothek belasteten Grundstücks kann gegenüber dem Anspruch auf Duldung der Zwangsvollstreckung zum einen alle eigenen Einwendungen und Einreden aus der Hypothekenbestellung („Selbstverständlichkeit") geltend machen und zum anderen Einreden gemäß § 1137 I, also alle Einreden (nicht Einwendungen!!!), die dem Forderungsschuldner zustehen oder einem Bürgen nach § 770 zustehen.

Auf Grundlage der eben erfolgten Einordnung (Verjährung = Einrede) war der Prüfungsstandort offensichtlich. Es handelt sich nicht um eine eigene Einwendung oder Einrede des Eigentümers aus der Hypothekenbestellung. Gemäß § 1137 I 1 kann der Eigentümer (hier F) außerdem die dem persönlichen Schuldner (hier S) zustehenden Einreden geltend machen. Der persönliche Schuldner S kann die Zahlung wegen der eingetretenen Verjährung dauernd verweigern. Somit war der richtige Prüfungsstandort für die Stundungseinrede (i.V.m. § 1137 I 1) abermals der Punkt „Anspruch durchsetzbar?" Die Einrede des Forderungsschuldners (= gegen den Anspruch aus § 488 I 2) musste innerhalb des Anspruchs aus § 1147 geprüft werden.

Und nun der Hammer: Es gibt eine Ausnahme! Gemäß § 1137 I kann der Eigentümer gegen die Hypothek unter anderem zwar die dem persönlichen Schuldner zustehenden Einreden geltend machen. Der persönliche Schuldner S kann die Zahlung wegen Verjährung verweigern. F müsste demnach als Eigentümer die dem persönlichen Schuldner S zustehende Einrede der Verjährung geltend machen können. Auf diese Einrede des S kann sich F jedoch ausnahmsweise wegen der Sonderregel des § 216 I nicht berufen. Dort wird die Berufung auf eine eingetretene Verjährung ausgeschlossen. Tja, so isses! Einfach merken!

3. Zur Klarstellung und für die Praxis: Was wird eigentlich aus der Hypothek, wenn der Anspruch aus § 1147 dauerhaft nicht durchsetzbar ist? Lest doch einmal § 1169. Dort steht, was der Eigentümer tun kann, wenn die Geltendmachung des Duldungsanspruchs aus § 1147 durch eine dauernde Einrede verhindert wird.

Fall 24

Fall 24

H hat für den Palast des S ein exklusives neues Dach erstellt. Zur Sicherung der Werklohnforderung des H einigen sich die Parteien über die Bestellung einer Briefhypothek am Grundstück des S. Die Hypothekenbestellung erfolgt unter Übergabe des Hypothekenbriefs. Auf Bitten des S erklärt H, dass S die vereinbarte, bereits fällige Vergütung erst am 31.08. zahlen soll. Plötzlich gerät H in Geldnot. Deshalb veräußert er die hypothekarisch gesicherte Forderung am 31.05. formgerecht an den Unwissenden A, der von der Vereinbarung bezüglich der erst späteren Zahlung im Verhältnis S – H nichts weiß. A macht den Zahlungsanspruch aus § 631 I gegen S schon am 15.06. geltend. Dieser verweist auf die Stundungsvereinbarung. A äußert sofort, er werde Duldung der Zwangsvollstreckung verlangen, wenn er mit dem Zahlungsanspruch nicht durchdringe. S stellt sich gegenüber A auf den Standpunkt, auch hier helfe ihm die Stundungsvereinbarung.

Frage: Wie ist die Rechtslage?

Lösungsskizze Fall 24

- **A gegen S Vergütungsanspruch gemäß §§ 631 I, 398 ?**

I. Anspruch entstanden ?

Vorüberlegung: Der Anspruch auf Zahlung der Vergütung muss zunächst im Verhältnis S – H entstanden sein; dann muss ein Anspruchserwerb im Verhältnis H – A stattgefunden haben, d.h. der Anspruch muss von H auf A übergegangen sein

   1. Anspruch entstanden im Verhältnis S – H ?

      a. Vertrag ?

         HIER (+) → Werkvertrag, § 631 I zwischen H und S, der einen Zahlungsanspruch beinhaltet

      b. <u>also</u>: Anspruch im Verhältnis S – H entstanden (+)

   2. Anspruch übergegangen von H auf A ?

      a. Formgerechte Abtretung des Anspruchs ?

         HIER (+) → Abtretung, § 398 in der Form des § 1154

      b. Berechtigung des Abtretenden ?

         HIER (+) → H war als Inhaber der Forderung zur Abtretung berechtigt

      c. <u>also</u>: Anspruch von H auf A übergegangen (+)

   3. <u>also</u>: Anspruch entstanden (+)

II. Anspruch untergegangen ? (–)

151

Verteidigung (Hypothek)

III. Anspruch durchsetzbar ?

   1. Stundungseinrede ?

      HIER (+) → S kann die Zahlung aufgrund der Stundungsabrede bis zum 31.08. gegenüber H verweigern; A hat die Forderung so erworben, wie sie bestand, § 404; den gutgläubigen (einredefreien) Erwerb einer Forderung sieht das Gesetz im Übrigen nicht vor

   2. also: Anspruch durchsetzbar (−)

IV. Ergebnis:
   A gegen S Zahlung der vereinbarten Vergütung gemäß §§ 631 I, 398 (+), aber (momentan) nicht durchsetzbar

- A gegen S Duldung der Zwangsvollstreckung gemäß § 1147 ?

I. Anspruch entstanden ?

   1. Anspruchsgegner (S) ist Eigentümer des Grundstücks ? (+)

   2. Anspruchsteller (A) ist Inhaber der Briefhypothek ?

      a. ursprünglich (−)

      Vorüberlegung: A ist Inhaber der Hypothek, wenn zunächst ein Erwerb im Verhältnis S – H und dann ein Erwerb im Verhältnis H – A erfolgt ist

      b. Briefhypothekenerwerb des H von S gemäß §§ 873, 1113, 1115 ff ?
      = direkter Erwerb des H vom Berechtigten S

         aa. Einigung, §§ 873, 1113 I ? (+)

         bb. Eintragung der Einigung im Grundbuch, §§ 873, 1115 ? (+)

         cc. Briefübergabe oder -ersatz, § 1117 ? (+)

         dd. Bestehen der Forderung ? (+)

         ee. Berechtigung des Bestellers ? (+)

         ff. also: direkter Briefhypothekenerwerb des H vom Berechtigten S gemäß §§ 873, 1113, 1115 ff (+)

      c. Übergang der Briefhypothek von H auf A gemäß §§ 398, 1154, 1153 ?
      = abgeleiteter Erwerb des A vom Berechtigten H

         aa. Forderungsabtretung gemäß § 398 ? (+)

         bb. in der Form der §§ 1154 I, II, 1117 ? (+)

         cc. Berechtigung des Abtretenden ? (+)

         dd. also: abgeleiteter Erwerb des A vom Berechtigten H gemäß §§ 398, 1154, 1153 (+)

      d. also: Anspruchsteller (A) ist Inhaber der Briefhypothek (+)

   3. also: Anspruch entstanden (+)

Fall 24

II. Anspruch untergegangen ? (−)

III. Anspruch durchsetzbar ?

Vorüberlegung: In Betracht kommt eine Einrede des Eigentümers S gemäß § 1137 (Stundung); die Einrede greift jedoch nicht, wenn A die Hypothek gutgläubig einredefrei von H erworben hat.

1. *§ 1137 I 1 i.V.m. der Stundungseinrede ?*
   = gemäß § 1137 I 1 kann der Eigentümer gegen die Hypothek (u.a.) die dem persönlichen Schuldner zustehenden Einreden geltend machen

   HIER (+) → S kann als Eigentümer gemäß § 1137 I 1 die dem persönlichen Schuldner zustehenden Einreden geltend machen; er selbst als persönlicher Schuldner kann die Zahlung aufgrund der Stundungsabrede bis zum 31.08. verweigern

2. *§ 1138 i.V.m. § 892 ?*
   = gutgläubiger einredefreier Hypothekenerwerb (durch A)

   a. *Einrede gemäß § 1137 ?*

   HIER (+) → Stundungseinrede

   b. *Unrichtigkeit des Grundbuchs ?*

   HIER (+) → es weist eine einredefreie Hypothek aus; tatsächlich steht dem Eigentümer S gegen die Hypothek die Stundungseinrede zu

   c. *Legitimation des Verfügenden als Berechtigter ?*

   HIER (+) → aus dem Grundbuch ging hervor, dass H Inhaber einer einredefreien Hypothek war; insofern war er als Berechtigter legitimiert

   d. *Gutgläubigkeit des Erwerbers ?*

   HIER (+) → Erwerber A hatte keine Kenntnis bezüglich des Bestehens einer Stundungseinrede

   e. *keine Eintragung eines Widerspruchs gemäß § 899 gegen die Richtigkeit des Grundbuchs ?* (+)

   f. <u>also</u>: *gutgläubiger einredefreier Erwerb der Hypothek durch A* (+)

3. <u>also</u>: *Anspruch durchsetzbar* (+)

IV. Ergebnis:
A gegen S Anspruch auf Duldung der Zwangsvollstreckung gemäß § 1147 (+)

- **Gesamtergebnis**

A gegen S Vergütungsanspruch gemäß §§ 631 I, 398 (+), aber (momentan) nicht durchsetzbar;
A gegen S Anspruch auf Duldung der Zwangsvollstreckung gemäß § 1147 (+)

Verteidigung (Hypothek)

Formulierungsvorschlag Fall 24

- A gegen S Vergütungsanspruch gemäß §§ 631 I, 398

A könnte gegen S einen Anspruch auf Zahlung der vereinbarten Vergütung gemäß §§ 631 I, 398 haben.

I. Der Anspruch müsste entstanden sein.

Zunächst muss der Anspruch auf Werklohnzahlung im Verhältnis S – H entstanden sein. Anschließend muss ein Anspruchserwerb im Verhältnis H – A stattgefunden haben, d.h. der Anspruch muss von H auf A übergegangen sein.

1. Zuerst müsste der Anspruch im Verhältnis S – H entstanden sein.

a. H und S haben einen Werkvertrag geschlossen, § 631 I, der einen Zahlungsanspruch beinhaltet.

b. Demnach ist ein Zahlungsanspruch im Verhältnis S – H entstanden.

2. Weiterhin müsste der Anspruch von H auf A übergegangen sein.

a. Es ist eine formgerechte Abtretung des Anspruchs gemäß § 398 i.V.m. § 1154 erfolgt.

b. H war als Inhaber der Forderung zur Abtretung berechtigt.

c. Also ist der Anspruch auf Zahlung der vereinbarten Vergütung von H auf A übergegangen.

3. Somit ist der Anspruch im Verhältnis S – A entstanden.

II. Der Anspruch ist nicht untergegangen.

III. Der Anspruch müsste durchsetzbar sein.

1. S könnte gegen den Zahlungsanspruch die Einrede der Stundung geltend machen. S kann die Zahlung aufgrund der Stundungsabrede bis zum 31.08. gegenüber H verweigern. Fraglich ist, ob sich S auch gegenüber A auf die Einrede berufen kann. A hat die Forderung so erworben, wie sie bestand, § 404. S kann sich folglich auch ihm gegenüber auf die Einrede berufen. Dies hat er getan. Der gutgläubige (einredefreie) Erwerb einer Forderung ist übrigens ausgeschlossen.

2. Der Zahlungsanspruch ist also bis zum genannten Zeitpunkt nicht durchsetzbar.

IV. Mangels Durchsetzbarkeit wird A mit seinem Zahlungsanspruch aus §§ 631 I, 398 (momentan) nicht durchdringen.

- A gegen S Duldung der Zwangsvollstreckung gemäß § 1147

A könnte gegen S einen Anspruch auf Duldung der Zwangsvollstreckung gemäß § 1147 haben.

Fall 24

I. Der Anspruch müsste entstanden sein.

1. Anspruchsgegner S ist Eigentümer des Grundstücks.
2. Anspruchsteller A müsste Inhaber der Briefhypothek sein.
   a. Ursprünglich war er nicht Inhaber.

   A ist jedoch Inhaber der Hypothek, wenn zunächst ein Erwerb im Verhältnis S – H und dann ein Erwerb im Verhältnis H – A erfolgt ist.

   b. H könnte die Briefhypothek direkt vom Berechtigten S gemäß §§ 873, 1113, 1115 ff erworben haben.

   Die Parteien haben sich gemäß §§ 873, 1113 I darüber geeinigt, dass ein Grundstück eine bestimmte Forderung sichern soll. Das Grundstück des S sollte den Anspruch des H auf Zahlung der vereinbarten Vergütung sichern.

   Die Eintragung der Einigung im Grundbuch ist erfolgt, §§ 873, 1115.

   Der Hypothekenbrief ist übergeben worden, § 1117 I 1.

   Zudem bestand eine Forderung, nämlich der Anspruch Zahlung der vereinbarten Vergütung, § 631 I.

   Außerdem war der Eigentümer S verfügungsbefugt, also Berechtigter.

   Demnach hat H direkt vom Berechtigten S gemäß §§ 873, 1113, 1115 ff die Briefhypothek erworben.

   c. Weiterhin könnte die Briefhypothek gemäß §§ 398, 1154, 1153 von H auf A übergegangen sein, also ein abgeleiteter Erwerb des A vom Berechtigten H stattgefunden haben.

   Die der Hypothek zugrunde liegende Forderung auf Zahlung der vereinbarten Vergütung ist gemäß § 398 abgetreten worden.

   Die Abtretung ist formgerecht erfolgt.

   Die Berechtigung des Abtretenden ist zu bejahen.

   Also ist die Briefhypothek gemäß §§ 398, 1154, 1153 von H auf A übergegangen. Es hat ein abgeleiteter Erwerb des A vom Berechtigten H stattgefunden.

   d. Somit ist der Anspruchsteller A Inhaber der Briefhypothek.
3. Demnach ist der Anspruch entstanden.

II. Der Anspruch ist nicht untergegangen.

III. Der Anspruch müsste durchsetzbar sein.

In Betracht kommt eine Einrede des Eigentümers S gemäß § 1137 (Stundungseinrede). Die Einrede greift jedoch nicht, wenn A die Hypothek gutgläubig einredefrei von H erworben hat.

1. S könnte gegen den Anspruch auf Duldung der Zwangsvollstreckung gemäß § 1137 I 1 in Verbindung mit der Stundungseinrede vorgehen.

   Gemäß § 1137 I kann der Eigentümer gegen die Hypothek unter anderem die dem persönlichen Schuldner zustehenden Einreden geltend machen. Der per-

155

Verteidigung (Hypothek)

sönliche Schuldner kann die Zahlung bis zum Ende einer Stundung verweigern. S kann als Eigentümer die ihm selbst als persönlichem Schuldner zustehenden Einreden geltend machen. Er kann die Zahlung aufgrund der Stundungsabrede bis zum 31.08. verweigern. Gemäß § 1137 I kann er die Einrede auch dem Anspruch aus § 1147 entgegensetzen.

2. In Betracht kommt jedoch ein gutgläubiger einredefreier Erwerb der Hypothek durch A, § 1138 i.V.m. § 892.

a. Mit der Stundungseinrede besteht eine Einrede im Sinne des § 1137.

b. Zudem ist das Grundbuch unrichtig. Es weist eine einredefreie Hypothek aus. Tatsächlich steht dem Eigentümer S gegen die Hypothek die Stundungseinrede zu.

c. Aus dem Grundbuch ging hervor, dass H Inhaber einer einredefreien Hypothek war. Insofern war er als Berechtigter legitimiert.

d. Der Erwerber A hatte zudem keine Kenntnis bezüglich des Bestehens der Stundungseinrede und war demnach gutgläubig.

e. Ein Widerspruch gemäß § 899 gegen die Richtigkeit des Grundbuchs ist nicht erfolgt.

f. Also hat A die Hypothek gutgläubig einredefrei erworben.

3. Der Anspruch ist demnach auch durchsetzbar.

IV. A hat gegen S einen Anspruch auf Duldung der Zwangsvollstreckung gemäß § 1147.

- Gesamtergebnis

A hat gegen S einen Vergütungsanspruch gemäß §§ 631 I, 398, der aber momentan nicht durchsetzbar ist. A kann aber wegen des gutgläubigen einredefreien Hypothekenerwerbs von S Duldung der Zwangsvollstreckung gemäß § 1147 verlangen.

Fazit

1. Jetzt habt ihr die *dritte Konstellation* kennengelernt. Mit dem Übergang einer Forderung / einer Hypothek dürftet ihr aus dem vorigen Kapitel vertraut sein. Gerade beim Übergang einer Hypothek kann so einiges schief gehen. Deshalb bietet es sich – im Gegensatz zu den beiden vorangegangen Fällen, die sich lediglich mit einem unproblematischen direkten Hypothekenerwerb befassten – an, im Rahmen des Anspruchs aus § 1147 im direkten und im abgeleiteten Hypothekenerwerb alle Prüfungspunkte anzureißen, um ja keine kleine Schweinerei zu übersehen. Profis, die die Lage souverän überblicken, dürfen sich gerne kürzer fassen.

2. Erinnert ihr euch an die Konstellationen K1 – K4? Hier waren drei Personen beteiligt. Es hat ein Übergang der Forderung / der Hypothek stattgefunden.

Fall 24

Schuldner und Eigentümer waren personengleich. K3 war demnach die richtige Konstellation.

Der **Schuldner** der (hier hypothekarisch gesicherten) Forderung kann gegenüber dem Zahlungsanspruch des Forderungsinhabers = des neuen Gläubigers gemäß § 404 alle Einwendungen aus der Forderung und gemäß § 404 (über dessen Wortlaut hinaus) alle Einreden aus der Forderung geltend machen. Außerdem steht ihm § 407 (bei Zahlung an den alten Gläubiger nach Abtretung) zur Seite.

Die Stundung habt ihr schon im vorvorigen Fall kennengelernt. Sie ist eine (aufschiebende) Einrede. Also war der systematisch richtige Prüfungsort der Punkt „Anspruch durchsetzbar?"

Die Lösung des Falls bot aber im ersten Teil eine Besonderheit. Bisher habe ich immer gepredigt, dass ihr – der lieben Systematik wegen – eine Dreiteilung des Lösungs-/Prüfungsaufbaus vornehmen sollt: Anspruch entstanden?/ Anspruch untergegangen? / Anspruch durchsetzbar? Das klappte hier aber nicht so ganz. Im Rahmen der Prüfung des Zahlungsanspruchs gemäß §§ 631 I, 398 war zu berücksichtigen, dass der jetzige Anspruchsteller nicht der ursprüngliche war, sondern der Anspruch allenfalls auf ihn übergegangen sein konnte. Also war der altbekannte Prüfungspunkt „Anspruch entstanden?" zweizuteilen.

Zuerst war zu eruieren, ob der Zahlungsanspruch (§ 631 I) im Verhältnis der ursprünglich Beteiligten S und H entstanden war. Anschließend folgte eine Klärung der Frage, ob der Anspruch aus § 631 I gemäß § 398 vom ursprünglichen Gläubiger H auf A übergegangen war. Das war indes der Fall. Nach der kurzen Feststellung, dass der Anspruch nicht untergegangen ist, folgte abschließend die Prüfung der Durchsetzbarkeit des Anspruchs, in den die Stundungseinrede einzubringen war.

Gemäß § 404 kann der Schuldner dem neuen Gläubiger gegenüber alle Einwendungen entgegenhalten, die er gegenüber dem Altgläubiger hätte geltend machen können. Achtung: Der Begriff „Einwendungen" in § 404 ist missverständlich! Er umfasst tatsächlich sowohl Einwendungen als auch Einreden. Mithin konnte S gegenüber A die Stundungseinrede aussprechen, die schon gegenüber H bestand und die Zahlung (vorübergehend) verweigern. Und: Der gutgläubige einredefreie Erwerb einer Forderung (hier der Zahlungsforderung ohne Stundungseinrede durch A) ist immer ausgeschlossen. Merken: Es gibt keinen gutgläubigen Erwerb einer Forderung, also auch keinen gutgläubigen einredefreien Erwerb einer Forderung!!!

Der **Eigentümer** (personengleich oder personenverschieden mit dem Schuldner) des mit der Hypothek belasteten Grundstücks kann gegenüber dem Anspruch auf Duldung der Zwangsvollstreckung zum einen alle eigenen Einwendungen und Einreden aus der Hypothekenbestellung („Selbstverständlichkeit") geltend machen und zum anderen Einreden gemäß § 1137 I, also alle Einreden (nicht Einwendungen!!!), die dem Forderungsschuldner zustehen oder einem Bürgen nach § 770 zustehen. Es ist jedoch immer zu überdenken, dass der Anspruchsteller die Hypothek gutgläubig einredefrei erworben haben kann (§§ 1138, 892). Beim Übergang der Hypothek kommt noch eine Möglichkeit

Verteidigung (Hypothek)

hinzu: Der Eigentümer kann außerdem Einreden gemäß § 1157 S. 1, also alle Einreden, die ihm persönlich gegen die Hypothek zustehen, geltend machen. Auch hier ist zu beachten, dass der Anspruchsteller die Hypothek gutgläubig einredefrei erworben haben kann (§§ 1157 S. 2, 892).

Bevor ihr jedoch zur Prüfung einer etwaigen Einrede schreiten konntet, war in altbewährter Manier zuerst der direkte Hypothekenerwerb des H von S und alsdann der abgeleitete Erwerb des A von H durchzuspielen. Das dürften nun alte Kamellen sein.

Auf Grundlage der erfolgten Einordnung (Stundung = Einrede) war der Prüfungsstandort offensichtlich. Forderungsschuldner und Eigentümer sind identisch. Es handelt sich nicht um eine eigene Einwendung oder Einrede des Eigentümers aus der Hypothekenbestellung. Gemäß § 1137 I 1 kann der Eigentümer die dem persönlichen Schuldner (hier die ihm selbst als Schuldner) zustehenden Einreden geltend machen. Der persönliche Schuldner S kann die Zahlung bis zum Ende der Stundung verweigern. Somit war der richtige Prüfungsstandort der Stundungseinrede (i.V.m. § 1137 I 1) abermals der Punkt „Anspruch durchsetzbar?"

Und dann kam die zweite große Besonderheit des Falls. Erinnert euch: Der gutgläubige (einredefreie) Erwerb einer Forderung ist nie möglich. Das war im Rahmen des Zahlungsanspruchs aus §§ 631 I, 398 zu berücksichtigen. Aber bei der Hypothek ist alles – wie so oft – anders. Wie schon aus der Einführung zu diesem Kapitel ersichtlich war, ist im Rahmen des Hypothekenerwerbs immer auf einen gutgläubigen einredefreien Erwerb zu achten. Das ergibt sich (hier) aus § 1138, der ausdrücklich klarstellt, dass der Gutglaubenserwerb nach § 892 auch für die Einreden des § 1137 gilt. Und das war des Rätsels Lösung. Natürlich hat A, der von der Stundung keine Ahnung hatte, die Hypothek gutgläubig einredefrei (also ohne Stundungseinrede) erworben. Deshalb war der Anspruch auch durchsetzbar. Damit konnte A im Ergebnis mit seinem Anspruch aus § 1147 auf Duldung der Zwangsvollstreckung durchdringen.

Fall 25

Fall 25

H und S schließen einen Darlehensvertrag über 100.000 €, weil H sich bereit erklärt hat, eine halbjährige Weltreise des S zu finanzieren. Die Zahlung des Geldes an S erfolgt. Die Rückzahlung soll dieser bis zum 31.01. vornehmen. Zur Sicherung der Rückzahlungsforderung des H einigen sich der Cousin C des S und H über die Bestellung einer Briefhypothek am Grundstück des C. Die Hypothekenbestellung erfolgt unter Übergabe des Hypothekenbriefs. Auf dringliche Bitte des C erklärt H, dass er den Anspruch auf Duldung der Zwangsvollstreckung erst am 31.08. geltend machen werde. Plötzlich gerät H in Geldnot. Deshalb veräußert er die hypothekarisch gesicherte Forderung am 31.05. formgerecht an X, der von der eben genannten Vereinbarung zwischen C und H weiß. X macht den Rückzahlungsanspruch aus § 488 I 2 gegenüber S schon am 15.06. geltend. S verweist auf die Stundungsvereinbarung. X möchte in das Grundstück des C vollstrecken, falls er mit seinem Zahlungsanspruch gegen S nicht durchdringt. C beruft sich ebenfalls auf die Stundungsvereinbarung.

Frage: Wie ist die Rechtslage?

Lösungsskizze Fall 25

- X gegen S Rückzahlung des Darlehens gemäß §§ 488 I 2, 398 ?

I. Anspruch entstanden ?

Vorüberlegung: Der Anspruch auf Rückzahlung des Darlehens muss zunächst im Verhältnis S – H entstanden sein; dann muss ein Anspruchserwerb im Verhältnis H – X stattgefunden haben, d.h. der Anspruch muss von H auf X übergegangen sein

1. Anspruch entstanden im Verhältnis S – H ?

   a. Vertrag ?

   HIER (+) → Darlehensvertrag, § 488 zwischen H und S und Auszahlung der Darlehenssumme

   b. also: Anspruch im Verhältnis S – H entstanden (+)

2. Anspruch übergegangen von H auf X ?

   a. Formgerechte Abtretung des Anspruchs ?

   HIER (+) → Abtretung, § 398 in der Form des § 1154

   b. Berechtigung des Abtretenden ?

   HIER (+) → H war als Inhaber der Forderung zur Abtretung berechtigt

   c. also: Anspruch von H auf X übergegangen (+)

3. also: Anspruch entstanden (+)

159

Verteidigung (Hypothek)

II. Anspruch untergegangen ? (−)

III. Anspruch durchsetzbar ?

   1. Einrede ?

      HIER (−) → insbesondere keine Stundungsvereinbarung bezüglich der Geltendmachung der Rückzahlungsforderung aus § 488 I 2 im Verhältnis S − H; eine Stundungsvereinbarung ist allenfalls hinsichtlich der Geltendmachung des Anspruchs aus § 1147 im Verhältnis C − H erfolgt

   2. also: Anspruch durchsetzbar (+)

IV. Ergebnis:
   X gegen S Rückzahlung des Darlehens gemäß §§ 488 I 2, 398 (+)

- X gegen C Duldung der Zwangsvollstreckung gemäß § 1147 ?

I. Anspruch entstanden ?

   1. Anspruchsgegner (C) ist Eigentümer des Grundstücks ? (+)

   2. Anspruchsteller (X) ist Inhaber der Briefhypothek ?

     a. ursprünglich (−)

     Vorüberlegung: X ist Inhaber der Hypothek, wenn zunächst ein Erwerb im Verhältnis C − H und dann ein Erwerb im Verhältnis H − X erfolgt ist

     b. Briefhypothekenerwerb des H von C gemäß §§ 873, 1113, 1115 ff ?
     = direkter Erwerb des H vom Berechtigten C

       aa. Einigung, §§ 873, 1113 I ? (+)

       bb. Eintragung der Einigung im Grundbuch, §§ 873, 1115 ? (+)

       cc. Briefübergabe oder -ersatz, § 1117 ? (+)

       dd. Bestehen der Forderung ? (+)

       ee. Berechtigung des Bestellers ? (+)

       ff. also: direkter Briefhypothekenerwerb des H vom Berechtigten C gemäß §§ 873, 1113, 1115 ff (+)

     c. Übergang der Briefhypothek von H auf X gemäß §§ 398, 1154, 1153 ?
     = abgeleiteter Erwerb des X vom Berechtigten H

       aa. Forderungsabtretung gemäß § 398 ? (+)

       bb. in der Form der §§ 1154 I, II, 1117 ? (+)

       cc. Berechtigung des Abtretenden ? (+)

       dd. also: abgeleiteter Erwerb des X vom Berechtigten H gemäß §§ 398, 1154, 1153 (+)

     d. also: Anspruchsteller (X) ist Inhaber der Briefhypothek (+)

Fall 25

3. *also:* **Anspruch entstanden (+)**

II. Anspruch untergegangen ? (–)

III. Anspruch durchsetzbar ?

Vorüberlegung: In Betracht kommt eine Einrede des Eigentümers C gemäß § 1157 (Vereinbarung der Nichtgeltendmachung des Anspruchs aus § 1147); selbst bei deren Vorliegen greift die Einrede jedoch nicht, wenn X die Hypothek gutgläubig einredefrei von H erworben hat.

1. § 1157 S. 1 i.V.m. der Vereinbarung C – H ?
= gemäß § 1157 S. 1 kann der Eigentümer gegenüber dem neuen Gläubiger gegen die Hypothek die Einreden geltend machen, die ihm schon gegen den bisherigen Gläubiger zustanden

HIER (+) → Eigentümer C kann gemäß § 1157 gegenüber X die Einrede aus der vorherigen Vereinbarung C – H geltend machen; in diesem Verhältnis war vereinbart, dass H gegen C erst ab dem 31.08. aus der Hypothek vorgeht

2. § 1157 S. 2 i.V.m. § 892 ?
= gutgläubiger einredefreier Hypothekenerwerb (durch X)

a. Einrede gemäß § 1157 ? (+), s.o.

b. Unrichtigkeit des Grundbuchs ?

HIER (+) → es weist eine einredefreie Hypothek aus; tatsächlich steht dem Eigentümer C die o.g. Einrede zu

c. Legitimation des Verfügenden als Berechtigter ?

HIER (+) → aus dem Grundbuch ging hervor, dass H Inhaber einer einredefreien Hypothek war; insofern war er als Berechtigter legitimiert

d. Gutgläubigkeit des Erwerbers ?

HIER (–) → Erwerber X wusste positiv vom Bestehen der Einrede

e. also: gutgläubiger einredefreier Erwerb der Hypothek durch X (–)

3. *also:* **Anspruch durchsetzbar (–)**

IV. Ergebnis:
X gegen C Anspruch auf Duldung der Zwangsvollstreckung gemäß § 1147 (+), aber (momentan) nicht durchsetzbar

- **Gesamtergebnis**

X gegen S Rückzahlung des Darlehens gemäß §§ 488 I 2, 398 (+);
X gegen C Anspruch auf Duldung der Zwangsvollstreckung gemäß § 1147 (+), aber (momentan) nicht durchsetzbar

Verteidigung (Hypothek)

Formulierungsvorschlag Fall 25

- X gegen S Rückzahlung des Darlehens gemäß §§ 488 I 2, 398

X könnte gegen S einen Anspruch auf Rückzahlung des Darlehens gemäß §§ 488 I 2, 398 haben.

I. Der Anspruch müsste entstanden sein.

Zunächst muss der Anspruch auf Rückzahlung im Verhältnis S – H entstanden sein. Dann muss ein Anspruchserwerb im Verhältnis H – X stattgefunden haben, d.h. der Anspruch müsste von H auf X übergegangen sein.

1. Der Anspruch müsste im Verhältnis S – H entstanden sein.

a. H und S haben einen Darlehensvertrag, § 488 geschlossen. Der Darlehensbetrag ist zur Auszahlung gelangt.

b. Demnach ist ein Rückzahlungsanspruch im Verhältnis S – H entstanden.

2. Weiterhin müsste der Anspruch von H auf X übergegangen sein.

a. Es ist eine formgerechte Abtretung des Anspruchs gemäß § 398 i.V.m. § 1154 erfolgt.

b. H war als Inhaber der Forderung zur Abtretung berechtigt.

c. Also ist der Anspruch auf Rückzahlung des Darlehens von H auf X übergegangen.

3. Somit ist der Anspruch im Verhältnis S – X entstanden.

II. Der Anspruch ist nicht untergegangen.

III. Der Anspruch müsste durchsetzbar sein.

1. Fraglich ist, ob S gegenüber X gegen den Zahlungsanspruch die Einrede der Stundung geltend machen kann. Eine Stundungsvereinbarung ist jedoch allenfalls hinsichtlich der Geltendmachung des Anspruchs aus § 1147 im Verhältnis C – H erfolgt. Also hat S gegen den Anspruch des X nicht die Stundungseinrede.

2. Der Rückzahlungsanspruch ist demnach auch durchsetzbar.

IV. X hat gegen S einen Anspruch auf Rückzahlung des Darlehens gemäß §§ 488 I 2, 398.

- X gegen C Duldung der Zwangsvollstreckung gemäß § 1147

Zudem könnte X gegen C einen Anspruch auf Duldung der Zwangsvollstreckung gemäß § 1147 haben.

I. Der Anspruch müsste entstanden sein.

1. Anspruchsgegner C ist Eigentümer des Grundstücks.

Fall 25

2. Anspruchsteller X müsste Inhaber der Briefhypothek sein.

a. Ursprünglich war er nicht Inhaber.

X ist aber Inhaber der Hypothek, wenn zunächst ein Erwerb im Verhältnis C – H und dann ein Erwerb im Verhältnis H – X erfolgt ist.

b. H könnte die Briefhypothek direkt vom Berechtigten C gemäß §§ 873, 1113, 1115 ff erworben haben.

Die Parteien haben sich gemäß §§ 873, 1113 I darüber geeinigt, dass ein Grundstück eine bestimmte Forderung sichern soll. Das Grundstück des C sollte den Anspruch des H auf Rückzahlung des Darlehens sichern.

Die Eintragung der Einigung im Grundbuch ist erfolgt, §§ 873, 1115.

Der Hypothekenbrief ist übergeben worden, § 1117 I 1.

Zudem bestand eine Forderung, nämlich der Anspruch auf Darlehensrückzahlung, § 488 I 2.

Außerdem war der Eigentümer C verfügungsbefugt, also Berechtigter.

Demnach hat H direkt vom Berechtigten C gemäß §§ 873, 1113, 1115 ff die Briefhypothek erworben.

c. Weiterhin könnte die Briefhypothek gemäß §§ 398, 1154, 1153 von H auf X übergegangen sein, also ein abgeleiteter Erwerb des X vom Berechtigten H stattgefunden haben.

Die der Hypothek zugrunde liegende Forderung auf Darlehensrückzahlung ist gemäß § 398 abgetreten worden.

Die Abtretung ist formgerecht erfolgt.

Die Berechtigung des Abtretenden ist zu bejahen.

Also ist die Briefhypothek gemäß §§ 398, 1154, 1153 von H auf X übergegangen. Es hat ein abgeleiteter Erwerb des X vom Berechtigten H stattgefunden.

d. Somit ist der Anspruchsteller X Inhaber der Briefhypothek.

3. Demnach ist der Anspruch entstanden.

II. Der Anspruch ist nicht untergegangen.

III. Der Anspruch müsste durchsetzbar sein.

In Betracht kommt eine Einrede des Eigentümers C gemäß § 1157 (Vereinbarung der Nichtgeltendmachung des Anspruchs aus § 1147). Die Einrede greift jedoch nicht, wenn X die Hypothek gutgläubig einredefrei von H erworben hat.

1. C könnte gegen den Anspruch auf Duldung der Zwangsvollstreckung gemäß § 1157 S. 1 i.V.m. der Vereinbarung zwischen ihm (C) und H vorgehen, die die Nichtgeltendmachung des Anspruchs aus § 1147 beinhaltet.

Gemäß § 1157 S. 1 kann der Eigentümer eine ihm gegenüber dem ursprünglichen Gläubiger zustehende Einrede auch gegenüber dem neuen Gläubiger geltend machen. In diesem ursprünglichen Verhältnis (C – H) war vereinbart,

Verteidigung (Hypothek)

dass H gegen C erst ab dem 31.08. aus der Hypothek vorgeht. Diese Einrede kann C auch gegenüber X geltend machen.

2. In Betracht kommt jedoch ein gutgläubiger einredefreier Erwerb der Hypothek durch X, § 1157 S. 2 i.V.m. § 892.

a. Mit der oben genannten Einrede besteht eine Einrede im Sinne des § 1157.

b. Zudem ist das Grundbuch unrichtig. Es weist eine einredefreie Hypothek aus. Tatsächlich steht dem Eigentümer C gegen die Hypothek die oben genannte Einrede zu.

c. Aus dem Grundbuch ging hervor, dass H Inhaber einer einredefreien Hypothek war. Insofern war er als Berechtigter legitimiert.

d. Fraglich ist jedoch, ob der Erwerber X gutgläubig war. Er dürfte keine Kenntnis bezüglich der genannten Einrede gehabt haben. Tatsächlich wusste X jedoch positiv von der Vereinbarung zwischen C und H. Eine Gutgläubigkeit scheidet demnach aus.

e. Mangels Gutgläubigkeit scheitert ein gutgläubiger einredefreier Erwerb der Hypothek.

3. Somit ist der Anspruch bis zum genannten Zeitpunkt nicht durchsetzbar.

IV. Mangels Durchsetzbarkeit wird X mit dem Anspruch auf Duldung der Zwangsvollstreckung aus § 1147 (momentan) nicht durchdringen.

- Gesamtergebnis

X hat gegen S einen Darlehensrückzahlungsanspruch gemäß §§ 488 I 2, 398. X kann aber von C im Falle der Nichtzahlung (noch) keine Duldung der Zwangsvollstreckung gemäß § 1147 verlangen, weil der Anspruch momentan (noch) nicht durchsetzbar ist.

Fazit

1. Auch die *vierte Konstellation* durfte nicht fehlen. Ihr wurdet wiederum mit dem Übergang einer Forderung / einer Hypothek konfrontiert, die ihr schon im vorigen Kapitel kennenlernen durftet.

2. Erinnert ihr euch an die Konstellationen K1 – K4? Hier waren vier Personen beteiligt. Es hat ein Übergang der Forderung / der Hypothek stattgefunden. Schuldner und Eigentümer waren personenverschieden. K4 war demnach die richtige Konstellation, die aber wie K3 funktioniert. Ihr musstet lediglich alle in der „Einführung" zu diesem Kapitel beschriebenen Möglichkeiten durchspielen.

Der *Schuldner* der (hier hypothekarisch gesicherten) Forderung kann gegenüber dem Zahlungsanspruch des Forderungsinhabers = des neuen Gläubigers gemäß § 404 alle Einwendungen aus der Forderung und gemäß § 404 (über dessen Wortlaut hinaus) alle Einreden aus der Forderung geltend machen. Außerdem steht ihm § 407 (bei Zahlung an den alten Gläubiger nach Abtretung) zur Seite.

Fall 25

Die Stundung habt ihr schon mehrmals kennengelernt. Sie ist eine (aufschiebende) Einrede. Also war der systematisch richtige Prüfungsort der Punkt „Anspruch durchsetzbar?"

Die Lösung des Falls bot aber im ersten Teil (wie im vorigen Fall) eine Besonderheit. Im Rahmen der Prüfung des Rückzahlungsanspruchs gemäß §§ 488 I 2, 398 war zu berücksichtigen, dass der jetzige Anspruchsteller nicht der ursprüngliche war, sondern der Anspruch allenfalls auf ihn übergegangen sein konnte. Also war der altbekannte Prüfungspunkt „Anspruch entstanden?" zweizuteilen. Diese Besonderheit war euch vertraut. Ihr habt mit der Zweiteilung des Prüfungspunkts „Anspruch entstanden?" bereits im vorigen Fall arbeiten dürfen.

Abermals: Zuerst war zu eruieren, ob der Rückzahlungsanspruch (§ 488 I 2) im Verhältnis der ursprünglich Beteiligten S und H entstanden war. Anschließend folgte eine Klärung der Frage, ob der Anspruch aus § 488 I 2 gemäß § 398 vom ursprünglichen Gläubiger H auf X übergegangen war.

Nach der kurzen Abhandlung des Prüfungspunkts „Anspruch untergegangen?" folgte abschließend der Prüfungspunkt „Anspruch durchsetzbar?", in den die Stundungseinrede einzubringen war.

Gemäß § 404 kann der Schuldner dem neuen Gläubiger gegenüber alle Einwendungen entgegenhalten, die er gegenüber dem Altgläubiger hätte geltend machen können. Und noch einmal: Der Begriff „Einwendungen" in § 404 ist missverständlich! Er umfasst tatsächlich sowohl Einwendungen als auch Einreden. Aber: Es gab keine Stundungsvereinbarung hinsichtlich der Geltendmachung der Rückzahlungsforderung (§ 488 I 2) im Verhältnis S – H. Eine derartige Vereinbarung ist allenfalls hinsichtlich der Geltendmachung des Anspruchs aus § 1147 im Verhältnis C – H erfolgt. Also scheiterte die Durchsetzbarkeit des Rückzahlungsanspruchs nicht wegen einer etwaigen Stundungseinrede.

Der *Eigentümer* (personengleich oder personenverschieden mit dem Schuldner) des mit der Hypothek belasteten Grundstücks kann gegenüber dem Anspruch auf Duldung der Zwangsvollstreckung zum einen alle eigenen Einwendungen und Einreden aus der Hypothekenbestellung („Selbstverständlichkeit") geltend machen und zum anderen Einreden gemäß § 1137 I, also alle Einreden (nicht Einwendungen!!!), die dem Forderungsschuldner zustehen oder einem Bürgen nach § 770 zustehen. Es ist jedoch immer zu überdenken, dass der Anspruchsteller die Hypothek gutgläubig einredefrei erworben haben kann (§§ 1138, 892). Beim Übergang der Hypothek kommt noch eine Möglichkeit hinzu: Der Eigentümer kann außerdem Einreden gemäß § 1157 S. 1 geltend machen. Auch hier ist zu beachten, dass der Anspruchsteller die Hypothek gutgläubig einredefrei erworben haben kann (§§ 1157 S. 2, 892).

Bevor ihr jedoch zur Prüfung einer etwaigen Einrede schreiten konntet, war wiederum in altbewährter Manier zuerst der direkte Hypothekenerwerb des H von C und alsdann der abgeleitete Erwerb des X von H durchzuspielen. Das müsstet ihr jetzt beherrschen.

Auf Grundlage der erfolgten Einordnung (Stundung = Einrede) war der Prüfungsstandort abermals offensichtlich. Forderungsschuldner und Eigentümer sind nicht identisch. Es handelt sich nicht um eine eigene Einwendung oder

Verteidigung (Hypothek)

Einrede des Eigentümers aus der Hypothekenbestellung. Gemäß § 1157 S. 1 kann der Eigentümer alle Einreden, die ihm wegen der Hypothek gegenüber dem Altgläubiger zustehen, auch gegenüber einem neuen Gläubiger geltend machen. Aufgrund der Vereinbarung der Nichtgeltendmachung des Anspruchs aus § 1147 zwischen C und H bis zum 31.08. konnte C (zumindest gegenüber H) bis zum genannten Zeitpunkt den Anspruch aus § 1147 abwehren. Somit war der richtige Prüfungsstandort der Stundungseinrede (i.V.m. § 1157 S. 1) abermals der Punkt „Anspruch durchsetzbar?"

Und dann kam (wie im vorigen Fall) die zweite große Besonderheit des Falls. Bei der Hypothek ist immer auf einen gutgläubigen einredefreien Erwerb zu achten. Das ergibt sich (hier) aus § 1157 S. 2, der ausdrücklich klarstellt, dass der Gutglaubenserwerb nach § 892 auch für die Einreden des § 1157 S. 1 gilt. Vergleicht doch spaßeshalber diese Regelung mit dem vorigen Fall. Eine eindeutige und sinnvolle Parallelität! Und nun noch einmal die Lösung: Eigentümer C konnte gemäß § 1157 S. 1 gegenüber X die Einrede aus der vorherigen Vereinbarung C – H geltend machen. In diesem Verhältnis war vereinbart, dass H gegen C erst ab dem 31.08. aus der Hypothek vorgeht. Und ein grundsätzlich denkbarer gutgläubiger einredefreier Hypothekenerwerb seitens X gemäß § 1157 S. 2 i.V.m. § 892 scheiterte an der Bösgläubigkeit des X, der positiv von der Einrede wusste. Also war der Anspruch auch (momentan) nicht durchsetzbar. Damit konnte X im Ergebnis mit seinem Duldungsanspruch aus § 1147 (noch nicht) durchdringen.

Fall 26

Fall 26

Aufgrund eines Kaufvertrags bezüglich eines Kamels verpflichtet sich S am 31.01. gegenüber H, den Kaufpreis in Höhe von 10.000 € bis zum 31.03. zu zahlen. Zur Sicherung der Zahlungsforderung des H einigen sich die Tante T des S und H über die Bestellung einer Briefhypothek am Grundstück der T. Die Hypothekenbestellung erfolgt unter Übergabe des Hypothekenbriefs. Als H am 15.11. von S Zahlung des lange fälligen Kaufpreises aus § 433 II verlangt, stellt sich dessen Zahlungsunfähigkeit heraus. Als H gegenüber T den Anspruch auf Duldung der Zwangsvollstreckung aus § 1147 geltend macht, wendet T zu Recht ein, seitens S bestehe seit dem Abschluss des Kaufvertrags die Möglichkeit einer Anfechtung wegen arglistiger Täuschung. Hierauf berufe sie sich.

Frage: Hat H gegen T den Anspruch aus § 1147?

Lösungsskizze Fall 26

- **H gegen T Duldung der Zwangsvollstreckung gemäß § 1147 ?**

I. Anspruch entstanden ?

　1. Anspruchsgegnerin (T) ist Eigentümerin des Grundstücks ? (+)

　2. Anspruchsteller (H) ist Inhaber der Briefhypothek ? (+)

　3. also: Anspruch entstanden (+)

II. Anspruch untergegangen ? (−)

III. Anspruch durchsetzbar ?

　1. § 1137 I 1 Var. 2 i.V.m. der Einrede der Anfechtbarkeit wegen arglistiger Täuschung ?
　　= gemäß § 1137 I 1 Var. 2 kann der Eigentümer gegen die Hypothek die nach § 770 einem Bürgen zustehenden Einreden geltend machen; § 770 beinhaltet die Einreden der Anfechtbarkeit und der Aufrechenbarkeit

　　HIER (+) → S hat die Anfechtungsmöglichkeit nach § 123 I; die Geltendmachung dieser Einrede durch T scheitert nicht etwa am Wortlaut des § 770 I: „... solange dem Hauptschuldner das Recht zusteht ..."; gemeint ist in diesem Zusammenhang die Beachtung der Anfechtungsfrist, die sich im Falle der Anfechtung nach § 123 I aus § 124 I ergibt; die Jahresfrist ist nicht verstrichen

　2. also: Anspruch durchsetzbar (−)

IV. Ergebnis:
　H gegen T Anspruch auf Duldung der Zwangsvollstreckung gemäß § 1147 (+), aber nicht durchsetzbar

Verteidigung (Hypothek)

Formulierungsvorschlag Fall 26

- H gegen T Duldung der Zwangsvollstreckung gemäß § 1147

H könnte gegen T einen Anspruch auf Duldung der Zwangsvollstreckung gemäß § 1147 haben.

I. Der Anspruch müsste entstanden sein.

1. Anspruchsgegnerin T ist Eigentümerin des Grundstücks.

2. Außerdem ist der Anspruchsteller H Inhaber der Briefhypothek.

3. Demnach ist der Anspruch entstanden.

II. Der Anspruch ist nicht untergegangen.

III. Der Anspruch müsste durchsetzbar sein.

1. Möglicherweise kann T gegen den Anspruch auf Duldung der Zwangsvollstreckung gemäß § 1137 I 1 Var. 2 i.V.m. mit der Einrede der Anfechtbarkeit vorgehen.

Gemäß § 1137 I Var. 2 kann der Eigentümer gegen die Hypothek die nach § 770 einem Bürgen zustehenden Einreden geltend machen. § 770 beinhaltet die Einreden der Anfechtbarkeit und der Aufrechenbarkeit. S hat die Möglichkeit der Anfechtung gemäß § 123 I. Die Geltendmachung der Einrede durch T scheitert nicht etwa am Wortlaut des § 770 I: „... solange dem Hauptschuldner das Recht zusteht ..." Gemeint ist in diesem Zusammenhang die Beachtung der Anfechtungsfrist, die sich im Falle der Anfechtung nach § 123 I aus § 124 I ergibt. Die Jahresfrist ist indes nicht verstrichen. Somit kann T dem Anspruch auf Duldung der Zwangsvollstreckung gemäß § 1137 I 1 Var. 2 i.V.m. die Einrede der Anfechtungsmöglichkeit entgegensetzen.

2. Der Anspruch ist demnach nicht durchsetzbar.

IV. Mangels Durchsetzbarkeit wird H mit dem Anspruch auf Duldung der Zwangsvollstreckung aus § 1147 nicht durchdringen.

Fazit

1. Und wieder zur Übung die zweite Konstellation (K2). Mit der seid ihr schon einmal in Berührung gekommen. Hier waren zwei Personen beteiligt. Es hat kein Übergang der Forderung / der Hypothek stattgefunden. Schuldner und Eigentümer waren aber nicht personengleich. K2 ist wie K1 zu behandeln.

2. Obwohl nicht nach dem Zahlungsanspruch gefragt war, solltet ihr spätestens an dieser Stelle die Prüfung nachvollziehen: Der **Schuldner** der (hypothekarisch gesicherten) Forderung kann gegenüber dem Zahlungsanspruch (hier § 433 II) des Forderungsinhabers alle Einwendungen und alle Einreden gel-

Fall 26

tend machen. Das muss im Gesetz nicht ausdrücklich erwähnt werden. Es handelt sich um eine „Selbstverständlichkeit".

Probleme gibt es innerhalb des Zahlungsanspruchs (§ 433 II) allenfalls in der prüfungstechnischen Einordnung der „Anfechtbarkeit" wegen arglistiger Täuschung, § 123 I. Wo ist der Punkt zu prüfen? Wenn nicht nur die Möglichkeit der Anfechtung besteht, sondern tatsächlich eine wirksame Anfechtung seitens des Schuldners erfolgt ist (Anfechtungsgrund, hier § 123; Anfechtungserklärung, § 143 I; Einhaltung der Anfechtungsfrist, bei § 123 I ein Jahr, § 124 I), stellt § 142 I klar, was mit dem Rechtsgeschäft passiert. Das Rechtsgeschäft ist von Anfang an nichtig. Richtiger Prüfungsstandort ist somit schon der Punkt „Anspruch entstanden?" Der Zahlungsanspruch entsteht erst gar nicht, wenn wirksam angefochten worden ist. Und wenn zwar keine Anfechtung stattgefunden hat, aber – wie in unserem Fall – die Möglichkeit der Anfechtung besteht? Dann zucken die Gehirnwindungen. Systematisch gibt es innerhalb der Prüfung eines schuldrechtlichen Zahlungsanspruchs keinen Prüfungsstandort für die „Anfechtungsmöglichkeit". Denn sie hat keinerlei rechtliche Auswirkungen auf den schuldrechtlichen Vertrag. Soll deshalb auf eine Auseinandersetzung mit der „Anfechtungsmöglichkeit" im Rahmen der schuldrechtlichen Forderungsprüfung verzichtet werden? Das könnte potenzielle Prüfer missgünstig stimmen. Sinnvoll erscheint die folgende Vorgehensweise: Innerhalb des Punktes „Anspruch entstanden?" ist zu fragen, ob der Anspruch wegen einer wirksamen Anfechtung nicht entstanden ist. Weil der an sich Anfechtungsberechtigte die Anfechtung nicht erklärt hat (§ 143 I), scheitert eine wirksame Anfechtung. Dann ist klarzustellen, dass die alleinige Möglichkeit der Anfechtung keine rechtlichen Auswirkungen hat. Der schuldrechtliche Zahlungsanspruch ist also entstanden. Er ist auch nicht untergegangen und zudem durchsetzbar. Somit kann der Anspruchsteller vom Anspruchsgegner Zahlung verlangen.

3. Der *Eigentümer* (personengleich oder personenverschieden mit dem Schuldner) des mit der Hypothek belasteten Grundstücks kann gegenüber dem Anspruch auf Duldung der Zwangsvollstreckung zum einen alle eigenen Einwendungen und Einreden aus der Hypothekenbestellung („Selbstverständlichkeit") geltend machen und zum anderen Einreden gemäß § 1137 I, also alle Einreden (nicht Einwendungen!!!), die dem Forderungsschuldner zustehen oder einem Bürgen nach § 770 zustehen.

Obacht: Eine solche Konstellation habt ihr bislang nicht kennengelernt. Solange (nur) die Möglichkeit der Anfechtung besteht, der Anspruchsgegner der schuldrechtlichen Zahlungsforderung also nicht tatsächlich wirksam anficht, hat er sich nicht gegen den Zahlungsanspruch verteidigt (s.o.). Dagegen eröffnet § 1137 I für den Anspruchsgegner des Duldungsanspruchs aus § 1147 eine Verteidigungsmöglichkeit, obwohl noch nicht wirksam angefochten wurde. Denn der Anspruchsgegner = der Eigentümer des Grundstücks kann gegen die Hypothek die einem Bürgen nach § 770 zustehenden Einreden geltend machen. In § 770 I wird dem Bürgen die Möglichkeit eröffnet, die Zahlung zu verweigern, wenn dem Hauptschuldner seinerseits das Recht zusteht, das zugrunde liegende Rechtsgeschäft anzufechten. Und so war es in unserem Fall. Richtiger Prüfungsstandort im Duldungsanspruch aus § 1147 ist der Punkt

169

Verteidigung (Hypothek)

„Anspruch durchsetzbar?", weil eben nur die Möglichkeit der Anfechtung besteht.

Zur Abrundung: Eben habt ihr gesehen, wo innerhalb des schuldrechtlichen Zahlungsanspruchs eine Prüfung erfolgen muss, wenn der Gläubiger nicht nur eine Anfechtungsmöglichkeit hat, sondern das Rechtsgeschäft (der schuldrechtliche Vertrag) wirksam angefochten worden ist. Die Prüfung war im Punkt „Anspruch entstanden?" zu verorten. Inwiefern wirkt sich das auf den Anspruch aus § 1147 aus? Wo fließt eine erfolgte wirksame Anfechtung des schuldrechtlichen Vertrags in die Prüfung des Duldungsanspruchs ein? Mit der wirksamen Anfechtung des schuldrechtlichen Vertrags entfällt die schuldrechtliche Forderung. Sie ist (von Anfang an) nicht entstanden. Mit der wirksamen Anfechtung des schuldrechtlichen Vertrags und der damit einhergehenden Nichtentstehung des schuldrechtlichen Zahlungsanspruchs fehlt es aber bei der Prüfung des direkten Hypothekenerwerbs vom Berechtigten gemäß §§ 873, 1113, 1115 ff auch (rückwirkend) am „Bestehen der Forderung?" Durch die Anfechtung des schuldrechtlichen Vertrags ist aus der (ehemals bestehenden) Hypothek automatisch eine Eigentümergrundschuld (§§ 1163 I 2, 1177 I) geworden. Der Anspruchsteller ist somit nicht Inhaber der Hypothek. Der Duldungsanspruch aus § 1147 scheitert demnach bereits im Prüfungspunkt „Anspruch entstanden?"

Das gesichtete Schrifttum geht im Übrigen mit keinem Wort auf etwaige Prüfungsstandorte ein.

4. Sollte euch im Rahmen einer derartigen Bearbeitung einmal der „Verzicht auf die Einrede" über den Weg laufen, hilft u.U. § 1137 II weiter.

Fall 27

Fall 27

S bittet H um finanzielle Hilfe, weil er ein ziemlich marodes Fachwerkhaus erwerben möchte. Aufgrund des daraufhin geschlossenen Darlehensvertrags zahlt H an S 250.000 €. Zur Sicherung der Rückzahlungsforderung des H einigen sich die Parteien über die Bestellung einer Briefhypothek am Grundstück des S. Die Hypothekenbestellung erfolgt unter Übergabe des Hypothekenbriefs. Später tritt H die Forderung aus dem Darlehensvertrag formgerecht an A ab. Als A gegenüber S bei Fälligkeit Rückzahlung des Darlehens fordert, äußert S zu Recht, er habe schon vor der Abtretung die gesamte Schuld an H gezahlt. Deshalb verweigert er eine erneute Zahlung an A. Dieser ist empört und wendet ein, er habe von den ihm erst jetzt bekannt gewordenen Umständen nichts gewusst. Er ist der Meinung, er habe zumindest die Hypothek gutgläubig erworben und könne von S Duldung der Zwangsvollstreckung verlangen, wenn er mit dem Zahlungsanspruch nicht durchdringt.

Frage: Hat A gegen S einen der geltend gemachten Ansprüche?

Lösungsskizze Fall 27

- **A gegen S Rückzahlung des Darlehens gemäß §§ 488 I 2, 398?**

I. Anspruch entstanden?

Vorüberlegung: Der Anspruch auf Rückzahlung des Darlehens muss zunächst im Verhältnis S – H entstanden sein; dann muss ein Anspruchserwerb im Verhältnis H – A stattgefunden haben, d.h. der Anspruch muss von H auf A übergegangen sein

1. *Anspruch entstanden im Verhältnis S – H?*

    a. Vertrag?

    HIER (+) → Darlehensvertrag, § 488 zwischen H und S und Auszahlung der Darlehenssumme

    b. <u>also</u>: Anspruch im Verhältnis S – H entstanden (+)

2. *Anspruch übergegangen von H auf A?*

    a. Formgerechte Abtretung des Anspruchs?

    HIER (+) → Abtretung, § 398 in der Form des § 1154

    b. Berechtigung des Abtretenden?

    HIER (–) → zwar ist der Anspruch zunächst im Verhältnis S – H entstanden; mit der Zahlung des S an H vor der Abtretung ist der Anspruch jedoch gemäß § 362 durch Erfüllung untergegangen; H war also nicht mehr Inhaber der Forderung und somit auch nicht Berechtigter bezüglich der Abtretung; ein gutgläubiger Erwerb einer Forderung vom Nichtberechtigten ist im Übrigen nicht möglich

Verteidigung (Hypothek)

    c. also: Anspruch von H auf A übergegangen (−)
    3. also: Anspruch entstanden (−)

II. Ergebnis:
    A gegen S Rückzahlung des Darlehens gemäß §§ 488 I 2, 398 (−)

- **A gegen S Duldung der Zwangsvollstreckung gemäß § 1147 ?**

I. Anspruch entstanden ?

    1. Anspruchsgegner (S) ist Eigentümer des Grundstücks ? (+)

    2. Anspruchsteller (A) ist Inhaber der Briefhypothek ?

        a. ursprünglich (−)

        Vorüberlegung: A ist Inhaber der Hypothek, wenn entweder zunächst ein Erwerb im Verhältnis S − H und anschließend ein Erwerb im Verhältnis H − A erfolgt ist oder wenn trotz fehlenden direkten Erwerbs des H von S ein wirksamer abgeleiteter Erwerb im Verhältnis H − A erfolgt ist

        b. Briefhypothekenerwerb des H von S gemäß §§ 873, 1113, 1115 ff ?
        = direkter Erwerb des H vom Berechtigten S

            aa. Einigung, §§ 873, 1113 I ? (+)

            bb. Eintragung der Einigung im Grundbuch, §§ 873, 1115 ? (+)

            cc. Briefübergabe oder -ersatz, § 1117 ? (+)

            dd. Bestehen der Forderung ? (+)

            ee. Berechtigung des Bestellers ? (+)

            ff. also: direkter Briefhypothekenerwerb des H vom Berechtigten S gemäß §§ 873, 1113, 1115 ff (+)

        c. Übergang der Briefhypothek von H auf A gemäß §§ 398, 1154, 1153 ?
        = abgeleiteter Erwerb des A vom Berechtigten H

            aa. Forderungsabtretung gemäß § 398 ?
            = die der Hypothek zugrunde liegende Forderung
            HIER (+)

            bb. in der Form des § 1154 ? (+)

            cc. Berechtigung des Abtretenden ?
            = Abtretender muss Inhaber der Forderung und Inhaber der Hypothek sein

            HIER (−) → H ist nicht Inhaber der Darlehensforderung, weil S vor der Abtretung der Forderung die gesamte Schuld beglichen hat; insofern ist die Forderung durch Erfüllung gemäß § 362 erloschen; dadurch wurde aus der ehemals bestehenden Hypothek des H automatisch

Fall 27

eine Eigentümergrundschuld des S (§§ 1163 I 2, 1177 I); H war deshalb auch nicht Inhaber der Hypothek

dd. *also*: abgeleiteter Erwerb des A vom Berechtigten H gemäß §§ 398, 1154, 1153 (−)

d. Übergang der Briefhypothek von H auf A gem. §§ 398, 1154, 1153, 892 ?
= abgeleiteter Erwerb des A vom Nichtberechtigten H

***aa.* Forderungsabtretung gemäß § 398 ? (+)**

***bb.* in der Form des § 1154 ? (+)**

***cc.* „Berechtigungsersatz" ?**
= Voraussetzungen der §§ 1138, 892 (also nicht § 892 allein); das Gesetz überwindet in § 1138 die fehlende Forderungsberechtigung des Abtretenden und fingiert für den Übergang der Hypothek (§ 1153) die Forderung, wenn die Voraussetzungen des § 892 bezüglich der Forderung (!!!) vorliegen

(1) Rechtsgeschäftlicher Erwerb beabsichtigt ? (+)

(2) Verkehrsgeschäft ? (+)

(3) Unrichtigkeit des Grundbuchs ? (+)

(4) Legitimation des Verfügenden als Berechtigter ? (+)

(5) Gutgläubigkeit des Erwerbers bez. der Forderung ? (+)

(6) keine Eintragung eines Widerspruchs gemäß § 899 gegen die Richtigkeit des Grundbuchs ? (+)

(7) also: Voraussetzungen der §§ 1138, 892 (+) → die Forderung wird somit gemäß § 1138 fingiert, damit die Hypothek nach § 1153 übergehen kann; dies kann aber nur geschehen, wenn der Übertragende (= H) Inhaber der Hypothek ist !!!!

dd. Übertragender ist Hypothekeninhaber ?

HIER (−) → wegen der Erfüllung der Forderung (§ 362) ist diese untergegangen; dadurch wurde aus der ehemals bestehenden Hypothek des H automatisch eine Eigentümergrundschuld des S (§§ 1163 I 2, 1177 I); H war deshalb nicht Inhaber der Hypothek

aber: § 1153 gilt auch dann, wenn bez. der Hypothek die Voraussetzungen des § 892 vorliegen

(1) Rechtsgeschäftlicher Erwerb der Hypothek ?

HIER (+) → an sich normiert § 1153 einen gesetzlichen Übergang der Hypothek, also gerade keinen rechtsgeschäftlichen Übergang; der Erwerb nach § 1153 basiert aber auf einer fingierten rechtsgeschäftlichen Übertragung der zugrunde liegenden Forderung gemäß §§ 1138, 892; dies reicht aus

(2) Verkehrsgeschäft ? (+)

Verteidigung (Hypothek)

(3) Unrichtigkeit des Grundbuchs ? (+)

(4) Legitimation des Verfügenden als Berechtigter ? (+)

(5) Gutgläubigkeit des Erwerbers bez. der Hypothek ? (+)

(6) keine Eintragung eines Widerspruchs gemäß § 899 gegen die Richtigkeit des Grundbuchs ? (+)

(7) <u>also</u>: gemäß § 1153 geht die Hypothek über, da auch bez. der Hypothek die Voraussetzungen des § 892 vorliegen → Übertragender (= H) ist Hypothekeninhaber

ee. <u>also</u>: abgeleiteter Erwerb des A vom Nichtberechtigten H gemäß §§ 398, 1154, 1153, 892 (+)

e. <u>also</u>: Anspruchsteller (A) ist Inhaber der Briefhypothek (+)

3. <u>also</u>: Anspruch entstanden (+)

II. Anspruch untergegangen ?

HIER (−) → gemäß § 1156 S. 1 ist bei der Verkehrshypothek die Berufung auf den allenfalls in Betracht kommenden § 407 (i.V.m. § 362) ausgeschlossen; der Anspruchsgegner kann sich nicht darauf berufen, dass die Hypothek mit der Erfüllung und dem damit einhergehenden Untergang des Zahlungsanspruchs (s.o.) automatisch zur Eigentümergrundschuld (§§ 1163 I 2, 1177 I) geworden ist; im Übrigen bezieht sich § 407 auf Leistungen des Schuldners, die dieser <u>nach</u> der Abtretung vornimmt; S hat aber schon <u>vor</u> der Abtretung gezahlt

III. Anspruch durchsetzbar ?

1. § 1137 I 1 i.V.m. der Erfüllungseinwendung ?

= gemäß § 1137 I 1 kann der Eigentümer gegen die Hypothek (u.a.) die dem persönlichen Schuldner zustehenden Einreden geltend machen

HIER (−) → § 1137 I 1 erfasst von vornherein nur Einreden; bei die Erfüllung handelt es sich aber um eine Einwendung

2. <u>also</u>: Anspruch durchsetzbar (+)

IV. Ergebnis:
A gegen S Anspruch auf Duldung der Zwangsvollstreckung gemäß § 1147 (+)

- **Gesamtergebnis**

A gegen S Rückzahlung des Darlehens gemäß §§ 488 I 2, 398 (−), aber
A gegen S Anspruch auf Duldung der Zwangsvollstreckung gemäß § 1147 (+)

Fall 27

Formulierungsvorschlag Fall 27

- A gegen S Rückzahlung des Darlehens gemäß §§ 488 I 2, 398

A könnte gegen S einen Anspruch auf Rückzahlung des Darlehens gemäß §§ 488 I 2, 398 haben.

I. Der Anspruch müsste entstanden sein.

Zunächst müsste der Anspruch auf Rückzahlung im Verhältnis S – H entstanden sein. Dann müsste ein Anspruchserwerb im Verhältnis H – A stattgefunden haben, d.h. der Anspruch müsste von H auf A übergegangen sein.

1. Der Anspruch müsste im Verhältnis S – H entstanden sein.

a. H und S haben einen Darlehensvertrag geschlossen. Der Darlehensbetrag ist zur Auszahlung gelangt.

b. Demnach ist ein Rückzahlungsanspruch im Verhältnis S – H entstanden.

2. Weiterhin müsste der Anspruch von H auf A übergegangen sein.

a. Es ist eine formgerechte Abtretung des Anspruchs gemäß § 398 i.V.m. § 1154 erfolgt.

b. Fraglich ist jedoch, ob der Abtretende Berechtigter war. Zwar ist der Anspruch zunächst im Verhältnis S – H entstanden. Mit der Zahlung des S an H vor der Abtretung ist der Anspruch jedoch gemäß § 362 durch Erfüllung untergegangen. H war also nicht mehr Inhaber der Forderung und somit auch nicht Berechtigter bezüglich der Abtretung. Ein gutgläubiger Erwerb einer Forderung vom Nichtberechtigten ist im Übrigen nicht möglich.

c. Also ist der Anspruch auf Rückzahlung des Darlehens nicht von H auf A übergegangen.

3. Somit ist der Anspruch im Verhältnis S – A nicht entstanden.

II. Demnach hat A gegen S keinen Anspruch auf Rückzahlung des Darlehens gemäß §§ 488 I 2, 398.

- A gegen S Duldung der Zwangsvollstreckung gemäß § 1147

A könnte gegen S einen Anspruch auf Duldung der Zwangsvollstreckung gemäß § 1147 haben.

I. Der Anspruch müsste entstanden sein.

1. Anspruchsgegner S ist Eigentümer des Grundstücks.

2. Anspruchsteller A müsste Inhaber der Briefhypothek sein.

a. Ursprünglich war er nicht Inhaber.

Verteidigung (Hypothek)

A ist aber Inhaber der Hypothek, wenn entweder zunächst ein Erwerb im Verhältnis S – H und dann ein Erwerb im Verhältnis H – A erfolgt ist oder wenn trotz fehlenden direkten Erwerbs des H von S ein wirksamer abgeleiteter Erwerb im Verhältnis H – A erfolgt ist.

b. H könnte die Briefhypothek direkt vom Berechtigten S gemäß §§ 873, 1113, 1115 ff erworben haben.

Die Parteien haben sich gemäß §§ 873, 1113 I darüber geeinigt, dass ein Grundstück eine bestimmte Forderung sichern soll. Das Grundstück des S sollte den Anspruch des H auf Rückzahlung des Darlehens sichern.

Die Eintragung der Einigung im Grundbuch ist erfolgt, §§ 873, 1115.

Der Hypothekenbrief ist übergeben worden, § 1117 I 1.

Zudem bestand eine Forderung, nämlich der Anspruch auf Darlehensrückzahlung.

Außerdem war der Eigentümer S verfügungsbefugt, also Berechtigter.

Demnach hat H direkt vom Berechtigten S gemäß §§ 873, 1113, 1115 ff die Briefhypothek erworben.

c. Weiterhin könnte die Briefhypothek gemäß §§ 398, 1154, 1153 von H auf A übergegangen sein, also ein abgeleiteter Erwerb des A vom Berechtigten H stattgefunden haben.

Es müsste eine Forderungsabtretung gemäß § 398, d.h. eine Abtretung der der Hypothek zugrunde liegenden Forderung erfolgt sein. Eine Forderungsabtretung im Verhältnis H – A ist erfolgt. Obwohl die Forderung wegen der erfolgten Erfüllung gegebenenfalls nicht existiert, hat dies zunächst keine Auswirkungen auf einen etwaigen Erwerb des A.

Die Forderung ist formgerecht abgetreten worden.

Fraglich ist die Berechtigung des Abtretenden. Der Abtretende müsste Forderungsinhaber und Inhaber der Hypothek gewesen sein. H ist nicht Inhaber der Darlehensforderung, weil S vor der Abtretung der Forderung die gesamte Schuld beglichen hat. Insofern ist die Forderung durch Erfüllung gemäß § 362 erloschen. Dadurch wurde aus der ehemals bestehenden Hypothek des H automatisch eine Eigentümergrundschuld des S (§§ 1163 I 2, 1177 I). H war deshalb auch nicht Inhaber der Hypothek. Also ist eine Berechtigung des Abtretenden zu verneinen.

Also ist die Briefhypothek nicht gemäß §§ 398, 1154, 1153 von H auf A übergegangen. Es hat kein abgeleiteter Erwerb des A vom Berechtigten H stattgefunden.

d. Letztlich könnte die Briefhypothek gemäß §§ 398, 1154, 1153, 892 von H auf A übergegangen sein, also ein abgeleiteter Erwerb des A vom Nichtberechtigten H stattgefunden haben.

Es müsste eine Forderungsabtretung gemäß § 398, d.h. eine Abtretung der der Hypothek zugrunde liegenden Forderung erfolgt sein. Eine Forderungsabtretung im Verhältnis H – A ist erfolgt. Obwohl die Forderung wegen der erfolgten

Fall 27

Erfüllung des Rückzahlungsanspruchs nicht existiert, hat dies zunächst keine Auswirkungen auf einen etwaigen Erwerb des A.

Die Abtretung ist formgerecht erfolgt.

Fraglich ist, ob die Voraussetzungen der §§ 1138, 892 vorliegen. Das Gesetz überwindet in § 1138 die fehlende Forderungsberechtigung des Abtretenden und fingiert für den Übergang der Hypothek (§ 1153) die Forderung, wenn die Voraussetzungen des § 892 bezüglich der Forderung vorliegen.

Ein rechtsgeschäftlicher Erwerb war beabsichtigt.

Außerdem liegt ein Verkehrsgeschäft vor.

Zudem ist das Grundbuch unrichtig. H ist fälschlicherweise als Hypothekeninhaber im Grundbuch eingetragen.

Der Übertragende war aus dem Grundbuch als Berechtigter ersichtlich.

A war bezüglich des Bestehens der Forderung gutgläubig.

Ein Widerspruch gemäß § 899 gegen die Richtigkeit des Grundbuchs ist nicht erfolgt.

Also liegen die Voraussetzungen der §§ 1138, 892 vor. Die Forderung wird somit gemäß § 1138 fingiert, damit die Hypothek gemäß § 1153 übergehen kann.

Dies kann aber nur geschehen, wenn der Übertragende Inhaber der Hypothek ist.

H müsste demnach Hypothekeninhaber sein. Wegen der Erfüllung der Forderung ist diese untergegangen. Dadurch wurde aus der ehemals bestehenden Hypothek des H automatisch eine Eigentümergrundschuld des S (§§ 1163 I 2, 1177 I). H war deshalb nicht Inhaber der Hypothek.

Zu beachten ist jedoch, dass § 1153 auch dann gilt, wenn bezüglich der Hypothek die Voraussetzungen des § 892 vorliegen.

Es müsste ein rechtsgeschäftlicher Erwerb der Hypothek stattgefunden haben. An sich normiert § 1153 einen gesetzlichen Übergang der Hypothek, also gerade keinen rechtsgeschäftlichen Übergang. Der Erwerb nach § 1153 basiert aber auf einer fingierten rechtsgeschäftlichen Übertragung der zugrunde liegenden Forderung gemäß §§ 1138, 892. Dies reicht aus.

Außerdem liegt ein Verkehrsgeschäft vor.

Zudem ist das Grundbuch unrichtig. H ist fälschlicherweise als Hypothekeninhaber im Grundbuch eingetragen.

Der Übertragende war aus dem Grundbuch als Berechtigter ersichtlich.

A war auch bezüglich der Hypothekeninhaberschaft des H gutgläubig.

Ein Widerspruch gemäß § 899 gegen die Richtigkeit des Grundbuchs ist nicht erfolgt.

Also liegen auch bezüglich der Hypothek die Voraussetzungen des § 892 vor.

Verteidigung (Hypothek)

Mithin ist die Briefhypothek gemäß §§ 398, 1154, 1153, 892 von H auf A übergegangen. Es hat ein abgeleiteter Erwerb des A vom Nichtberechtigten H stattgefunden.

e. Somit ist der Anspruchsteller A Inhaber der Briefhypothek.

3. Demnach ist der Anspruch entstanden.

II. Der Anspruch ist auch nicht untergegangen. Gemäß § 1156 S. 1 ist bei der Verkehrshypothek die Berufung auf den allenfalls in Betracht kommenden § 407 (i.V.m. § 362) ausgeschlossen. Der Anspruchsgegner kann sich nicht darauf berufen, dass die Hypothek mit der Erfüllung und dem damit einhergehenden Untergang des Zahlungsanspruchs (s.o.) automatisch zur Eigentümergrundschuld (§§ 1163 I 2, 1177 I) geworden ist. Im Übrigen bezieht sich § 407 auf Leistungen des Schuldners, die dieser nach der Abtretung vornimmt; S hat aber schon vor der Abtretung gezahlt.

III. Der Anspruch müsste durchsetzbar sein.

1. Auf § 1137 I 1 i.V.m. § 362 (Erfüllung) kann sich S nicht berufen. § 1137 I 1 erfasst nur Einreden. Bei der Erfüllung handelt es sich aber um eine Einwendung.

2. Der Anspruch ist also auch durchsetzbar.

IV. A hat gegen S einen Anspruch auf Duldung der Zwangsvollstreckung gemäß § 1147.

- Gesamtergebnis

A hat zwar gegen S keinen Darlehensrückzahlungsanspruch gemäß §§ 488 I 2, 398. Er kann aber von S Duldung der Zwangsvollstreckung gemäß § 1147 verlangen.

Fazit

1. Die Lösung des Falls bot im ersten Teil abermals eine Besonderheit. Aufgrund der Systematik ist eine Dreiteilung des Lösungs-/Prüfungsaufbaus vorzunehmen: Anspruch entstanden? / Anspruch untergegangen? / Anspruch durchsetzbar? Aber: Im Rahmen der Prüfung des Zahlungsanspruchs war zu berücksichtigen, dass der jetzige Anspruchsteller nicht der ursprüngliche war, sondern der Anspruch allenfalls auf ihn übergegangen sein konnte. Also war der altbekannte Prüfungspunkt „Anspruch entstanden?" zweizuteilen. Zuerst war zu ergründen, ob der Zahlungsanspruch (§ 488 I 2) im Verhältnis der ursprünglich Beteiligten S und H entstanden war. Anschließend durftet ihr prüfen, ob der Anspruch aus § 488 I 2 gemäß § 398 vom ursprünglichen Gläubiger H auf A übergegangen war.

Es gibt noch eine andere Möglichkeit des Aufbaus, dem ich jedoch nicht gefolgt bin. Ihr könnt selbstverständlich im Rahmen des Zahlungsanspruchs von der üblichen Dreiteilung des Lösungs-/Prüfungsaufbaus (Anspruch entstanden? → hier Zweiteilung / Anspruch untergegangen? / Anspruch durchsetz-

Fall 27

bar?) abweichen und vier Oberpunkte bilden: Anspruch entstanden? / Anspruch übergegangen? / Anspruch untergegangen? / Anspruch durchsetzbar?

2. Nahezu alle Lehrbücher propagieren unsystematisch, dass bei der hiesigen Problemkonstellation der Zahlungsanspruch gemäß § 362 untergeht. Das stimmt! Wo aber wird der Untergang der Forderung geprüft? Etwa wie an sich immer im Prüfungspunkt „Anspruch untergegangen?" Das sollte man meinen. Zu berücksichtigen ist allerdings, dass der Übergang der Forderung nicht nur die (formgerechte) Abtretung erfordert, sondern auch die Berechtigung des Abtretenden. Der Abtretende ist insbesondere berechtigt, wenn er Inhaber der Forderung ist. War der Abtretende bei der Abtretung noch Forderungsinhaber? Nein! Mit der Begleichung der Forderung an den ursprünglichen Gläubiger vor der Abtretung ist der Zahlungsanspruch gemäß § 362 nämlich durch Erfüllung erloschen. Der Abtretende war somit nicht zur Abtretung berechtigt. Systematischer Prüfungsstandort des Forderungsuntergangs ist in solchen Konstellationen also nicht der Prüfungspunkt „Anspruch untergegangen?", sondern (bereits) der Punkt „Anspruch übergegangen?"

3. Vielleicht habt ihr die Prüfung der Einwendung bzw. Einrede gemäß § 404 vermisst. Wie schon in der Einführung und in den vorangegangenen Fällen aufgeführt, sollte man meinen, die Einwendung der Zahlung an den bisherigen Gläubiger sei im Prüfungspunkt „Anspruch durchsetzbar?" zu hinterfragen. Die Darstellung im Schrifttum ist diesbezüglich nebulös. Regelmäßig wird lapidar ausgeführt, der Schuldner könne auch dem neuen Gläubiger gegenüber gemäß § 404 die Zahlung (= Erfüllung) an den Altgläubiger entgegenhalten. Aber: Mangels Berechtigung des (Alt-) Gläubigers bezüglich der Abtretung (s.o.) ist der „Neugläubiger" A niemals (Neu-) Gläubiger geworden! Die „Einwendung" der Zahlung war und ist demnach nicht im Punkt „Anspruch durchsetzbar?" zu prüfen. Die Prüfung erfolgt quasi inzidenter ebenfalls (bereits) im Punkt „Anspruch übergegangen?"

Ganz gewitzte Zeitgenossen könnten jetzt auf die Idee kommen, dass nach den hier gemachten Ausführungen für eine Nennung des § 404 in der Klausur gar kein Raum bleibt. Eine grundsätzliche Frage: Warum gibt es überhaupt § 404? Eine Benennung des § 404 scheitert doch eigentlich immer, da Einwendungstatbestände automatisch innerhalb des Punktes „Anspruch entstanden?" (oder spätestens im Punkt „Anspruch untergegangen?") geprüft werden. Die Lösung ist einfach. Das Gesetz gibt lediglich die Rechtsfolgenseite wieder. Innerhalb einer auf eine Klage folgende Urteilsbegründung wird in Fällen wie dem vorliegenden oft nur kurz auf § 404 hingewiesen. Im Endergebnis ist das richtig. Und: Es gibt Fallkonstellationen, in denen § 404 durchaus zu Recht benannt wird. Denn § 404 ist weit auszulegen. § 404 erfasst über seinen Wortlaut hinaus nicht nur Einwendungen, sondern auch Einreden, die regelmäßig im Punkt „Anspruch durchsetzbar?" geprüft werden. Denkt doch etwa an die Stundung eines Anspruchs oder die Verjährung. Solche Fälle habt ihr schon bearbeitet.

4. Ein paar Worte zum Duldungsanspruchs aus § 1147: Der Aufbau folgt der Problematik des Fall 19. Dort waren sowohl der Darlehensvertrag als auch die Hypothekeneinigung wirksam angefochten worden. Es lag somit ein sogenann-

Verteidigung (Hypothek)

ter „Doppelmangel" vor. Weder die Zahlungsforderung noch die Hypothek existierten.

Der hiesige Fall ist im Ergebnis mit der ausgeführten Problematik vergleichbar: Im Gegensatz zu Fall 19 hat zwar ein direkter Hypothekenerwerb im Verhältnis S – H stattgefunden. Ein Übergang der Hypothek vom Berechtigten H auf A gemäß §§ 398, 1154, 1153 scheitert jedoch mangels Berechtigung des H. Er ist nicht mehr Inhaber der Forderung. Diese ist durch Erfüllung erloschen. S hat schon vor der Abtretung an A die Rückzahlungsforderung gegenüber H beglichen, § 362. Einen gutgläubigen Erwerb einer Forderung sieht das Gesetz im Übrigen nicht vor.

Innerhalb der folgenden Prüfung des „abgeleiteten" Hypothekenerwerbs vom Nichtberechtigten sind die Ausführungen zum Punkt „Berechtigungsersatz" interessant. Der genannte Punkt beschränkt sich nicht allein auf eine Prüfung der Voraussetzungen des § 892. Vielmehr kommt § 1138 ins Spiel. Da die Forderung wegen Erfüllung nicht mehr existiert, kann sie allenfalls gemäß § 1138 fingiert werden, damit die Hypothek übergehen kann. Voraussetzung ist jedoch, dass *bezüglich der* **Forderung** die **Voraussetzungen des § 892** vorliegen. Das durfte bejaht werden.

Wenn – wie hier – alle Voraussetzungen der §§ 1138, 892 vorliegen, wird die Forderung gemäß § 1138 fingiert, damit die Hypothek gemäß § 1153 übergehen kann. Aber: Die Hypothek kann selbstverständlich nur dann übergehen, wenn der Übertragende (hier H) Inhaber der Hypothek ist. Wegen der Erfüllung der Darlehensrückzahlungsforderung ist aber aus der ursprünglich im Verhältnis S – H wirksam bestellten Hypothek gemäß §§ 1163 I 2, 1177 I eine Eigentümergrundschuld des H geworden. H war somit im Zeitpunkt der Abtretung nicht (mehr) Inhaber der Hypothek.

Und jetzt kommt abermals das Besondere: § 1153 (= mit der Übertragung der Forderung geht die Hypothek über) gilt auch dann, wenn *bezüglich der* **Hypothek** die **Voraussetzungen des § 892** vorliegen. Die Prüfung folgt dem Aufbau in Fall 19.

5. Und dann war da noch zu eruieren, ob sich die erfolgte Erfüllung der schuldrechtlichen Forderung in irgendeiner Weise auf der Hypothekenseite auswirkt. Zum Prüfungsaufbau: Ihr habt gesehen, dass die „Erfüllung" im Rahmen der Prüfung des Zahlungsanspruchs ausnahmsweise nicht erst im Punkt „Anspruch untergegangen?" zu berücksichtigen war. Wegen des etwaigen Übergangs der Forderung auf einen Dritten (vgl. Fazit 2.) erfolgte die Klärung der Frage des Anspruchsuntergangs schon inzidenter im Unterpunkt „Berechtigung" des Prüfungspunktes „Anspruch entstanden?" Wie ist die Problematik (Erfüllung) aber beim Duldungsanspruch aus § 1147 zu behandeln? Der in diesem Zusammenhang allenfalls in Betracht kommende § 407 (i. V. m. § 362) ist systematisch im Prüfungspunkt „Anspruch untergegangen?" anzusiedeln. Wenn der schuldrechtliche Zahlungsanspruch durch Erfüllung untergeht, wird die ursprünglich bestehende Hypothek automatisch zur Eigentümergrundschuld (§§ 1163 I 2, 1177 I). Aber: Zum einen ist eine Berufung auf § 407 bei der Verkehrshypothek immer durch § 1156 S. 1 ausgeschlossen. Zum anderen bezieht sich § 407 auf Leistungen des Schuldners, die dieser nach der Abtre-

Fall 27

tung vornimmt. S hat aber schon vor der Abtretung gezahlt. Deshalb war und ist der Anspruch aus § 1147 nicht untergegangen.

6. Innerhalb des Prüfungspunktes „Anspruch durchsetzbar?" konntet ihr noch kurz auf etwaige Einwendungen des H eingehen. § 1137 I 1 i.V.m. der Einwendung der Erfüllung scheiterte jedoch schon daran, dass § 1137 I 1 nur Einreden erfasst, nicht aber Einwendungen. Die Erfüllung (Zahlung) ist aber eine Einwendung. Demnach war der Anspruch auch durchsetzbar.

7. Ergänzend zu diesem Fall ist zu überdenken, was eigentlich passiert, wenn der Schuldner vor der Abtretung der Forderung eine teilweise Zahlung vornimmt, also nicht die ganze Zahlung tätigt.

   Zunächst zur schuldrechtlichen Zahlungsforderung: Sie erlischt/geht unter in der Höhe der Zahlung, § 362. Wo das bei einem etwaigen Übergang der Forderung zu prüfen ist, habt ihr gesehen. Der gutgläubige Erwerb der restlichen Forderung ist – wie der gutgläubige Erwerb einer „ganzen" Forderung – nicht möglich.

   Abschließend zum Duldungsanspruch aus § 1147: Grundsätzlich geht die Hypothek gemäß § 1153 mit der Übertragung der Forderung über. Aber natürlich nur, soweit sie (noch) besteht. Durch Zahlung einer Teilschuld ist die Forderung gemäß § 362 teilweise erloschen. In dieser Höhe ist aus der Hypothek teilweise eine Eigentümergrundschuld geworden, §§ 1163 I, 1177 I. Das alles ist innerhalb des Erwerbs vom Berechtigten zu berücksichtigen. Innerhalb des Erwerbs vom Nichtberechtigten kann dann jedoch der gutgläubige Erwerb der restlichen Hypothek geprüft werden (§§ 1138, 892).

   Uff!

Verteidigung (Hypothek)

Fall 28

Aufgrund eines Kaufvertrags über ein Powerboot schuldet S dem H 250.000 €. Zur Sicherung der Zahlungsforderung des H einigen sich die Parteien über die Bestellung einer Sicherungshypothek am Grundstück des S. Die Hypothekenbestellung erfolgt formgerecht. Später tritt H die Forderung aus dem Kaufvertrag formgerecht an A ab. Als A gegenüber S bei Fälligkeit des Anspruchs aus § 433 II Zahlung fordert, äußert S wahrheitsgemäß, er habe von der Abtretung nichts gewusst. Deshalb habe er gerade die gesamte Summe an den vermeintlichen Gläubiger H gezahlt. Zu einer erneuten Zahlung sei er nicht bereit. A möchte in das Grundstück des S vollstrecken, wenn er mit seinem Zahlungsanspruch scheitert.

Frage: Hat A einen der geltend gemachten Ansprüche?

Lösungsskizze Fall 28

- A gegen S Kaufpreiszahlung gemäß §§ 433 II, 398 ?

I. Anspruch entstanden ?

Vorüberlegung: Der Anspruch auf Kaufpreiszahlung muss zunächst im Verhältnis S – H entstanden sein; dann muss ein Anspruchserwerb im Verhältnis H – A stattgefunden haben, d.h. der Anspruch muss von H auf A übergegangen sein

   1. Anspruch entstanden im Verhältnis S – H ?

      a. Vertrag ?

         HIER (+) → Kaufvertrag, § 433 zwischen H und S, der einen Zahlungsanspruch beinhaltet

      b. <u>also</u>: Anspruch im Verhältnis S – H entstanden (+)

   2. Anspruch übergegangen von H auf A ?

      a. Formgerechte Abtretung des Anspruchs ?

         HIER (+) → Abtretung, § 398 in der Form des § 1154

      b. Berechtigung des Abtretenden ?

         HIER (+) → H war als Inhaber der Forderung zur Abtretung berechtigt

      c. <u>also</u>: Anspruch von H auf A übergegangen (+)

   3. <u>also</u>: Anspruch entstanden (+)

II. Anspruch untergegangen ?

   1. durch Erfüllung, § 362 ?

      HIER (–) → bei einer Zahlungsverpflichtung tritt Erfüllung gemäß § 362 nur ein, wenn die geschuldete Zahlung an den tatsächlichen Gläubiger geleistet

Fall 28

wird; zum Zeitpunkt der Rückzahlung war wegen der zwischenzeitlich erfolgten Abtretung A Gläubiger, und nicht mehr H, an den S geleistet hat

2. durch Erfüllung gemäß §§ 362, 407 I ?

HIER (+) → S glaubte zum Zeitpunkt der Zahlung an H, dieser sei immer noch Gläubiger, war also diesbezüglich gutgläubig; die Zahlung erfolgte nach der Abtretung der Forderung; der neue Gläubiger muss die Zahlung gegen sich gelten lassen

3. also: Anspruch untergegangen (+)

III. Ergebnis:
A gegen S Kaufpreiszahlung gemäß §§ 433 II, 398 (−)

− A gegen S Duldung der Zwangsvollstreckung gemäß § 1147 ?

I. Anspruch entstanden ?

1. Anspruchsgegner (S) ist Eigentümer des Grundstücks ? (+)

2. Anspruchsteller (A) ist Inhaber der Sicherungshypothek ?

a. ursprünglich (−)

Vorüberlegung: A ist Inhaber der Hypothek, wenn zunächst ein Erwerb im Verhältnis S − H und dann ein Erwerb im Verhältnis H − A erfolgt ist

b. Sicherungshypothekenerwerb des H von S gemäß §§ 873, 1113, 1184 ?
= direkter Erwerb des H vom Berechtigten S

aa. Einigung, §§ 873, 1113 I, 1184 I ?
= darüber, dass ein Grundstück eine bestimmte Forderung sichern und eine Sicherungshypothek entstehen soll

HIER (+) → der Anspruch auf Kaufpreiszahlung sollte gesichert werden; die Parteien wollten eine Sicherungshypothek

bb. Eintragung dieser Einigungen im Grundbuch, §§ 873, 1184 II ?

HIER (+)

cc. Bestehen der Forderung ?
= die Hypothek ist akzessorisch; also ohne Forderung keine Hypothek

HIER (+) → der Anspruch auf Kaufpreiszahlung, § 433 II; diese Forderung bestand noch zum Zeitpunkt der gewollten Hypothekenbestellung; sie ist erst später durch Erfüllung erloschen (s.o.)

dd. Berechtigung des Bestellers ?

HIER (+) → S ist verfügungsbefugter Grundstückseigentümer

ee. also: direkter Sicherungshypothekenerwerb des H vom Berechtigten S gemäß §§ 873, 1113, 1184 (+)

Verteidigung (Hypothek)

    c. Übergang der Sicherungshypothek von H auf A gemäß §§ 398, 1154, 1153 ?
        = abgeleiteter Erwerb des A vom Berechtigten H

      aa. Forderungsabtretung gemäß § 398 ? (+)

      bb. in der Form der §§ 1154 III, 873 I ?
        HIER (+) → Eintragung im Grundbuch ist erfolgt

      cc. Berechtigung des Abtretenden ? (+)

      dd. also: abgeleiteter Erwerb des A vom Berechtigten H gemäß §§ 398, 1154, 1153 (+)

    d. also: Anspruchsteller (A) ist Inhaber der Sicherungshypothek (+)

    3. *also:* Anspruch entstanden (+)

II. Anspruch untergegangen ?

    HIER (+) → die gemäß § 1156 S. 1 bei der „normalen" Hypothek (Verkehrshypothek) ausgeschlossene Berufung auf § 407 I greift nicht; nach § 1185 II findet § 1156 bei der Sicherungshypothek keine Anwendung; eine Berufung auf § 407 I ist also nicht ausgeschlossen; die Hypothek ist mit dem Untergang des Anspruchs aus §§ 433 II, 398 (s.o.) automatisch zur Eigentümergrundschuld (§§ 1163 I 2, 1177 I) geworden

III. Ergebnis:
    A gegen S Anspruch auf Duldung der Zwangsvollstreckung gemäß § 1147 (–)

- Gesamtergebnis

A gegen S Kaufpreiszahlung gemäß §§ 433 II, 398 (–) und
A gegen S Anspruch auf Duldung der Zwangsvollstreckung gemäß § 1147 (–)

Formulierungsvorschlag Fall 28

- A gegen S Kaufpreiszahlung gemäß §§ 433 II, 398

A könnte gegen S einen Anspruch Zahlung des Kaufpreises gemäß §§ 433 II, 398 haben.

I.   Der Anspruch müsste entstanden sein.

    Zunächst muss der Anspruch auf Zahlung im Verhältnis S – H entstanden sein. Dann muss ein Anspruchserwerb im Verhältnis H – A stattgefunden haben, d.h. der Anspruch muss von H auf A übergegangen sein.

Fall 28

1. Der Anspruch müsste im Verhältnis S – H entstanden sein.

a. H und S haben einen Kaufvertrag geschlossen. Hieraus resultiert der Kaufpreisanspruch gemäß § 433 II.

b. Demnach ist ein Zahlungsanspruch im Verhältnis S – H entstanden.

2. Weiterhin müsste der Anspruch von H auf A übergegangen sein.

a. Es ist eine formgerechte Abtretung des Anspruchs gemäß § 398 i.V.m. § 1154 erfolgt.

b. H war als Inhaber der Forderung zur Abtretung berechtigt.

c. Also ist der Anspruch auf Kaufpreiszahlung von H auf A übergegangen.

3. Somit ist der Anspruch im Verhältnis S – A entstanden.

II. Der Anspruch könnte aber untergegangen sein.

1. In Betracht kommt eine Erfüllung des Zahlungsanspruchs gemäß § 362. Bei einer Zahlungsverpflichtung tritt Erfüllung gemäß § 362 jedoch nur ein, wenn die geschuldete Zahlung an den tatsächlichen Gläubiger geleistet wird. Zum Zeitpunkt der Rückzahlung war wegen der zwischenzeitlich erfolgten Abtretung A Gläubiger und nicht mehr H, an den S geleistet hat. Der Untergang wegen Erfüllung des Anspruchs, § 362 scheidet demnach aus.

2. Zu denken ist aber an einen Untergang des Anspruchs gemäß §§ 362, 407 I. S glaubte zum Zeitpunkt der Zahlung an H, dieser sei immer noch Gläubiger, war also diesbezüglich gutgläubig. Die Zahlung erfolgte nach Abtretung der Forderung. Also muss der neue Gläubiger die Zahlung gegen sich gelten lassen. Es ist eine Erfüllung gemäß §§ 362, 407 I eingetreten.

3. Demnach ist der Anspruch untergegangen.

III. A hat gegen S keinen Anspruch auf Zahlung des Kaufpreises gemäß §§ 433 II, 398.

- A gegen S Duldung der Zwangsvollstreckung gemäß § 1147

A könnte gegen S einen Anspruch auf Duldung der Zwangsvollstreckung gemäß § 1147 haben.

I. Der Anspruch müsste entstanden sein.

1. Anspruchsgegner S ist Eigentümer des Grundstücks.

2. Anspruchsteller A müsste Inhaber der Sicherungshypothek sein.

a. Ursprünglich war er nicht Inhaber.

A ist aber Inhaber der Sicherungshypothek, wenn zunächst ein Erwerb im Verhältnis S – H und dann ein Erwerb im Verhältnis H – A erfolgt ist.

b. H könnte die Sicherungshypothek direkt vom Berechtigten S gemäß §§ 873, 1113, 1184 erworben haben.

Verteidigung (Hypothek)

Die Parteien haben sich gemäß §§ 873, 1113 I, 1184 I darüber geeinigt, dass ein Grundstück eine bestimmte Forderung sichern soll. Das Grundstück des S sollte den Anspruch des H auf Kaufpreiszahlung sichern. Die Parteien wollten zudem, dass eine Sicherungshypothek entsteht.

Die Eintragung der Einigungen im Grundbuch ist erfolgt, §§ 873, 1184 II.

Zudem bestand eine Forderung, nämlich der Anspruch auf Kaufpreiszahlung. Maßgebend ist insofern der Zeitpunkt der Hypothekenbestellung. Die Forderung bestand noch zu diesem Zeitpunkt. Sie ist erst später durch Erfüllung erloschen (s.o.).

Außerdem war der Eigentümer S verfügungsbefugt, also Berechtigter.

Also hat H die Sicherungshypothek direkt vom Berechtigten S gemäß §§ 873, 1113, 1184 erworben.

c. Weiterhin könnte die Sicherungshypothek gemäß §§ 398, 1154, 1153 von H auf A übergegangen sein, also ein abgeleiteter Erwerb des A vom Berechtigten H stattgefunden haben.

Es ist eine Forderungsabtretung gemäß § 398, d.h. eine Abtretung der der Hypothek zugrunde liegenden Forderung erfolgt.

Die Forderung ist in der Form der §§ 1154 III, 873 I abgetreten worden.

Eine Eintragung im Grundbuch ist erfolgt.

Die Berechtigung des Abtretenden ist zu bejahen.

Also ist die Sicherungshypothek gemäß §§ 398, 1154, 1153 von H auf A übergegangen. Es hat ein abgeleiteter Erwerb des A vom Berechtigten H stattgefunden.

d. Somit war der Anspruchsteller A Inhaber der Sicherungshypothek.

3. Demnach ist der Anspruch entstanden.

II. Der Anspruch könnte aber untergegangen sein. In Betracht kommt eine Berufung auf § 407. Die nach § 1156 S. 1 bei der „normalen" Hypothek (Verkehrshypothek) ausgeschlossene Berufung auf § 407 I greift nicht. Nach § 1185 II findet § 1156 bei der Sicherungshypothek keine Anwendung. Eine Berufung auf § 407 I ist also nicht ausgeschlossen. Die Hypothek ist mit dem Untergang des Anspruchs aus §§ 433 II, 398 (s.o.) automatisch zur Eigentümergrundschuld (§§ 1163 I 2, 1177 I) geworden. Die Hypothek besteht somit nicht mehr.

III. A hat gegen S keinen Anspruch auf Duldung der Zwangsvollstreckung gemäß § 1147.

- Gesamtergebnis

A hat gegen S keinen Kaufpreisanspruch gemäß §§ 433 II, 398. Er kann von S auch nicht Duldung der Zwangsvollstreckung gemäß § 1147 verlangen.

Fall 28

Fazit

1. Bezüglich des modifizierten Aufbaus im ersten Teil der Lösung dürft ihr gerne nochmals ins jeweilige Fazit der vorigen Fälle schauen. Abermals musstet ihr im Rahmen des schuldrechtlichen Zahlungsanspruchs den Prüfungspunkt „Anspruch übergegangen?" einbauen.

2. Im Gegensatz zur Lösung des vorigen Falles gab es hier keine Probleme hinsichtlich der Frage, wo die „Erfüllung" des Zahlungsanspruchs zu prüfen ist. Beim „Übergang des Anspruchs" konntet ihr sowohl die (formgerechte) Abtretung als auch die Berechtigung des Abtretenden bejahen. Denn der Abtretende war zum Zeitpunkt der Abtretung (noch) Inhaber der Forderung. Systematischer Prüfungsstandort des Forderungsuntergangs ist in solchen Konstellationen also nicht – wie im vorigen Fall – schon der Prüfungspunkt „Anspruch übergegangen?", sondern – ganz normal – der Punkt „Anspruch untergegangen?" Die Erfüllung gemäß § 362 musste jedoch verneint werden, weil die Zahlung an die falsche Person geleistet wurde. Nur die Leistung an den tatsächlichen Gläubiger zählt. Das war zwischenzeitlich nicht mehr H, sondern wegen der Abtretung der Forderung nunmehr A.

3. Schon wieder etwas Neues: Bereits in der Einführung zum vorigen Kapitel hatte ich damit gedroht, dass euch irgendwann die *Sicherungshypothek* über den Weg läuft. Was ist das denn? Im Gegensatz zur „normalen" Verkehrshypothek, die ihr als Brief- oder Buchhypothek kennt, ist die Sicherungshypothek etwas Besonderes. Lest spätestens jetzt den begriffserklärenden *§ 1184*. Immer wenn ihr in Fällen den Terminus „Sicherungshypothek" erspäht, sollten die Alarmglocken klingeln. Dann erinnert ihr euch an § 1185, der zum einen bestimmt, dass die Sicherungshypothek nur als Buchhypothek bestehen kann und zum anderen, dass bestimmte – für die normale Verkehrshypothek geltenden – Vorschriften auf die Sicherungshypothek nicht anwendbar sind. Ach ja: Die Sicherungshypothek ist das optimale sichernde Grundpfandrecht, wenn auf eine *„besonders enge" Akzessorietät* Wert gelegt wird. Insbesondere kann durch die Bestellung der Sicherungshypothek verhindert werden, dass – obwohl eine Forderung nicht (mehr) besteht – ein Dritter gutgläubig die Hypothek erwirbt.

4. Im Rahmen der Prüfung des Duldungsanspruchs aus § 1147 war die richtige Terminologie zu beachten. Es ging um eine Sicherungshypothek und nicht um eine Brief- oder Buchhypothek.

Außerdem war an einigen Stellen die Vorschrift des § 1184 zu nennen und gegebenenfalls in die Prüfung einzubeziehen.

Im Prüfungspunkt „Anspruch untergegangen?" konntet ihr Systemverständnis beweisen und die *Sonderregel* des *§ 1185 II* einbringen. Bei der Sicherungshypothek greift die gemäß § 1156 S. 1 ausgeschlossene Berufung auf § 407 I nicht. Der Anspruchsgegner kann sich also – im Gegensatz zur „normalen" Verkehrshypothek – auf § 407 I berufen. Der schuldrechtliche Zahlungsanspruch war gemäß §§ 362, 407 I untergegangen. Und was passiert mit einer Hypothek, wenn der Zahlungsanspruch untergeht? Die Hypothek wird mit dem Untergang des schuldrechtlichen Zahlungsanspruchs automatisch zur Eigen-

Verteidigung (Hypothek)

tümergrundschuld (§§ 1163 I 2, 1177 I). Während bei der Verkehrshypothek im Gegensatz zur Sicherungshypothek die Berufung auf diesen Umstand gemäß § 1156 S. 1 ausgeschlossen ist (und damit trotzdem der Hypothekenerwerb ermöglicht ist), teilt die Sicherungshypothek quasi das Schicksal der schuldrechtlichen Forderung: Ohne Zahlungsanspruch besteht auch kein Duldungsanspruch aus § 1147. Das ist mit „besonders strenger" Akzessorietät gemeint.

Fall 29

Fall 29

Aufgrund eines Darlehensvertrags zahlt H an S 250.000 €. Zur Sicherung der Rückzahlungsforderung des H einigen sich die Parteien über die Bestellung einer Sicherungshypothek am Grundstück des S. Die Hypothekenbestellung erfolgt formgerecht. Später tritt H die Rückzahlungsforderung aus dem Darlehensvertrag formgerecht an A ab. Als A gegenüber S bei Fälligkeit des Darlehens die Ansprüche aus § 488 I 2 und aus § 1147 geltend macht, äußert S wahrheitsgemäß, er habe schon vor der Abtretung die gesamte Schuld an H gezahlt. Deshalb verweigere er eine Zahlung an A.

Frage: Hat A einen der geltend gemachten Ansprüche?

Lösungsskizze Fall 29

- A gegen S Rückzahlung des Darlehens gemäß §§ 488 I 2, 398 ?

I. Anspruch entstanden ?

Vorüberlegung: Der Anspruch auf Darlehensrückzahlung muss zunächst im Verhältnis S – H entstanden sein; dann muss ein Anspruchserwerb im Verhältnis H – A stattgefunden haben, d.h. der Anspruch muss von H auf A übergegangen sein

1. Anspruch entstanden im Verhältnis S – H ?

a. Vertrag ?

HIER (+) → Darlehensvertrag, § 488 zwischen H und S und Auszahlung der Darlehenssumme

b. also: Anspruch im Verhältnis S – H entstanden (+)

2. Anspruch übergegangen von H auf A ?

a. Formgerechte Abtretung des Anspruchs ? (+)

b. Berechtigung des Abtretenden ?

HIER (–) → zwar ist der Anspruch zunächst im Verhältnis S – H entstanden; mit der Zahlung des S an H vor der Abtretung ist der Anspruch jedoch gemäß § 362 durch Erfüllung untergegangen; H war also nicht mehr Inhaber der Forderung und somit auch nicht Berechtigter bezüglich der Abtretung; ein gutgläubiger Erwerb einer Forderung vom Nichtberechtigten ist im Übrigen nicht möglich;

c. also: Anspruch von H auf A übergegangen (–)

3. also: Anspruch entstanden (–)

II. Ergebnis:
A gegen S Rückzahlung des Darlehens gemäß §§ 488 I 2, 398 (–)

Verteidigung (Hypothek)

- A gegen S Duldung der Zwangsvollstreckung gemäß § 1147 ?

I. Anspruch entstanden ?
1. *Anspruchsgegner (S) ist Eigentümer des Grundstücks ?* (+)
2. *Anspruchsteller (A) ist Inhaber der Sicherungshypothek ?*

   a. *ursprünglich* (−)

   Vorüberlegung: A ist Inhaber der Hypothek, wenn entweder zunächst ein Erwerb im Verhältnis S − H und anschließend ein Erwerb im Verhältnis H − A erfolgt ist oder wenn trotz fehlenden direkten Erwerbs des H von S ein wirksamer abgeleiteter Erwerb im Verhältnis H − A erfolgt ist

   b. *Sicherungshypothekenerwerb des H von S gemäß §§ 873, 1113, 1184 ?*
   = direkter Erwerb des H vom Berechtigten S

   HIER (+)

   c. *Übergang der Sicherungshypothek von H auf A gemäß §§ 398, 1154, 1153 ?*
   = abgeleiteter Erwerb des A vom Berechtigten H

   HIER (−) → zwar hat eine formgerechte Abtretung der der Hypothek zugrunde liegenden Forderung stattgefunden; da aber die der Hypothek zugrunde liegende Forderung schon vor dem Zeitpunkt der gewollten Abtretung durch Erfüllung (Zahlung) erloschen war, ist automatisch eine Eigentümergrundschuld (§§ 1163 I 2, 1177 I) entstanden; ein Übergang der Hypothek vom Berechtigten H auf A ist somit nicht möglich

   d. *Übergang der Sicherungshypothek von H auf A gemäß §§ 398, 1154, 1153, 892 ?*
   = abgeleiteter Erwerb des A vom Nichtberechtigten H

   HIER (−) → ein gutgläubiger Erwerb ist zwar bei „normalen" Hypotheken grundsätzlich möglich; die nicht existierende Forderung wird dann regelmäßig gemäß § 1138 fingiert, damit die Hypothek übergehen kann; für die Sicherungshypothek gilt jedoch die besondere Vorschrift des § 1185 II; nach dieser findet u.a. § 1138 für die Sicherungshypothek keine Anwendung

   e. *also:* Anspruchsteller (A) ist Inhaber der Sicherungshypothek (−)

3. *also:* Anspruch entstanden (−)

II. Ergebnis:
A gegen S Anspruch auf Duldung der Zwangsvollstreckung gemäß § 1147 (−)

- Gesamtergebnis

A gegen S Rückzahlung des Darlehens gemäß §§ 488 I 2, 398 (−) und
A gegen S Anspruch auf Duldung der Zwangsvollstreckung gemäß § 1147 (−)

Fall 29

Formulierungsvorschlag Fall 29

- A gegen S Rückzahlung des Darlehens gemäß §§ 488 I 2, 398

A könnte gegen S einen Anspruch auf Rückzahlung des Darlehens gemäß §§ 488 I 2, 398 haben.

I. Der Anspruch müsste entstanden sein.

Zunächst muss der Anspruch auf Rückzahlung im Verhältnis S – H entstanden sein. Dann muss ein Anspruchserwerb im Verhältnis H – A stattgefunden haben, d.h. der Anspruch muss von H auf A übergegangen sein.

1. Der Anspruch müsste im Verhältnis S – H entstanden sein.

a. H und S haben einen Darlehensvertrag geschlossen. Der Darlehensbetrag ist zur Auszahlung gelangt.

b. Demnach ist ein Rückzahlungsanspruch im Verhältnis S – H entstanden.

2. Weiterhin müsste der Anspruch von H auf A übergegangen sein.

a. Es ist eine formgerechte Abtretung des Anspruchs gemäß § 398 i.V.m. § 1154 erfolgt.

b. Fraglich ist jedoch, ob der Abtretende Berechtigter war. Zwar ist der Anspruch zunächst im Verhältnis S – H entstanden. Mit der Zahlung des S an H vor der Abtretung ist der Anspruch jedoch gemäß § 362 durch Erfüllung untergegangen. H war also nicht mehr Inhaber der Forderung und somit auch nicht Berechtigter bezüglich der Abtretung. Ein gutgläubiger Erwerb einer Forderung vom Nichtberechtigten ist im Übrigen nicht möglich.

c. Also ist der Anspruch auf Rückzahlung des Darlehens nicht von H auf A übergegangen.

3. Somit ist der Anspruch im Verhältnis S – A nicht entstanden.

II. A hat gegen S keinen Anspruch auf Darlehensrückzahlung gemäß §§ 488 I 2, 398.

- A gegen S Duldung der Zwangsvollstreckung gemäß § 1147

A könnte gegen S einen Anspruch auf Duldung der Zwangsvollstreckung gemäß § 1147 haben.

I. Der Anspruch müsste entstanden sein.

1. Anspruchsgegner S ist Eigentümer des Grundstücks.

2. Anspruchsteller A müsste Inhaber der Sicherungshypothek sein.

a. Ursprünglich war er nicht Inhaber.

191

Verteidigung (Hypothek)

A ist aber Inhaber der Sicherungshypothek, wenn entweder zunächst ein Erwerb im Verhältnis S – H und dann ein Erwerb im Verhältnis H – A erfolgt ist oder wenn mangels direkten Erwerbs des H von S ein wirksamer abgeleiteter Erwerb im Verhältnis H – A erfolgt ist.

b. H könnte die Sicherungshypothek direkt vom Berechtigten S gemäß §§ 873, 1113, 1184 erworben haben.

Die Parteien haben sich gemäß §§ 873, 1113 I, 1184 I darüber geeinigt, dass ein Grundstück eine bestimmte Forderung sichern soll. Das Grundstück des S sollte den Anspruch des H auf Rückzahlung des Darlehens sichern. Die Parteien wollten zudem, dass eine Sicherungshypothek entsteht.

Die Eintragung der Einigungen im Grundbuch ist erfolgt, §§ 873, 1184 II.

Zudem bestand eine Forderung, nämlich der Anspruch auf Darlehensrückzahlung.

Außerdem war der Eigentümer S verfügungsbefugt, also Berechtigter.

Demnach hat H direkt vom Berechtigten S gemäß §§ 873, 1113, 1184 die Sicherungshypothek erworben.

c. Weiterhin könnte die Sicherungshypothek gemäß §§ 398, 1154, 1153 von H auf A übergegangen sein, also ein abgeleiteter Erwerb des A vom Berechtigten H stattgefunden haben.

Zwar ist eine Forderungsabtretung gemäß § 398, d.h. eine Abtretung der der Hypothek zugrunde liegenden Forderung erfolgt. Da die der Hypothek zugrunde liegende Forderung schon vor dem Zeitpunkt der Abtretung durch Erfüllung (Zahlung) erloschen war, ist jedoch automatisch eine Eigentümergrundschuld (§§ 1163 I 2, 1177 I) entstanden. Ein Übergang der Hypothek vom Berechtigten H auf A ist somit nicht möglich.

d. Ein Übergang der Sicherungshypothek gemäß §§ 398, 1154, 1153, 892, also ein abgeleiteter Erwerb des A vom Nichtberechtigten H scheidet ebenfalls aus. Ein gutgläubiger Erwerb ist zwar bei „normalen" Hypotheken grundsätzlich möglich. Die nicht existierende Forderung wird dann regelmäßig gemäß § 1138 fingiert, damit die Hypothek übergehen kann. Für die Sicherungshypothek gilt jedoch die besondere Vorschrift des § 1185 II. Nach dieser findet u.a. § 1138 für die Sicherungshypothek keine Anwendung. Also ist die Sicherungshypothek nicht gemäß §§ 398, 1154, 1153, 892 von H auf A übergegangen. Es hat kein abgeleiteter Erwerb des A vom Berechtigten H stattgefunden.

e. Somit ist der Anspruchsteller A nicht Inhaber der Sicherungshypothek.

3. Demnach ist der Anspruch nicht entstanden.

II. A hat gegen S keinen Anspruch auf Duldung der Zwangsvollstreckung gemäß § 1147.

- Gesamtergebnis

A hat gegen S keinen Darlehensrückzahlungsanspruch gemäß §§ 488 I 2, 398. Er kann von S auch nicht Duldung der Zwangsvollstreckung gemäß § 1147 verlangen.

Fall 29

Fazit

1. Der vorliegende Fall ist dem Fall 27 inhaltlich nachgebildet. Nur ging es jetzt nicht um eine Briefhypothek, sondern um eine **Sicherungshypothek**. Und dieser Umstand ändert das Ergebnis der Prüfung nachhaltig.

2. Sehen wir uns zunächst die Prüfung des schuldrechtlichen Zahlungsanspruchs an. Hier lief alles wie im Fall 27. Der Anspruch ist gar nicht zur Entstehung gelangt. Innerhalb des Prüfungspunktes „Anspruch übergegangen?" war inzidenter (und vorab) der Untergang des Zahlungsanspruchs zu prüfen. Mangels Berechtigung des Abtretenden musstet ihr den Anspruchsübergang und im Ergebnis den Zahlungsanspruch verneinen. Ich empfehle diesbezüglich ein nochmaliges Vertiefen in das Fazit zu Fall 27.

3. Bisher waren also keine Prüfungsunterschiede zu verorten. Wie sieht es jedoch mit dem Duldungsanspruch aus § 1147 aus? Da gibt es einen wesentlichen Unterschied. Bei der Prüfung des abgeleiteten Erwerbs vom Nichtberechtigten war festzustellen, dass ein gutgläubiger Erwerb zwar bei „normalen" (Verkehrs-) Hypotheken grundsätzlich möglich ist. Die nicht existierende Forderung wird dann regelmäßig gemäß § 1138 fingiert, damit die Hypothek übergehen kann. Für die Sicherungshypothek gilt jedoch die besondere Vorschrift des § 1185 II. Nach dieser findet u.a. § 1138 für die Sicherungshypothek keine Anwendung. Stichwort *„besonders strenge" Akzessorietät:* Der schuldrechtliche Zahlungsanspruch hat nicht gegriffen. Der Duldungsanspruch aus § 1147 war auch zu verneinen.

4. So viel zu den Verteidigungsmitteln einer Person, die dem Anspruch auf Duldung der Zwangsvollstreckung ausgesetzt ist. Auf ins nächste Kapitel: Die Grundschuld wartet.

Grundschuld

(Sicherungs-) Grundschuld
- Eine kleine Einführung

1. Vorgeplänkel

Die Grundschuld ist – in klausurrelevanter Hinsicht – schon ein besonderes Ding. Wenn ihr euch den Wortlaut des § 1191 zu Gemüte führt, werdet ihr u.U. ungläubig den Kopf schütteln und ganz schnell zu § 1113 zurückblättern. Vergleicht doch einmal beide Vorschriften miteinander. Und? Hypothek und Grundschuld scheinen erst einmal ein und denselben Zweck zu verfolgen: Eine bestimmte Geldsumme ist unter bestimmten Voraussetzungen aus dem Grundstück zu zahlen. Ihr erinnert euch sicher: Bei der Hypothek greift § 1147, also der Anspruch auf Duldung der Zwangsvollstreckung. Und der gilt gemäß § 1192 I auch für die Grundschuld. Aber wo liegt der Unterschied zur Hypothek? Die Hypothek sichert immer eine Forderung. Hypothek und Forderung sind grundsätzlich untrennbar miteinander verbunden (Akzessorietätsgrundsatz). Ausnahmen habt ihr in den Fällen zum abgeleiteten Erwerb vom Nichtberechtigten bearbeitet. Die in § 1191 beschriebene Grundschuld sichert aber gerade keine Forderung. Dies geht aus dem Wortlautvergleich zwischen § 1113 und § 1191 hervor (spätestens jetzt lesen!) und wird durch § 1192 I unterstrichen. Nur diejenigen Hypothekenvorschriften finden auf die Grundschuld entsprechende Anwendung, die sich nicht mit zugrunde liegenden Forderungen beschäftigen. Jetzt stellt sich natürlich die brennende Frage, was die Grundschuld dann überhaupt für einen Zweck erfüllt. Die in § 1191 I aufgeführte sogenannte *isolierte Grundschuld* hat in der Praxis tatsächlich kaum Bedeutung, weil mit ihr eben keine Forderung gesichert werden kann. Welche mehr oder minder sinnvollen Ziele mit der Bestellung der isolierten Grundschuld verfolgt werden können, zeigt euch jeder Kommentar und so manches Lehrbuch auf.

Um eine zu sichernde Forderung mit einer Grundschuld zu „verknüpfen", hat sich deshalb im Laufe der Zeit eine andere Grundschuldart, nämlich die sogenannte *Sicherungsgrundschuld* herausgebildet. Zwar sind Forderung und Grundschuld im Gegensatz zur Hypothek nicht gesetzlich miteinander verknüpft. Es besteht jedoch die Möglichkeit, Forderung und Grundschuld schuldrechtlich miteinander zu verknüpfen. Das geschieht regelmäßig in einem schuldrechtlichen Sicherungsvertrag. Dort vereinbaren die Parteien schuldrechtlich, dass die Grundschuld (eben doch) eine Forderung sichern soll. Eine Vollstreckung in das die Forderung sichernde Grundstück soll erst erfolgen, wenn der Gläubiger seine schuldrechtliche Forderung nicht durchsetzen kann. Es wird dasselbe Ziel verfolgt, wie bei der Hypothek.

Die Sicherungsgrundschuld hat gegenüber der Hypothek tatsächlich Vorteile. Sie stärkt umfassend die Rechte der Gläubiger und verdrängt deshalb immer mehr die Hypothek. Im folgenden Kapitel werdet ihr deshalb mit der klausurrelevanten Sicherungsgrundschuld konfrontiert.

Eine kleine Einführung

2. Grundschulderwerb im Anspruchsaufbau

Wenden wir uns der Sicherungsgrundschuld zu. Sie dient – wie die Hypothek – der Sicherung eines schuldrechtlichen Anspruchs. Oft wird ein Anspruch auf Darlehensrückzahlung (§ 488 I 2) gesichert, es kommt aber jeder andere Zahlungsanspruch in Betracht (z.B. § 433 II). Das Besondere bei der Sicherungsgrundschuld ist, dass der Gläubiger sich im Falle der Nichtzahlung an das Grundstück halten kann, für das der Schuldner oder eine dritte Person die Sicherungsgrundschuld „bestellt" hat. Der Gläubiger hat dann nämlich die Möglichkeit, gemäß *§§ 1192 I, 1147* die Duldung der Zwangsvollstreckung zu verlangen.

Obacht: Ich möchte es wie die meisten anderen schreibenden Kollegen halten. Sollte im Folgenden von der *Grundschuld* die Rede sein, ist damit nicht etwa die eingangs erwähnte sogenannte isolierte Grundschuld gemeint, sondern die (klausurrelevante) sogenannte *Sicherungsgrundschuld*.

Wer sich bereits umfangreich mit dem Kapitel zum Hypothekenerwerb auseinander gesetzt hat, wird es ab nun einfacher haben. Reisen wir doch einmal gedanklich zurück.

Beim Hypothekenerwerb habt ihr *vier Erwerbsarten* kennengelernt. Und die vier Arten gibt es auch bei der Grundschuld. Es sind ...

- der *direkte Erwerb vom Berechtigten*
- der *direkte Erwerb vom Nichtberechtigten*

- der *abgeleitete Erwerb vom Berechtigten*
- der *abgeleitete Erwerb vom Nichtberechtigten*

In schriftlichen Arbeiten empfiehlt es sich wie bei der Hypothek, zunächst zu prüfen, ob ein direkter Grundschulderwerb vom Berechtigten in Betracht kommt. Sollte dies mangels einer Berechtigung des Veräußerers ausscheiden, ist gleich im Anschluss daran zu erörtern, ob im speziellen Fall ein direkter Grundschulderwerb vom Nichtberechtigten zu bejahen ist. Danach ist u.U. eine Prüfung des abgeleiteten Grundschulderwerbs vom Berechtigten und – wenn's daran hapert – vom Nichtberechtigten gefragt.

Abermals gilt: So wie ihr beim Hypothekenerwerb auf die Regeln des Eigentumserwerbs zurückgreifen durftet, könnt ihr beim Grundschulderwerb wiederum in vielen Fällen auf das schon Erlernte – insbesondere auf das Hypothekenrecht – zurückgreifen.

Ob – und gegebenenfalls wie – sich ein Anspruchsgegner gegen den Anspruch aus §§ 1192 I, 1147 verteidigen kann, werdet ihr (erst) dem diesem Kapitel folgenden Kapitel entnehmen dürfen. Das beschäftigt sich dann mit Einwendungen und Einreden. Und ab dafür!

Grundschuld

Fall 30

Aufgrund eines Darlehensvertrags verpflichtet sich G, dem S 100.000 € darzuleihen. Die Zahlung des Geldes erfolgt. Zur Sicherung der Rückzahlungsforderung des G einigen sich die Parteien über die Bestellung einer Briefgrundschuld am Grundstück des S. Die Grundschuldbestellung erfolgt unter Übergabe des Grundschuldbriefs.

Frage: Welche Ansprüche hat G, wenn die Forderung fällig ist?

Lösungsskizze Fall 30

- **G gegen S Rückzahlung des Darlehens gemäß § 488 I 2?**

   HIER (+) → die Rückzahlung ist fällig

- **G gegen S Duldung der Zwangsvollstreckung gemäß §§ 1192, 1147?**

I. Anspruch entstanden?

1. Anspruchsgegner (S) ist Eigentümer des Grundstücks? (+)

2. Anspruchsteller (G) ist Inhaber der Briefgrundschuld?

   a. ursprünglich (−)

   b. Briefgrundschulderwerb des G von S gemäß §§ 873, 1191, 1192, 1115 ff?
   = direkter Erwerb des G vom Berechtigten S

   aa. Einigung, §§ 873, 1191 I?
   = über die Bestellung der Grundschuld

   HIER (+)

   bb. Eintragung der Einigung im Grundbuch, §§ 873, 1192, 1115? (+)

   cc. Briefübergabe oder -ersatz, §§ 1192, 1117?

   HIER (+) → Übergabe, § 1117 I 1

   dd. Berechtigung des Bestellers?

   HIER (+) → S ist verfügungsbefugter Grundstückseigentümer

   ee. <u>also</u>: direkter Briefgrundschulderwerb des G vom Berechtigten S gemäß §§ 873, 1191, 1192, 1115 ff (+)

   c. <u>also</u>: Anspruchsteller (G) ist Inhaber der Briefgrundschuld (+)

3. <u>also</u>: Anspruch entstanden (+)

Fall 30

II. Anspruch untergegangen ? (–)

III. Anspruch durchsetzbar ? (+)

IV. Ergebnis:
G gegen S Anspruch auf Duldung der Zwangsvollstreckung gemäß §§ 1192, 1147 (+)

- **Gesamtergebnis**

G gegen S Rückzahlung des Darlehens gemäß § 488 I 2 (+) und im Falle der Nichtzahlung Anspruch auf Duldung der Zwangsvollstreckung aus §§ 1192, 1147 (+)

Formulierungsvorschlag Fall 30

- **G gegen S Rückzahlung des Darlehens gemäß § 488 I 2**

G hat gegen S einen Anspruch auf Rückzahlung des Darlehens. Der Anspruch ist fällig.

- **G gegen S Duldung der Zwangsvollstreckung gemäß §§ 1192, 1147**

G könnte gegen S einen Anspruch auf Duldung der Zwangsvollstreckung gemäß §§ 1192, 1147 haben.

I. Der Anspruch müsste entstanden sein.

1. Anspruchsgegner S ist Eigentümer des Grundstücks.

2. Anspruchsteller G müsste Inhaber der Briefgrundschuld sein.

a. Ursprünglich war er nicht Inhaber.

b. G könnte die Briefgrundschuld direkt vom Berechtigten S gemäß §§ 873, 1191, 1192, 1115 ff erworben haben.

Die Parteien haben sich gemäß §§ 873, 1191 I über die Bestellung einer Grundschuld geeinigt.

Die Eintragung der Einigung im Grundbuch ist erfolgt, §§ 873, 1192, 1115.

Der Grundschuldbrief ist übergeben worden, §§ 1192, 1117 I 1.

Außerdem war der Eigentümer S verfügungsbefugt, also Berechtigter.

Demnach hat G direkt vom Berechtigten S gemäß §§ 873, 1191, 1192, 1115 ff die Briefgrundschuld erworben.

197

Grundschuld

c. Somit ist der Anspruchsteller G Inhaber der Briefgrundschuld.

3. Demnach ist der Anspruch entstanden.

II. Der Anspruch ist nicht untergegangen.

III. Er ist auch durchsetzbar.

IV. G hat gegen S einen Anspruch auf Duldung der Zwangsvollstreckung gemäß §§ 1192, 1147.

- Gesamtergebnis

G hat gegen S einen Darlehensrückzahlungsanspruch gemäß § 488 I 2. Im Falle der Nichtzahlung kann er von S Duldung der Zwangsvollstreckung gemäß §§ 1192, 1147 verlangen.

Fazit

1. In dem wiederum sehr einfachen Einstiegsfall konntet ihr den Aufbau eines Anspruchs auf Duldung der Zwangsvollstreckung gemäß §§ 1192, 1147 herausarbeiten. Eingearbeitet war die Inzidenterprüfung des direkten Erwerbs einer Briefgrundschuld vom Berechtigten.

2. Habt ihr die Unterschiede zum ersten Fall des Kapitels „Hypothek" (Fall 13) erkannt? Es gibt kaum welche! Aber einige Besonderheiten sind dennoch zu merken.

    Die Prüfung des direkten Erwerbs einer Briefgrundschuld vom Berechtigten folgt im Wesentlichen der Prüfung des direkten Erwerbs einer Briefhypothek vom Berechtigten. Prüfungspunkte sind hier wie dort die *Einigung*, die *Eintragung* der Einigung ins Grundbuch, die *Briefübergabe oder* deren *Ersatz* und die *Berechtigung* des Bestellers.

3. Doch halt, was fehlt in diesem Fall? Richtig, der Prüfungspunkt *Bestehen der Forderung*. Und warum muss der Prüfungspunkt fehlen? Das habt ihr bereits in der Einführung zu diesem Kapitel erfahren dürfen. Zwischen Grundschuld und Forderung besteht – im Gegensatz zu Hypothek und Forderung – eben *keine Akzessorietät*. Gesetzlich sichert die Grundschuld keine Forderung. Es gibt im Grundschuldrecht auch keine dem § 1153 vergleichbare Regelung. Deshalb ist der Prüfungspunkt entbehrlich. Aus dem Gesetz ergibt sich (vgl. §§ 1191 ff) nur, wie die „normale" sogenannte „isolierte" Grundschuld erworben werden kann. An der Bewertung ändert sich auch nicht deshalb etwas, weil es Sicherungshypotheken gibt und in unserem Fall eine Sicherungsgrundschuld erworben wurde. Zur Sicherungsgrundschuld gibt es keine über die Regelungen zur „isolierten" Grundschuld hinausgehenden Vorschriften. Der Terminus „Sicherungsgrundschuld" ist irreführend. Er hat sich aber allgemein eingebürgert. Durch die Benennung der Grundschuld als Sicherungsgrundschuld soll lediglich verdeutlicht werden, dass die Parteien einen (nur) *schuldrechtlichen Sicherungsvertrag* geschlossen haben. Im Sicherungsvertrag wird zwischen

Fall 30

den Parteien vereinbart, dass die Grundschuld doch eine Forderung sichern soll, aber eben lediglich schuldrechtlich. Zudem ist zu beachten, dass der Sicherungscharakter der „Sicherungsgrundschuld" niemals ins Grundbuch eingetragen werden kann oder darf. Aus dem Grundbuch ist niemals ersichtlich, dass die Grundschuld eine Forderung sichern soll. Letztlich ist Folgendes zu bedenken: Würde die Sicherungsgrundschuld wie eine Hypothek behandelt, gäbe es keine Unterschiede. Dann aber wäre die Sicherungsgrundschuld vollkommen überflüssig, ihre Existenz hätte keine Berechtigung. Die Prüfung des Erwerbs der klausurrelevanten Sicherungsgrundschuld ist somit dem Erwerb der „normalen" sogenannten „isolierten" Grundschuld nachgebildet.

4. Es gibt noch einen Unterschied: Im Prüfungspunkt *Einigung* ist lediglich zu ermitteln, ob eine Einigung bezüglich der Grundschuldbestellung stattgefunden hat, §§ 873, 1191 I. Beim Hypothekenerwerb ist im genannten Prüfungspunkt zu fragen, ob sich die Parteien darüber geeinigt haben, dass ein Grundstück eine bestimmte Forderung sichern soll, §§ 873, 1113 I. Abermals ist also der Sicherungscharakter bei der Grundschuldeinigung nicht zu beachten. Ich habe gerade lang und breit ausgewalzt, warum das so sein muss.

5. Wenn die Parteien den Erwerb einer *Buchgrundschuld* gewollt hätten, lauten die folgenden Prüfungspunkte anders:

   I.
   ...
   2. Anspruchsteller (G) ist Inhaber der Buchgrundschuld ?
   ...
   b. Buchgrundschulderwerb des G von S gemäß §§ 873, 1191, 1192, 1115 ff ?
   ...
   bb. Einigung über Ausschluss d. Grundschuldbriefs, §§ 1192, 1116 II ?
   cc. Eintragung der Einigungen im Grundbuch, §§ 873, 1192, 1116 II ?
   ...
   ee. also: direkter Buchgrundschulderwerb des G vom Berechtigten S gemäß §§ 873, 1191, 1192, 1115 ff (+)
   c. also: Anspruchsteller (G) ist Inhaber der Buchgrundschuld (+)
   ...

Der direkte Erwerb der Buchgrundschuld vom Berechtigten funktioniert demnach ähnlich wie der direkte Erwerb der Buchhypothek vom Berechtigten. Sollte das nicht klar sein, müsst ihr euch nochmals mit Fall 14 beschäftigen. Zu berücksichtigen sind natürlich – wie beim direkten Erwerb der Briefgrundschuld vom Berechtigten – die inhaltlich abweichende *Einigung* (s.o.) und das Fehlen des Prüfungspunktes *Bestehen der Forderung* (s.o.).

6. *Achtung:* Es ist wieder so wie bei der Hypothek. Natürlich darf der Gläubiger nicht zweimal „zugreifen". Er darf nicht sowohl die schuldrechtliche Forderung aus § 488 I 2 (oder aus einem anderen Zahlungsanspruch) geltend machen als auch den Duldungsanspruch aus §§ 1192, 1147. In der Praxis wird er erst versuchen, den Zahlungsanspruch durchzusetzen. Wenn das – etwa weil der Schuldner zahlungsunfähig ist – nicht klappt, bleibt ihm der Anspruch auf Duldung der Zwangsvollstreckung in das Grundstück gemäß §§ 1192, 1147. Denn die Sicherungsgrundschuld soll ja nur die schuldrechtliche Forderung sichern.

Grundschuld

Deshalb werdet ihr in vielen Aufgabenstellungen den Vermerk finden, dass der Schuldner die eigentliche Forderung nicht begleichen kann. Gefragt ist dann (nur) der Anspruch aus §§ 1192, 1147. Nichtsdestotrotz kann die Aufgabenstellung natürlich auch anders gestaltet sein. Wenn nach dem Forderungsanspruch und dem Anspruch auf Duldung der Zwangsvollstreckung gefragt ist, dürft ihr nach einer etwaigen Bejahung des ersten Anspruchs nicht die Gesamtprüfung mit dem Hinweis abbrechen, nun bleibe für den Anspruch aus §§ 1192, 1147 kein Raum mehr. Denn: Grundsätzlich bestehen beide Ansprüche nebeneinander. Ob und inwieweit der eine oder andere Anspruch in der Praxis geltend gemacht werden kann, steht auf einem ganz anderen Blatt.

Zuletzt ein eigentlich überflüssiger Hinweis: Weil der Anspruch auf Duldung der Zwangsvollstreckung nur einen Zahlungsanspruch sichern soll, hat der Gläubiger selbstverständlich kein Wahlrecht bezüglich der Geltendmachung des einen oder anderen Anspruchs.

7. Eine wichtige Information möchte ich bereits jetzt vorwegnehmen, weil sie mir für das Gesamtverständnis wichtig erscheint. Lange beschrieben die Medien ein Schreckensszenario, und zwar das folgende: Die darlehensfinanzierende Bank veräußert einen Kredit einerseits und die Sicherungsgrundschuld andererseits an unterschiedliche Finanzinvestoren. Darf der Erwerber und neue Inhaber der Grundschuld aus derselben in das Grundstück vollstrecken, obwohl der liebe Darlehensschuldner immer pünktlich auf das Darlehen gezahlt hat? Früher durfte der Erwerber! Und zwar dann, wenn er die Grundschuld gutgläubig einredefrei erworben hatte. Jetzt darf er nicht mehr. Denn ...

Bereits vor einigen Jahren hat der Gesetzgeber reagiert. Im **August 2008** sind durch das **Risikobegrenzungsgesetz** diverse Vorschriften im **BGB geändert bzw. ergänzt** worden. Lest hierzu die aktuellen §§ 488 ff und insbesondere § 1192. Diese Norm hat mit **§ 1192 I a** eine wichtige Ergänzung erfahren, die da lautet: „Ist die Grundschuld zur Sicherung eines Anspruchs verschafft worden (Sicherungsgrundschuld), können Einreden, die dem Eigentümer auf Grund des Sicherungsvertrags mit dem bisherigen Gläubiger gegen die Grundschuld zustehen oder sich aus dem Sicherungsvertrag ergeben, auch jedem Erwerber der Grundschuld entgegengesetzt werden; § 1157 Satz 2 findet insoweit keine Anwendung. Im Übrigen bleibt § 1157 unberührt." Na also, geht doch ...

Beachtet letztlich auch den angefügten § 1193 II 2.

Fall 31

Fall 31

Um ein mittelgroßes Luftkissenboot kaufen zu können, bittet S den G um die Finanzierung des Vorhabens. Daraufhin schließen S und G einen Darlehensvertrag. G zahlt wie vereinbart 200.000 € an S. Die Forderung des G soll durch eine Briefgrundschuld gesichert werden. S ist jedoch nicht Eigentümer des Grundstücks, sondern nur fälschlicherweise als solcher im Grundbuch eingetragen. Trotzdem bestellt er für den gutgläubigen G die Briefgrundschuld unter Übergabe des Grundschuldbriefs. Der wahre Eigentümer E bewirkt kurze Zeit später über § 894 seine Eintragung als Eigentümer im Grundbuch.

Frage: Welche Ansprüche hat G, wenn die Forderung fällig ist?

Lösungsskizze Fall 31

- G gegen S Rückzahlung des Darlehens gemäß § 488 I 2 ?

HIER (+) → die Rückzahlung ist fällig

- G gegen E (!!!) Duldung der Zwangsvollstreckung gemäß §§ 1192, 1147 ?

I. Anspruch entstanden ?

1. Anspruchsgegner (E) ist Eigentümer des Grundstücks ? (+)

2. Anspruchsteller (G) ist Inhaber der Briefgrundschuld ?

   a. ursprünglich (−)

   b. Briefgrundschulderwerb des G von S gemäß §§ 873, 1191, 1192, 1115 ff ?
   = direkter Erwerb des G vom Berechtigten S

    aa. Einigung, §§ 873, 1191 I ? (+)

    bb. Eintragung der Einigung im Grundbuch, §§ 873, 1192, 1115 ? (+)

    cc. Briefübergabe oder -ersatz, §§ 1192, 1117 ? (+)

    dd. Berechtigung des Bestellers ?
    = der verfügungsbefugte Eigentümer oder der Nichteigentümer, der gesetzlich verfügungsbefugt ist oder der vom Berechtigten ermächtigt ist

      HIER (−) → S ist weder Eigentümer des Grundstücks noch Ermächtigter noch sonst verfügungsbefugt

    ee. <u>also</u>: direkter Briefgrundschulderwerb des G vom Berechtigten S gemäß §§ 873, 1191, 1192, 1115 ff (−)

   c. Briefgrundschulderwerb des G von S gemäß §§ 873, 1191, 1192, 1115 ff, 892?
   = direkter Erwerb des G vom Nichtberechtigten S

Grundschuld

  aa. Einigung, §§ 873, 1191 I ? (+)

  bb. Eintragung der Einigung im Grundbuch, §§ 873, 1192, 1115 ? (+)

  cc. Briefübergabe oder -ersatz, §§ 1192, 1117 ? (+)

  dd. „Berechtigungsersatz" ?
  = Voraussetzungen des § 892

   (1) Rechtsgeschäftlicher Erwerb ? (+)

   (2) Verkehrsgeschäft ? (+)

   (3) Unrichtigkeit des Grundbuchs ? (+)

   (4) Legitimation des Verfügenden als Berechtigter ? (+)

   (5) Gutgläubigkeit des Erwerbers ?
    = keine positive Kenntnis von der Unrichtigkeit des Grundbuchs bis zur Vollendung des Rechtserwerbs

   HIER (+)

   (6) keine Eintragung eines Widerspruchs gemäß § 899 gegen die Richtigkeit des Grundbuchs ? (+)

   (7) <u>also</u>: Voraussetzungen des § 892 (+)

  ee. <u>also</u>: direkter Briefgrundschulderwerb des G vom Nichtberechtigten S gemäß §§ 873, 1191, 1192, 1115 ff, 892 (+)

 d. <u>also</u>: Anspruchsteller (G) ist Inhaber der Briefgrundschuld (+)

3. <u>also</u>: Anspruch entstanden (+)

II. Anspruch untergegangen ? (-)

III. Anspruch durchsetzbar ? (+)

IV. Ergebnis:
 G gegen E (!!!) Anspruch auf Duldung der Zwangsvollstreckung gemäß §§ 1192, 1147 (+)

- **Gesamtergebnis**

G gegen S Rückzahlung des Darlehens gemäß § 488 I 2 (+) und im Falle der Nichtzahlung G gegen E Anspruch auf Duldung der Zwangsvollstreckung gemäß §§ 1192, 1147 (+)

Formulierungsvorschlag Fall 31

- **G gegen S Rückzahlung des Darlehens gemäß § 488 I 2**

G hat gegen S einen Anspruch auf Rückzahlung des Darlehens. Der Anspruch ist fällig.

Fall 31

**- G gegen E   Duldung der Zwangsvollstreckung
gemäß §§ 1192, 1147**

G könnte gegen E einen Anspruch auf Duldung der Zwangsvollstreckung gemäß §§ 1192, 1147 haben.

I. Der Anspruch müsste entstanden sein.

1. Anspruchsgegner E ist Eigentümer des Grundstücks.

2. Anspruchsteller G müsste Inhaber der Briefgrundschuld sein.

a. Ursprünglich war er nicht Inhaber.

b. G könnte die Briefgrundschuld direkt vom Berechtigten S gemäß §§ 873, 1191, 1192, 1115 ff erworben haben.

Die Parteien haben sich gemäß §§ 873, 1191 I über die Bestellung einer Grundschuld geeinigt.

Die Eintragung der Einigung im Grundbuch ist erfolgt, §§ 873, 1192, 1115.

Der Grundschuldbrief ist übergeben worden, §§ 1192, 1117 I 1.

S müsste Berechtigter gewesen sein. Berechtigt ist der verfügungsbefugte Eigentümer oder der Nichteigentümer, der gesetzlich verfügungsbefugt ist oder der vom Berechtigten ermächtigt ist. S war weder Eigentümer noch Ermächtigter nach § 185. Eine sonstige Verfügungsbefugnis ist nicht ersichtlich. Somit fehlte die Berechtigung des S.

Demnach hat G die Briefgrundschuld nicht direkt vom Berechtigten S gemäß §§ 873, 1191, 1192, 1115 ff erworben.

c. G könnte jedoch die Briefgrundschuld direkt vom Nichtberechtigten S gemäß §§ 873, 1191, 1192, 1115 ff, 892 erworben haben.

Die Parteien haben sich gemäß §§ 873, 1191 I über die Bestellung einer Grundschuld geeinigt.

Die Eintragung der Einigung im Grundbuch ist erfolgt, §§ 873, 1192, 1115.

Der Grundschuldbrief ist übergeben worden, §§ 1192, 1117 I 1.

Fraglich ist, ob die Voraussetzungen des § 892 vorliegen.

Es hat ein rechtsgeschäftlicher Erwerb stattgefunden.

Außerdem liegt ein Verkehrsgeschäft vor.

Zudem ist das Grundbuch unrichtig. S ist fälschlicherweise als Eigentümer im Grundbuch eingetragen.

Der Verfügende war aus dem Grundbuch als Berechtigter ersichtlich.

Weiterhin muss der Erwerber im Zeitpunkt des Rechtserwerbs gutgläubig sein. Hier schadet nur positive Kenntnis der Unrichtigkeit des Grundbuchs. G war bezüglich der Eigentümerstellung des S gutgläubig.

Ein Widerspruch gemäß § 899 gegen die Richtigkeit des Grundbuchs ist nicht erfolgt.

Mithin liegen die Voraussetzungen des § 892 vor.

Grundschuld

Also hat G die Briefgrundschuld direkt vom Nichtberechtigten S gemäß §§ 873, 1191, 1192, 1115 ff, 892 erworben.

d. Somit ist der Anspruchsteller G Inhaber der Briefgrundschuld.

3. Demnach ist der Anspruch entstanden.

II. Der Anspruch ist nicht untergegangen.

III. Er ist auch durchsetzbar.

IV. G hat gegen E einen Anspruch auf Duldung der Zwangsvollstreckung gemäß §§ 1192, 1147.

- Gesamtergebnis

G hat gegen S einen Darlehensrückzahlungsanspruch gemäß § 488 I 2. Im Falle der Nichtzahlung kann er von E Duldung der Zwangsvollstreckung gemäß §§ 1192, 1147 verlangen.

Fazit

1. Der *Erwerb vom Nichtberechtigten* funktioniert also *auch bei der Grundschuld*. Den *Erwerb eines Grundstücks vom Nichtberechtigten* gemäß §§ 873, 925, 892 habt ihr ab Fall 8 kennengelernt, den *Erwerb einer Hypothek vom Nichtberechtigten* ab Fall 15. Baukasten, Baukasten ... !!! Lest insbesondere noch einmal das Fazit zu Fall 15. Ach, der Parallelen sind so viele. Im Fazit zu Fall 15 findet ihr gleich am Anfang auch einige erklärende Worte zum Anspruch aus § 894. Mehr dazu später.

2. Den Prüfungspunkt *„Berechtigung des Veräußerers"* habt ihr im Rahmen der Prüfung des Grundschulderwerbs vom Berechtigten verneinen müssen.

3. Stattdessen ist beim Erwerb vom Nichtberechtigten mangels der Berechtigung auf einen anderen Prüfungspunkt einzugehen. Den habe ich in der Lösungsskizze abermals eher unjuristisch *„Berechtigungsersatz"* genannt. Wie schon beim Eigentums- bzw. Hypothekenerwerb: Merkt euch den Terminus, aber bringt ihn nicht in der Klausur zu Papier. Ihr könnt es – wie schon im Formulierungsvorschlag aufgezeigt – etwa wie folgt ausdrücken: „Fraglich ist, ob die Voraussetzungen des § 892 vorliegen". Dann wendet ihr euch den einzelnen Voraussetzungen der Norm zu, auf die ihr aber nur breiter eingehen solltet, wenn sie wirklich problematisch sind. Ansonsten dürft ihr euch – wie im Formulierungsvorschlag gesehen – auf einzelne feststellende Sätze zu den Prüfungsunterpunkten zurückziehen. Und das sind die folgenden:

   Zuerst muss ein *„rechtsgeschäftlicher Erwerb"* vorliegen. Bei gesetzlichen Erwerbstatbeständen kommt ein gutgläubiger Erwerb naturgemäß nicht in Betracht.

   Es muss sich um ein *„Verkehrsgeschäft"* handeln. Ein solches liegt beim Güteraustausch zwischen zwei Personen vor, nicht aber bei persönlicher oder wirtschaftlicher Identität des Übereignenden mit dem Erwerber.

Fall 31

Außerdem ist eine *„Unrichtigkeit des Grundbuchs"* gefordert. Das ist dann der Fall, wenn der Inhalt des Grundbuchs nicht mit der Wirklichkeit übereinstimmt. Der übliche Fall der Nichtübereinstimmung des Grundbuchinhalts mit der Wirklichkeit ist der, dass eine Person fälschlicherweise als Eigentümer im Grundbuch eingetragen ist.

Zudem ist eine *„Legitimation des Verfügenden als Berechtigter"* gefordert. Soll heißen: Der die Grundschuld Bestellende muss aus dem Grundbuch als Berechtigter (hier: Eigentümer) hervorgehen.

Und dann kommt ein ganz wichtiger Prüfungspunkt: Die *„Gutgläubigkeit des Erwerbers"*. Der (potenzielle) Erwerber des Grundstücks muss im Zeitpunkt des Rechtserwerbs gutgläubig hinsichtlich der Richtigkeit des Grundbuchs sein. In diesem Zusammenhang schadet nur die positive Kenntnis des Erwerbers bezüglich der Unrichtigkeit des Grundbuchs. Der Erwerber muss also wissen, dass das Grundbuch unrichtig ist. Die tatsächliche Einsicht im Grundbuch ist im Übrigen nicht Voraussetzung.

Ein wenig anders gestaltet sich der „gute Glaube" beim gutgläubigen Erwerb von beweglichen Sachen. Vergleicht doch einmal § 892 mit § 932.

Letztlich darf *„keine Eintragung eines Widerspruchs gemäß § 899 gegen die Richtigkeit des Grundbuchs"* in dasselbe eingetragen sein.

Sollten alle in dieser Ziffer des Fazits aufgeführten Voraussetzungen vorliegen, steht der Bejahung des Prüfungspunkts „Berechtigungsersatz" nichts im Weg.

Potzblitz! Ein Vergleich mit den Ausführungen im Fazit zu Fall 15 zeigt, dass es in der Folge der Prüfungspunkte keinerlei Unterschiede gibt. Allerdings ist aus „Hypothek" nunmehr „Grundschuld" geworden. Und wenige die Grundschuld betreffende Normen sind zusätzlich in die Prüfung einzubringen.

4. Der Fall behandelte die Konstellation **Briefgrundschuld**. Bei der **Buchgrundschuld** sieht der Aufbau nur geringfügig anders aus. Hier also nun die Unterschiede.

Im Anspruch des G gegen E (!!!) auf Duldung der Zwangsvollstreckung gemäß § 1147 lauten die folgenden Prüfungspunkte anders:

I.
...
2. Anspruchsteller (G) ist Inhaber der Buchgrundschuld ?
...
  b. Buchgrundschulderwerb des G gemäß §§ 873, 1191, 1192, 1115 ff ?
...
    bb. Einigung über Ausschluss d. Grundschuldbriefs, §§ 1192, 1116 II ?
    cc. Eintragung der Einigungen im Grundbuch, §§ 873, 1192, 1116 II ?
...
    ee. also: direkter Buchgrundschulderwerb des G vom Berechtigten S
      gemäß §§ 873, 1191, 1192, 1115 ff (−)
  c. Buchgrundschulderwerb d. G gem. §§ 873, 1191, 1192, 1115 ff, 892 ?
...
    ff. also: direkter Buchgrundschulderwerb des G vom Nichtberechtigten S gemäß §§ 873, 1191, 1192, 1115 ff, 892 (+)
  d. also: Anspruchsteller (G) ist Inhaber der Buchgrundschuld (+)
...

Grundschuld

Fall 32

G möchte S unterstützen, der einen esoterischen Fachverlag aufbauen will. Aufgrund des daraufhin zwischen G und S geschlossenen Darlehensvertrags zahlt G an S die vereinbarte Darlehenssumme. Zur Sicherung der Rückzahlungsforderung des G einigen sich die Parteien über die Bestellung einer Briefgrundschuld am Grundstück des S. Die Grundschuldbestellung erfolgt unter Übergabe des Grundschuldbriefs. Später tritt G die Forderung aus dem Darlehensvertrag an A ab. Die Briefgrundschuld wird formgerecht auf A übertragen. Hierbei erfolgt die Übertragung in schriftlicher Form auf dem Grundschuldbrief und unter Übergabe desselben. Nunmehr wird die Forderung auf Rückzahlung des Darlehens fällig. S ist jedoch zahlungsunfähig.

Frage: Hat A gegen S einen Anspruch aus §§ 1192, 1147 ?

Lösungsskizze Fall 32

- **A gegen S Duldung der Zwangsvollstreckung gemäß §§ 1192, 1147 ?**

I. Anspruch entstanden ?

1. Anspruchsgegner (S) ist Eigentümer des Grundstücks ? (+)

2. Anspruchsteller (A) ist Inhaber der Briefgrundschuld ?

   a. ursprünglich (–)

Vorüberlegung: A ist Inhaber der Grundschuld, wenn zunächst ein Erwerb im Verhältnis S – G und dann ein Erwerb im Verhältnis G – A erfolgt ist

   b. Briefgrundschulderwerb des G von S gemäß §§ 873, 1191, 1192, 1115 ff ?
   = direkter Erwerb des G vom Berechtigten S

     aa. Einigung, §§ 873, 1191 I ? (+)

     bb. Eintragung der Einigung im Grundbuch, §§ 873, 1192, 1115 ? (+)

     cc. Briefübergabe oder -ersatz, §§ 1192, 1117 ?

        HIER (+) → Übergabe, § 1117 I 1

     dd. Berechtigung des Bestellers ?

        HIER (+) → S ist verfügungsbefugter Grundstückseigentümer

     ee. <u>also</u>: direkter Briefgrundschulderwerb des G vom Berechtigten S gemäß §§ 873, 1191, 1192, 1115 ff (+)

Fall 32

c. Übergang der Briefgrundschuld von G auf A gemäß §§ 1192, 1154 ?
= abgeleiteter Erwerb des A vom Berechtigten G

aa. Einigung über den Übergang, § 873 ? (+)

bb. Übertragung in der Form der §§ 1192, 1154 ?
= bei der Briefgrundschuld §§ 1154 I, II, 1117

(1) Übertragungserklärung in schriftlicher Form auf dem Brief bzw. gesonderter Urkunde oder Eintragung d. Übertragung im Grundbuch ?

HIER (+) → in schriftlicher Form auf dem Brief

(2) Briefübergabe oder -ersatz, § 1117 ? (+)

(3) <u>also</u>: Form (+)

cc. Berechtigung des Übertragenden ?
= Übertragender ist Inhaber der Grundschuld

HIER (+)

dd. <u>also</u>: abgeleiteter Erwerb des A vom Berechtigten G gemäß §§ 1192, 1154 (+)

d. <u>also</u>: Anspruchsteller (A) ist Inhaber der Briefgrundschuld (+)

3. <u>also</u>: Anspruch entstanden (+)

II. Anspruch untergegangen ? (−)

III. Anspruch durchsetzbar ? (+)

IV. Ergebnis:
A gegen S Anspruch auf Duldung der Zwangsvollstreckung gemäß §§ 1192, 1147 (+)

Formulierungsvorschlag Fall 32

- A gegen S Duldung der Zwangsvollstreckung
gemäß §§ 1192, 1147

A könnte gegen S einen Anspruch auf Duldung der Zwangsvollstreckung gemäß §§ 1192, 1147 haben.

I. Der Anspruch müsste entstanden sein.

1. Anspruchsgegner S ist Eigentümer des Grundstücks.

2. Anspruchsteller A müsste Inhaber der Briefgrundschuld sein.

a. Ursprünglich war er nicht Inhaber.

Grundschuld

A ist aber Inhaber der Grundschuld, wenn zunächst ein Erwerb im Verhältnis S – G und dann ein Erwerb im Verhältnis G – A erfolgt ist.

b. G könnte die Briefgrundschuld direkt vom Berechtigten S gemäß §§ 873, 1191, 1192, 1115 ff erworben haben.

Die Parteien haben sich gemäß §§ 873, 1191 I über die Bestellung einer Grundschuld geeinigt.

Die Eintragung der Einigung im Grundbuch ist erfolgt, §§ 873, 1192, 1115.

Der Grundschuldbrief ist übergeben worden, §§ 1192, 1117 I 1.

Außerdem war der Eigentümer S verfügungsbefugt, also Berechtigter.

Demnach hat G direkt vom Berechtigten S gemäß §§ 873, 1191, 1192, 1115 ff die Briefgrundschuld erworben.

c. Weiterhin könnte die Briefgrundschuld gemäß §§ 1192, 1154 von G auf A übergegangen sein, also ein abgeleiteter Erwerb des A vom Berechtigten G stattgefunden haben.

Die Parteien haben sich bezüglich der Übertragung geeinigt.

Da es sich um eine Briefgrundschuld handelt, müsste die Übertragung in der Form der §§ 1192, 1154 I, II, 1117 erfolgt sein. Die Übertragung erfolgte in schriftlicher Form auf dem Grundschuldbrief. Der Grundschuldbrief ist übergeben worden, § 1117 I 1. Demnach geschah die Übertragung formgerecht.

Die Berechtigung des Übertragenden ist zu bejahen.

Also ist die Briefgrundschuld gemäß §§ 1192, 1154 von H auf A übergegangen. Es hat ein abgeleiteter Erwerb des A vom Berechtigten G stattgefunden.

d. Somit ist der Anspruchsteller A Inhaber der Briefgrundschuld.

3. Demnach ist der Anspruch entstanden.

II. Der Anspruch ist nicht untergegangen.

III. Er ist auch durchsetzbar.

IV. A hat gegen S einen Anspruch auf Duldung der Zwangsvollstreckung gemäß §§ 1192, 1147.

Fazit

1. Der Aufbau des *abgeleiteten Erwerbs einer Grundschuld vom Berechtigten* unterscheidet sich allerdings (vgl. hierzu Fall 16) vom Aufbau des abgeleiteten Erwerbs einer Hypothek vom Berechtigten. Das hat berechtigte Gründe. Wie ihr bereits spätestens im Fall 30 bemerkt habt, fehlte bei der Prüfung des direkten Grundschulderwerbs vom Berechtigten der aus dem Hypothekenerwerb altbekannte Prüfungspunkt **Bestehen der Forderung**. Dieser Punkt war und ist nicht zu prüfen, weil zwischen Grundschuld und Forderung – im Gegen-

Fall 32

satz zu Hypothek und Forderung – eben keine Akzessorietät besteht. Gesetzlich sichert die Grundschuld keine Forderung. Bei der hier relevanten Sicherungsgrundschuld schließen die Parteien einen (nur) *schuldrechtlichen Sicherungsvertrag*, in dem vereinbart wird, dass die Grundschuld doch eine Forderung sichern soll, aber eben lediglich schuldrechtlich. Das wiederum hat natürlich Auswirkungen auf die Prüfung des abgeleiteten Grundschulderwerbs vom Berechtigten.

2. Zur Wiederholung: Beim *abgeleiteten Erwerb der Hypothek vom Berechtigten* gab es mehrere – teilweise auf die Akzessorietät zwischen Forderung und Hypothek zugeschnittene – Prüfungspunkte. Und die lauteten: *Forderungsabtretung* gemäß § 398 (= die der Hypothek zugrunde liegenden Forderung), in der *Form* des § 1154 und die *Berechtigung des Abtretenden*.

   Jetzt die Prüfungspunkte zum *abgeleiteten Erwerb der Grundschuld vom Berechtigten*, die mangels Akzessorietät zwischen Forderung und Grundschuld anders aussehen müssen: Zunächst ist keine Forderungsabtretung zu prüfen, sondern lediglich die *Einigung über den Übergang der Grundschuld*, § 873. Hierin manifestiert sich eindrücklich das Fehlen jeglicher Abhängigkeit zwischen Forderung und Grundschuld. Dann muss der Übergang in der *Form* der §§ 1192, 1154 erfolgt sein. Auf den ersten Blick bestehen keine Unterschiede zum abgeleiteten Hypothekenerwerb vom Berechtigten. Im ersten Unterpunkt ergibt sich aber eine wesentliche und notwendige Abweichung. Während beim Übergang der Hypothek eine *Abtretungserklärung ...* gefordert ist, heißt der Punkt beim abgeleiteten Grundschulderwerb *Übertragungserklärung ...* . Denn es gibt ja keine Forderung, die abgetreten werden muss, damit die Grundschuld übergehen kann. Es gibt lediglich eine Grundschuld, die – mangels Akzessorietät – separiert zu übertragen ist. Der letzte Prüfungspunkt lautet folgerichtig nicht *Berechtigung des Abtretenden*, sondern *Berechtigung des Übertragenden*.

Grundschuld

Fall 33

S schließt mit G einen Kaufvertrag über eine riesige Zimmerpalme. Zur Sicherung des Kaufpreisanspruchs des G einigen sich die Parteien über die Bestellung einer Briefgrundschuld am Grundstück des S. Die Grundschuldbestellung erfolgt unter Eintragung der Einigung im Grundbuch und Übergabe des Grundschuldbriefs. Nun ficht S seine Willenserklärung bezüglich der Einigung über die Grundschuld gemäß §§ 119, 142 an. G tritt später die Forderung aus dem Kaufvertrag in schriftlicher Form auf dem Grundschuldbrief und unter Übergabe desselben an den gutgläubigen A ab. Dann wird die Kaufpreisforderung fällig. S ist jedoch zahlungsunfähig.

Frage: Hat A gegen S einen Anspruch aus §§ 1192, 1147?

Lösungsskizze Fall 33

- A gegen S Duldung der Zwangsvollstreckung gemäß §§ 1192, 1147?

I. Anspruch entstanden?

1. Anspruchsgegner (S) ist Eigentümer des Grundstücks? (+)

2. Anspruchsteller (A) ist Inhaber der Briefgrundschuld?

   a. ursprünglich (−)

   Vorüberlegung: A ist Inhaber der Grundschuld, wenn entweder zunächst ein Erwerb im Verhältnis S − H und dann ein Erwerb im Verhältnis H − A erfolgt ist oder wenn trotz fehlenden direkten Erwerbs des H von S ein wirksamer abgeleiteter Erwerb im Verhältnis H − A erfolgt ist

   b. Briefgrundschulderwerb des G von S gemäß §§ 873, 1191, 1192, 1115 ff?
   = direkter Erwerb des G vom Berechtigten S

     aa. Einigung, §§ 873, 1191 I?

     HIER (−) → nichtig gemäß §§ 119, 142

     bb. also: direkter Briefgrundschulderwerb des G vom Berechtigten S gemäß §§ 873, 1191, 1192, 1115 ff (−)

   c. Briefgrundschulderwerb des G von S gemäß §§ 873, 1191, 1192, 1115 ff, 892?
   = direkter Erwerb des G vom Nichtberechtigten S

     aa. Einigung, §§ 873, 1191 I? (−), s.o.

     bb. also: direkter Briefgrundschulderwerb des G vom Nichtberechtigten S gemäß §§ 873, 1191, 1192, 1115 ff, 892 (−)

Fall 33

d. Übergang der Briefgrundschuld von G auf A gemäß §§ 1192, 1154?
= abgeleiteter Erwerb des A vom Berechtigten G

aa. Einigung über den Übergang, § 873? (+)

bb. Übertragung in der Form der §§ 1192, 1154?
= bei der Briefgrundschuld §§ 1154 I, II, 1117

(1) Übertragungserklärung in schriftlicher Form auf dem Brief bzw. gesonderter Urkunde oder Eintragung d. Übertragung im Grundbuch?

HIER (+) → in schriftlicher Form auf dem Brief

(2) Briefübergabe oder -ersatz, § 1117? (+)

(3) also: Form (+)

cc. Berechtigung des Übertragenden?
= Übertragender ist Inhaber der Grundschuld

HIER (−) → wegen der erfolgten Anfechtung der Einigung ist G nicht Inhaber der Grundschuld geworden

dd. also: abgeleiteter Erwerb des A vom Berechtigten G gemäß §§ 1192, 1154 (−)

e. Übergang der Briefgrundschuld von G auf A gemäß §§ 1192, 1154, 892?
= abgeleiteter Erwerb des A vom Nichtberechtigten G

aa. Einigung über den Übergang, § 873? (+)

bb. Übertragung in der Form der §§ 1192, 1154? (+)

cc. „Berechtigungsersatz"?
= Voraussetzungen des § 892

(1) Rechtsgeschäftlicher Erwerb? (+)

(2) Verkehrsgeschäft? (+)

(3) Unrichtigkeit des Grundbuchs? (+)

(4) Legitimation des Verfügenden als Berechtigter? (+)

(5) Gutgläubigkeit des Erwerbers?

HIER (+) → A war bezüglich der Grundschuldinhaberschaft des G gutgläubig

(6) keine Eintragung eines Widerspruchs gemäß § 899 gegen die Richtigkeit des Grundbuchs? (+)

(7) also: Voraussetzungen des § 892 (+)

dd. also: abgeleiteter Erwerb des A vom Nichtberechtigten G gemäß §§ 1192, 1154, 892 (+)

f. also: Anspruchsteller (A) ist Inhaber der Briefgrundschuld (+)

Grundschuld

3. *also:* Anspruch entstanden (+)

II. Anspruch untergegangen ? (−)

III. Anspruch durchsetzbar ? (+)

IV. Ergebnis:
A gegen S Anspruch auf Duldung der Zwangsvollstreckung gemäß §§ 1192, 1147 (+)

Formulierungsvorschlag Fall 33

- A gegen S Duldung der Zwangsvollstreckung
gemäß §§ 1192, 1147

A könnte gegen S einen Anspruch auf Duldung der Zwangsvollstreckung gemäß §§ 1192, 1147 haben.

I. Der Anspruch müsste entstanden sein.

1. Anspruchsgegner S ist Eigentümer des Grundstücks.

2. Anspruchsteller A müsste Inhaber der Briefgrundschuld sein.

a. Ursprünglich war er nicht Inhaber.

A ist aber Inhaber der Grundschuld, wenn entweder zunächst ein Erwerb im Verhältnis S – H und dann ein Erwerb im Verhältnis H – A erfolgt ist oder wenn trotz fehlenden direkten Erwerbs des H von S ein wirksamer abgeleiteter Erwerb im Verhältnis H – A erfolgt ist.

b. G könnte die Briefgrundschuld direkt vom Berechtigten S gemäß §§ 873, 1191, 1192, 1115 ff erworben haben.

Fraglich ist, ob sich die Parteien gemäß §§ 873, 1191 I wirksam geeinigt haben. Voraussetzung ist zunächst die Abgabe zweier wirksamer Willenserklärungen. Fraglich erscheint in diesem Zusammenhang lediglich, wie sich die seitens S durchgeführte Anfechtung auswirkt. Die nach § 119 erfolgte Anfechtung betrifft die Willenserklärung bezüglich der Einigung über die Grundschuld. Insofern liegt keine wirksame Einigung vor. Sie ist gemäß §§ 119, 142 nichtig.

Demnach hat G die Briefgrundschuld nicht direkt vom Berechtigten S gemäß §§ 873, 1191, 1192, 1115 ff erworben.

c. G könnte jedoch die Briefgrundschuld direkt vom Nichtberechtigten S gemäß §§ 873, 1191, 1192, 1115 ff, 892 erworben haben.

Eine Einigung gemäß §§ 873, 1191 I scheitert jedoch abermals an der erfolgten Anfechtung der Willenserklärung bezüglich der Einigung über die Grundschuld. Insofern liegt keine wirksame Einigung vor. Sie ist gemäß §§ 119, 142 nichtig.

Fall 33

Demnach hat G die Briefgrundschuld auch nicht direkt vom Nichtberechtigten S gemäß §§ 873, 1191, 1192, 1115 ff, 892 erworben.

d. Weiterhin könnte die Briefgrundschuld gemäß §§ 1192, 1154 von G auf A übergegangen sein, also ein abgeleiteter Erwerb des A vom Berechtigten G stattgefunden haben.

Die Parteien haben sich bezüglich der Übertragung geeinigt.

Da es sich um eine Briefgrundschuld handelt, müsste die Übertragung in der Form der §§ 1192, 1154 I, II, 1117 erfolgt sein. Die Übertragung erfolgte in schriftlicher Form auf dem Grundschuldbrief. Der Grundschuldbrief ist übergeben worden, § 1117 I 1. Demnach geschah die Übertragung formgerecht.

Fraglich ist die Berechtigung des Übertragenden. Er müsste Inhaber der Grundschuld gewesen sein. G ist wegen der erfolgten Anfechtung der Einigung nicht Inhaber der Grundschuld geworden. Folglich ist eine Berechtigung des Abtretenden zu verneinen.

Also ist die Briefgrundschuld nicht gemäß §§ 1192, 1154 von G auf A übergegangen. Es hat kein abgeleiteter Erwerb des A vom Berechtigten G stattgefunden.

e. Letztlich könnte die Briefgrundschuld gemäß §§ 1192, 1154, 892 von G auf A übergegangen sein, also ein abgeleiteter Erwerb des A vom Nichtberechtigten G stattgefunden haben.

Die Parteien haben sich bezüglich der Übertragung geeinigt.

Die bei der Abtretung der Briefgrundschuld erforderliche Form der §§ 1192, 1154 I, II, 1117 ist eingehalten worden.

Fraglich ist, ob die Voraussetzungen des § 892 vorliegen.

Es hat ein rechtsgeschäftlicher Erwerb stattgefunden.

Außerdem liegt ein Verkehrsgeschäft vor.

Zudem ist das Grundbuch unrichtig. G ist fälschlicherweise als Inhaber der Grundschuld im Grundbuch eingetragen.

Der Verfügende war aus dem Grundbuch als Berechtigter ersichtlich.

Weiterhin muss der Erwerber im Zeitpunkt des Rechtserwerbs gutgläubig bezüglich der Grundschuldinhaberschaft des Übertragenden sein. Hier schadet nur positive Kenntnis der Unrichtigkeit des Grundbuchs. A war bezüglich der Inhaberschaft des G gutgläubig.

Ein Widerspruch gemäß § 899 gegen die Richtigkeit des Grundbuchs ist nicht erfolgt.

Also liegen die Voraussetzungen des § 892 vor.

Also ist die Briefgrundschuld gemäß §§ 1192, 1154, 892 von G auf A übergegangen. Es hat ein abgeleiteter Erwerb des A vom Nichtberechtigten G stattgefunden.

f. Somit ist der Anspruchsteller A Inhaber der Briefgrundschuld.

Grundschuld

3. Demnach ist der Anspruch entstanden.
II. Der Anspruch ist nicht untergegangen.
III. Er ist auch durchsetzbar.
IV. A hat gegen S einen Anspruch auf Duldung der Zwangsvollstreckung gemäß §§ 1192, 1147.

Fazit

1. Erinnert ihr euch an die Fälle 17 bis 19? In Fall 17 habt ihr den Parallelfall zu diesem Fall bearbeiten dürfen. Dort war die Problematik allerdings ins Hypothekenrecht eingebunden. Hier wie dort war innerhalb des Duldungsanspruchs aus §(§) (1192 I,) 1147 beim „direkten Erwerb" im Prüfungspunkt „Einigung" nach deren Wirksamkeit zu fragen. Wegen der erfolgten wirksamen Anfechtung scheiterte die Einigung, sodass allenfalls ein abgeleiteter Erwerb vom Nichtberechtigten in Betracht kam.

   Und wie sieht es im Grundschuldrecht mit Parallelfällen zu den Fällen 18 und 19 aus? In beiden genannten Fällen war der der Hypothek zugrunde liegende schuldrechtliche (Darlehens-) Vertrag wirksam angefochten worden. Wegen der Akzessorietät von Forderung und Hypothek musste über §§ 1138, 892 die Forderung fingiert werden, um einen Hypothekenerwerb doch noch herbeizuführen. Im *Grundschuldrecht* gibt es aber *keine gesetzliche Akzessorietät*. Grundschuld und Forderung sind gesetzlich voneinander unabhängig. Eine „Verknüpfung" von Forderung und Grundschuld wird bei der Sicherungsgrundschuld *lediglich* durch einen *schuldrechtlichen Sicherungsvertrag* herbeigeführt. Das Fehlen einer Forderung hat demnach keinerlei gesetzliche Auswirkungen auf den Erwerb der Sicherungsgrundschuld. Auf § 1138 kann und darf nicht zurückgegriffen werden, weil keine Akzessorietät besteht. Weil keine Akzessorietät besteht, kann und darf es auch *keine dem § 1138 vergleichbare Regelung* geben. Also spielen derartige Fälle keine klausurrelevante Rolle beim Erwerb der Grundschuld. Die wirksame Anfechtung des schuldrechtlichen Vertrags – also der Forderung – hat keine Auswirkung auf das Entstehen des Anspruchs aus §§ 1192 I, 1147. Aber Moment: Wirkt sich die wirksame Anfechtung des der Sicherungsgrundschuld zugrunde liegenden schuldrechtlichen Vertrags vielleicht doch aus? Ist nicht im Sicherungsvertrag immerhin schuldrechtlich vereinbart worden, dass die Grundschuld eine Forderung sichern soll? Natürlich ist das zu berücksichtigen, aber innerhalb der Prüfung des Duldungsanspruchs aus §§ 1192 I, 1147 erst im Prüfungspunkt „Anspruch durchsetzbar." Dort kommen nicht nur Einreden gegen die Grundschuld selbst (z.B. Stundung) in Betracht. Ihr könnt euch außerdem fragen, ob der Anspruchsgegner *Einreden aus dem Sicherungsvertrag* (z.B. Nichtentstehen der Forderung) geltend machen kann.

   Somit bleibt an dieser Stelle festzuhalten: Selbstverständlich kann das Nichtentstehen der Forderung relevant sein. Einen Fall, der sich der Problematik

Fall 33

annimmt, werdet ihr im nächsten Kapitel kennenlernen, das sich mit Verteidigungsmöglichkeiten gegen den Anspruch aus §§ 1192 I, 1147 beschäftigt.

2. Vielleicht haben es noch nicht alle bemerkt. Deshalb noch einmal: Beim „direkten" Erwerb einer Grundschuld vom Nichtberechtigten war bislang unter der Prüfungsvoraussetzung „Berechtigungsersatz" u.a. zu prüfen, ob das Grundbuch unrichtig ist. Das war dann der Fall, wenn der die Grundschuld Übertragende fälschlicherweise *als Eigentümer* im Grundbuch eingetragen war. Beim „abgeleiteten" Erwerb einer Grundschuld vom Nichtberechtigten müsst ihr etwas anderes prüfen. Das Grundbuch ist unrichtig, wenn der Übertragende fälschlicherweise *als Grundschuldinhaber* im Grundbuch eingetragen ist.

Unter dem Prüfungspunkt „Legitimation des Verfügenden als Berechtigter" war beim „direkten" Erwerb der Grundschuld gefordert, dass der Verfügende aus dem Grundbuch *als Eigentümer* des Grundstücks hervorgeht. Beim „abgeleiteten" Erwerb der Grundschuld muss der Verfügende aus dem Grundbuch *als Grundschuldinhaber* hervorgehen.

Jetzt geht es nur noch um den Prüfungspunkt „Gutgläubigkeit des Erwerbers". Beim „direkten" Erwerb der Grundschuld war gefordert, dass der Erwerbende gutgläubig *bezüglich der Eigentümerstellung* des Verfügenden war. Beim „abgeleiteten" Erwerb der Grundschuld muss der Erwerbende gutgläubig *bezüglich der Inhaberschaft der Grundschuld* sein. Anders formuliert: Er muss im guten Glauben sein, dass der Übertragende Grundschuldinhaber ist.

Grundschuld

Fall 34

Aufgrund eines Darlehensvertrags zahlt G an S 200.000 €. Die Forderung des G soll durch eine Briefgrundschuld gesichert werden. S ist jedoch nicht Eigentümer des Grundstücks, sondern nur fälschlicherweise als solcher im Grundbuch eingetragen. Trotzdem einigt sich S mit dem gutgläubigen G bezüglich der Grundschuldbestellung. Die Parteien vereinbaren, dass G berechtigt sein soll, sich den Grundschuldbrief direkt vom Grundbuchamt aushändigen zu lassen. Der Antrag auf Eintragung der Grundschuld ins Grundbuch erfolgt. Jetzt erfährt G, dass nicht S, sondern E der wahre Eigentümer ist. Dieser bewirkt später über § 894 die Eintragung als Eigentümer im Grundbuch. Die Aushändigung des Grundschuldbriefs und die Eintragung der Grundschuld erfolgen.

Frage: Welche Ansprüche hat G, wenn die Forderung fällig ist?

Lösungsskizze Fall 34

- **G gegen S Rückzahlung des Darlehens gemäß § 488 I 2 ?**

    HIER (+) → die Rückzahlung ist fällig

- **G gegen E (!!!) Duldung der Zwangsvollstreckung gemäß §§ 1192, 1147 ?**

I. Anspruch entstanden ?

1. *Anspruchsgegner (E) ist Eigentümer des Grundstücks ?* (+)

2. *Anspruchsteller (G) ist Inhaber der Briefgrundschuld ?*

    a. *ursprünglich* (−)

    b. *Briefgrundschulderwerb des G von S gemäß §§ 873, 1191, 1192, 1115 ff ?*
    = direkter Erwerb des G vom Berechtigten S

    aa. Einigung, §§ 873, 1191 I ? (+)

    bb. Eintragung der Einigung im Grundbuch, §§ 873, 1192, 1115 ? (+)

    cc. Briefübergabe oder -ersatz, §§ 1192, 1117 ?

    HIER (+) → Vereinbarung der Berechtigung des Gläubigers, sich den Brief direkt vom Grundbuchamt aushändigen zu lassen, § 1117 II

    dd. Berechtigung des Bestellers ?
    = der verfügungsbefugte Eigentümer oder der Nichteigentümer, der gesetzlich verfügungsbefugt ist oder der vom Berechtigten ermächtigt ist

    HIER (−) → S ist weder Eigentümer des Grundstücks noch Ermächtigter noch sonst verfügungsbefugt

Fall 34

ee. *also:* direkter Briefgrundschulderwerb des G vom Berechtigten S gemäß §§ 873, 1191, 1192, 1115 ff (−)

c. **Briefgrundschulderwerb des G von S gemäß §§ 873, 1191, 1192, 1115 ff, 892 ?**
= direkter Erwerb des G vom Nichtberechtigten S

aa. *Einigung, §§ 873, 1191 I ?* (+)

bb. *Eintragung der Einigung im Grundbuch, §§ 873, 1192, 1115 ?* (+)

cc. *Briefübergabe oder -ersatz, §§ 1192, 1117 ?* (+)

dd. „Berechtigungsersatz" ?
= Voraussetzungen des § 892

(1) Rechtsgeschäftlicher Erwerb ? (+)

(2) Verkehrsgeschäft ? (+)

(3) Unrichtigkeit des Grundbuchs ? (+)

(4) Legitimation des Verfügenden als Berechtigter ? (+)

(5) Gutgläubigkeit des Erwerbers ?
= keine positive Kenntnis von der Unrichtigkeit des Grundbuchs bis zur Vollendung des Rechtserwerbs

HIER (+) → G hatte keine positive Kenntnis von der Unrichtigkeit des Grundbuchs; zwar könnte man meinen, dass die Gutgläubigkeit zum Zeitpunkt des Rechtserwerbs nicht mehr vorlag, weil G zu diesem Zeitpunkt wusste, dass nicht S, sondern E wahrer Eigentümer ist; gemäß § 892 II Hs. 1 muss die Gutgläubigkeit jedoch nur bis zur Antragstellung vorliegen, wenn nur noch die Eintragung erforderlich ist; tatsächlich war nur noch die Eintragung erforderlich und nicht etwa noch die Grundschuldbriefübergabe gemäß § 1117 I; die Parteien haben die Briefübergabe gemäß § 1117 II durch die Vereinbarung ersetzt, dass G berechtigt sein soll, sich den Brief vom Grundbuchamt aushändigen zu lassen

(6) keine Eintragung eines Widerspruchs gemäß § 899 gegen die Richtigkeit des Grundbuchs ? (+)

(7) also: Voraussetzungen des § 892 (+)

ee. *also:* direkter Briefgrundschulderwerb des G vom Nichtberechtigten S gemäß §§ 873, 1191, 1192, 1115 ff, 892 (+)

d. *also:* Anspruchsteller (G) ist Inhaber der Briefgrundschuld (+)

3. *also:* Anspruch entstanden (+)

II. Anspruch untergegangen ? (−)

III. Anspruch durchsetzbar ? (+)

IV. Ergebnis:
G gegen E (!!!) Anspruch auf Duldung der Zwangsvollstreckung gemäß §§ 1192, 1147 (+)

Grundschuld

- Gesamtergebnis

G gegen S Rückzahlung des Darlehens gemäß § 488 I 2 (+) und im Falle der Nichtzahlung G gegen E Anspruch auf Duldung der Zwangsvollstreckung gemäß §§ 1192, 1147 (+)

Formulierungsvorschlag Fall 34

- G gegen S Rückzahlung des Darlehens gemäß § 488 I 2

G hat gegen S einen Anspruch auf Rückzahlung des Darlehens. Der Anspruch ist fällig.

- G gegen E Duldung der Zwangsvollstreckung gemäß §§ 1192, 1147

G könnte gegen E einen Anspruch auf Duldung der Zwangsvollstreckung gemäß §§ 1192, 1147 haben.

I. Der Anspruch müsste entstanden sein.

1. Anspruchsgegner E ist Eigentümer des Grundstücks.

2. Anspruchsteller G müsste Inhaber der Briefgrundschuld sein.

a. Ursprünglich war er nicht Inhaber.

b. G könnte aber die Briefgrundschuld direkt vom Berechtigten S gemäß §§ 873, 1191, 1192, 1115 ff erworben haben.

Die Parteien haben sich gemäß §§ 873, 1191 I über die Bestellung einer Grundschuld geeinigt.

Die Eintragung der Einigung im Grundbuch ist erfolgt, §§ 873, 1192, 1115.

Der Grundschuldbrief ist zwar nicht übergeben worden, § 1117 I 1. Die Parteien haben die Übergabe jedoch durch die Vereinbarung ersetzt, dass G berechtigt sein soll, sich den Brief direkt vom Grundbuchamt aushändigen zu lassen, § 1117 II.

S müsste Berechtigter gewesen sein. Berechtigt ist der verfügungsbefugte Eigentümer oder der Nichteigentümer, der gesetzlich verfügungsbefugt ist oder der vom Berechtigten ermächtigt ist. S war weder Eigentümer noch Ermächtigter nach § 185. Eine sonstige Verfügungsbefugnis ist nicht ersichtlich. Somit fehlte die Berechtigung des S.

Demnach hat G die Briefgrundschuld nicht direkt vom Berechtigten S gemäß §§ 873, 1191, 1192, 1115 ff erworben.

c. G könnte jedoch die Briefgrundschuld direkt vom Nichtberechtigten S gemäß §§ 873, 1191, 1192, 1115 ff, 892 erworben haben.

Fall 34

Die Parteien haben sich gemäß §§ 873, 1191 I über die Bestellung einer Grundschuld geeinigt.

Die Eintragung der Einigung im Grundbuch ist erfolgt, §§ 873, 1192, 1115.

Der Grundschuldbrief ist zwar nicht übergeben worden, §§ 1192, 1117 I 1. Die Parteien haben die Übergabe jedoch durch die Vereinbarung ersetzt, dass G berechtigt sein soll, sich den Brief direkt vom Grundbuchamt aushändigen zu lassen, § 1117 II.

Fraglich ist, ob die Voraussetzungen des § 892 vorliegen.

Es hat ein rechtsgeschäftlicher Erwerb stattgefunden.

Außerdem liegt ein Verkehrsgeschäft vor.

Zudem ist das Grundbuch unrichtig. S ist fälschlicherweise als Eigentümer im Grundbuch eingetragen.

Der Verfügende war aus dem Grundbuch als Berechtigter ersichtlich.

Weiterhin muss der Erwerber im Zeitpunkt des Rechtserwerbs gutgläubig gewesen sein. Diesbezüglich schadet nur positive Kenntnis von der Unrichtigkeit des Grundbuchs. Zwar könnte man meinen, dass die Gutgläubigkeit zum Zeitpunkt des Rechtserwerbs nicht mehr vorlag, weil G zu diesem Zeitpunkt wusste, dass nicht S, sondern E wahrer Eigentümer ist. Gemäß § 892 II Hs. 1 muss die Gutgläubigkeit jedoch nur bis zur Antragstellung vorliegen, wenn nur noch die Eintragung erforderlich ist. Tatsächlich war nur noch die Eintragung erforderlich und nicht etwa noch die Grundschuldbriefübergabe gemäß § 1117 I. Die Parteien haben die Briefübergabe gemäß § 1117 II durch die Vereinbarung ersetzt, dass G berechtigt sein soll, sich den Brief vom Grundbuchamt aushändigen zu lassen. G war somit gutgläubig.

Ein Widerspruch gemäß § 899 gegen die Richtigkeit des Grundbuchs ist nicht erfolgt.

Also liegen die Voraussetzungen des § 892 vor.

G hat die Briefgrundschuld direkt vom Nichtberechtigten S gemäß §§ 873, 1191, 1192, 1115 ff, 892 erworben.

d. Somit ist der Anspruchsteller G Inhaber der Briefgrundschuld.

3. Demnach ist der Anspruch entstanden.

II. Der Anspruch ist nicht untergegangen.

III. Er ist auch durchsetzbar.

IV. G hat gegen E einen Anspruch auf Duldung der Zwangsvollstreckung gemäß §§ 1192, 1147.

- Gesamtergebnis

G hat gegen S einen Darlehensrückzahlungsanspruch gemäß § 488 I 2. Im Falle der Nichtzahlung kann er von E Duldung der Zwangsvollstreckung gemäß §§ 1192, 1147 verlangen.

Grundschuld

Fazit

1. Das war eine Nachbildung der Problematik aus Fall 21. Dort war das Problem in den Hypothekenerwerb eingebettet, hier in den Grundschulderwerb. Und beim Erwerb eines Grundstücks funktioniert das in vergleichbarer Weise (vgl. Fall 11). Im Fazit zu Fall 15 findet ihr unter Punkt 1. einige erklärende Worte zum Grundbuchberichtigungsanspruch aus § 894. Mehr dazu später.

   Der Fall sollte als Übungsfall exemplarisch aufzeigen, dass sich viele Problembereiche aus dem Recht des Hypothekenrechts auf den Grundschulderwerb übertragen lassen. Im Kapitel „Hypothek" habe ich schon auf die Verzahnung mit dem Recht des Eigentumserwerbs hingewiesen. Ihr müsst lediglich einige Unterschiede erkennen und einprägen.

2. Abermals war an § 892 II Hs. 1 zu denken. Im Rahmen der Prüfung des Grundschulderwerbs vom Berechtigten musstet ihr die Vereinbarung gemäß § 1117 II bemerken. Den Prüfungspunkt „Berechtigung des Bestellers" habt ihr – wie in Fall 21 – selbstverständlich verneint.

3. Beim Erwerb vom Nichtberechtigten war neben der erneuten kurzen Nennung des § 1117 II mangels der Berechtigung auf den Prüfungspunkt „Berechtigungsersatz" eingehen. Problematisch war hier die „Gutgläubigkeit des Erwerbers". Der Erwerber der Grundschuld muss im Zeitpunkt des Rechtserwerbs gutgläubig hinsichtlich der Richtigkeit des Grundbuchs sein. Hier schadet nur die positive Kenntnis des Erwerbers bezüglich der Unrichtigkeit. G wusste aber von der Unrichtigkeit, allerdings erst nach Abschluss der Vereinbarung gemäß § 1117 II und nach dem Antrag auf Eintragung im Grundbuch.

   Die Antwort auf die Frage, bis zu welchem Zeitpunkt der Erwerber gutgläubig sein muss bzw. ab wann eine Bösgläubigkeit für den (hier: Grundschuld-) Erwerb keine Rolle mehr spielt, gibt § 892 II Hs. 1. Er stellt auf den Zeitpunkt ab, ab dem nur noch die Eintragung im Grundbuch zum endgültigen Rechtserwerb fehlt. Denn niemand weiß, wann die Eintragung erfolgt.

   Die Parteien haben die zum Grundschulderwerb gemäß (§ 1192 I i.V.m.) § 1117 I grundsätzlich erforderliche Briefübergabe durch die Vereinbarung nach § 1117 II ersetzt, wonach G berechtigt sein sollte, sich den Brief direkt vom Grundbuchamt aushändigen zu lassen. Es war also nach der Antragstellung auf Grundschuldeintragung im Grundbuch nur noch die Eintragung zum Grundschulderwerb notwendig. Das ist der Zeitpunkt, auf den § 892 II Hs. 1 abstellt. Erst danach hat G positiv erfahren, dass S nicht Eigentümer des Grundstücks ist und mithin das Grundbuch unrichtig ist. G war also gutgläubig.

4. Das war das Kapitel zum Grundschulderwerb, das sich insbesondere mit dem Erwerb der klausurrelevanten Sicherungsgrundschuld beschäftigt hat. Wie versprochen folgt nun ein Kapitel, in dem ihr euch nochmals mit der Grundschuld herumärgern dürft. Es greift die Frage auf, inwiefern sich der dem Zahlungsanspruch (meist aus § 488 I 2) oder dem Duldungsanspruch aus §§ 1192 I, 1147 Ausgesetzte gegen den jeweiligen Anspruch mit Einwendungen oder Einreden wehren kann. Das hatten wir schon einmal: Jaja, im Hypothekenrecht. Es gibt viele Parallelen! Aber – oh Schreck – auch ein paar Unterschiede.

Verteidigungsmöglichkeiten gegen die (Sicherungs-) Grundschuld

- Eine kleine Einführung

1. Vorgeplänkel

Ihr habt im vorigen Kapitel die unterschiedlichen Möglichkeiten des Erwerbs einer Sicherungsgrundschuld kennengelernt. Im Gegensatz zum Hypothekenerwerb ist das Bestehen einer Forderung nicht Voraussetzung für den Grundschulderwerb.

Wenn die Forderung (z.B. auf Darlehensrückzahlung) durch eine Sicherungsgrundschuld am Grundstück des Forderungsschuldners (Y) gesichert wurde, sind Forderungsschuldner und Grundschuldschuldner identisch. Der Erwerber kann sowohl die Forderung gegen Y geltend machen als auch aus der Sicherungsgrundschuld gegen Y vorgehen, also Duldung der Zwangsvollstreckung verlangen.

Wenn die gegen Y bestehende Forderung nicht durch eine Sicherungsgrundschuld an dessen Grundstück, sondern durch eine Sicherungsgrundschuld am Grundstück einer dritten Person (Z) gesichert wurde, sind Forderungsschuldner und Schuldner der Sicherungsgrundschuld nicht identisch. Der Erwerber kann die Forderung gegen Y geltend machen und aus der Grundschuld gegen Z vorgehen, also Duldung der Zwangsvollstreckung verlangen.

Und nun kann – wie bei der Hypothek – Folgendes passieren: Erwerber E ist Inhaber einer Forderung, die durch eine Grundschuld gesichert ist. Er erhebt Zahlungsklage und klagt gleichzeitig auf Duldung der Zwangsvollstreckung. Im vorigen Kapitel wurdet ihr lediglich mit der Frage konfrontiert, ob der Anspruchsteller Inhaber der Forderung bzw. Inhaber der Grundschuld ist. Dann war seine Klage erfolgreich.

Eine weitere Problematik, die nahtlos an die dargestellte Fragestellung anschließt, soll jetzt beleuchtet werden. Zu fragen ist nämlich immer auch, ob der Anspruchs-/Klagegegner sich gegen den Anspruch verteidigen kann.

Dreh- und Angelpunkt für die Beantwortung der Frage ist die – euch nunmehr sicherlich bekannte – Tatsache, dass die schuldrechtliche Forderung und die Sicherungsgrundschuld keineswegs gesetzlich verknüpft sind. Während die schuldrechtliche Forderung und die (sichernde) Hypothek in ihrem Bestand grundsätzlich gesetzlich voneinander abhängig sind, gibt es zwischen Forderung und Sicherungsgrundschuld gerade keine gesetzliche Verknüpfung.

Verteidigung (Grundschuld)

2. „Einwendungen" und „Einreden"

Der Anspruchs- bzw. Klagegegner kann tatsächlich „Einwendungen" oder „Einreden" gegen den jeweiligen Anspruch geltend machen.

Was unter „Einwendungen" oder „Einreden" zu verstehen ist, habt ihr bereits in der Einführung zum Kapitel „Verteidigungsmöglichkeiten gegen die Hypothek" lesen können. Blättert im Zweifel noch einmal zurück.

In diesem Kapitel werdet ihr insbesondere weitere Einreden kennenlernen, die sich aus der besonderen Konstellation der Nichtakzessorietät zwischen schuldrechtlicher Forderung und Sicherungsgrundschuld ergeben.

3. Eine Übersicht

Wie bei der Hypothek stellt sich jetzt die (vergleichbare) Frage, welche Verteidigungsmöglichkeiten ein Zahlungsschuldner bzw. ein Eigentümer hat, dessen Grundstück durch eine Sicherungsgrundschuld belastet ist. Konkret: Wann kann wer Einwendungen und/oder Einreden gegen einen Anspruch geltend machen?

Zum wiederholenden Verständnis: Bei der Hypothek gab es vier (in Zahlen: 4) Konstellationen, mit denen ihr euch herumschlagen durftet. Diese haben sich nicht grundlegend unterschieden, sondern sich vielmehr ergänzt. Und die angesprochenen *vier Konstellationen* sind *auch bei der Sicherungsgrundschuld* zu bedenken. Aber: Weil eine strenge Akzessorietät im Verhältnis schuldrechtliche Forderung – Sicherungsgrundschuld fehlt (die Sicherungsgrundschuld ist in ihrem Bestand im Gegensatz zur Hypothek eben nicht von der Forderung abhängig), gibt es *zwei zusätzliche Konstellationen*. Die werdet ihr gleich kennenlernen. Jetzt also nochmals die vier bekannten Konstellationen und danach die zwei neuen Konstellationen.

Die eine Seite: Forderungsinhaber und Inhaber der Sicherungsgrundschuld sind immer personengleich. Zu beachten ist aber, ob der Forderungs- und (=) Grundschuldinhaber noch derselbe ist wie zum Zeitpunkt des Entstehens der Forderung / der Grundschuld oder ob eine Abtretung der Forderung / ein Übergang der Grundschuld auf eine andere (weitere) Person stattgefunden hat.
Die andere Seite: Forderungsgegner (Schuldner) und Eigentümer des durch die Grundschuld belasteten Grundstücks können personengleich oder personenverschieden sein. Ihr wisst ja: Die sichernde Grundschuld kann der Forderungsschuldner am eigenen Grundstück bestellen, aber auch eine andere Person kann die Forderung mit einer Grundschuld auf sein Grundstück sichern.
Daraus ergeben sich die ersten vier Konstellationen (im Folgenden „K"):

K 1: Kein Übergang / Schuldner und Eigentümer sind personengleich

K 2: Kein Übergang / Schuldner und Eigentümer sind personenverschieden

K 3: Übergang / Schuldner und Eigentümer sind personengleich

K 4: Übergang / Schuldner und Eigentümer sind personenverschieden

Eine kleine Einführung

Die zusätzliche Seite: Wegen der fehlenden Akzessorietät zwischen schuldrechtlicher Forderung und Sicherungsgrundschuld sind zwei weitere Konstellationen denkbar. Während der (Erst-) Gläubiger der schuldrechtlichen Forderung und gleichzeitiger Hypothekeninhaber gerade wegen der geltenden Akzessorietät die Forderung immer mit der Hypothek an einen neuen Gläubiger abtreten/übertragen musste, sieht das im Bereich der Sicherungsgrundschuld ganz anders aus. Der Forderungsinhaber und gleichzeitiger Inhaber der Sicherungsgrundschuld hat die Möglichkeit, die Forderung und die Grundschuld separiert an verschiedene Personen abzutreten/zu übertragen. Daraus ergeben sich die zwei „neuen" Konstellationen:

K 5: Übergang / Schuldner und Eigentümer sind personengleich / Forderung und Grundschuld gehen auf verschiedene Personen über

K 6: Übergang / Schuldner und Eigentümer sind personenverschieden / Forderung und Grundschuld gehen auf verschiedene Personen über

Auf die Darstellung einer mehr oder minder detaillierten Übersicht zu den relevanten Einwendungen und Einreden gegen die Sicherungsgrundschuld möchte ich an dieser Stelle verzichten. Wer das Kapitel „Verteidigungsmöglichkeiten gegen die Hypothek" durchgearbeitet hat, dürfte bereits eine ziemlich klare Vorstellung haben. Vieles ist gleich, einiges unterscheidet sich. Ein Tipp: Auf Einreden, die die Akzessorietät von Forderung und Hypothek beinhalten, kann sich der aus der Grundschuld in Anspruch genommene Eigentümer grundsätzlich nicht berufen.

Lest bitte einführend und ergänzend noch einmal die Ausführungen in Fall 30, Fazit 7. und beschäftigt euch bereits jetzt mit dem Wortlaut des § 1192 I und mit dem Wortlaut des § 1192 I a. Es hilft ...

Verteidigung (Grundschuld)

Fall 35

G fördert das geschäftliche Engagement des S, der in Aktien investieren will durch ein Darlehen. Er zahlt an S 10.000 € aus. Das Darlehen soll bis zum 31.01. zurückgezahlt werden. Zur Sicherung der Rückzahlungsforderung des G einigen sich die Parteien über die Bestellung einer Briefgrundschuld am Grundstück des S. Die Grundschuldbestellung erfolgt formgerecht. Auf Bitten des S vereinbaren die Parteien später, dass S das Geld erst am 31.08. zurückzahlen soll und dass G im Übrigen erst zum genannten Zeitpunkt aus der Sicherungsgrundschuld vorgehen darf. Plötzlich gerät G in Geldnot. Deshalb macht er den Rückzahlungsanspruch aus § 488 I 2 und den Anspruch auf Duldung der Zwangsvollstreckung aus §§ 1192 I, 1147 gegenüber S schon am 15.05. geltend. S macht auf die Stundungsvereinbarung aufmerksam.

Frage: Hat G die geltend gemachten Ansprüche?

Lösungsskizze Fall 35

- **G gegen S Rückzahlung des Darlehens gemäß § 488 I 2 ?**

I. Anspruch entstanden ?

   1. Vertrag ?

   HIER (+) → Darlehensvertrag, § 488 zwischen G und S und Auszahlung der Darlehenssumme

   2. also: Anspruch entstanden (+)

II. Anspruch untergegangen ? (–)

III. Anspruch durchsetzbar ?

   1. Stundungseinrede ?

   HIER (+) → S kann die Zahlung aufgrund der Stundungsabrede bis zum 31.08. verweigern; er hat auf die Stundungsvereinbarung hingewiesen

   2. also: Anspruch durchsetzbar (–)

IV. Ergebnis:
   G gegen S Rückzahlung des Darlehens gemäß § 488 I 2 (+), aber (momentan) nicht durchsetzbar

Fall 35

- **G gegen S Duldung der Zwangsvollstreckung**
  gemäß §§ 1192, 1147 ?
I. Anspruch entstanden ?
  1. *Anspruchsgegner (S) ist Eigentümer des Grundstücks ?* (+)
  2. *Anspruchsteller (G) ist Inhaber der Briefgrundschuld ?* (+)
  3. *also: Anspruch entstanden* (+)

II. Anspruch untergegangen ? (−)

III. Anspruch durchsetzbar ?
  1. *Stundungseinrede ?*
     HIER (+) → S kann aufgrund der Vereinbarung mit G, dass dieser bis zum 31.08. nicht aus der Grundschuld vorgehen will, die Stundungseinrede erheben; er hat auf die Stundungsvereinbarung hingewiesen
  2. *also: Anspruch durchsetzbar* (−)

IV. Ergebnis:
  G gegen S Anspruch auf Duldung der Zwangsvollstreckung gemäß §§ 1192 I, 1147 (+), aber (momentan) nicht durchsetzbar

- **Gesamtergebnis**

G gegen S Rückzahlung des Darlehens gemäß § 488 I 2 (+), aber (momentan) nicht durchsetzbar; G gegen S Anspruch auf Duldung der Zwangsvollstreckung gemäß §§ 1192 I, 1147 (+), aber (momentan) nicht durchsetzbar

Formulierungsvorschlag Fall 35

- **G gegen S Darlehensrückzahlung gemäß § 488 I 2**

G könnte gegen S einen Anspruch auf Rückzahlung des Darlehens gemäß § 488 I 2 haben.

I. Der Anspruch müsste zunächst entstanden sein.

1. G und S haben einen Darlehensvertrag geschlossen. Der Darlehensbetrag ist zur Auszahlung gelangt.

2. Demnach ist ein Rückzahlungsanspruch entstanden.

II. Der Anspruch ist nicht untergegangen.

III. Der Anspruch müsste durchsetzbar sein.

Verteidigung (Grundschuld)

1. S könnte gegen den Zahlungsanspruch die Einrede der Stundung geltend machen. S kann die Zahlung aufgrund der Stundungsabrede bis zum 31.08. verweigern, also die Stundungseinrede geltend machen. Dies hat er getan.

2. Der Rückzahlungsanspruch ist bis zum genannten Zeitpunkt nicht durchsetzbar.

IV. Mangels Durchsetzbarkeit wird G mit dem Rückzahlungsanspruch aus § 488 I 2 (momentan) nicht durchdringen.

- G gegen S Duldung der Zwangsvollstreckung gemäß §§ 1192, 1147

Zudem könnte G gegen S einen Anspruch auf Duldung der Zwangsvollstreckung gemäß §§ 1192 I, 1147 haben.

I. Der Anspruch müsste entstanden sein.

1. Anspruchsgegner S ist Eigentümer des Grundstücks.

2. Außerdem ist der Anspruchsteller G Inhaber der Briefgrundschuld.

3. Demnach ist der Anspruch entstanden.

II. Der Anspruch ist nicht untergegangen.

III. Der Anspruch müsste durchsetzbar sein.

1. S könnte gegen den Anspruch auf Duldung der Zwangsvollstreckung die Stundungseinrede entgegenhalten. Die Parteien haben vereinbart, dass G erst am 31.08. aus der Grundschuld gegen S vorgehen darf. S hat auf die Vereinbarung hingewiesen. Mithin steht dem S die Stundungseinrede zur Seite.

2. Der Anspruch ist bis zum genannten Zeitpunkt nicht durchsetzbar.

IV. Mangels Durchsetzbarkeit wird G mit seinem Anspruch auf Duldung der Zwangsvollstreckung aus §§ 1192 I, 1147 (momentan) nicht durchdringen.

- Gesamtergebnis

G hat gegen S einen Darlehensrückzahlungsanspruch gemäß § 488 I 2, der aber momentan nicht durchsetzbar ist. Im Falle der Nichtzahlung kann er von S Duldung der Zwangsvollstreckung gemäß §§ 1192, 1147 verlangen. Der Anspruch ist aber ebenfalls momentan nicht durchsetzbar.

Fazit

1. Und wieder ein einfacher Fall zum Kapiteleinstieg. Der vorliegende Fall ist dem Fall 22 nachgebildet. Es gibt nur zwei Unterschiede: Anstatt einer Hypothek ist eine Sicherungsgrundschuld bestellt worden. Außerdem haben die Parteien nicht nur vereinbart, dass der Gläubiger erst zu einem späteren Zeitpunkt die Forderung geltend machen darf, sondern auch, dass er bis zu dem späteren

Fall 35

Zeitpunkt mit der Geltendmachung des Anspruchs auf Duldung der Zwangsvollstreckung warten muss.

Vergleichbar mit Fall 22 habe ich bewusst auf eine ausführliche Prüfung des Anspruchs aus §§ 1192 I, 1147 verzichtet, um euch an dieser Stelle (noch) nicht mit Prüfungspunkten zu überfüttern. Es war vollkommen klar, wer Eigentümer und wer Inhaber der Grundschuld ist. Achtet aber in den folgenden Fällen auf problematische Punkte, die eine ausführlichere Prüfung erfordern.

2. Erinnert ihr euch an die Konstellationen K1 – K6? Hier waren nur zwei Personen beteiligt. Es hat kein Übergang der Forderung / der Grundschuld stattgefunden. Zudem waren Schuldner und Eigentümer personengleich. K1 war demnach die richtige Konstellation.

Der **Schuldner** der (hier durch die Grundschuld gesicherten) Forderung kann gegenüber dem Zahlungsanspruch (hier § 488 I 2) des Forderungsinhabers alle Einwendungen und alle Einreden geltend machen. Das muss im Gesetz nicht ausdrücklich erwähnt werden. Es handelt sich um eine „Selbstverständlichkeit". Insofern sind die „Verteidigungsrechte" dieselben, wie bei einer Hypothek. Es gibt keine Unterschiede!!!

Die Einordnung des „Zahlungsaufschubs" (Stundung) dürfte nach der Bearbeitung der Fälle zum Hypothekenrecht – insbesondere des Fall 22 – keinerlei Probleme bereitet haben. Die Stundung ist keine Einwendung, sondern eine (aufschiebende) Einrede. Also war der systematisch richtige Prüfungsort der Punkt „Anspruch durchsetzbar?"

Der **Eigentümer** (personengleich oder personenverschieden mit dem Schuldner) des mit der Grundschuld belasteten Grundstücks kann gegenüber dem Anspruch auf Duldung der Zwangsvollstreckung zum einen alle eigenen Einwendungen und Einreden aus der Grundschuldbestellung und aus späteren Vereinbarungen zur Grundschuld („Selbstverständlichkeit") geltend machen. Aber: Anders als im Hypothekenrecht kann er nicht Einreden gemäß § 1137 I, also alle Einreden, die dem Forderungsschuldner zustehen oder einem Bürgen nach § 770 zustehen, ins Feld führen. Warum das so ist, dürfte klar sein. § 1137 I gilt nur für die Hypothek. Aber: Wie wirkt es sich aus, dass die Parteien vereinbart haben, dass die Grundschuld eine Forderung sichern soll? Aus dem zwischen den Parteien geschlossenen Sicherungsvertrag ergibt sich immer ausdrücklich oder konkludent, dass der Grundschuldinhaber vom Eigentümer nur dann gemäß §§ 1192, 1147 Duldung der Zwangsvollstreckung verlangen darf, wenn auch die Forderung durchsetzbar ist. Ist die Forderung nicht durchsetzbar, besteht eben – wie bei der Hypothek – kein Sicherungsbedürfnis.

3. Wenn eine Stundung nur bezüglich der Darlehensforderung vereinbart worden wäre, G aber vor Stundungsablauf den Anspruch aus §§ 1192 I, 1147 geltend gemacht hätte, sähe die Lösung dieser Variante also so aus, wie gerade beschrieben. Es besteht zwar – im Gegensatz zum Hypothekenrecht – keine dem § 1137 I vergleichbare Regelung, der dem Duldungsanspruch Ausgesetzte kann jedoch eine Einrede aus dem der Grundschuldbestellung zugrunde liegenden Sicherungsvertrag erheben. Wie das funktioniert, werdet ihr in einem der folgenden Fälle erfahren.

Verteidigung (Grundschuld)

Fall 36

G zahlt an S ein Darlehen in Höhe von 100.000 €, da dieser trotz momentanen Geldmangels einen Wagen für den anstehenden Karnevalszug errichten lassen möchte. Zur Sicherung der Rückzahlungsforderung des G einigen sich der Freund F des S und G über die Bestellung einer Briefgrundschuld am Grundstück des F. Die Grundschuldbestellung erfolgt formgerecht. Weil G in Geldschwierigkeiten gerät, tritt er die Forderung an Z ab und überträgt auch die Grundschuld formgerecht auf ihn. Dabei verschweigt er, dass S bereits vor der Forderungsabtretung bzw. der Grundschuldübertragung seine schon fällige Zahlungsschuld beglichen hat. Z weiß von alledem nichts. Als Z von S Rückzahlung des Darlehens verlangt, verweist dieser auf die bereits erfolgte Zahlung. Daraufhin fordert Z von F Duldung der Zwangsvollstreckung.

Frage: Hat Z die geltend gemachten Ansprüche?

Lösungsskizze Fall 36

- Z gegen S Rückzahlung des Darlehens gemäß §§ 488 I 2, 398 ?

I. Anspruch entstanden ?

Vorüberlegung: Der Anspruch auf Darlehensrückzahlung muss zunächst im Verhältnis S – G entstanden sein; dann muss ein Anspruchserwerb im Verhältnis G – Z stattgefunden haben, d.h. der Anspruch muss von G auf Z übergegangen sein

1. Anspruch entstanden im Verhältnis S – G ?

   a. Vertrag ?

   HIER (+) → Darlehensvertrag, § 488 zwischen G und S und Auszahlung der Darlehenssumme

   b. <u>also</u>: Anspruch im Verhältnis S – G entstanden (+)

2. Anspruch übergegangen von G auf Z ?

   a. Form<u>lose</u> Abtretung des Anspruchs ?

   HIER (+) → Abtretung, § 398

   b. Berechtigung des Abtretenden ?

   HIER (–) → zwar ist der Anspruch zunächst im Verhältnis S – G entstanden; mit der Zahlung des S an G <u>vor</u> der Abtretung ist der Anspruch jedoch gemäß § 362 durch Erfüllung untergegangen; G war also nicht mehr Inhaber der Forderung und somit auch nicht Berechtigter bezüglich der Abtretung; ein gutgläubiger Erwerb einer Forderung vom Nichtberechtigten ist im Übrigen nicht möglich

   c. <u>also</u>: Anspruch von G auf Z übergegangen (–)

Fall 36

3. *also:* Anspruch entstanden (−)

II. Ergebnis:
Z gegen S Rückzahlung des Darlehens gemäß §§ 488 I 2, 398 (−)

- **Z gegen F Duldung der Zwangsvollstreckung gemäß §§ 1192, 1147 ?**
I. Anspruch entstanden ?
1. *Anspruchsgegner (F) ist Eigentümer des Grundstücks ?* (+)
2. *Anspruchsteller (Z) ist Inhaber der Briefgrundschuld ?*

   a. *ursprünglich* (−)

   Vorüberlegung: Z ist Inhaber der Grundschuld, wenn zunächst ein Erwerb im Verhältnis F − G und dann ein Erwerb im Verhältnis G − Z erfolgt ist

   b. *Briefgrundschulderwerb des G von F gemäß §§ 873, 1191, 1192, 1115 ff ?*
   = direkter Erwerb des G vom Berechtigten F

   aa. Einigung, §§ 873, 1191 I ? (+)

   bb. Eintragung der Einigung im Grundbuch, §§ 873, 1192, 1115 ? (+)

   cc. Briefübergabe oder -ersatz, §§ 1192, 1117 ? (+)

   dd. Berechtigung des Bestellers ?

   HIER (+) → F ist verfügungsbefugter Grundstückseigentümer

   ee. also: direkter Briefgrundschulderwerb des G vom Berechtigten F gemäß §§ 873, 1191, 1192, 1115 ff (+)

   c. *Übergang der Briefgrundschuld von G auf Z gemäß §§ 1192, 1154 ?*
   = abgeleiteter Erwerb des Z vom Berechtigten G

   aa. Einigung über den Übergang, § 873 ? (+)

   bb. Übertragung in der Form der §§ 1192, 1154 ?
   = bei der Briefgrundschuld §§ 1154 I, II, 1117

   HIER (+)

   cc. Berechtigung des Übertragenden ?
   = Übertragender ist Inhaber der Grundschuld

   HIER (+) → die Berechtigung des G scheitert − im Gegensatz zu einer Hypothekenübertragung − nicht etwa daran, dass aus der bestehenden Fremdgrundschuld aufgrund der erfolgten Zahlung der schuldrechtlichen Forderung automatisch eine Eigentümergrundschuld geworden ist; § 1163 I gilt im Grundschuldrecht nicht; die Zahlung bewirkt lediglich einen Untergang der schuldrechtlichen Forderung gemäß § 362; die Grundschuld ist davon unberührt und besteht nach wie vor; G ist deshalb als Inhaber der immer noch bestehenden Grundschuld zur Übertragung berechtigt

Verteidigung (Grundschuld)

dd. also: abgeleiteter Erwerb des Z vom Berechtigten G gemäß §§ 1192, 1154 (+)

d. also: Anspruchsteller (Z) ist Inhaber der Briefgrundschuld (+)

3. *also:* Anspruch entstanden (+)

II. Anspruch untergegangen ? (−)

III. Anspruch durchsetzbar ?

Vorüberlegung: In Betracht kommt eine Einrede des Eigentümers F gemäß § 1192 I a (Einrede auf Rückübertragung der Grundschuld wegen der erfolgten Zahlung der schuldrechtlichen Forderung); die Einrede greift jedoch nicht, wenn Z die Grundschuld gutgläubig einredefrei von G erworben hat

1. § 1192 I a i.V.m. §§ 311, 241 (Rückübertragungseinrede) ?
   = gemäß § 1192 I a kann der Eigentümer gegenüber jedem Erwerber der Sicherungsgrundschuld die Einreden geltend machen, die ihm (= dem Eigentümer) aufgrund des Sicherungsvertrags mit dem bisherigen Gläubiger gegen die Grundschuld zustehen oder die sich aus dem Sicherungsvertrag ergeben

   HIER (+) → wenn G von F Duldung der Zwangsvollstreckung verlangt hätte, hätte F aufgrund der erfolgten Zahlung auf die schuldrechtliche Rückzahlungsforderung die Einrede der Rückübertragung der Grundschuld (§§ 311, 241) erheben können; ihm steht wegen der erfolgten Zahlung und des sich daraus ergebenden Fehlens des Sicherungsgrundes ein Anspruch auf Rückübertragung der Grundschuld zu; dies ergibt sich in Ermangelung einer konkreten Vereinbarung zumindest konkludent im Wege der Auslegung aus dem der Grundschuldbestellung zugrunde liegenden Sicherungsvertrag; gemäß § 1192 I a kann F diese Einrede auch dem Z entgegenhalten

2. §§ 1192 I, 1157 S. 2 i.V.m. § 892 ?
   = gutgläubiger einredefreier Grundschulderwerb (durch Z)

   HIER (−) → § 1192 I a bestimmt insbesondere, dass § 1157 S. 2, der seinerseits auf § 892 verweist, keine Anwendung findet; Z kann damit die Grundschuld nicht gutgläubig einredefrei erworben haben; eine etwaige Gutgläubigkeit des Z hinsichtlich der Einredefreiheit spielt mithin keine Rolle

3. *also:* Anspruch durchsetzbar (−)

IV. Ergebnis:
Z gegen F Anspruch auf Duldung der Zwangsvollstreckung gemäß §§ 1192 I, 1147 (+), aber nicht durchsetzbar

- **Gesamtergebnis**

Z gegen S Rückzahlung des Darlehens gemäß § 488 I 2 (−);
Z gegen F Anspruch auf Duldung der Zwangsvollstreckung gemäß §§ 1192 I, 1147 (+), aber nicht durchsetzbar

Fall 36

Formulierungsvorschlag Fall 36

- Z gegen S   Rückzahlung des Darlehens   gemäß §§ 488 I 2, 398

Z könnte gegen S einen Anspruch auf Darlehensrückzahlung gemäß §§ 488 I 2, 398 haben.

I.   Der Anspruch müsste entstanden sein.

Zunächst muss der Anspruch auf Zahlung im Verhältnis S – G entstanden sein. Dann muss ein Anspruchserwerb im Verhältnis G – Z stattgefunden haben, d.h. der Anspruch muss von G auf Z übergegangen sein.

1.   Der Anspruch müsste im Verhältnis S – G entstanden sein.

a.   G und S haben einen Darlehensvertrag, § 488 geschlossen. Der Darlehensbetrag ist zur Auszahlung gelangt.

b.   Demnach ist ein Rückzahlungsanspruch im Verhältnis S – G entstanden.

2.   Weiterhin müsste der Anspruch von G auf Z übergegangen sein.

a.   Es ist eine formlose Abtretung des Anspruchs gemäß § 398 erfolgt. Dies reicht im Zusammenhang mit der Grundschuld – im Gegensatz zur Hypothek – aus.

b.   Fraglich ist jedoch, ob der Abtretende Berechtigter war. Zwar ist der Anspruch zunächst im Verhältnis S – G entstanden. Mit der Zahlung des S an G vor der Abtretung ist der Anspruch jedoch gemäß § 362 durch Erfüllung untergegangen. G war also nicht mehr Inhaber der Forderung und somit auch nicht Berechtigter bezüglich der Abtretung. Ein gutgläubiger Erwerb einer Forderung vom Nichtberechtigten ist im Übrigen nicht möglich.

c.   Also ist der Anspruch auf Rückzahlung des Darlehens nicht von G auf Z übergegangen.

3.   Somit ist der Anspruch im Verhältnis Z – S nicht entstanden.

II.   Demnach hat Z gegen S keinen Anspruch auf Rückzahlung des Darlehens gemäß §§ 488 I 2, 398.

- Z gegen F   Duldung der Zwangsvollstreckung
                                           gemäß §§ 1192, 1147

Z könnte gegen F einen Anspruch auf Duldung der Zwangsvollstreckung gemäß §§ 1192, 1147 haben.

I.   Der Anspruch müsste entstanden sein.

1.   Anspruchsgegner F ist Eigentümer des Grundstücks.

2.   Anspruchsteller Z müsste Inhaber der Briefgrundschuld sein.

a.   Ursprünglich war er nicht Inhaber.

Z ist aber Inhaber der Grundschuld, wenn zunächst ein Erwerb im Verhältnis F – G und dann ein Erwerb im Verhältnis G – Z erfolgt ist.

Verteidigung (Grundschuld)

b. G könnte die Briefgrundschuld direkt vom Berechtigten F gemäß §§ 873, 1191, 1192, 1115 ff erworben haben.

Die Parteien haben sich gemäß §§ 873, 1191 I über die Bestellung einer Grundschuld geeinigt.

Die Eintragung der Einigung im Grundbuch ist erfolgt, §§ 873, 1192, 1115.

Der Grundschuldbrief ist übergeben worden, §§ 1192, 1117 I 1.

Außerdem war der Eigentümer F verfügungsbefugt, also Berechtigter.

Demnach hat G direkt vom Berechtigten F gemäß §§ 873, 1191, 1192, 1115 ff die Briefgrundschuld erworben.

c. Weiterhin könnte die Briefgrundschuld gemäß §§ 1192, 1154 von G auf Z übergegangen sein, also ein abgeleiteter Erwerb des Z vom Berechtigten G stattgefunden haben.

Die Parteien haben sich bezüglich der Übertragung geeinigt.

Die Übertragung der Briefgrundschuld erfolgte formgerecht.

Fraglich ist die Berechtigung des Übertragenden. Der Übertragende muss Inhaber der Grundschuld sein. Die Berechtigung des G scheitert jedoch – im Gegensatz zu einer Hypothekenübertragung – nicht etwa daran, dass aus der bestehenden Fremdgrundschuld aufgrund der erfolgten Zahlung der schuldrechtlichen Forderung automatisch eine Eigentümergrundschuld geworden ist. § 1163 I gilt im Grundschuldrecht nicht. Die Zahlung bewirkt lediglich einen Untergang der schuldrechtlichen Forderung gemäß § 362. Die Grundschuld ist davon unberührt und besteht nach wie vor. G ist deshalb als Inhaber der immer noch bestehenden Grundschuld zur Übertragung berechtigt.

Also ist die Briefgrundschuld gemäß §§ 1192, 1154 von G auf Z übergegangen. Es hat ein abgeleiteter Erwerb des Z vom Berechtigten G stattgefunden.

d. Somit ist der Anspruchsteller Z Inhaber der Briefgrundschuld.

3. Demnach ist der Anspruch entstanden.

II. Der Anspruch ist nicht untergegangen.

III. Der Anspruch müsste durchsetzbar sein.

In Betracht kommt eine Einrede des Eigentümers F gemäß § 1192 I a (Einrede auf Rückübertragung der Grundschuld wegen der erfolgten Zahlung der schuldrechtlichen Forderung). Die Einrede greift jedoch nicht, wenn Z die Grundschuld gutgläubig einredefrei von G erworben hat.

1. Möglicherweise kann F gegen den Anspruch auf Duldung der Zwangsvollstreckung gemäß § 1192 I a i.V.m. §§ 311, 241 vorgehen.

Gemäß § 1192 I a kann der Eigentümer gegenüber jedem Erwerber der Sicherungsgrundschuld die Einreden geltend machen, die ihm (= dem Eigentümer) aufgrund des Sicherungsvertrags mit dem bisherigen Gläubiger gegen die Grundschuld zustehen oder die sich aus dem Sicherungsvertrag ergeben.

Fall 36

Wenn G von F Duldung der Zwangsvollstreckung verlangt hätte, hätte F aufgrund der erfolgten Zahlung auf die schuldrechtliche Rückzahlungsforderung die Einrede der Rückübertragung der Grundschuld (§§ 311, 241) erheben können. Ihm steht wegen der erfolgten Zahlung und des sich daraus ergebenden Fehlens des Sicherungsgrundes ein Anspruch auf Rückübertragung der Grundschuld zu. Dies ergibt sich in Ermangelung einer konkreten Vereinbarung zumindest konkludent im Wege der Auslegung aus dem der Grundschuldbestellung zugrunde liegenden Sicherungsvertrag. Gemäß § 1192 I a kann F diese Einrede auch dem Z entgegenhalten.

2. Fraglich ist jedoch, ob ein gutgläubiger einredefreier Erwerb der Grundschuld, §§ 1192 I, 1157 S. 2 i.V.m. § 892 durch Z möglich ist.

§ 1192 I a bestimmt insbesondere, dass § 1157 S. 2, der seinerseits auf § 892 verweist, keine Anwendung findet. Z kann damit die Grundschuld nicht gutgläubig einredefrei erworben haben. Eine etwaige Gutgläubigkeit des Z hinsichtlich der Einredefreiheit spielt mithin keine Rolle.

3. Der Anspruch ist demnach nicht durchsetzbar.

IV. Mangels Durchsetzbarkeit wird Z mit dem Anspruch auf Duldung der Zwangsvollstreckung aus §§ 1192, 1147 nicht durchdringen.

- Gesamtergebnis

Z hat gegen S keinen Darlehensrückzahlungsanspruch gemäß §§ 488 I 2, 398.
Der Anspruch des Z gegen F auf Duldung der Zwangsvollstreckung gemäß §§ 1192, 1147 ist nicht durchsetzbar.

Fazit

1. Der Fall ist systematisch grundsätzlich dem Fall 27 (Verteidigungsmöglichkeiten gegen die Hypothek) nachgebildet. Erinnert ihr euch an die Konstellationen K1 – K6? Hier waren vier Personen beteiligt. Es hat ein Übergang der Forderung / der Grundschuld stattgefunden. Schuldner und Eigentümer waren personenverschieden. K4 war demnach die richtige Konstellation (die im Übrigen wie K3 funktioniert).

2. Der **Schuldner** der (hier durch die Grundschuld gesicherten) Forderung kann gegenüber dem Zahlungsanspruch (hier § 488 I 2) des Forderungsinhabers alle Einwendungen und alle Einreden geltend machen. Das muss im Gesetz nicht ausdrücklich erwähnt werden. Es handelt sich um eine „Selbstverständlichkeit". Insofern sind die „Verteidigungsrechte" dieselben, wie bei einer Hypothek. Es gibt keine Unterschiede!!!

Die Zahlung auf die Forderung vor Abtretung derselben bewirkte die Erfüllung des Anspruchs, § 362. Die Erfüllung ist eine Einwendung.

Verteidigung (Grundschuld)

Gemäß § 404 kann der Schuldner dem neuen Gläubiger gegenüber alle Einwendungen entgegenhalten, die er gegenüber dem Altgläubiger hätte geltend machen können. Und noch einmal: Der Begriff „Einwendungen" in § 404 ist missverständlich! Er umfasst tatsächlich sowohl Einwendungen als auch Einreden.

Die Lösung des Falls bot im ersten Teil eine Besonderheit. Im Rahmen der Prüfung des Rückzahlungsanspruchs gemäß §§ 488 I 2, 398 war zu berücksichtigen, dass der jetzige Anspruchsteller nicht der ursprüngliche war, sondern der Anspruch allenfalls auf ihn übergegangen sein konnte. Also war der altbekannte Prüfungspunkt „Anspruch entstanden?" zweizuteilen.

Zuerst war zu eruieren, ob der Rückzahlungsanspruch (§ 488 I 2) im Verhältnis der ursprünglich Beteiligten S und G entstanden war. Anschließend folgte eine Klärung der Frage, ob der Anspruch aus § 488 I 2 gemäß § 398 vom ursprünglichen Gläubiger G auf Z übergegangen war. Im Gegensatz zum grundsätzlich vergleichbaren Fall 25 war der Zahlungsanspruch wegen der Zahlung vor Abtretung nicht auf den neuen Gläubiger übergegangen. Der Anspruch war im Verhältnis S – Z gar nicht erst entstanden. Vergleichbar verlief der Lösungsweg in Fall 27.

3. Der **Eigentümer** (personengleich oder personenverschieden mit dem Schuldner) des mit der Grundschuld belasteten Grundstücks kann gegenüber dem Anspruch auf Duldung der Zwangsvollstreckung zum einen alle eigenen Einwendungen und Einreden aus der Grundschuldbestellung („Selbstverständlichkeit") geltend machen. Er kann aber – im Gegensatz zum Hypothekenrecht – nicht auf die Einreden gemäß § 1137 I verweisen.

Beim Übergang der Grundschuld kommt eine Möglichkeit hinzu: Der Eigentümer kann außerdem Einreden gemäß § 1192 I a geltend machen. Zu beachten ist, dass der Anspruchsteller die Grundschuld – anders als nach der bis 2008 geltenden Gesetzeslage – wegen § 1192 I a nicht gutgläubig einredefrei erworben haben kann.

Der Aufbau des Duldungsanspruchs bot einige Besonderheiten: Bereits im Prüfungspunkt „Übergang der Briefgrundschuld gemäß §§ 1192, 1154?" (= abgeleiteter Erwerb vom Berechtigten) war der Unterpunkt „Berechtigung des Übertragenden?" zu bejahen. Die Berechtigung des Übertragenden (G) scheitert – im Gegensatz zu einer Hypothekenübertragung – nicht etwa daran, dass aus der bestehenden Fremdgrundschuld aufgrund der erfolgten Zahlung der schuldrechtlichen Forderung automatisch eine Eigentümergrundschuld geworden ist. § 1163 I gilt im Grundschuldrecht nicht. Die Zahlung bewirkt lediglich einen Untergang der schuldrechtlichen Forderung gemäß § 362. Die Grundschuld ist davon unberührt und besteht nach wie vor. Der Übertragende (G) ist deshalb als Inhaber der immer noch bestehenden Grundschuld zur Übertragung berechtigt. Deshalb konnte ein abgeleiteter Erwerb vom Berechtigten stattfinden.

Schlussendlich war die Durchsetzbarkeit des Anspruchs zu prüfen. Hier war die Frage zu stellen, ob der Eigentümer eine Einrede geltend machen kann. Wenn G von F Duldung der Zwangsvollstreckung verlangt hätte, hätte F aufgrund der erfolgten Zahlung auf die schuldrechtliche Rückzahlungsforderung

Fall 36

die *Einrede der Rückübertragung der Grundschuld* (§§ 311, 241) erheben können. Ihm steht wegen der erfolgten Zahlung und des sich daraus ergebenden Fehlens des Sicherungsgrundes ein Anspruch auf Rückübertragung der Grundschuld zu, § 1192 I a i.V.m. §§ 311, 241. Das ergibt sich in Ermangelung einer konkreten Vereinbarung zumindest konkludent im Wege der Auslegung aus dem der Grundschuldbestellung zugrunde liegenden Sicherungsvertrag. F hat diese Einrede gegenüber Z aber nur dann, wenn Anspruchsteller Z die Grundschuld nicht gutgläubig einredefrei erworben hat. Ein gutgläubiger einredefreier Erwerb scheitert aber an § 1192 I a. Denn der bereits 2008 eingeführte § 1192 I a bestimmt insbesondere, dass § 1157 S. 2, der seinerseits auf § 892 verweist, keine Anwendung findet. Z kann damit die Grundschuld nicht gutgläubig einredefrei erworben haben.

4. Eine Anmerkung zur Einrede auf Rückübertragung der Grundschuld: Es werden unterschiedliche Meinungen vertreten, woraus sich die Einrede konkret ableiten lässt. Neben der in diesem Fall aufgezeigten Möglichkeit (§§ 311, 241; direkt oder konkludent aus dem Sicherungsvertrag) lässt sich die Einrede durchaus auch auf § 821 stützen (Bereicherungseinrede; Eigentümer hat wegen Erfüllung der Forderung einen Anspruch aus § 812 auf Rückübertragung der Grundschuld). Weitere Modelle sind denkbar. Allen vertretenen Ansichten ist jedoch gemein, dass dem Eigentümer eine Einrede zusteht.

5. Und letztmalig für die Uralt-Studenten: Wie ist der Fall zu lösen, wenn der Grundschulderwerb bereits bis zum 19.08.2008 dinglich wirksam geworden ist?

Dann ändert sich so einiges. Dreh- und Angelpunkt ist § 1192 I a, der erst nach dem genannten Datum gilt. Und ohne § 1192 I a sieht die Fall-Lösung so aus:

- Z gegen F Duldung der Zwangsvollstreckung
gemäß §§ 1192, 1147
...
III. Anspruch durchsetzbar?

Vorüberlegung: In Betracht kommt eine Einrede des Eigentümers F gemäß §§ 1192 I, 1157 S. 1 (Einrede auf Rückübertragung der Grundschuld wegen der erfolgten Zahlung der schuldrechtlichen Forderung); die Einrede greift jedoch nicht, wenn Z die Grundschuld gutgläubig einredefrei von G erworben hat

1. **§§ 1192 I, 1157 S. 1 i.V.m. §§ 311, 241 (Rückübertragungseinrede)?**

   = gemäß §§ 1192, 1157 S. 1 kann der Eigentümer gegenüber dem neuen Gläubiger gegen die Grundschuld die Einreden geltend machen, die ihm schon gegen den bisherigen Gläubiger zustanden

   HIER (+) → wenn G von F Duldung der Zwangsvollstreckung verlangt hätte, hätte F aufgrund der erfolgten Zahlung auf die schuldrechtliche Rückzahlungsforderung die Einrede der Rückübertragung der Grundschuld (§§ 311, 241) erheben können; ihm steht wegen der erfolgten Zahlung und des sich daraus ergebenden Fehlens des Sicherungsgrundes ein Anspruch auf Rückübertragung der Grundschuld zu; dies ergibt sich in Ermangelung einer konkreten Vereinbarung zumindest konkludent im Wege der Auslegung aus dem der Grundschuldbestellung zugrunde liegenden Sicherungsvertrag; gemäß §§ 1192, 1157 S. 1 kann F diese Einrede auch dem Z entgegenhalten

Verteidigung (Grundschuld)

2. *§§ 1192 I, 1157 S. 2 i.V.m. § 892 ?*
= gutgläubiger einredefreier Grundschulderwerb (durch Z)

a. *Einrede gemäß § 1157 ?* (+), s.o.

b. *Unrichtigkeit des Grundbuchs ?*

HIER (+) → es weist eine einredefreie Grundschuld aus; tatsächlich steht dem Eigentümer F die o.g. Einrede zu

c. *Legitimation des Verfügenden als Berechtigter ?*

HIER (+) → aus dem Grundbuch ging hervor, dass G Inhaber einer einredefreien Grundschuld war; insofern war er als Berechtigter legitimiert

d. *Gutgläubigkeit des Erwerbers ?*

HIER (+) → Z wusste nicht positiv vom Bestehen der Einrede; die entgegenstehende Meinung, der Erwerber einer Sicherungsgrundschuld sei immer bereits dann nicht im guten Glauben, wenn er den Sicherungscharakter der Grundschuld und damit den einredebegründenden Tatbestand kenne, geht fehl; gemäß §§ 1157 S. 2, 892 ist die positive Kenntnis der Einrede gefordert; die positive Kenntnis der Einrede kann jedoch frühestens bejaht werden, wenn feststeht, dass der Erwerber wusste, dass seitens des Altschuldners eine Zahlung auf die schuldrechtliche Forderung erfolgt ist, die die Einrede erst auslöst; von den einredebegründenden Tatsachen und damit auch von der Einrede selbst hatte der Erwerber Z aber keine Kenntnis

e. *keine Eintragung eines Widerspruchs gemäß § 899 gegen die Richtigkeit des Grundbuchs ?* (+)

f. also: *gutgläubiger einredefreier Erwerb der Grundschuld durch Z* (+)

3. also: Anspruch durchsetzbar (+)

IV. Ergebnis:
Z gegen F Anspruch auf Duldung der Zwangsvollstreckung gemäß §§ 1192 I, 1147 (+)

- Gesamtergebnis

Z gegen S Rückzahlung des Darlehens gemäß § 488 I 2 (−);
Z gegen F Anspruch auf Duldung der Zwangsvollstreckung gemäß §§ 1192 I, 1147 (+)

Fall 37

Fall 37

Aufgrund eines Kaufvertrags bezüglich einer DVD-Sammlung aller „Lindenstraße"-Folgen schuldet der diesbezüglich begeisterte S dem G 20.000 €. Zur Sicherung der Zahlungsforderung einigen sich G und S über die Bestellung einer Briefgrundschuld am Grundstück des S. Die Grundschuldbestellung erfolgt formgerecht. Nunmehr tritt der zwischenzeitlich verarmte G die Forderung auf Kaufpreiszahlung an seinen Gläubiger X ab, um diesen zu besänftigen. Die Grundschuld überträgt er aus demselben Grunde formgerecht auf seinen Gläubiger Y. Diese Umstände kennt S nicht. Er zahlt zur Begleichung der Kaufpreisforderung 20.000 € an G. Später verlangt X von S Kaufpreiszahlung und Y von S Duldung der Zwangsvollstreckung.

Frage: Haben X und Y die geltend gemachten Ansprüche?

Lösungsskizze Fall 37

- X gegen S Kaufpreiszahlung gemäß §§ 433 II, 398 ?

I. Anspruch entstanden ?

Vorüberlegung: Der Anspruch auf Zahlung muss zunächst im Verhältnis S – G entstanden sein; dann muss ein Anspruchserwerb im Verhältnis G – X stattgefunden haben, d.h. der Anspruch muss von G auf X übergegangen sein

   1. Anspruch entstanden im Verhältnis S – G ?

      a. Vertrag ?

         HIER (+) → Kaufvertrag, § 433 zwischen G und S

      b. <u>also</u>: Anspruch im Verhältnis S – G entstanden (+)

   2. Anspruch übergegangen von G auf X ?

      a. Form<u>lose</u> Abtretung des Anspruchs ?

         HIER (+) → Abtretung, § 398

      b. Berechtigung des Abtretenden ?

         HIER (+) → die Berechtigung des G ist nicht etwa deshalb zu verneinen, weil eine Forderung nicht ohne die sichernde Grundschuld abtretbar ist; im Gegensatz zum Hypothekenrecht kann die schuldrechtliche Forderung grundsätzlich separiert abgetreten werden; die Berechtigung des G scheitert zudem nicht an einer grundsätzlich möglichen Vereinbarung der Parteien, dass die Grundschuld nicht abgetreten werden darf (§ 399); S und G haben diesbezüglich keine Vereinbarung getroffen; G war demnach als Inhaber der Forderung zur Abtretung berechtigt

      c. <u>also</u>: Anspruch von G auf X übergegangen (+)

   3. <u>also</u>: Anspruch entstanden (+)

237

Verteidigung (Grundschuld)

II. Anspruch untergegangen ?

1. *durch Erfüllung, § 362 ?*

HIER (−) → bei einer Zahlungsverpflichtung tritt Erfüllung gemäß § 362 nur ein, wenn die geschuldete Zahlung an den tatsächlichen Gläubiger geleistet wird; zum Zeitpunkt der Rückzahlung war wegen der zwischenzeitlich erfolgten Abtretung X Gläubiger, und nicht mehr G, an den S geleistet hat

2. *durch Erfüllung gemäß §§ 362, 407 I ?*

HIER (+) → S glaubte zum Zeitpunkt der Zahlung an G, dieser sei immer noch Gläubiger, war also diesbezüglich gutgläubig; die Zahlung erfolgte nach der Abtretung der Forderung; der neue Gläubiger muss die Zahlung gegen sich gelten lassen

3. *also: Anspruch untergegangen* (+)

III. Ergebnis:
X gegen S Kaufpreiszahlung gemäß §§ 433 II, 398 (−)

- **Y gegen S Duldung der Zwangsvollstreckung gemäß §§ 1192, 1147 ?**

I. Anspruch entstanden ?

1. *Anspruchsgegner (S) ist Eigentümer des Grundstücks ?* (+)

2. *Anspruchsteller (Y) ist Inhaber der Briefgrundschuld ?*

   a. *ursprünglich* (−)

   Vorüberlegung: Y ist Inhaber der Grundschuld, wenn zunächst ein Erwerb im Verhältnis S − G und dann ein Erwerb im Verhältnis G − Y erfolgt ist

   b. *Briefgrundschulderwerb des G von S gemäß §§ 873, 1191, 1192, 1115 ff ?*
   = direkter Erwerb des G vom Berechtigten S

   aa. Einigung, §§ 873, 1191 I ? (+)

   bb. Eintragung der Einigung im Grundbuch, §§ 873, 1192, 1115 ? (+)

   cc. Briefübergabe oder -ersatz, §§ 1192, 1117 ? (+)

   dd. Berechtigung des Bestellers ?
   HIER (+) → S ist verfügungsbefugter Grundstückseigentümer

   ee. also: direkter Briefgrundschulderwerb des G vom Berechtigten S gemäß §§ 873, 1191, 1192, 1115 ff (+)

   c. *Übergang der Briefgrundschuld von G auf Y gemäß §§ 1192, 1154 ?*
   = abgeleiteter Erwerb des Y vom Berechtigten G

   aa. Einigung über den Übergang, § 873 ? (+)

   bb. Übertragung in der Form der §§ 1192, 1154 ?
   = bei der Briefgrundschuld §§ 1154 I, II, 1117
   HIER (+)

Fall 37

cc. *Berechtigung des Übertragenden ?*
= Übertragender ist Inhaber der Grundschuld
HIER (+)

dd. <u>also</u>: *abgeleiteter Erwerb des Y vom Berechtigten G gemäß §§ 1192, 1154* (+)

d. <u>also</u>: *Anspruchsteller (Y) ist Inhaber der Briefgrundschuld* (+)

3. <u>also</u>: *Anspruch entstanden* (+)

II. Anspruch untergegangen ? (−)

III. Anspruch durchsetzbar ?

Vorüberlegung: In Betracht kommt eine Einrede des Eigentümers S gemäß § 1192 I a (Einrede auf Rückübertragung der Grundschuld wegen der erfolgten Zahlung der schuldrechtlichen Forderung); die Einrede greift jedoch nicht, wenn Y die Grundschuld gutgläubig einredefrei von G erworben hat

1. *§ 1192 I a i.V.m. §§ 311, 241 (Rückübertragungseinrede) ?*
   = gemäß § 1192 I a kann der Eigentümer gegenüber jedem Erwerber der <u>Si</u><u>cherungs</u>grundschuld die Einreden geltend machen, die ihm (= dem Eigentümer) aufgrund des Sicherungsvertrags mit dem bisherigen Gläubiger gegen die Grundschuld zustehen oder die sich aus dem Sicherungsvertrag ergeben

   HIER (+) → mit Abschluss des Sicherungsvertrags (hier S mit Altgläubiger G) ist eine <u>potenzielle</u> Einrede des Eigentümers (hier des S) bereits immer schon dem Grunde nach angelegt; denn der Grundschuldgläubiger soll nach dem Sicherungsvertrag ja erst dann gemäß §§ 1192, 1147 Duldung der Zwangsvollstreckung vom Eigentümer verlangen können, wenn die schuldrechtliche Forderung nicht gezahlt wird; wenn allerdings gezahlt wird, fällt der Sicherungsgrund weg; mit Wegfall des Sicherungsgrundes kann die Einrede der Rückübertragung der Grundschuld (§§ 311, 241) erhoben werden; dies ergibt sich in Ermangelung einer konkreten Vereinbarung zumindest konkludent im Wege der Auslegung aus dem der Grundschuldbestellung zugrunde liegenden Sicherungsvertrag; gemäß § 1192 I a kann S diese Einrede auch dem Y entgegenhalten; denn § 1192 I a gilt nach seinem Wortlaut nicht nur für Einreden, die dem Eigentümer (hier S) bereits gegen den bisherigen Gläubiger (hier G) zustehen; § 1192 I a gilt auch für Einreden, die sich aus dem Sicherungsvertrag ergeben

2. *§§ 1192 I, 1157 S. 2 i.V.m. § 892 ?*
   = gutgläubiger <u>einredefreier</u> Grundschulderwerb (durch Y)

   HIER (−) → § 1192 I a bestimmt insbesondere, dass § 1157 S. 2, der seinerseits auf § 892 verweist, keine Anwendung findet; Y kann damit die Grundschuld nicht gutgläubig einredefrei erworben haben; eine etwaige Gutgläubigkeit des Y hinsichtlich der Einredefreiheit spielt mithin keine Rolle

3. <u>also</u>: *Anspruch durchsetzbar* (−)

239

Verteidigung (Grundschuld)

IV. Ergebnis:
Y gegen S Anspruch auf Duldung der Zwangsvollstreckung gemäß §§ 1192 I, 1147 (+), aber nicht durchsetzbar

- **Gesamtergebnis**

X gegen S Kaufpreiszahlung gemäß §§ 433 II, 398 (–);
Y gegen S Anspruch auf Duldung der Zwangsvollstreckung gemäß §§ 1192 I, 1147 (+), aber nicht durchsetzbar

Formulierungsvorschlag Fall 37

- **X gegen S Kaufpreiszahlung gemäß §§ 433 II, 398**

X könnte gegen S einen Anspruch auf Kaufpreiszahlung gemäß §§ 433 II, 398 haben.

I. Der Anspruch müsste entstanden sein.

Zunächst muss der Anspruch auf Zahlung im Verhältnis S – G entstanden sein. Dann muss ein Anspruchserwerb im Verhältnis G – X stattgefunden haben, d.h. der Anspruch muss von G auf X übergegangen sein.

1. Der Anspruch müsste im Verhältnis S – G entstanden sein.

a. G und S haben einen Kaufvertrag geschlossen. Hieraus resultiert der Kaufpreisanspruch gemäß § 433 II.

b. Demnach ist ein Zahlungsanspruch im Verhältnis S – G entstanden.

2. Weiterhin müsste der Anspruch von G auf X übergegangen sein.

a. Es ist eine formlose Abtretung des Anspruchs gemäß § 398 erfolgt.

b. G müsste zur Abtretung berechtigt gewesen sein. Zur Abtretung berechtigt ist der Forderungsinhaber. G war als Inhaber der Forderung zur Abtretung berechtigt. Die Berechtigung des G ist nicht etwa deshalb zu verneinen, weil eine Forderung nicht ohne die sichernde Grundschuld abtretbar ist. Im Gegensatz zum Hypothekenrecht kann die schuldrechtliche Forderung grundsätzlich separiert abgetreten werden. Die Berechtigung des G scheitert zudem nicht an einer grundsätzlich möglichen Vereinbarung der Parteien, dass die Grundschuld nicht abgetreten werden darf (§ 399). S und G haben diesbezüglich keine Vereinbarung getroffen.

c. Also ist der Anspruch auf Kaufpreiszahlung von G auf X übergegangen.

3. Somit ist der Anspruch im Verhältnis S – X entstanden.

II. Der Anspruch könnte aber untergegangen sein.

1. In Betracht kommt eine Erfüllung des Zahlungsanspruchs gemäß § 362. Bei einer Zahlungsverpflichtung tritt Erfüllung gemäß § 362 jedoch nur ein, wenn die geschuldete Zahlung an den tatsächlichen Gläubiger geleistet wird. Zum Zeitpunkt der Rückzahlung war wegen der zwischenzeitlich erfolgten Abtretung X

Fall 37

Gläubiger und nicht mehr G, an den S geleistet hat. Der Untergang wegen Erfüllung des Anspruchs, § 362 scheidet demnach aus.

2. Zu denken ist aber an einen Untergang des Anspruchs gemäß §§ 362, 407 I. S glaubte zum Zeitpunkt der Zahlung an G, dieser sei immer noch Gläubiger, war also diesbezüglich gutgläubig. Die Zahlung erfolgte nach Abtretung der Forderung. Also muss der neue Gläubiger die Zahlung gegen sich gelten lassen. Es ist eine Erfüllung gemäß §§ 362, 407 I eingetreten.

3. Demnach ist der Anspruch untergegangen.

III. X hat gegen S keinen Anspruch auf Zahlung des Kaufpreises gemäß §§ 433 II, 398.

- Y gegen S Duldung der Zwangsvollstreckung gemäß §§ 1192, 1147

Y könnte gegen S einen Anspruch auf Duldung der Zwangsvollstreckung gemäß §§ 1192, 1147 haben.

I. Der Anspruch müsste entstanden sein.

1. Anspruchsgegner S ist Eigentümer des Grundstücks.

2. Anspruchsteller Y müsste Inhaber der Briefhypothek sein.

a. Ursprünglich war er nicht Inhaber.

Y ist aber Inhaber der Grundschuld, wenn zunächst ein Erwerb im Verhältnis S – G und dann ein Erwerb im Verhältnis G – Y erfolgt ist.

b. G könnte die Briefgrundschuld direkt vom Berechtigten S gemäß §§ 873, 1191, 1192, 1115 ff erworben haben.

Die Parteien haben sich gemäß §§ 873, 1191 I über die Bestellung einer Grundschuld geeinigt.

Die Eintragung der Einigung im Grundbuch ist erfolgt, §§ 873, 1192, 1115.

Der Grundschuldbrief ist übergeben worden, §§ 1192, 1117 I 1.

Außerdem war der Eigentümer S verfügungsbefugt, also Berechtigter.

Demnach hat G direkt vom Berechtigten S gemäß §§ 873, 1191, 1192, 1115 ff die Briefgrundschuld erworben.

c. Weiterhin könnte die Briefgrundschuld gemäß §§ 1192, 1154 von G auf Y übergegangen sein, also ein abgeleiteter Erwerb des Y vom Berechtigten G stattgefunden haben.

Die Parteien haben sich bezüglich der Übertragung geeinigt.

Die Übertragung erfolgte formgerecht.

Die Berechtigung des Übertragenden ist zu bejahen.

Also ist die Briefgrundschuld gemäß §§ 1192, 1154 von G auf Y übergegangen. Es hat ein abgeleiteter Erwerb des Y vom Berechtigten G stattgefunden.

Verteidigung (Grundschuld)

d. Somit ist der Anspruchsteller Y Inhaber der Briefgrundschuld.

3. Demnach ist der Anspruch entstanden.

II. Der Anspruch ist nicht untergegangen.

III. Der Anspruch müsste durchsetzbar sein.

In Betracht kommt eine Einrede des Eigentümers S gemäß § 1192 I a (Einrede auf Rückübertragung der Grundschuld wegen der erfolgten Zahlung der schuldrechtlichen Forderung). Die Einrede greift jedoch nicht, wenn Y die Grundschuld gutgläubig einredefrei von G erworben hat.

1. Möglicherweise kann S gegen den Anspruch auf Duldung der Zwangsvollstreckung gemäß § 1192 I a i.V.m. §§ 311, 241 vorgehen.

Gemäß § 1192 I a kann der Eigentümer gegenüber jedem Erwerber der Sicherungsgrundschuld die Einreden geltend machen, die ihm (= dem Eigentümer) aufgrund des Sicherungsvertrags mit dem bisherigen Gläubiger gegen die Grundschuld zustehen oder die sich aus dem Sicherungsvertrag ergeben.

Mit Abschluss des Sicherungsvertrags (hier S mit Altgläubiger G) ist eine potenzielle Einrede des Eigentümers (hier des S) bereits immer schon dem Grunde nach angelegt. Denn der Grundschuldgläubiger soll nach dem Sicherungsvertrag ja erst dann gemäß §§ 1192, 1147 Duldung der Zwangsvollstreckung vom Eigentümer verlangen können, wenn die schuldrechtliche Forderung nicht gezahlt wird. Wenn allerdings gezahlt wird, fällt der Sicherungsgrund weg. Mit Wegfall des Sicherungsgrundes kann die Einrede der Rückübertragung der Grundschuld (§§ 311, 241) erhoben werden. Dies ergibt sich in Ermangelung einer konkreten Vereinbarung zumindest konkludent im Wege der Auslegung aus dem der Grundschuldbestellung zugrunde liegenden Sicherungsvertrag. Gemäß § 1192 I a kann S diese Einrede auch dem Y entgegenhalten. Denn § 1192 I a gilt nach seinem Wortlaut nicht nur für Einreden, die dem Eigentümer (hier S) bereits gegen den bisherigen Gläubiger (hier G) zustehen. § 1192 I a gilt auch für Einreden, die sich aus dem Sicherungsvertrag ergeben.

2. Fraglich ist jedoch, ob ein gutgläubiger einredefreier Erwerb der Grundschuld, §§ 1192 I, 1157 S. 2 i.V.m. § 892 durch Y möglich ist.

§ 1192 I a bestimmt insbesondere, dass § 1157 S. 2, der seinerseits auf § 892 verweist, keine Anwendung findet. Y kann damit die Grundschuld nicht gutgläubig einredefrei erworben haben. Eine etwaige Gutgläubigkeit des Y hinsichtlich der Einredefreiheit spielt mithin keine Rolle.

3. Der Anspruch ist demnach nicht durchsetzbar.

IV. Mangels Durchsetzbarkeit wird Y mit dem Anspruch auf Duldung der Zwangsvollstreckung aus §§ 1192, 1147 nicht durchdringen.

- Gesamtergebnis

X hat gegen S keinen Kaufpreisanspruch gemäß §§ 433 II, 398. Der Anspruch des Y gegen S auf Duldung der Zwangsvollstreckung gemäß §§ 1192, 1147 ist nicht durchsetzbar.

Fall 37

Fazit

1. Erinnert ihr euch an die Konstellationen K1 – K6? Hier waren vier Personen beteiligt. Es hat ein Übergang der Forderung / der Grundschuld an zwei verschiedene Personen stattgefunden. Schuldner und Eigentümer waren personengleich. K5 war demnach die richtige Konstellation (die im Übrigen wie K6 funktioniert).

2. Vergleicht bitte diesen Fall mit dem vorigen Fall 36 und mit Fall 28.

3. Der schuldrechtliche Anspruch auf Kaufpreiszahlung scheiterte bereits wegen Erfüllung der Forderung gemäß §§ 362, 407 I.

4. Was kann der *Eigentümer* gegen den Duldungsanspruch aus §§ 1192, 1147 unternehmen? Nach den Ausführungen des vorigen Falls kam hier wiederum im Rahmen des Prüfungspunktes „Anspruch durchsetzbar?" die Rückübertragungseinrede des § 1192 I a i.V.m. §§ 311, 241 zum Zuge. Aber dann doch ein wenig anders als im vorigen Fall 36. Lest und vergleicht ...

5. Und wie hättet ihr den Fall gelöst, wenn der Grundschulderwerb bereits bis zum 19.08.2008 dinglich wirksam geworden wäre?

    Dann ändert sich so einiges. Dreh- und Angelpunkt ist § 1192 I a, der erst nach dem genannten Datum gilt. Wie die Lösung ohne § 1192 I a aussieht, habe ich im Wesentlichen bereits im Fazit zu Fall 36 präsentiert. Blättert abermals zurück und lest ...

    Die Transferleistung zu diesem Fall dürfte euch problemlos gelingen.

Verteidigung (Grundschuld)

Fall 38

Zur Sicherung eines noch auszuzahlenden Darlehens einigen sich G und S über die Bestellung einer Briefgrundschuld am Grundstück des S, die am 10.05. fällig werden soll. Die Grundschuldbestellung erfolgt formgerecht. Im Folgenden kommt es aber nicht zur Auszahlung des Darlehens. G überträgt später die Grundschuld formgerecht auf Z. Dabei verschweigt er, dass er das Darlehen nicht an S ausgezahlt hat. Zum Zeitpunkt der Fälligkeit verlangt Z von S Duldung der Zwangsvollstreckung.

Frage: Hat Z den geltend gemachten Anspruch?

Lösungsskizze Fall 38

- Z gegen S Duldung der Zwangsvollstreckung gemäß §§ 1192, 1147 ?

I. Anspruch entstanden ?

   1. Anspruchsgegner (S) ist Eigentümer des Grundstücks ? (+)

   2. Anspruchsteller (Z) ist Inhaber der Briefgrundschuld ?

     a. ursprünglich (−)

     Vorüberlegung: Z ist Inhaber der Grundschuld, wenn zunächst ein Erwerb im Verhältnis S – G und dann ein Erwerb im Verhältnis G – Z erfolgt ist

     b. Briefgrundschulderwerb des G von S gemäß §§ 873, 1191, 1192, 1115 ff ?
     = direkter Erwerb des G vom Berechtigten S

       aa. Einigung, §§ 873, 1191 I ? (+)

       bb. Eintragung der Einigung im Grundbuch, §§ 873, 1192, 1115 ? (+)

       cc. Briefübergabe oder -ersatz, §§ 1192, 1117 ? (+)

       dd. Berechtigung des Bestellers ?
          HIER (+) → S ist verfügungsbefugter Grundstückseigentümer

       ee. <u>also</u>: direkter Briefgrundschulderwerb des G vom Berechtigten S gemäß §§ 873, 1191, 1192, 1115 ff (+)

     c. Übergang der Briefgrundschuld von G auf Z gemäß §§ 1192, 1154 ?
     = abgeleiteter Erwerb des Z vom Berechtigten G

       aa. Einigung über den Übergang, § 873 ? (+)

       bb. Übertragung in der Form der §§ 1192, 1154 ?
          = bei der Briefgrundschuld §§ 1154 I, II, 1117

          HIER (+)

Fall 38

cc. Berechtigung des Übertragenden ?
= Übertragender ist Inhaber der Grundschuld

HIER (+) → die Berechtigung des G scheitert nicht etwa daran, dass mangels Auszahlung des Darlehens an S keine Forderung auf Rückzahlung entstanden ist; die Grundschuld ist – im Gegensatz zur Hypothek – nicht vom Bestand einer Forderung abhängig; § 1163 I gilt im Grundschuldrecht nicht

dd. also: abgeleiteter Erwerb des Z vom Berechtigten G gemäß §§ 1192, 1154 (+)

d. also: Anspruchsteller (Z) ist Inhaber der Briefgrundschuld (+)

3. also: Anspruch entstanden (+)

II. Anspruch untergegangen ? (–)

III. Anspruch durchsetzbar ?

Vorüberlegung: In Betracht kommt die Einrede des Eigentümers S gemäß § 1192 I a (Einrede auf Rückübertragung der Grundschuld, §§ 311, 241, weil mangels Auszahlung des Darlehens kein Rückzahlungsanspruch entstanden ist und damit der im Sicherungsvertrag zumindest konkludent vereinbarte Zweck nicht erreicht wird); die Einrede greift jedoch nicht, wenn Z die Grundschuld gutgläubig einredefrei von G erworben hat.

1. § 1192 I a i.V.m. §§ 311, 241 (Rückübertragungseinrede) ?
= gemäß § 1192 I a kann der Eigentümer gegenüber jedem Erwerber der Sicherungsgrundschuld die Einreden geltend machen, die ihm (= dem Eigentümer) aufgrund des Sicherungsvertrags mit dem bisherigen Gläubiger gegen die Grundschuld zustehen oder die sich aus dem Sicherungsvertrag ergeben

HIER (+) → wenn bereits G von S Duldung der Zwangsvollstreckung verlangt hätte, hätte S aufgrund der Tatsache, dass mangels Auszahlung des Darlehens kein Rückzahlungsanspruch entstanden ist, die Einrede auf Rückübertragung der Grundschuld erheben können; ihm steht wegen der Nichtentstehung der schuldrechtlichen Forderung und des sich daraus ergebenden Fehlens des Sicherungsgrundes ein Anspruch aus §§ 311, 241 auf Rückübertragung der Grundschuld zu; dies ergibt sich zumindest konkludent im Wege der Auslegung aus dem der Grundschuldbestellung zugrunde liegenden Sicherungsvertrag; gemäß § 1192 I a kann S diese Einrede auch dem Z entgegenhalten

2. §§ 1192 I, 1157 S. 2 i.V.m. § 892 ?
= gutgläubiger einredefreier Grundschulderwerb (durch Z)

HIER (–) → § 1192 I a bestimmt insbesondere, dass § 1157 S. 2, der seinerseits auf § 892 verweist, keine Anwendung findet; Z kann damit die Grundschuld nicht gutgläubig einredefrei erworben haben; eine etwaige Gutgläubigkeit des Z hinsichtlich der Einredefreiheit spielt mithin keine Rolle

3. also: Anspruch durchsetzbar (–)

245

Verteidigung (Grundschuld)

IV. Ergebnis:
Z gegen S Anspruch auf Duldung der Zwangsvollstreckung gemäß §§ 1192 I, 1147 (+), aber nicht durchsetzbar

Formulierungsvorschlag Fall 38

**- Z gegen S Duldung der Zwangsvollstreckung
gemäß §§ 1192, 1147**

Z könnte gegen S einen Anspruch auf Duldung der Zwangsvollstreckung gemäß §§ 1192, 1147 haben.

I. Der Anspruch müsste entstanden sein.

1. Anspruchsgegner S ist Eigentümer des Grundstücks.
2. Anspruchsteller Z müsste Inhaber der Briefgrundschuld sein.

a. Ursprünglich war er nicht Inhaber.

Z ist aber Inhaber der Grundschuld, wenn zunächst ein Erwerb im Verhältnis S – G und dann ein Erwerb im Verhältnis G – Z erfolgt ist.

b. G könnte die Briefgrundschuld direkt vom Berechtigten S gemäß §§ 873, 1191, 1192, 1115 ff erworben haben.

Die Parteien haben sich gemäß §§ 873, 1191 I über die Bestellung einer Grundschuld geeinigt.

Die Eintragung der Einigung im Grundbuch ist erfolgt, §§ 873, 1192, 1115.

Der Grundschuldbrief ist übergeben worden, §§ 1192, 1117 I 1.

Außerdem war der Eigentümer S verfügungsbefugt, also Berechtigter.

Demnach hat G direkt vom Berechtigten S gemäß §§ 873, 1191, 1192, 1115 ff die Briefgrundschuld erworben.

c. Weiterhin könnte die Briefgrundschuld gemäß §§ 1192, 1154 von G auf Z übergegangen sein, also ein abgeleiteter Erwerb des Z vom Berechtigten G stattgefunden haben.

Die Parteien haben sich bezüglich der Übertragung geeinigt.

Die Übertragung erfolgte formgerecht.

Fraglich ist die Berechtigung des Übertragenden. Der Übertragende muss Inhaber der Grundschuld sein. Die Berechtigung des G scheitert jedoch nicht etwa daran, dass mangels Auszahlung des Darlehens an S keine Forderung auf Rückzahlung entstanden ist. Die Grundschuld ist – im Gegensatz zur Hypothek – nicht vom Bestand einer Forderung abhängig. § 1163 I gilt im Grundschuldrecht nicht. Somit war G zur Übertragung berechtigt.

Also ist die Briefgrundschuld gemäß §§ 1192, 1154 von G auf Z übergegangen. Es hat ein abgeleiteter Erwerb des Z vom Berechtigten G stattgefunden.

Fall 38

d. Somit ist der Anspruchsteller Z Inhaber der Briefgrundschuld.

3. Demnach ist der Anspruch entstanden.

II. Der Anspruch ist nicht untergegangen.

III. Der Anspruch müsste durchsetzbar sein.

In Betracht kommt eine Einrede des Eigentümers S gemäß § 1192 I a (Einrede auf Rückübertragung der Grundschuld, §§ 311, 241, wegen der Nichtentstehung der schuldrechtlichen Forderung). Die Einrede greift jedoch nicht, wenn Z die Grundschuld gutgläubig einredefrei von G erworben hat.

1. Möglicherweise kann S gegen den Anspruch auf Duldung der Zwangsvollstreckung gemäß § 1192 I a i.V.m. §§ 311, 241 vorgehen.

Gemäß § 1192 I a kann der Eigentümer gegenüber jedem Erwerber der Sicherungsgrundschuld die Einreden geltend machen, die ihm (= dem Eigentümer) aufgrund des Sicherungsvertrags mit dem bisherigen Gläubiger gegen die Grundschuld zustehen oder die sich aus dem Sicherungsvertrag ergeben.

Wenn bereits G von S Duldung der Zwangsvollstreckung verlangt hätte, hätte S aufgrund der Tatsache, dass mangels Auszahlung des Darlehens kein Rückzahlungsanspruch entstanden ist, die Einrede auf Rückübertragung der Grundschuld erheben können. Ihm steht wegen der Nichtentstehung der schuldrechtlichen Forderung und des sich daraus ergebenden Fehlens des Sicherungsgrundes ein Anspruch aus §§ 311, 241 auf Rückübertragung der Grundschuld zu. Dies ergibt sich zumindest konkludent im Wege der Auslegung aus dem der Grundschuldbestellung zugrunde liegenden Sicherungsvertrag. Gemäß § 1192 I a kann S diese Einrede auch dem Z entgegenhalten.

2. Fraglich ist jedoch, ob ein gutgläubiger einredefreier Erwerb der Grundschuld, §§ 1192 I, 1157 S. 2 i.V.m. § 892 durch Z möglich ist.

§ 1192 I a bestimmt insbesondere, dass § 1157 S. 2, der seinerseits auf § 892 verweist, keine Anwendung findet. Z kann damit die Grundschuld nicht gutgläubig einredefrei erworben haben. Eine etwaige Gutgläubigkeit des Z hinsichtlich der Einredefreiheit spielt mithin keine Rolle.

3. Der Anspruch ist demnach nicht durchsetzbar.

IV. Mangels Durchsetzbarkeit wird Z mit dem Anspruch auf Duldung der Zwangsvollstreckung aus §§ 1192, 1147 nicht durchdringen.

Fazit

1. Was passiert eigentlich, wenn für eine noch zu entstehende Darlehensrückzahlungsforderung schon eine Sicherungsgrundschuld bestellt wird, die dann auch noch übertragen wird. Hat der (potenzielle) Erwerber einen Anspruch auf Duldung der Zwangsvollstreckung, wenn die Forderung mangels Auszahlung des Darlehens gar nicht zur Entstehung gelangt?

Verteidigung (Grundschuld)

2. Die Lösung bewegt sich auf bekannten Trampelpfaden. Im Prüfungspunkt „Anspruch durchsetzbar?" ist zu fragen, ob der Eigentümer gemäß § 1192 I a i.V.m. § 311, 241 die Einrede auf Rückübertragung der Grundschuld hat, weil mangels Auszahlung des Darlehens kein Rückzahlungsanspruch entstanden ist und damit der im Sicherungsvertrag zumindest konkludent vereinbarte Zweck nicht erreicht wird. Das durftet ihr bejahen. Aber: Die Einrede greift nicht, wenn der Anspruchsteller (hier Z) die Grundschuld gutgläubig einredefrei erworben hat. Kann der Anspruchsteller denn gutgläubig erwerben? Seit August 2008 wegen § 1192 I a nicht mehr. Denn § 1192 I a bestimmt insbesondere, dass § 1157 S. 2, der seinerseits auf § 892 verweist, keine Anwendung findet.

3. Obwohl § 1192 I a bereits seit August 2008 gilt, möchte ich in dieser Auflage letztmalig die Rechtslage beleuchten, die vor der Einführung der Vorschrift galt. Immerhin erscheint es möglich, aber nicht sehr wahrscheinlich, dass euch unter Hinweis auf die alte Rechtslage eine Fall-Abwandlung ereilt. Also: Wie ist der Fall zu lösen, wenn der Grundschulderwerb bereits bis zum 19.08.2008 dinglich wirksam geworden ist?

Dann ändert sich so einiges. Dreh- und Angelpunkt ist § 1192 I a, der erst nach dem genannten Datum gilt. Und ohne § 1192 I a sieht die Fall-Lösung so aus:

- Z gegen S Duldung der Zwangsvollstreckung gemäß §§ 1192, 1147
...
III. Anspruch durchsetzbar ?

Vorüberlegung: In Betracht kommt die Einrede des Eigentümers S gemäß §§ 1192 I, 1157 S. 1 (Einrede auf Rückübertragung der Grundschuld, §§ 311, 241, weil mangels Auszahlung des Darlehens kein Rückzahlungsanspruch entstanden ist und damit der im Sicherungsvertrag zumindest konkludent vereinbarte Zweck nicht erreicht wird); die Einrede greift jedoch nicht, wenn Z die Grundschuld gutgläubig einredefrei von G erworben hat.

1. §§ 1192 I, 1157 S. 1 i.V.m. §§ 311, 241 (Rückübertragungseinrede) ?
= gemäß §§ 1192, 1157 S. 1 kann der Eigentümer gegenüber dem neuen Gläubiger gegen die Grundschuld die Einreden geltend machen, die ihm schon gegen den bisherigen Gläubiger zustanden.

HIER (+) → wenn bereits G von S Duldung der Zwangsvollstreckung verlangt hätte, hätte S aufgrund der Tatsache, dass mangels Auszahlung des Darlehens kein Rückzahlungsanspruch entstanden ist, die Einrede auf Rückübertragung der Grundschuld erheben können; ihm steht wegen der Nichtentstehung der schuldrechtlichen Forderung und des sich daraus ergebenden Fehlens des Sicherungsgrundes ein Anspruch aus §§ 311, 241 auf Rückübertragung der Grundschuld zu; dies ergibt sich zumindest konkludent im Wege der Auslegung aus dem der Grundschuldbestellung zugrunde liegenden Sicherungsvertrag; gemäß §§ 1192, 1157 S. 1 kann S diese Einrede auch dem Z entgegenhalten

Fall 38

2. **§§ 1192 I, 1157 S. 2 i.V.m. § 892 ?**
   = gutgläubiger einredefreier Grundschulderwerb (durch Z)

   a. Einrede gemäß § 1157 ? (+), s.o.

   b. Unrichtigkeit des Grundbuchs ?
   HIER (+) → es weist eine einredefreie Grundschuld aus; tatsächlich steht dem Eigentümer S die o.g. Einrede zu

   c. Legitimation des Verfügenden als Berechtigter ?
   HIER (+) → aus dem Grundbuch ging hervor, dass G Inhaber einer einredefreien Grundschuld war; insofern war er als Berechtigter legitimiert

   d. Gutgläubigkeit des Erwerbers ?
   HIER (+) → Z wusste nicht positiv vom Bestehen der Einrede; die entgegenstehende Meinung, der Erwerber einer Sicherungsgrundschuld sei immer bereits dann nicht im guten Glauben, wenn er den Sicherungscharakter der Grundschuld und damit den einredebegründenden Tatbestand kenne, geht fehl; gemäß §§ 1157 S. 2, 892 ist die positive Kenntnis der Einrede gefordert; die positive Kenntnis der Einrede kann jedoch frühestens bejaht werden, wenn feststeht, dass der Erwerber wusste, dass keine schuldrechtliche Rückzahlungsforderung entstanden ist, die die Einrede erst auslöst; von den einredebegründenden Tatsachen und damit auch von der Einrede selbst hatte der Erwerber Z aber keine Kenntnis

   e. keine Eintragung eines Widerspruchs gemäß § 899 gegen die Richtigkeit des Grundbuchs ? (+)

   f. <u>also</u>: gutgläubiger einredefreier Erwerb der Grundschuld durch Z (+)

3. <u>also</u>: Anspruch durchsetzbar (+)

IV. Ergebnis:
Z gegen S Anspruch auf Duldung der Zwangsvollstreckung gemäß §§ 1192 I, 1147 (+)

4. Und wie müsst ihr vorgehen, wenn ihr auch nach dem *Rückzahlungsanspruch aus § 488 I 2* gefragt werdet? Achtung: Der Anspruch ist mangels Auszahlung des Darlehens noch nicht einmal im Verhältnis der ursprünglich Beteiligten S und G entstanden. Weil er nicht entstanden ist, kann er nicht auf Z übergegangen sein. Es gibt – einmal mehr – keinen gutgläubigen Erwerb einer Forderung.

5. Wenn ihr alle Probleme des Kapitels verinnerlicht habt, dürfte es nicht schwerfallen, weitere Fälle erfolgreich zu lösen. Immer gut mischen!
   Doch nun zum nächsten Kapitel, das sich mit der Vormerkung beschäftigt...

Vormerkung

- Eine kleine Einführung

1. Vorgeplänkel

Nun zu einem Anspruch, der für sich gesehen nicht allzu schwer ist, aber in eine Thematik eingebettet ist, deren Inhalt ihr euch als Anfänger vielleicht mehrmals zu Gemüte führen solltet, um sie zu begreifen.

Im Folgenden werde ich zuerst einmal Sinn und Funktion der Vormerkung erklären, damit ihr euch ein ungefähres Bild von der Materie machen könnt. Ein Verständnis von Sinn und Funktion der Vormerkung ist unerlässlich, um in den dann relativ einfachen Teil des Vormerkungsanspruchs einzusteigen.

2. Sinn und Funktion der Vormerkung

Die Vormerkung ist im Bereich des BGB etwas ganz Besonderes. Sie soll den Inhaber eines schuldrechtlichen Anspruchs, der auf dingliche Rechtsänderung gerichtet ist, vor beeinträchtigenden Verfügungen des Schuldners schützen. Man kann sie deshalb auch als „Sicherungsrecht" bezeichnen.

Jetzt fragt sich allerdings: Was sind denn schuldrechtliche Ansprüche, die auf dingliche Rechtsänderung gerichtet sind? Das ist ganz einfach zu beantworten. Zunächst vergegenwärtigen wir uns noch einmal, dass es im deutschen Bürgerlichen Recht das Abstraktionsprinzip gibt. Um ein dingliches Recht − hier das Eigentum an einem Grundstück − zu erlangen, sind immer ein (zugrunde liegendes) Verpflichtungsgeschäft, auch Kausalgeschäft genannt, und ein (darauf basierendes) Verfügungsgeschäft notwendig. Erst wenn beide Geschäfte wirksam abgeschlossen sind, ist der Rechtserwerb ein endgültiger. Natürlich ist eine für sich allein vorgenommene Verfügung ebenfalls wirksam, kann aber bei unwirksamem oder fehlendem Kausalgeschäft über die Normen des Bereicherungsrechts (§§ 812 ff) wieder rückgängig gemacht werden. Wir haben also gesehen: Ein endgültiger Rechtserwerb setzt immer ein wirksames Verpflichtungsgeschäft und ein wirksames Verfügungsgeschäft voraus.

Der schuldrechtliche Anspruch, der durch die Vormerkung gesichert werden soll, resultiert aus dem schuldrechtlichen Verpflichtungsgeschäft. Dieses kann euch in unterschiedlichen Formen begegnen. Es kann sich hierbei um einen Kaufvertrag (§ 433 = der Regelfall), einen Tauschvertrag (§ 480) oder einen Schenkungsvertrag (§ 516) handeln. Aus jedem der genannten Verträge, in dem es jeweils um den Verkauf, den Tausch oder die Schenkung eines Grundstücks geht, folgt die Pflicht des Verkäufers/Tauschenden/Schenkers, dem Vertragspartner das Grundstück zu übereignen.

Eine kleine Einführung

Die Pflicht zur Übereignung stellt somit die Pflicht zu einer dinglichen Rechtsänderung dar. Dieser Pflicht korrespondiert ein Anspruch des Vertragspartners auf Übereignung des Grundstücks gegen den anderen, der das (Eigentums-) Recht noch innehat.

Und eben dieser Anspruch auf Übereignung des Grundstücks ist der schuldrechtliche Anspruch auf dingliche Rechtsänderung, der durch die Vormerkung gesichert werden soll.

Puh, das war ganz schön happig, oder? Aber jetzt ist wenigstens schon 'mal die Basis klar. Also weiter im Text.

Wir gehen gedanklich noch einmal zum Anfang der Ausführungen zurück. Da habe ich gesagt, dass die Vormerkung den Inhaber eines schuldrechtlichen Anspruchs, der auf dingliche Rechtsänderung gerichtet ist, vor beeinträchtigenden Verfügungen des Schuldners schützen soll. Dann stellt sich somit die Frage, inwieweit und in welcher Form der Schuldner beeinträchtigende Verfügungen vornehmen kann.

Hierzu ein recht einfaches Beispiel:

Wenn Grundstückseigentümer E sein Grundstück an Käufer K verkauft (= schuldrechtliches Verpflichtungsgeschäft, §§ 433, 311 b I 1) und eine Übereignung (= dingliches Verfügungsgeschäft, §§ 873, 925) noch nicht stattgefunden hat, kann der nunmehr böse Noch-Eigentümer E selbstverständlich nach Lust und Laune dasselbe Grundstück an den Dritten D verkaufen (§§ 433, 311 b I 1) und übereignen (§§ 873, 925). Denn: Es besteht jederzeit die Möglichkeit, sich schuldrechtlich bezüglich ein und desselben Grundstücks mehrfach zu binden. Der böse E kann also sowohl an K als auch an D und im Weiteren an beliebig viele andere Personen verkaufen. Eine Übereignung kann E aber nur einmal wirksam vornehmen.

In unserem Beispiel hat E sein Grundstück an D übereignet. Diese Übereignung ist wirksam, weil E (noch) Eigentümer des Grundstücks ist. Die schuldrechtliche Verpflichtung aus dem zwischen E und K bestehenden Kaufvertrag hat – und das muss man sich auf der Zunge zergehen lassen – überhaupt keine Auswirkungen auf die vorgenommene Übereignung.

K guckt dann natürlich in die Röhre! Er kann von E zwar die Übereignung des Grundstücks aus § 433 verlangen, dieser Anspruch ist jedoch praktisch nicht durchsetzbar, weil E nicht mehr Grundstückseigentümer ist und demnach nicht Eigentum verschaffen kann. Das ist die beeinträchtigende Verfügung!

K bleibt somit auf einen Schadensersatzanspruch wegen Unmöglichkeit gegen E beschränkt. Und dieser Anspruch zieht auch nur dann, wenn K das Grundstück zu einem Preis hätte erwerben können, der niedriger als der Wert desselben liegt (Stichwort: Schaden).

Also: Um das zu verhindern, kann der Käufer eine Vormerkung bestellen lassen und ist so gegen schmutzige Spielchen des Noch-Eigentümers geschützt. Die Vormerkung wird im Grundbuch eingetragen und signalisiert einem kaufbereiten Dritten, dass (noch) jemand existiert, der einen schuldrechtlichen Anspruch auf Übereignung innehat.

Vormerkung

Benimmt sich nun Schlitzohr E trotzdem daneben, d.h. übereignet er trotz bestehender, im Grundbuch eingetragener Vormerkung an D, so ist diese Verfügung – und damit der Eigentumserwerb des D – zwar (zunächst) wirksam und nicht etwa wegen der für K bestehenden Vormerkung unwirksam bzw. nichtig. Merkt euch: Die Vormerkung hat keine absolute Wirkung dahin gehend, dass sie den Eigentumserwerb eines Dritten verhindert.

Der Vormerkungsberechtigte K hat dann aber die Möglichkeit, zu rufen: „Jetzt komm' ich und mein § 888 I" (lesen!) und kann gegen den Dritten D vorgehen.

3. Das Recht aus § 888 I

So, jetzt fehlt aber noch etwas: Bisher habe ich krampfhaft vermieden zu erzählen, welchen Inhalt der Anspruch aus § 888 I hat. Wir wissen nur, gegen wen sich der Anspruch richtet. Nämlich gegen denjenigen, der aufgrund der beeinträchtigenden Verfügung des ursprünglichen Eigentümers eine Rechtsposition erlangt hat, die der Vormerkungsberechtigte selbst gerne innehaben würde. In unserem Beispiel hat D Eigentum am Grundstück erlangt, das K selbst gerne hätte.

Schauen wir uns den Wortlaut des § 888 I an. Hier steht lapidar (lesen!), dass der Vormerkungsberechtigte vom Erwerber die Zustimmung zur Eintragung oder deren Löschung verlangen kann, wenn der Erwerb eines Rechtes ... dem Vormerkungsberechtigten gegenüber unwirksam ist.
Unwirksam ist eine Verfügung gemäß § 883 II 1 insoweit, als sie den Anspruch des Vormerkungsberechtigten vereitelt oder beeinträchtigt.
Was der Gesetzgeber in ach so vielen blumigen Worten kompliziert ausdrückt, soll im Klartext lauten: Eine nach der Eintragung einer Vormerkung dieser Vormerkung entgegenstehende Verfügung ist dem Vormerkungsberechtigten gegenüber relativ unwirksam. Dies berechtigt ihn, gegen den Erwerber des Rechts im Rahmen des § 888 I vorzugehen.

Achtung!!!: Der Anspruch gegen den Dritten (hier K gegen D) ist nicht etwa auf Übereignung des Grundstücks gerichtet.

Übereignen kann nämlich nur der Eigentümer. Nun ist der Dritte zwar Eigentümer des Grundstücks, nur nicht dem Vormerkungsberechtigten gegenüber. Für den Vormerkungsberechtigten ist nach wie vor derjenige Eigentümer, mit dem er den Kaufvertrag abgeschlossen hat. Und gegen diesen muss er den Übereignungsanspruch geltend machen. Das meinte die eben schon angeführte Formulierung „relative Unwirksamkeit".

In unserem Beispiel sieht das wie folgt aus: Wäre für K eine Vormerkung im Grundbuch eingetragen worden und hätte E anschließend an D verkauft und übereignet, wäre die Verfügung (nur) dem K gegenüber unwirksam. K hätte immer noch einen Übereignungsanspruch gegen E.

Damit unser armer K aber auch als Eigentümer im Grundbuch eingetragen werden kann, ist eine letzte Hürde zu nehmen. § 19 GBO (Grundbuchordnung, lesen!!!) be-

Eine kleine Einführung

stimmt, dass bezüglich der Eintragung eine Erklärung der betroffenen Person – also des Dritten – erfolgen muss. Und eben die Abgabe dieser Erklärung kann K als Vormerkungsberechtigter gemäß § 888 I vom im Grundbuch eingetragenen neuen Eigentümer D, der für ihn nicht der Eigentümer ist (relative Unwirksamkeit), fordern.

4. Vormerkungserwerb im Anspruchsaufbau

Ihr erinnert euch: Beim Erwerb des Eigentums an einem Grundstück gab es zwei Erwerbsformen, den Erwerb vom Berechtigten und den Erwerb vom Nichtberechtigten. Ebenso ist das im Vormerkungsrecht. Aber es geht noch weiter.

Beim Eigentumserwerb habt ihr lediglich den „direkten" Erwerb des Erwerbers vom Eigentümer oder Nichteigentümer kennengelernt. Nun kann eine Vormerkung aber auch übertragen werden. Das geschieht regelmäßig mit der Abtretung der Forderung (§ 398), die die Vormerkung sichern soll.

Zum Verständnis: Zuerst besteht die Vormerkung nicht. Dann soll eine Forderung durch eine Vormerkung gesichert werden. Es findet ein direkter Vormerkungserwerb zwischen dem Gläubiger der Forderung einerseits und dem Berechtigten oder Nichtberechtigten andererseits statt. Anschließend überträgt der Gläubiger – etwa weil er Geld benötigt – die durch die Vormerkung gesicherte Forderung auf einen Dritten. Im Folgenden werde ich in dieser Konstellation vom „abgeleiteten" Erwerb sprechen. Der abgeleitete Erwerb ist wiederum vom Berechtigten oder vom Nichtberechtigten denkbar. Warum und in welchen Fällen ein Erwerb vom Nichtberechtigten möglich ist, werdet ihr in den folgenden Fällen erfahren.

Zu denken ist also an *vier Arten des Vormerkungserwerbs*:

- der *direkte Erwerb vom Berechtigten*
- der *direkte Erwerb vom Nichtberechtigten*

- der *abgeleitete Erwerb vom Berechtigten*
- der *abgeleitete Erwerb vom Nichtberechtigten*

In schriftlichen Arbeiten empfiehlt es sich, zunächst zu prüfen, ob ein direkter Vormerkungserwerb vom Berechtigten in Betracht kommt. Sollte dies mangels einer Berechtigung des Veräußerers ausscheiden, ist gleich im Anschluss daran zu erörtern, ob im speziellen Fall ein direkter Vormerkungserwerb vom Nichtberechtigten zu bejahen ist. Danach ist u.U. eine Prüfung des abgeleiteten Vormerkungserwerbs vom Berechtigten und – wenn's daran hapert – vom Nichtberechtigten gefragt.

Es ist grundsätzlich so wie bei der nunmehr bekannten Prüfung aller vorangegangenen Fälle. Ihr könnt oft, ja oft auf das schon Erlernte zurückgreifen. Das Immobiliarsachenrecht ist ein großer Baukasten.

Vormerkung

Fall 39

Grundstückseigentümer E verkauft dem K sein Grundstück. K lässt sich den aus dem Kaufvertrag resultierenden Anspruch auf Übereignung durch eine (Auflassungs-) Vormerkung sichern, da die Übereignung selbst erst sechs Monate später stattfinden soll. Noch vor Ablauf dieses Zeitraums veräußert der geldgierige E das Grundstück an den Dritten D, der ihm wesentlich mehr Geld dafür zahlt.

Frage: Hat K gegen D einen Anspruch aus § 888 I ?

Lösungsskizze Fall 39

- **K gegen D Anspruch auf Abgabe einer Erklärung gemäß § 888 I ?**

I. Anspruch entstanden ?

   1. Voraussetzungen der §§ 885 I, 883 I ?

      a. Anspruchsteller (K) ist Inhaber der Vormerkung ?

         aa. ursprünglich (−)

         bb. Vormerkungserwerb des K von E gemäß § 885 I ?
         = direkter Erwerb des K vom Berechtigten E

            (1) Sicherungsfähiger schuldrechtlicher Anspruch ?
            = Anspruch, der auf dingliche Rechtsänderung gerichtet ist

               HIER (+) → der dem K gegen E zustehende Anspruch auf Übereignung aus § 433 I 1 ist auf dingliche Rechtsänderung gerichtet

            (2) Bewilligung in der Form des § 29 GBO oder einstweilige Verfügung ? (+)

            (3) Eintragung der Vormerkung im Grundbuch ? (+)

            (4) Berechtigung des Bewilligenden ? (+)

            (5) <u>also</u>: direkter Vormerkungserwerb des K vom Berechtigten E gemäß § 885 I (+)

         cc. <u>also</u>: Anspruchsteller (K) ist Inhaber der Vormerkung (+)

      b. <u>also</u>: Voraussetzungen der §§ 885 I, 883 I (+)

   2. Voraussetzungen des § 883 II ?

      a. Anspruchsgegner (D) hat eine Rechtsposition entgegen der Vormerkung und nach deren Eintragung erlangt ?

         aa. Erlangen einer Rechtsposition durch Verfügung gemäß §§ 873, 925 ?
         = Eigentumserwerb des D vom Berechtigten E

Fall 39

(1) Einigung ? (+)

(2) Eintragung der Einigung im Grundbuch ? (+)

(3) Einigsein im Zeitpunkt der Eintragung ? (+)

(4) Berechtigung des Veräußerers ?
= der verfügungsbefugte Eigentümer oder der Nichteigentümer, der gesetzlich verfügungsbefugt ist oder der vom Berechtigten ermächtigt ist

HIER (+) → E war bei der Veräußerung an D noch Eigentümer

(5) also: Eigentumserwerb des D vom Berechtigten E gemäß §§ 873, 925 (+) und damit Erlangen einer Rechtsposition (+)

bb. entgegen der Vormerkung ? (+)

cc. nach Eintragung der Vormerkung ? (+)

dd. also: Anspruchsgegner (D) hat eine Rechtsposition entgegen der Vormerkung und nach deren Eintragung erlangt (+)

b. also: Voraussetzungen des § 883 II (+)

3. *also: Anspruch entstanden (+)*

II. Anspruch untergegangen ? (−)

III. Anspruch durchsetzbar ? (+)

IV. Ergebnis:
Erwerb des D ist dem K gegenüber unwirksam; also K gegen D Anspruch auf Abgabe einer Erklärung gemäß § 888 I (+)

Formulierungsvorschlag Fall 39

- K gegen D Anspruch auf Abgabe einer Erklärung gemäß § 888 I

K könnte gegen D einen Anspruch auf Abgabe einer Erklärung gemäß § 888 I haben.

I. Der Anspruch müsste entstanden sein.

1. Zunächst müssten die Voraussetzungen der §§ 885 I, 883 I vorliegen.

a. Anspruchsteller K müsste Inhaber der Vormerkung sein.

aa. Ursprünglich war er nicht Inhaber.

bb. K könnte jedoch die Vormerkung direkt vom Berechtigten E gemäß § 885 I erworben haben.

Erste Voraussetzung ist das Vorliegen eines sicherungsfähigen schuldrechtlichen Anspruchs. Dies ist ein Anspruch, der auf dingliche Rechtsänderung ge-

255

Vormerkung

richtet ist. Der dem K gegen E zustehende Anspruch auf Übereignung aus § 433 I 1 ist auf dingliche Rechtsänderung gerichtet, also ein sicherungsfähiger schuldrechtlicher Anspruch.

Die Bewilligung in der Form des § 29 GBO oder durch einstweilige Verfügung ist zu unterstellen.

Die Eintragung der Vormerkung im Grundbuch ist erfolgt.

Außerdem war der Eigentümer E verfügungsbefugt, also Berechtigter.

Demnach hat K die Vormerkung direkt vom Berechtigten E gemäß § 885 I erworben.

cc. Somit ist der Anspruchsteller K Inhaber der Vormerkung.

b. Also liegen die Voraussetzungen der §§ 885 I, 883 I vor.

2. Weiterhin müssten die Voraussetzungen des § 883 II vorliegen.

a. Der Anspruchsgegner D müsste eine Rechtsposition entgegen der Vormerkung und nach deren Eintragung erlangt haben.

aa. D hätte eine Rechtsposition durch Verfügung erlangt, wenn er Eigentum vom Berechtigten E gemäß §§ 873, 925 erworben hat.

Die Parteien haben sich wirksam über den Eigentumsübergang geeinigt.

Die Eintragung der Einigung im Grundbuch ist erfolgt.

Die Parteien waren sich auch noch im Zeitpunkt der Eintragung einig.

Außerdem war E bei der Veräußerung an D noch Eigentümer und somit verfügungsbefugt, also Berechtigter.

Demnach hat D vom Berechtigten E gemäß §§ 873, 925 Eigentum erworben. Er hat somit eine Rechtsposition erlangt.

bb. Die Rechtsposition erlangte er entgegen der Vormerkung.

cc. Der Eigentumserwerb erfolgte nach Eintragung der Vormerkung.

dd. Der Anspruchsgegner D hat also eine Rechtsposition entgegen der Vormerkung und nach deren Eintragung erlangt.

b. Also liegen die Voraussetzungen des § 883 II vor.

3. Demnach ist der Anspruch entstanden.

II. Der Anspruch ist nicht untergegangen.

III. Er ist auch durchsetzbar.

IV. Der Eigentumserwerb des D ist dem K gegenüber unwirksam. K hat gegen D einen Anspruch auf Abgabe einer Erklärung gemäß § 888 I.

Fall 39

Fazit

1. Das war der einfachste Fall des Anspruchs aus *§ 888 I*. Es sollte lediglich die Struktur des Anspruchsaufbaus vergegenwärtigt werden. Warum es die Vormerkung gibt und welchen Sinn sie hat, konntet ihr in der recht ausführlichen Einführung zur Vormerkung lesen. Wer's bislang versäumt hat, sollte es jetzt unbedingt nachholen.

2. Doch nun noch einmal zum *Aufbau des Anspruchs* aus § 888 I.

   Der Anspruch ist entstanden, wenn zum einen die *Voraussetzungen der §§ 885 I, 883 I* und zum anderen die *Voraussetzungen des § 883 II* vorliegen.

   Die Voraussetzungen der *§§ 885 I, 883 I* beinhalten vormerkungsspezifische Prüfungspunkte. Hier ist zu prüfen, ob der Anspruchsteller *Inhaber der Vormerkung* ist. Es musste – ob der Einfachheit des Sachverhalts – lediglich ergründet werden, ob ein *direkter Vormerkungserwerb vom Berechtigten* erfolgt ist. Da bietet sich abermals eine historische Prüfung an. In den folgenden Fällen wird's ein bisschen schwieriger. Ihr werdet erfahren, dass es noch andere Erwerbsformen gibt.

   Bei der Prüfung der Voraussetzungen des *§ 883 II* war bis auf den Einstieg in die Prüfung selbst alles altbekannt. Der *Anspruchsgegner muss* eine *Rechtsposition entgegen der Vormerkung* und *nach deren Eintragung erlangt haben*. Die Rechtsposition muss er *durch Verfügung* erlangt haben. Der Anspruchsgegner kann z.B. Eigentum erworben haben. Und wie erlangt man Eigentum? Das habt ihr in den Fällen zum Eigentumserwerb kennenlernen dürfen. Es galt also an dieser Stelle, auf schon Erlerntes zurückzugreifen. Selbstverständlich könnt ihr je nach Fallgestaltung innerhalb der Prüfung des Eigentumserwerbs mit den üblichen kleinen Problemschweinereien konfrontiert werden.

Vormerkung

Fall 40

Der zu Unrecht im Grundbuch als Eigentümer eingetragene N verkauft dem K „sein" Grundstück. K ist bezüglich der Eigentümerstellung des N gutgläubig. Die Übereignung soll erst sechs Monaten später erfolgen. K lässt sich deshalb seinen Übereignungsanspruch durch eine (Auflassungs-) Vormerkung sichern. Vor der Übereignung erreicht der wahre Eigentümer E durch Geltendmachung des Anspruchs aus § 894 gegen N seine Eintragung ins Grundbuch.

Frage: Hat K gegen E einen Anspruch aus § 888 I ?

Lösungsskizze Fall 40

- K gegen E Anspruch auf Abgabe einer Erklärung gemäß § 888 I ?

I. Anspruch entstanden ?

   1. Voraussetzungen der §§ 885 I, 883 I ?

      a. Anspruchsteller (K) ist Inhaber der Vormerkung ?

         aa. ursprünglich (−)

         bb. Vormerkungserwerb des K von N gemäß § 885 I ?
         = direkter Erwerb des K vom Berechtigten N

            (1) Sicherungsfähiger schuldrechtlicher Anspruch ?
            = Anspruch, der auf dingliche Rechtsänderung gerichtet ist

            HIER (+) → der dem K gegen N zustehende Anspruch auf Übereignung aus § 433 I 1 ist auf dingliche Rechtsänderung gerichtet

            (2) Bewilligung in der Form des § 29 GBO oder einstweilige Verfügung ? (+)

            (3) Eintragung der Vormerkung im Grundbuch ? (+)

            (4) Berechtigung des Bewilligenden ?
            = der verfügungsbefugte Eigentümer oder der Nichteigentümer, der gesetzlich verfügungsbefugt ist oder der vom Berechtigten ermächtigt ist

            HIER (−) → N ist weder Eigentümer noch Ermächtigter noch sonst Verfügungsbefugter

            (5) also: direkter Vormerkungserwerb des K vom Berechtigten N gemäß § 885 I (−)

Fall 40

cc. Vormerkungserwerb des K von N gemäß §§ 885 I, 892 analog ?
= direkter Erwerb des K vom Nichtberechtigten N

(1) Sicherungsfähiger schuldrechtlicher Anspruch ? (+), s.o.

(2) Bewilligung in der Form des § 29 GBO oder einstweilige Verfügung ? (+)

(3) Eintragung der Vormerkung im Grundbuch ? (+)

(4) „Berechtigungsersatz" ?
= Voraussetzungen des § 892 analog

(a) Rechtsgeschäftlicher Erwerb ? (+)

(b) Verkehrsgeschäft ? (+)

(c) Unrichtigkeit des Grundbuchs ?
= Inhalt des Grundbuchs stimmt nicht mit der Wirklichkeit überein

HIER (+) → N ist fälschlicherweise als Eigentümer im Grundbuch eingetragen

(d) Legitimation des Verfügenden als Berechtigter ? (+)

(e) Gutgläubigkeit des Erwerbers ?
= keine positive Kenntnis von der Unrichtigkeit des Grundbuchs bis zur Vollendung des Rechtserwerbs

HIER (+) → K hatte bis zu seiner Eintragung als Vormerkungsinhaber keine positive Kenntnis von der Unrichtigkeit des Grundbuchs

(f) keine Eintragung eines Widerspruchs gemäß § 899 gegen die Richtigkeit des Grundbuchs ? (+)

(g) also: Voraussetzungen des § 892 analog (+)

(5) also: direkter Vormerkungserwerb des K vom Nichtberechtigten N gemäß §§ 885 I, 892 analog (+)

dd. also: Anspruchsteller (K) ist Inhaber der Vormerkung (+)

b. <u>also</u>: Voraussetzungen der §§ 885 I, 883 I (+)

2. Voraussetzungen des § 883 II ?

 a. *Anspruchsgegner (E) hat eine Rechtsposition entgegen der Vormerkung und nach deren Eintragung erlangt ?*

 aa. *Erlangen einer Rechtsposition durch Verfügung ?*

 HIER (−) !!! → E ist immer Eigentümer geblieben;

 aber: ein Schutz des gutgläubigen K ist nur erreichbar, wenn die Geltendmachung des Anspruchs aus § 894 durch E und seine dann erfolgte Eintragung als Eigentümer im Grundbuch wie eine Verfügung behandelt wird

 bb. *entgegen der Vormerkung ? (+)*

Vormerkung

cc. nach Eintragung der Vormerkung ? (+)

dd. <u>also</u>: Anspruchsgegner (E) hat eine Rechtsposition entgegen der Vormerkung und nach deren Eintragung erlangt (+)

b. <u>also</u>: Voraussetzungen des § 883 II (+)

3. <u>also</u>: Anspruch entstanden (+)

II. Anspruch untergegangen ? (–)

III. Anspruch durchsetzbar ? (+)

IV. Ergebnis:
Eintragung des E ist dem K gegenüber unwirksam; also K gegen E Anspruch auf Abgabe einer Erklärung gemäß § 888 I (+)

Formulierungsvorschlag Fall 40

- K gegen E Anspruch auf Abgabe einer Erklärung gemäß § 888 I

K könnte gegen E einen Anspruch auf Abgabe einer Erklärung gemäß § 888 I haben.

I. Der Anspruch müsste entstanden sein.

1. Zunächst müssten die Voraussetzungen der §§ 885 I, 883 I vorliegen.

a. Anspruchsteller K müsste Inhaber der Vormerkung sein.

aa. Ursprünglich war er nicht Inhaber.

bb. K könnte jedoch die Vormerkung direkt vom Berechtigten N gemäß § 885 I erworben haben.

Erste Voraussetzung ist das Vorliegen eines sicherungsfähigen schuldrechtlichen Anspruchs. Dies ist ein Anspruch, der auf dingliche Rechtsänderung gerichtet ist. Der dem K gegen N zustehende Anspruch auf Übereignung aus § 433 I 1 ist auf dingliche Rechtsänderung gerichtet, also ein sicherungsfähiger schuldrechtlicher Anspruch.

Die Bewilligung in der Form des § 29 GBO oder durch einstweilige Verfügung ist zu unterstellen.

Die Eintragung der Vormerkung im Grundbuch ist erfolgt.

Der Bewilligende N müsste Berechtigter gewesen sein. Berechtigt ist der verfügungsbefugte Eigentümer oder der Nichteigentümer, der gesetzlich verfügungsbefugt ist oder der vom Berechtigten ermächtigt ist. N war weder Eigentümer noch Ermächtigter nach § 185. Eine sonstige Verfügungsbefugnis ist nicht ersichtlich. Somit fehlte die Berechtigung des N.

Demnach hat K die Vormerkung nicht direkt vom Berechtigten N gemäß § 885 I erworben.

Fall 40

cc. K könnte aber die Vormerkung direkt vom Nichtberechtigten N gemäß §§ 885 I, 892 analog erworben haben.

Ein sicherungsfähiger schuldrechtlicher Anspruch liegt vor.

Die Bewilligung in der Form des § 29 GBO oder durch einstweilige Verfügung ist zu unterstellen.

Die Eintragung der Vormerkung im Grundbuch ist erfolgt.

Fraglich ist, ob die Voraussetzungen des § 892 analog vorliegen.

Es hat ein rechtsgeschäftlicher Erwerb stattgefunden.

Außerdem liegt ein Verkehrsgeschäft vor.

Zudem ist das Grundbuch unrichtig. N ist fälschlicherweise als Eigentümer im Grundbuch eingetragen.

Der Verfügende war aus dem Grundbuch als Berechtigter ersichtlich.

Weiterhin muss der Erwerber im Zeitpunkt des Rechtserwerbs gutgläubig gewesen sein. Diesbezüglich schadet nur positive Kenntnis bezüglich der Unrichtigkeit des Grundbuchs. K wusste bis zu seiner Eintragung als Vormerkungsinhaber nichts von der Unrichtigkeit des Grundbuchs. Er war somit gutgläubig.

Ein Widerspruch gemäß § 899 gegen die Richtigkeit des Grundbuchs ist nicht erfolgt.

Also liegen die Voraussetzungen des § 892 analog vor.

Demnach hat K die Vormerkung direkt vom Nichtberechtigten N gemäß §§ 885 I, 892 analog erworben.

dd. Somit ist der Anspruchsteller K Inhaber der Vormerkung.

b. Also liegen die Voraussetzungen der §§ 885 I, 883 I vor.

2. Weiterhin müssten die Voraussetzungen des § 883 II vorliegen.

a. Der Anspruchsgegner E müsste eine Rechtsposition entgegen der Vormerkung und nach deren Eintragung erlangt haben.

aa. E müsste eine Rechtsposition durch Verfügung erlangt haben. Er hat das Eigentum am Grundstück jedoch nicht durch Verfügung erlangt, sondern ist immer Eigentümer gewesen bzw. geblieben. Ein Schutz des gutgläubigen K ist aber nur erreichbar, wenn die Geltendmachung des Anspruchs aus § 894 durch E und seine dann erfolgte Eintragung als Eigentümer im Grundbuch wie eine Verfügung behandelt wird.

bb. Die Rechtsposition des E steht entgegen der Vormerkung.

cc. Die (Wieder-) Eintragung als Eigentümer erfolgte nach Eintragung der Vormerkung.

dd. Der Anspruchsgegner E hat also eine Rechtsposition entgegen der Vormerkung und nach deren Eintragung erlangt.

b. Also liegen die Voraussetzungen des § 883 II vor.

Vormerkung

3. Demnach ist der Anspruch entstanden.
II. Der Anspruch ist nicht untergegangen.
III. Er ist auch durchsetzbar.
IV. Die Eintragung des E ist dem K gegenüber unwirksam. K hat gegen E einen Anspruch auf Abgabe einer Erklärung gemäß § 888 I.

Fazit

1. Auch eine Vormerkung kann man – das habt ihr bereits in der Einführung lesen dürfen – direkt vom Nichtberechtigten erwerben. Nach dem (immer direkten) Eigentumserwerb vom Nichtberechtigten, dem direkten Hypothekenerwerb vom Nichtberechtigten und dem direkten Grundschulderwerb vom Nichtberechtigten galt es nunmehr, innerhalb des Anspruchs aus **§ 888 I** eine derartige Erwerbsform anzuprüfen.

2. Zur Wiederholung abermals der **Aufbau des Anspruchs** aus § 888 I:
Der Anspruch ist entstanden, wenn zum einen die **Voraussetzungen der §§ 885 I, 883 I** und zum anderen die **Voraussetzungen des § 883 II** vorliegen.

3. Die Voraussetzungen der **§§ 885 I, 883 I** beinhalten vormerkungsspezifische Prüfungspunkte. Der Anspruchsteller muss **Inhaber der Vormerkung** sein. Ursprünglich war er es nicht. Der direkte Vormerkungserwerb vom Berechtigten scheiterte mangels Berechtigung des Bewilligenden. Somit kam ein **direkter Vormerkungserwerb vom Nichtberechtigten** gemäß §§ 885 I, 892 analog in Betracht. Ihr zeigt Systemverständnis, indem ihr einen gutgläubigen Erwerb allenfalls in entsprechender Anwendung des § 892 zulasst. Denn die Vormerkung passt nicht so ganz in den Voraussetzungskatalog des § 892. Allerdings soll sie als Sicherungsrecht den Inhaber eines schuldrechtlichen Anspruchs, der auf dingliche Rechtsänderung gerichtet ist, vor beeinträchtigenden Verfügungen des Schuldners schützen.

Die drei ersten Prüfungspunkte waren schon innerhalb des direkten Vormerkungserwerbs vom Berechtigten darzustellen. Insofern genügten wenige Worte zu den Punkten „*Sicherungsfähiger schuldrechtlicher Anspruch*", „*Bewilligung in der Form des § 29 GBO*" und „*Eintragung der Vormerkung im Grundbuch*".

Stattdessen ist beim Erwerb vom Nichtberechtigten **mangels** der **Berechtigung** auf einen anderen Prüfungspunkt einzugehen. Den habe ich in der Lösungsskizze abermals **eher unjuristisch „Berechtigungsersatz"** genannt. Merkt euch diesen Terminus, aber bringt ihn nicht in der Klausur zu Papier. Ihr könnt es – wie schon im Formulierungsvorschlag aufgezeigt – etwa wie folgt ausdrücken: „Fraglich ist, ob die **Voraussetzungen des § 892 analog** vorliegen". Dann wendet ihr euch den einzelnen Voraussetzungen der Norm zu, auf die ihr aber nur breiter eingehen solltet, wenn sie wirklich problematisch sind. Ansonsten dürft ihr euch – wie im Formulierungsvorschlag gesehen – auf ein-

Fall 40

zelne feststellende Sätze zu den Prüfungsunterpunkten zurückziehen. Und das sind die folgenden:

Zuerst muss ein *„rechtsgeschäftlicher Erwerb"* vorliegen, also kein gesetzlicher Erwerb.

Es muss sich um ein *„Verkehrsgeschäft"* handeln. Ein solches liegt beim Güteraustausch zwischen zwei Personen vor, nicht aber bei persönlicher oder wirtschaftlicher Identität des Übereignenden mit dem Erwerber.

Außerdem ist eine *„Unrichtigkeit des Grundbuchs"* gefordert. Das ist dann der Fall, wenn der Inhalt des Grundbuchs nicht mit der Wirklichkeit übereinstimmt. Der übliche Fall der Nichtübereinstimmung des Grundbuchinhalts mit der Wirklichkeit ist der, dass eine Person fälschlicherweise als Eigentümer im Grundbuch eingetragen ist.

Zudem ist eine *„Legitimation des Verfügenden als Berechtigter"* gefordert. Soll heißen: Der das Eigentum Übertragende muss aus dem Grundbuch als Berechtigter (hier: verfügungsbefugter Eigentümer) hervorgehen.

Im Prüfungspunkt *„Gutgläubigkeit des Erwerbers"* muss der potenzielle Vormerkungserwerber im Zeitpunkt des Rechtserwerbs gutgläubig hinsichtlich der Richtigkeit des Grundbuchs sein. In diesem Zusammenhang schadet nur die positive Kenntnis des Erwerbers bezüglich der Unrichtigkeit des Grundbuchs. Der Erwerber muss also wissen, dass das Grundbuch unrichtig ist. Die tatsächliche Einsicht im Grundbuch ist im Übrigen nicht Voraussetzung.

Letztlich darf *„keine Eintragung eines Widerspruchs gemäß § 899 gegen die Richtigkeit des Grundbuchs"* in dasselbe erfolgt sein.

Bei der Prüfung eines direkten Erwerbs einer Vormerkung vom Nichtberechtigten, die auf Sicherung des Anspruchs aus § 433 I 1 gerichtet ist (Auflassungsvormerkung), sind die Voraussetzungen somit inhaltlich dieselben, wie bei der Prüfung des Grundstückseigentumserwerbs vom Nichtberechtigten. Vergleicht doch diesen Fall diesbezüglich einmal spaßeshalber mit den Ausführungen zu Fall 8. Die Voraussetzungen des § 892 waren hier jedoch nur analog anzuwenden.

4. Nach der Prüfung der Voraussetzungen der §§ 885 I, 883 I folgte die Prüfung der Voraussetzungen des *§ 883 II*. Der **Anspruchsgegner muss** eine **Rechtsposition entgegen der Vormerkung** und **nach deren Eintragung erlangt haben**. Die Rechtsposition muss er **durch Verfügung** erlangt haben. Genau das war ein Problem. Denn der Anspruchsgegner (hier E) bleibt in der vorgestellten Konstellation immer Eigentümer des Grundstücks. Das Problem lässt sich lösen, indem man argumentiert, ein Schutz des gutgläubigen Vormerkungserwerbers sei nur erreichbar, wenn die Geltendmachung des Anspruchs aus § 894 durch E und seine dann erfolgte Eintragung als Eigentümer im Grundbuch wie eine Verfügung behandelt wird.

Den Anspruch aus § 894 (Grundbuchberichtigungsanspruch) werdet ihr erst im nächsten Kapitel kennenlernen. Ich habe mich allerdings schon in mehreren Fällen (jeweils im Fazit) zu dieser Problematik ausgelassen, etwa in Fall 12 und in Fall 15.

Vormerkung

Fall 41

Eigentümer E schließt mit K einen Kaufvertrag über sein Grundstück. Die Übereignung soll später stattfinden. Zur Sicherung seines Übereignungsanspruchs wird ins Grundbuch zugunsten des K eine (Auflassungs-) Vormerkung eingetragen. K, der plötzlich unbedingt Geld braucht, tritt seinen Übereignungsanspruch gegen E an den Kaufwilligen A ab. Nun verkauft und übereignet E das Grundstück an den wesentlich mehr Geld bietenden D. A macht gegen D den Anspruch aus § 888 I geltend.

Frage: Zu Recht?

Lösungsskizze Fall 41

- A gegen D Anspruch auf Abgabe einer Erklärung gemäß § 888 I ?

I. Anspruch entstanden?

   1. Voraussetzungen der §§ 885 I, 883 I ?

   a. Anspruchsteller (A) ist Inhaber der Vormerkung?

   aa. ursprünglich (−)

   Vorüberlegung: A hat eine Vormerkung erworben, wenn zunächst ein Erwerb im Verhältnis E − K und dann ein Erwerb im Verhältnis K − A erfolgt ist

   bb. Vormerkungserwerb des K von E gemäß § 885 I ?
   = direkter Erwerb des K vom Berechtigten E

   (1) Sicherungsfähiger schuldrechtlicher Anspruch?
   = Anspruch, der auf dingliche Rechtsänderung gerichtet ist

   HIER (+) → der dem K gegen E zustehende Anspruch auf Übereignung aus § 433 I 1 ist auf dingliche Rechtsänderung gerichtet

   (2) Bewilligung in der Form des § 29 GBO oder einstweilige Verfügung? (+)

   (3) Eintragung der Vormerkung im Grundbuch? (+)

   (4) Berechtigung des Bewilligenden? (+)

   (5) also: direkter Vormerkungserwerb des K vom Berechtigten E gemäß § 885 I (+)

   cc. Übergang der Vormerkung von K auf A gemäß §§ 398, 401 analog?
   = abgeleiteter Erwerb des A vom Berechtigten K

   Anmerkung: Sollte eine wirksame Forderungsabtretung stattgefunden haben, wäre die Vormerkung gemäß § 401 analog auf den Erwerber übergegangen; zwar ist § 401 nicht direkt anwendbar, da er sich nur auf

Fall 41

die dort aufgeführten Sicherungsrechte bezieht; § 401 gilt aber entsprechend, da die Vormerkung auch ein Sicherungsrecht ist; sie dient der Sicherung eines Anspruchs

(1) Forderungsabtretung gemäß § 398 ?
HIER (+) → K hat seinen Anspruch aus § 433 I 1 an A abgetreten

(2) Berechtigung des Abtretenden ?
= Abtretender ist Inhaber der Forderung und Inhaber der Vormerkung

HIER (+)

(3) also: abgeleiteter Vormerkungserwerb des A vom Berechtigten K gemäß §§ 398, 401 analog (+)

dd. *also:* Anspruchsteller (A) ist Inhaber der Vormerkung (+)

b. *also: Voraussetzungen der §§ 885 I, 883 I* (+)

2. Voraussetzungen des § 883 II ?

   a. Anspruchsgegner (D) hat eine Rechtsposition entgegen der Vormerkung und nach deren Eintragung erlangt ?

      aa. Erlangen einer Rechtsposition durch Verfügung gem. §§ 873, 925 ?
= Eigentumserwerb des D vom Berechtigten E

      (1) Einigung ? (+)

      (2) Eintragung der Einigung im Grundbuch ? (+)

      (3) Einigsein im Zeitpunkt der Eintragung ? (+)

      (4) Berechtigung des Veräußerers ?
HIER (+) → E war bei der Veräußerung an D noch Eigentümer

      (5) also: Eigentumserwerb des D vom Berechtigten E gemäß §§ 873, 925 (+) *und damit Erlangen einer Rechtsposition* (+)

      bb. entgegen der Vormerkung ? (+)

      cc. nach Eintragung der Vormerkung ? (+)

      dd. *also:* Anspruchsgegner (D) hat eine Rechtsposition entgegen der Vormerkung und nach deren Eintragung erlangt (+)

   b. *also: Voraussetzungen des § 883 II* (+)

3. *also:* Anspruch entstanden (+)

II. Anspruch untergegangen ? (−)

III. Anspruch durchsetzbar ? (+)

IV. Ergebnis:
Erwerb des D ist dem A gegenüber unwirksam; also A gegen D Anspruch auf Abgabe einer Erklärung gemäß § 888 I (+)

Vormerkung

Formulierungsvorschlag Fall 41

- A gegen D Anspruch auf Abgabe einer Erklärung gemäß § 888 I

A könnte gegen D einen Anspruch auf Abgabe einer Erklärung gemäß § 888 I haben.

I. Der Anspruch müsste entstanden sein.

1. Zunächst müssten die Voraussetzungen der §§ 885 I, 883 I vorliegen.

a. Anspruchsteller A müsste Inhaber der Vormerkung sein.

aa. Ursprünglich war er nicht Inhaber.

A ist aber Inhaber der Vormerkung, wenn zunächst ein Erwerb im Verhältnis E – K und dann ein Erwerb im Verhältnis K – A erfolgt ist.

bb. K könnte die Vormerkung direkt vom Berechtigten E gemäß § 885 I erworben haben.

Erste Voraussetzung ist das Vorliegen eines sicherungsfähigen schuldrechtlichen Anspruchs. Dies ist ein Anspruch, der auf dingliche Rechtsänderung gerichtet ist. Der dem K gegen E zustehende Anspruch auf Übereignung aus § 433 I 1 ist auf dingliche Rechtsänderung gerichtet, also ein sicherungsfähiger schuldrechtlicher Anspruch.

Die Bewilligung in der Form des § 29 GBO oder durch einstweilige Verfügung ist zu unterstellen.

Die Eintragung der Vormerkung im Grundbuch ist erfolgt.

Außerdem war der Eigentümer E verfügungsbefugt, also Berechtigter.

Demnach hat K die Vormerkung direkt vom Berechtigten E gemäß § 885 I erworben.

cc. Weiterhin könnte die Vormerkung gemäß §§ 398, 401 analog von K auf A übergegangen sein, also ein abgeleiteter Erwerb des A vom Berechtigten K stattgefunden haben.

Die Vormerkung ist gemäß § 401 analog übergegangen, wenn eine wirksame Forderungsabtretung erfolgt ist. Zwar ist § 401 nicht direkt anwendbar, da er sich nur auf die dort aufgeführten Sicherungsrechte bezieht. § 401 gilt aber entsprechend, da die Vormerkung auch ein Sicherungsrecht ist. Sie dient der Sicherung eines Anspruchs.

K hat seinen Anspruch aus § 433 I 1 auf Übereignung des Grundstücks gemäß § 398 abgetreten.

Die Berechtigung des Abtretenden ist zu bejahen.

Also ist die Vormerkung gemäß §§ 398, 401 analog von K auf A übergegangen. Es hat ein abgeleiteter Erwerb des A vom Berechtigten K stattgefunden.

dd. Somit ist der Anspruchsteller A Inhaber der Vormerkung.

b. Also liegen die Voraussetzungen der §§ 885 I, 883 I vor.

Fall 41

2. Weiterhin müssten die Voraussetzungen des § 883 II vorliegen.

a. Der Anspruchsgegner D müsste eine Rechtsposition entgegen der Vormerkung und nach deren Eintragung erlangt haben.

aa. D hätte eine Rechtsposition durch Verfügung erlangt, wenn er Eigentum vom Berechtigten E gemäß §§ 873, 925 erworben hat.

Die Parteien haben sich wirksam über den Eigentumsübergang geeinigt.

Die Eintragung der Einigung im Grundbuch ist erfolgt.

Die Parteien waren sich auch noch im Zeitpunkt der Eintragung einig.

Außerdem war E bei der Veräußerung an D noch Eigentümer und somit verfügungsbefugt, also Berechtigter.

Demnach hat D vom Berechtigten E gemäß §§ 873, 925 Eigentum erworben. Er hat somit eine Rechtsposition erlangt.

bb. Die Rechtsposition erlangte er entgegen der Vormerkung.

cc. Der Eigentumserwerb erfolgte nach Eintragung der Vormerkung.

dd. Der Anspruchsgegner D hat also eine Rechtsposition entgegen der Vormerkung und nach deren Eintragung erlangt.

b. Also liegen die Voraussetzungen des § 883 II vor.

3. Demnach ist der Anspruch entstanden.

II. Der Anspruch ist nicht untergegangen.

III. Er ist auch durchsetzbar.

IV. Der Eigentumserwerb des D ist dem A gegenüber unwirksam. A hat gegen D einen Anspruch auf Abgabe einer Erklärung gemäß § 888 I.

Fazit

1. Der abgeleitete Erwerb vom Berechtigten funktioniert auch bei der Vormerkung. Es gibt insbesondere eine Besonderheit, die im Prüfungsteil „Übergang der Vormerkung" zu berücksichtigen ist.

2. Der Anspruch aus § 888 I ist entstanden, wenn zum einen die **Voraussetzungen der §§ 885 I, 883 I** und zum anderen die **Voraussetzungen des § 883 II** vorliegen.

3. Nach den **§§ 885 I, 883 I** muss der Anspruchsteller **Inhaber der Vormerkung** sein. Ursprünglich war er es nicht. Der direkte Vormerkungserwerb vom Berechtigten war wie im vorigen Fall 39 zu prüfen. Das bereitete keine Schwierigkeiten.

Der **Übergang der Vormerkung** ergibt sich aus **§§ 398, 401 analog**, wenn die Forderung vom berechtigten Ersterwerber auf den Zweiterwerber übertragen

Vormerkung

wird. Wenn eine wirksame Forderungsabtretung (§ 398) stattgefunden hat, geht die Vormerkung gemäß § 401 analog auf den Erwerber über. Zwar ist § 401 nicht direkt anwendbar, da sich die Norm nur auf die dort aufgeführten Sicherungsrechte bezieht. § 401 gilt aber entsprechend, da die Vormerkung auch ein Sicherungsrecht ist. Sie dient der Sicherung eines schuldrechtlichen Anspruchs, der auf dingliche Rechtsänderung gerichtet ist.

Die Prüfungspunkte lauten somit: *„Forderungsabtretung gemäß § 398"* und *„Berechtigung des Abtretenden"*. Der Abtretende ist berechtigt, wenn er Inhaber der Forderung und Inhaber der Vormerkung ist.

4. Die sich anschließende Prüfung der Voraussetzungen des *§ 883 II* erfolgte wie in Fall 39. Der *Anspruchsgegner muss* eine *Rechtsposition entgegen der Vormerkung* und *nach deren Eintragung erlangt haben*. Die Rechtsposition muss er *durch Verfügung* erlangt haben. Der Anspruchsgegner kann (hier) Eigentum erworben haben. Und wie erlangt man Eigentum? Das wisst ihr mittlerweile. Die Probleme, die sich ergeben können, habt ihr kennengelernt.

Nicht erst jetzt könnt ihr euch lebhaft vorstellen, welche kleinen zusätzlichen Schweinereien der Aufgabensteller im Sachverhalt unterbringen kann.

Wenn nicht, solltet ihr (abermals) die Fälle 1 bis 12 erarbeiten.

Fall 42

Fall 42

N, der zu Unrecht als Eigentümer eines Grundstücks im Grundbuch eingetragen ist, verkauft dem K „sein" Grundstück. K, der die Unrichtigkeit des Grundbuchs kennt, lässt seinen Übereignungsanspruch durch eine (Auflassungs-) Vormerkung sichern. Anschließend tritt er seinen Anspruch gegen N an den gutgläubigen A ab. Jetzt erreicht der wahre Eigentümer E über § 894 seine Eintragung ins Grundbuch.

Frage: Kann A gegen E aus der Vormerkung gemäß § 888 I vorgehen?

Lösungsskizze Fall 42

- **A gegen E Anspruch auf Abgabe einer Erklärung gemäß § 888 I?**

I. Anspruch entstanden?

  1. Voraussetzungen der §§ 885 I, 883 I?

   a. Anspruchsteller (A) ist Inhaber der Vormerkung?

   aa. ursprünglich (−)

   Vorüberlegung: A hat eine Vormerkung erworben, wenn entweder zunächst ein Erwerb im Verhältnis N − K und dann ein Erwerb im Verhältnis K − A erfolgt ist oder wenn trotz fehlenden direkten Erwerbs des K von N ein wirksamer abgeleiteter Erwerb im Verhältnis K − A erfolgt ist

   bb. Vormerkungserwerb des K von N gemäß § 885 I?
   = direkter Erwerb des K vom Berechtigten N

   (1) Sicherungsfähiger schuldrechtlicher Anspruch?
   = Anspruch, der auf dingliche Rechtsänderung gerichtet ist

   HIER (+) → der dem K gegen N zustehende Anspruch auf Übereignung aus § 433 I 1 ist auf dingliche Rechtsänderung gerichtet

   (2) Bewilligung in der Form des § 29 GBO oder einstweilige Verfügung? (+)

   (3) Eintragung der Vormerkung im Grundbuch? (+)

   (4) Berechtigung des Bewilligenden?
   = der verfügungsbefugte Eigentümer oder der Nichteigentümer, der gesetzlich verfügungsbefugt ist oder der vom Berechtigten ermächtigt ist

   HIER (−) → N ist weder Eigentümer noch Ermächtigter noch sonst Verfügungsbefugter

   (5) also: direkter Vormerkungserwerb des K vom Berechtigten N gemäß § 885 I (−)

Vormerkung

cc. Vormerkungserwerb des K von N gemäß §§ 885 I, 892 analog?
= direkter Erwerb des K vom Nichtberechtigten N

(1) Sicherungsfähiger schuldrechtlicher Anspruch? (+), s.o.

(2) Bewilligung in der Form des § 29 GBO oder einstweilige Verfügung? (+)

(3) Eintragung der Vormerkung im Grundbuch? (+)

(4) „Berechtigungsersatz"?
= Voraussetzungen des § 892 analog

(a) Rechtsgeschäftlicher Erwerb? (+)

(b) Verkehrsgeschäft? (+)

(c) Unrichtigkeit des Grundbuchs?
= Inhalt des Grundbuchs stimmt nicht mit der Wirklichkeit überein

HIER (+) → N ist fälschlicherweise als Eigentümer im Grundbuch eingetragen

(d) Legitimation des Verfügenden als Berechtigter? (+)

(e) Gutgläubigkeit des Erwerbers?
= keine positive Kenntnis von der Unrichtigkeit des Grundbuchs bis zur Vollendung des Rechtserwerbs

HIER (−) → K war bezüglich der Eigentümerstellung des N bösgläubig

(f) <u>also</u>: Voraussetzungen des § 892 analog (−)

(5) <u>also</u>: direkter Vormerkungserwerb des K vom Nichtberechtigten N gemäß §§ 885 I, 892 analog (−)

dd. Übergang der Vormerkung von K auf A gemäß §§ 398, 401 analog?
= abgeleiteter Erwerb des A vom Berechtigten K

Anmerkung: Sollte eine wirksame Forderungsabtretung stattgefunden haben, wäre die Vormerkung gemäß § 401 analog auf den Erwerber übergegangen; zwar ist § 401 nicht direkt anwendbar, da er sich nur auf die dort aufgeführten Sicherungsrechte bezieht; § 401 gilt aber entsprechend, da die Vormerkung auch ein Sicherungsrecht ist; sie dient der Sicherung eines Anspruchs

(1) Forderungsabtretung gemäß § 398?

HIER (+) → K hat seinen Anspruch aus § 433 I 1 an A abgetreten

(2) Berechtigung des Abtretenden?
= Abtretender ist Inhaber der Forderung und Inhaber der Vormerkung

HIER (−) → K war zwar Inhaber der Forderung, aber nicht Inhaber der Vormerkung

Fall 42

(3) also: abgeleiteter Vormerkungserwerb des A vom Berechtigten K gemäß §§ 398, 401 analog (-)

ee. *Übergang der Vormerkung von K auf A gemäß §§ 398, 401 analog, § 892 analog?*

= abgeleiteter Erwerb des A vom Nichtberechtigten K

(1) Forderungsabtretung gemäß § 398? (+)

(2) „Berechtigungsersatz"?
= Voraussetzungen des § 892 analog

(a) Rechtsgeschäftlicher Erwerb?

HIER (-) → es hat allenfalls ein Vormerkungserwerb kraft Gesetzes gemäß § 401 analog stattgefunden; die Vormerkung folgt der Forderung nämlich automatisch; zwar wird die Meinung vertreten, wie beim gutgläubigen Hypothekenerwerb beruhe der Vormerkungserwerb auf einem Rechtsgeschäft, nämlich der Forderungsabtretung; insofern seien beide Sicherungsmittel vergleichbar; Hypothek und Vormerkung lassen sich jedoch nicht ohne Weiteres vergleichen; die Abtretung der durch die Hypothek gesicherten Forderung muss immer dokumentiert werden, sie bedarf der Form des § 1154; bei der Briefhypothek findet eine Übergabe des Briefs statt (§ 1154 I) oder es erfolgt eine Eintragung der Forderungsabtretung im Grundbuch (§ 1154 II); bei der Buchhypothek ist die Grundbucheintragung sogar obligatorisch (§ 1154 III); die Übertragung wird also publiziert; im Gegensatz hierzu erfolgt der Übergang der Vormerkung formlos; hier zeigt sich anschaulich, dass der Gesetzgeber zwischen dem vorläufigen Sicherungsmittel Vormerkung und der Hypothek differenziert hat; während die Übertragung der Hypothek im Gesetz explizit geregelt ist, hat der Gesetzgeber die gewollte Übertragung einer Vormerkung augenscheinlich nicht berücksichtigt; die Vormerkung folgt der Forderung allenfalls automatisch gemäß §§ 398, 401 analog; für einen gutgläubigen abgeleiteten Erwerb bleibt damit kein Raum (a.A. vertretbar)

(b) also: Voraussetzungen des § 892 analog (-)

(3) also: abgeleiteter Vormerkungserwerb des A vom Nichtberechtigten K gemäß §§ 398, 401 analog, 892 analog (-)

ff. also: Anspruchsteller (A) ist Inhaber der Vormerkung (-)

b. *also: Voraussetzungen der §§ 885 I, 883 I (-)*

2. *also: Anspruch entstanden (-)*

II. Ergebnis:
A gegen E Anspruch auf Abgabe einer Erklärung gemäß § 888 I (-)

Vormerkung

Formulierungsvorschlag Fall 42

- A gegen E Anspruch auf Abgabe einer Erklärung gemäß § 888 I

A könnte gegen E einen Anspruch auf Abgabe einer Erklärung gemäß § 888 I haben.

I. Der Anspruch müsste entstanden sein.

1. Zunächst müssten die Voraussetzungen der §§ 885 I, 883 I vorliegen.

a. Anspruchsteller A müsste Inhaber der Vormerkung sein.

aa. Ursprünglich war er nicht Inhaber.

A ist aber Inhaber der Vormerkung, wenn entweder zunächst ein Erwerb im Verhältnis N – K und dann ein Erwerb im Verhältnis K – A erfolgt ist oder wenn trotz fehlenden direkten Erwerbs des K von N ein wirksamer abgeleiteter Erwerb im Verhältnis K – A erfolgt ist.

bb. K könnte die Vormerkung direkt vom Berechtigten N gemäß § 885 I erworben haben.

Erste Voraussetzung ist das Vorliegen eines sicherungsfähigen schuldrechtlichen Anspruchs. Dies ist ein Anspruch, der auf dingliche Rechtsänderung gerichtet ist. Der dem K gegen N zustehende Anspruch auf Übereignung aus § 433 I 1 ist auf dingliche Rechtsänderung gerichtet, also ein sicherungsfähiger schuldrechtlicher Anspruch.

Die Bewilligung in der Form des § 29 GBO oder durch einstweilige Verfügung ist zu unterstellen.

Die Eintragung der Vormerkung im Grundbuch ist erfolgt.

Der Bewilligende N müsste Berechtigter gewesen sein. Berechtigt ist der verfügungsbefugte Eigentümer oder der Nichteigentümer, der gesetzlich verfügungsbefugt ist oder der vom Berechtigten ermächtigt ist. N war weder Eigentümer noch Ermächtigter nach § 185. Eine sonstige Verfügungsbefugnis ist nicht ersichtlich. Somit fehlte die Berechtigung des N.

Demnach hat K die Vormerkung nicht direkt vom Berechtigten N gemäß § 885 I erworben.

cc. K könnte aber die Vormerkung direkt vom Nichtberechtigten N gemäß §§ 885 I, 892 analog erworben haben.

Ein sicherungsfähiger schuldrechtlicher Anspruch liegt vor.

Die Bewilligung in der Form des § 29 GBO oder durch einstweilige Verfügung ist zu unterstellen.

Die Eintragung der Vormerkung im Grundbuch ist erfolgt.

Fraglich ist, ob die Voraussetzungen des § 892 analog vorliegen.

Es hat ein rechtsgeschäftlicher Erwerb stattgefunden.

Fall 42

Außerdem liegt ein Verkehrsgeschäft vor.

Zudem ist das Grundbuch unrichtig. N ist fälschlicherweise als Eigentümer im Grundbuch eingetragen.

Der Verfügende war aus dem Grundbuch als Berechtigter ersichtlich.

Weiterhin muss der Erwerber im Zeitpunkt des Rechtserwerbs gutgläubig gewesen sein. Diesbezüglich schadet nur positive Kenntnis von der Unrichtigkeit des Grundbuchs. K wusste jedoch, dass N zu Unrecht im Grundbuch als Eigentümer eingetragen war. Er war somit nicht gutgläubig.

Also fehlt es an einer Voraussetzung des § 892.

Demnach hat K die Vormerkung auch nicht direkt vom Nichtberechtigten N gemäß §§ 885 I, 892 analog erworben.

dd. Weiterhin könnte die Vormerkung gemäß §§ 398, 401 analog von K auf A übergegangen sein, also ein abgeleiteter Erwerb des A vom Berechtigten K stattgefunden haben.

Die Vormerkung ist gemäß § 401 analog übergegangen, wenn eine wirksame Forderungsabtretung erfolgt ist. Zwar ist § 401 nicht direkt anwendbar, da er sich nur auf die dort aufgeführten Sicherungsrechte bezieht. § 401 gilt aber entsprechend, da die Vormerkung auch ein Sicherungsrecht ist. Sie dient der Sicherung eines Anspruchs.

K hat seinen Anspruch aus § 433 I 1 auf Übereignung des Grundstücks gemäß § 398 abgetreten.

Fraglich erscheint die Berechtigung des Abtretenden. K ist zwar Inhaber der Forderung. Er hat die Vormerkung aber direkt weder vom Berechtigten noch vom Nichtberechtigten erworben. Somit fehlt es an einer Inhaberschaft hinsichtlich der Vormerkung. K ist damit nicht berechtigt.

Also ist die Vormerkung nicht gemäß §§ 398, 401 analog von K auf A übergegangen. Es hat kein abgeleiteter Erwerb des A vom Berechtigten K stattgefunden.

ee. Letztlich könnte die Vormerkung gemäß §§ 398, 401 analog, § 892 analog von K auf A übergegangen sein, also ein abgeleiteter Erwerb des A vom Nichtberechtigten K stattgefunden haben.

K hat seinen Anspruch aus § 433 I 1 gemäß § 398 abgetreten.

Mangels Berechtigung müssten die Voraussetzungen des § 892 analog vorliegen.

Es müsste ein rechtsgeschäftlicher Erwerb stattgefunden haben. Tatsächlich hat aber allenfalls ein Vormerkungserwerb kraft Gesetzes gemäß § 401 analog stattgefunden. Die Vormerkung folgt der Forderung nämlich automatisch. Zwar wird die Meinung vertreten, wie beim gutgläubigen Hypothekenerwerb beruhe der Vormerkungserwerb auf einem Rechtsgeschäft, nämlich der Forderungsabtretung. Insofern seien beide Sicherungsmittel vergleichbar. Hypothek und Vormerkung lassen sich jedoch nicht ohne Weiteres vergleichen. Die Abtretung der durch die Hypothek gesicherten Forderung muss immer dokumentiert wer-

273

Vormerkung

den, sie bedarf der Form des § 1154. Bei der Briefhypothek findet eine Übergabe des Briefs statt (§ 1154 I) oder es erfolgt eine Eintragung der Forderungsabtretung im Grundbuch (§ 1154 II). Bei der Buchhypothek ist die Grundbucheintragung sogar obligatorisch (§ 1154 III). Die Übertragung wird also publiziert. Im Gegensatz hierzu erfolgt der Übergang der Vormerkung formlos. Hier zeigt sich anschaulich, dass der Gesetzgeber zwischen dem vorläufigen Sicherungsmittel Vormerkung und der Hypothek differenziert hat. Während die Übertragung von Hypotheken im Gesetz explizit geregelt ist, hat der Gesetzgeber die gewollte Übertragung einer Vormerkung augenscheinlich nicht berücksichtigt. Die Vormerkung folgt der Forderung allenfalls automatisch gemäß §§ 398, 401 analog. Für einen gutgläubigen abgeleiteten Erwerb bleibt damit kein Raum.

Damit ist die Vormerkung auch nicht gemäß §§ 398, 401 analog von K auf A übergegangen. Es hat kein abgeleiteter Erwerb des A vom Berechtigten K stattgefunden.

ff. Somit ist der Anspruchsteller A nicht Inhaber der Vormerkung.

b. Also fehlt es an einer Voraussetzung der §§ 885 I, 883 I.

2. Demnach ist der Anspruch nicht entstanden.

II. A hat gegen E keinen Anspruch auf Abgabe einer Erklärung gemäß § 888 I.

Fazit

1. Den abgeleitete Erwerb vom Nichtberechtigten habe ich in meiner Lösung verneint. Aber es geht auch anders. Dazu jedoch im Folgenden mehr. In der sicherlich schwierigsten Konstellation zum Vormerkungserwerb galt es, einige Besonderheiten zu beachten.

2. Der Anspruch aus § 888 I ist entstanden, wenn zum einen die *Voraussetzungen der §§ 885 I, 883 I* und zum anderen die *Voraussetzungen des § 883 II* vorliegen. Nach den *§§ 885 I, 883 I* muss der Anspruchsteller *Inhaber der Vormerkung* sein. Ursprünglich war er es nicht.

3. Der *direkte Vormerkungserwerb vom Berechtigten* scheiterte nicht bereits mangels eines *sicherungsfähigen schuldrechtlichen Anspruchs*. Selbstverständlich kann ein Nichteigentümer eine Sache verkaufen, die ihm nicht gehört. Er kann aber den sich aus dem Kaufvertrag ergebenden Übereignungsanspruch des Käufers nicht erfüllen. Das spielt aber für den (sicherungsfähigen) schuldrechtlichen Anspruch prinzipiell keine Rolle. Für ihn ergibt sich allenfalls die Folge der Unmöglichkeit der Leistung.

Ein Hinweis für Ururaltstudenten: Mit dem seit dem 01.01.2002 geltenden „neuen" Schuldrecht fehlt eine dem § 306 alter Fassung vergleichbare Regelung. Der alte § 306 regelte, dass ein Vertrag wegen anfänglicher objektiver Unmöglichkeit der Leistung (hier: der Übereignung) von Anfang an nichtig war. Damals war in derartigen Fällen herauszuarbeiten, dass es sich (nur) um eine an-

Fall 42

fängliche subjektive Unmöglichkeit (= anfängliches Unvermögen) handelt, die nicht zur Nichtigkeit des Kaufvertrags führt. Aber § 306 gilt nicht mehr!!!

Weiter: Der direkte Vormerkungserwerb vom Berechtigten scheiterte aber an der **Berechtigung des Bewilligenden**. N war weder Eigentümer noch Ermächtigter noch sonst Verfügungsbefugter.

4. Der *direkte Erwerb* der Vormerkung *vom Nichtberechtigten* beinhaltet insbesondere die Prüfung der Voraussetzungen entsprechend § 892. Dort fehlte es an der **Gutgläubigkeit des Erwerbers**. K wusste positiv, dass N nicht Eigentümer des Grundstücks ist. Er war demnach bösgläubig.

5. Der *Übergang der Vormerkung* gemäß *§§ 398, 401 analog*, d.h. der *abgeleitete Vormerkungserwerb vom Berechtigten*, ist stets anzudenken. Er setzt voraus, dass die Forderung vom berechtigten Ersterwerber auf den Zweiterwerber übertragen wird. Wenn eine wirksame Forderungsabtretung (§ 398) stattgefunden hat, geht die Vormerkung gemäß § 401 analog auf den Erwerber über. Zwar hat K den Übereignungsanspruch an A abgetreten. Berechtigt ist der Abtretende jedoch nur, wenn er Inhaber der Forderung und Inhaber der Vormerkung ist. K war Forderungsinhaber, aber nicht Vormerkungsinhaber.

6. Äußerst problematisch gestaltete sich die anschließende Prüfung des *Übergangs der Vormerkung gemäß §§ 398, 401 analog, § 892 analog*, d.h. des *abgeleiteten Vormerkungserwerbs vom Nichtberechtigten*.

Während eine Ansicht den gutgläubigen abgeleiteten Vormerkungserwerb vom Nichtberechtigten zulässt, vertritt eine andere Gruppe die gegenteilige Meinung. Die Geister scheiden sich innerhalb der Prüfung der *Voraussetzungen entsprechend § 892* im ersten Prüfungsunterpunkt „*Rechtsgeschäftlicher Erwerb*". Wie bereits in der Lösungsskizze durch den Zusatz „a.A. vertretbar" angedeutet, könnt ihr euch entweder der einen oder der anderen Meinung anschließen. Klausurtechnisch gibt es kein „Richtig" oder „Falsch".

Argumentativ könnt ihr so operieren, wie in der Lösungsskizze ausgeführt: Der rechtsgeschäftliche Erwerb der Vormerkung ist zu verneinen, weil die Vormerkung wegen der strengen Akzessorietät allenfalls einer bestehenden Forderung folgt. Wird die bestehende Forderung abgetreten, folgt der Forderung gemäß § 401 analog automatisch die Vormerkung. Die Vormerkung wird demnach immer gesetzlich erworben und niemals rechtsgeschäftlich. Die Auseinandersetzung mit der gegenteiligen Ansicht führt in altbekannte Gewässer, nämlich ins Hypothekenrecht. Erinnert euch: Die Problematik tauchte schon einmal in Fall 17 auf. Beim gutgläubigen abgeleiteten Hypothekenerwerb vom Nichtberechtigten wurdet ihr im Zusammenhang mit der Prüfung der Voraussetzungen des § 892 ebenfalls mit der Frage konfrontiert, ob zwischen Ersterwerber und potenziellem Zweiterwerber ein rechtsgeschäftlicher Erwerb der Hypothek stattgefunden hat. Dort normiert § 1153 an sich einen gesetzlichen Übergang der Hypothek, also gerade keinen rechtsgeschäftlichen Übergang. Aber: Beim Hypothekenerwerb reicht es aus, dass dem Erwerb nach § 1153 eine rechtsgeschäftliche Übertragung zugrunde liegt. Dann kann der Prüfungspunkt „Rechtsgeschäftlicher Erwerb" bejaht werden. Kann der dargestellte Gedanke auf die Vormerkung übertragen werden? Beruht der Vormerkungserwerb auf einem Rechtsgeschäft, nämlich der Forderungsabtretung? Jaja,

275

Vormerkung

schon. Sind aber Hypothek und Vormerkung diesbezüglich vergleichbar? Ich habe mich dagegen entschieden. Hypothek und Vormerkung lassen sich nicht ohne Weiteres vergleichen. Die Abtretung der durch die Hypothek gesicherten Forderung muss immer dokumentiert werden, sie bedarf der Form des § 1154. Bei der Briefhypothek findet eine Übergabe des Briefs statt (§ 1154 I) oder es erfolgt eine Eintragung der Forderungsabtretung im Grundbuch (§ 1154 II). Bei der Buchhypothek ist die Grundbucheintragung sogar obligatorisch (§ 1154 III). Die Übertragung wird also publiziert. Im Gegensatz hierzu erfolgt der Übergang der Vormerkung formlos. Hier zeigt sich deutlich, dass der Gesetzgeber zwischen dem vorläufigen Sicherungsmittel Vormerkung und der Hypothek differenziert hat. Während die Übertragung von Hypotheken im Gesetz explizit geregelt ist, hat der Gesetzgeber die gewollte Übertragung einer Vormerkung augenscheinlich nicht berücksichtigt. Die Vormerkung folgt der Forderung allenfalls automatisch gemäß §§ 398, 401 analog. Für einen gutgläubigen abgeleiteten Erwerb bleibt damit kein Raum.

7. Achtung: Ich vertrete die in der Lösungsskizze dargestellte Ansicht. Sollte euer Lehrkörper vehement auf der gegenteiligen Lösung bestehen, kann es nicht schaden, dieser zu folgen. Mein Lösungsweg hat – zugegebenermaßen – Konsequenzen. Meine Prüfung endet im Punkt *„Voraussetzungen der §§ 885 I, 883 I"*. Der Anspruchsteller hat keine Vormerkung erworben. Also ist der Anspruch nicht entstanden. Wenn ihr der gegenteiligen Meinung den Vorzug gebt, hat der Zweiterwerber jedoch die Vormerkung gutgläubig erworben. Die übrigen Voraussetzungen gemäß § 892 analog liegen vor: Es handelt sich um ein *„Verkehrsgeschäft"*. Die *„Unrichtigkeit des Grundbuchs"* ergibt sich aus dem Umstand, dass der Übertragende fälschlicherweise als Vormerkungsberechtigter im Grundbuch eingetragen ist. Die *„Legitimation des Verfügenden als Berechtigter"* ist gegeben, weil der die Vormerkung Übertragende aus dem Grundbuch als Berechtigter hervorgeht. Zudem besteht eine *„Gutgläubigkeit des Erwerbers"* hinsichtlich der Vormerkungsinhaberschaft des Übertragenden. Eine *„Eintragung eines Widerspruchs gemäß § 899 gegen die Richtigkeit des Grundbuchs"* in dasselbe ist nicht erfolgt.

Dann geht die Prüfung jedoch weiter. Die sich anschließende Prüfung der Voraussetzungen des *§ 883 II* muss dann wie in Fall 40 erfolgen.

Der **Anspruchsgegner muss** eine **Rechtsposition entgegen der Vormerkung** und **nach deren Eintragung erlangt haben**. Die Rechtsposition muss er **durch Verfügung** erlangt haben. Genau das ist ein Problem. Denn der Anspruchsgegner (hier E) bleibt in der vorgestellten Konstellation immer Eigentümer des Grundstücks. Das Problem lässt sich lösen, indem man argumentiert, ein Schutz des gutgläubigen Vormerkungserwerbers sei nur erreichbar, wenn die Geltendmachung des Anspruchs aus § 894 durch E und seine dann erfolgte Eintragung als Eigentümer im Grundbuch wie eine Verfügung behandelt wird.

8. Und zuletzt: Gerade habt ihr nochmals die Konstellation nachvollziehen dürfen, in der auf Seiten des die Vormerkung Übertragenden zwar eine Forderung besteht, aber keine Vormerkung.

Wie ist der umgekehrte Fall rechtlich zu beurteilen, in dem der Übertragende Vormerkungsinhaber ist, jedoch nicht Inhaber der Forderung? Ganz einfach:

Fall 42

Ob der schon beschriebenen strengen Akzessorietät zwischen Forderung und Vormerkung folgt die Vormerkung allenfalls einer bestehenden Forderung gemäß § 401 analog. Mangels Forderung kann dieselbe nicht abgetreten werden. Den gutgläubigen Erwerb der Forderung sieht das Gesetz nicht vor. Mangels Forderungsabtretung kann keine Vormerkung übergehen.

Nur rein theoretisch stellt sich jetzt noch die Frage nach dem sogenannten „Doppelmangel", den ihr bei der Hypothek in Fall 19 bearbeiten durftet. Dort war der Übertragende weder Forderungsinhaber noch Hypothekeninhaber. Wenn der Übertragende weder Forderungs- noch Vormerkungsinhaber ist, entfällt eine praktische Prüfungsrelevanz aus dem im vorigen Absatz dargestellten Grund. Wenn keine Forderung übergehen kann, kann auch keine Vormerkung übergehen.

Grundbuchberichtigung

Grundbuchberichtigung

- Eine kleine Einführung

1. Vorgeplänkel

Bald seid ihr erlöst. Ein letztes Kapitel liegt vor euch. Gleich wird sich alles um den sogenannten **Grundbuchberichtigungsanspruch** drehen. Anhand von drei exemplarischen Fällen möchte ich aufzeigen, welche Möglichkeiten eine Person hat, wenn zugunsten einer anderen Person fälschlicherweise ein Recht im Grundbuch eingetragen ist. Die Möglichkeit einer Korrektur bietet der Anspruch aus *§ 894*.

2. Die Grundbuchberichtigung im Anspruchsaufbau

Wenn ihr euch dem etwas verquasten Wortlaut des § 894 hingebt, habt ihr eines erkannt: Der Anspruch auf Grundbuchberichtigung besteht dann, wenn der Anspruchsteller ein eintragungsfähiges Recht hat, das nicht oder nicht richtig im Grundbuch eingetragen ist und der Anspruchsgegner zu Unrecht diese Rechtsposition im Grundbuch innehält. Der Anspruch richtet sich auf Abgabe einer Berichtigungserklärung des Anspruchsgegners. Denn der muss der „Platzräumung" grundsätzlich zustimmen.

Denkbar sind **mehrere klausurrelevante Konstellationen**. Diejenigen, die euch wohl am häufigsten begegnen, will ich einleitend beschreiben.

Die **erste Konstellation** betrifft das Eigentum. Der Anspruchsteller ist wahrer Eigentümer, aber nicht im Grundbuch als solcher eingetragen. Eingetragen ist eine andere Person. Zuerst ist dann zu ermitteln, ob der Anspruchsteller immer noch wahrer Eigentümer ist. Er hat nämlich das Eigentum verloren, wenn ein anderer – und das muss nicht unbedingt der Anspruchsgegner sein – zwischenzeitlich Eigentum erworben hat. Hierbei müsst ihr alle Eigentumserwerbsarten andenken, die ihr im Kapitel „Grundstückseigentum" kennengelernt habt. Sollte der Anspruchsteller im Ergebnis immer noch Eigentümer sein, ist der Anspruchsgegner zu Unrecht als Eigentümer im Grundbuch eingetragen.

In der **zweiten Konstellation** ist der Anspruchsteller Eigentümer und auch als solcher im Grundbuch eingetragen. Zugunsten einer anderen Person ist ein Recht im Grundbuch eingetragen, das das Grundstück belastet. Oft wird es sich dabei um eine Hypothek oder eine Grundschuld handeln. Der Eigentümer steht auf dem Standpunkt, dass das sein Grundstück belastende Recht zu Unrecht im Grundbuch eingetragen wurde. Jetzt ist zu ermitteln, ob der Anspruchsgegner das Recht erworben hat. Hierbei müsst ihr alle Erwerbsformen (der Hypothek, der Grundschuld ...) andenken, die ihr in den jeweiligen Kapiteln kennengelernt habt. Hat der Anspruchsgegner das Recht nicht erworben oder wieder verloren, ist er zu Unrecht als Inhaber des Rechts im Grundbuch eingetragen.

Andere Konstellationen sind wie gesagt möglich, aber eher selten.

Sattelt die Pferde. Auf ins letzte Gefecht.

Fall 43

Fall 43

Der wahre Eigentümer E erfährt, dass X fälschlicherweise als Eigentümer seines Grundstücks im Grundbuch eingetragen ist. Nun will er dagegen vorgehen.

Frage: Hat E gegen X einen Anspruch aus § 894 ?

Lösungsskizze Fall 43

- **E gegen X Anspruch auf Abgabe einer Berichtigungserklärung gemäß § 894 ?**

I. Anspruch entstanden ?

Vorüberlegung: Der Anspruch gemäß § 894 ist entstanden, wenn der Anspruchsteller E der wahre Grundstückseigentümer ist und der Anspruchsgegner X zu Unrecht im Grundbuch als Eigentümer eingetragen ist

1. Anspruchsteller (E) ist wahrer Grundstückseigentümer ?

HIER (+)

Anmerkung: Die Frage nach der Eigentümerstellung des E kann in diesem Fall unproblematisch bejaht werden. In komplizierteren Fällen muss aber immer geprüft werden, ob der Anspruchsteller Eigentum erworben bzw. verloren hat. Die Prüfung ist wie bei den – nunmehr bekannten – Fällen zum Herausgabeanspruch nach § 985 vorzunehmen (vgl. Fälle 1 ff).

2. Anspruchsgegner (X) ist zu Unrecht als Eigentümer im Grundbuch eingetragen ?

HIER (+)

Anmerkung: Die Antwort auf diese Frage resultiert aus dem vorhergehenden Prüfungspunkt 1. Wenn ihr dort zu dem Ergebnis gekommen seid, dass der Anspruchsteller der wahre Eigentümer ist, kann der Anspruchsgegner nur zu Unrecht eingetragen sein

3. <u>also</u>: Anspruch entstanden (+)

II. Anspruch untergegangen ? (–)

III. Anspruch durchsetzbar ? (+)

IV. Ergebnis:
E gegen X Anspruch auf Abgabe einer Berichtigungserklärung gemäß § 894 (+)

Grundbuchberichtigung

Formulierungsvorschlag Fall 43

**- E gegen X Anspruch auf Abgabe
  einer Berichtigungserklärung gemäß § 894**

E könnte gegen X einen Anspruch auf Abgabe einer Berichtigungserklärung gemäß § 894 haben.

I.   Der Anspruch müsste entstanden sein.

1.   Der Anspruchsteller E müsste wahrer Grundstückseigentümer sein. E ist Eigentümer des Grundstücks.

2.   Weiterhin müsste der Anspruchsgegner X zu Unrecht als Grundstückseigentümer im Grundbuch eingetragen sein. Weil E wahrer Grundstückseigentümer ist, ist X zu Unrecht als Eigentümer im Grundbuch eingetragen.

3.   Demnach ist der Anspruch entstanden.

II.   Der Anspruch ist nicht untergegangen.

III.   Er ist auch durchsetzbar.

IV.   E hat gegen X einen Anspruch auf Abgabe einer Berichtigungserklärung gemäß § 894.

Fazit

1. Das war ein einfacher Fall zum Einstieg in die Problematik des *Grundbuchberichtigungsanspruchs*. Der Anspruch *aus § 894* kann dann geltend gemacht werden, wenn der Anspruchsteller der wahre Inhaber einer im Grundbuch eingetragenen Rechtsposition ist und der Anspruchsgegner zu Unrecht als Inhaber der Rechtsposition im Grundbuch eingetragen ist. Im hiesigen Fall war das Eigentum betroffen. Bezüglich des Inhalts der anstehenden Prüfungspunkte könnt ihr auf alles Erlernte zurückgreifen.

2. Der Anspruch ist entstanden, wenn der Anspruchsteller E der wahre Grundstückseigentümer ist und der Anspruchsgegner X zu Unrecht im Grundbuch als Eigentümer eingetragen ist.

Die Frage nach der Eigentümerstellung des E konnte in diesem Fall unproblematisch bejaht werden. In komplizierteren Fällen muss aber immer geprüft werden, ob der Anspruchsteller Eigentum erworben bzw. verloren hat. Die Prüfung ist wie bei den – bekannten – Fällen zum Herausgabeanspruch nach § 985 vorzunehmen. Alle dargestellten Probleme können euch ereilen.

Außerdem muss der Anspruchsgegner zu Unrecht, also fälschlicherweise im Grundbuch als Eigentümer eingetragen sein. Die Antwort auf diese Frage resultiert üblicherweise aus dem vorhergehenden Prüfungspunkt. Wenn ihr dort zum Ergebnis gekommen seid, dass der Anspruchsteller der wahre Eigentümer ist, kann der Anspruchsgegner nur zu Unrecht eingetragen sein.

Fall 44

Fall 44

Der anstatt E zu Unrecht als Eigentümer im Grundbuch eingetragene N veräußert „sein" Grundstück an den bösgläubigen X, der dann als Eigentümer im Grundbuch eingetragen wird. X veräußert anschließend das Grundstück an den gutgläubigen Y, dessen Eintragung als Eigentümer im Grundbuch wenig später erfolgt. Als E hiervon erfährt, möchte er gegen Y vorgehen.

Frage: Hat E gegen Y einen Anspruch aus § 894 ?

Lösungsskizze Fall 44

- E gegen Y Anspruch auf Abgabe einer Berichtigungserklärung gemäß § 894 ?

I. Anspruch entstanden ?

Vorüberlegung: Der Anspruch gemäß § 894 ist entstanden, wenn der Anspruchsteller E der wahre Grundstückseigentümer ist und der Anspruchsgegner Y zu Unrecht im Grundbuch als Eigentümer eingetragen ist

   1. Anspruchsteller (E) ist wahrer Grundstückseigentümer ?

     a. ursprünglich (+)

     b. Eigentumsverlust des E durch Eigentumserwerb des X von N gemäß §§ 873, 925 ?
     = Erwerb des X vom Berechtigten N

       aa. Einigung ? (+)

       bb. Eintragung der Einigung im Grundbuch ? (+)

       cc. Einigsein im Zeitpunkt der Eintragung ? (+)

       dd. Berechtigung des Veräußerers ?
       = der verfügungsbefugte Eigentümer oder der Nichteigentümer, der gesetzlich verfügungsbefugt ist oder der vom Berechtigten ermächtigt ist

         HIER (−) → N ist weder Eigentümer noch Ermächtigter nach § 185; eine sonstige Verfügungsbefugnis ist nicht ersichtlich

      ee. also: Eigentumsverlust des E durch Eigentumserwerb des X vom Berechtigten N gemäß §§ 873, 925 (−)

    c. Eigentumsverlust des E durch Eigentumserwerb des X von N gemäß §§ 873, 925, 892 ?
    = Erwerb des X vom Nichtberechtigten N

      aa. Einigung ? (+)

      bb. Eintragung der Einigung im Grundbuch ? (+)

      cc. Einigsein im Zeitpunkt der Eintragung ? (+)

Grundbuchberichtigung

dd. „Berechtigungsersatz" ?
= Voraussetzungen des § 892

(1) Rechtsgeschäftlicher Erwerb ? (+)

(2) Verkehrsgeschäft ? (+)

(3) Unrichtigkeit des Grundbuchs ?
= Inhalt des Grundbuchs stimmt nicht mit der Wirklichkeit überein

    HIER (+) → N ist fälschlicherweise als Eigentümer im Grundbuch eingetragen

(4) Legitimation des Verfügenden als Berechtigter ? (+)

(5) Gutgläubigkeit des Erwerbers ?
= keine positive Kenntnis von der Unrichtigkeit des Grundbuchs bis zur Vollendung des Rechtserwerbs

    HIER (−) → X war bösgläubig

(6) also: Voraussetzungen des § 892 (−)

ee. *also: Eigentumsverlust des E durch Eigentumserwerb des X vom Nichtberechtigten N gemäß §§ 873, 925, 892* (−)

d. *Eigentumsverlust des E durch Eigentumserwerb des Y von X gemäß §§ 873, 925 ?*
= Erwerb des Y vom Berechtigten X

aa. *Einigung ?* (+)

bb. *Eintragung der Einigung im Grundbuch ?* (+)

cc. *Einigsein im Zeitpunkt der Eintragung ?* (+)

dd. *Berechtigung des Veräußerers ?*
= der verfügungsbefugte Eigentümer oder der Nichteigentümer, der gesetzlich verfügungsbefugt ist oder der vom Berechtigten ermächtigt ist

    HIER (−) → X ist weder Eigentümer noch Ermächtigter nach § 185; eine sonstige Verfügungsbefugnis ist nicht ersichtlich

ee. *also: Eigentumsverlust des E durch Eigentumserwerb des Y vom Berechtigten X gemäß §§ 873, 925* (−)

e. *Eigentumsverlust des E durch Eigentumserwerb des Y von X gemäß §§ 873, 925, 892 ?*
= Erwerb des Y vom Nichtberechtigten X

aa. *Einigung ?* (+)

bb. *Eintragung der Einigung im Grundbuch ?* (+)

cc. *Einigsein im Zeitpunkt der Eintragung ?* (+)

dd. „Berechtigungsersatz" ?
= Voraussetzungen des § 892

(1) Rechtsgeschäftlicher Erwerb ? (+)

Fall 44

(2) Verkehrsgeschäft ? (+)

(3) Unrichtigkeit des Grundbuchs ?
= Inhalt des Grundbuchs stimmt nicht mit der Wirklichkeit überein

HIER (+) → X ist fälschlicherweise als Eigentümer im Grundbuch eingetragen

(4) Legitimation des Verfügenden als Berechtigter ? (+)

(5) Gutgläubigkeit des Erwerbers ?
= keine positive Kenntnis von der Unrichtigkeit des Grundbuchs bis zur Vollendung des Rechtserwerbs

HIER (+) → Y hatte bis zu seiner Eintragung als Eigentümer keine positive Kenntnis von der Unrichtigkeit des Grundbuchs

(6) keine Eintragung eines Widerspruchs gemäß § 899 gegen die Richtigkeit des Grundbuchs ?

HIER (+)

(7) also: Voraussetzungen des § 892 (+)

ee. <u>also</u>: *Eigentumsverlust des E durch Eigentumserwerb des Y vom Nichtberechtigten X gemäß §§ 873, 925, 892 (+)*

f. <u>also</u>: *Anspruchsteller (E) ist Grundstückseigentümer (−)*

2. <u>also</u>: Anspruch entstanden (−)

II. Ergebnis:
E gegen Y Anspruch auf Abgabe einer Berichtigungserklärung gemäß § 894 (−)

Formulierungsvorschlag Fall 44

- E gegen Y Anspruch auf Abgabe einer Berichtigungserklärung gemäß § 894

E könnte gegen Y einen Anspruch auf Abgabe einer Berichtigungserklärung gemäß § 894 haben.

I. Der Anspruch müsste entstanden sein.

1. Der Anspruchsteller E müsste wahrer Grundstückseigentümer sein.

a. Ursprünglich war er Eigentümer.

b. E hätte jedoch sein Eigentum verloren, wenn X seinerseits Eigentum erworben hat. In Betracht kommt ein Eigentumserwerb des X vom Berechtigten N gemäß §§ 873, 925.

Die Parteien haben sich wirksam über den Eigentumsübergang geeinigt.

283

Grundbuchberichtigung

Die Eintragung der Einigung im Grundbuch ist erfolgt.

Die Parteien waren sich auch noch im Zeitpunkt der Eintragung einig.

N müsste Berechtigter gewesen sein. Berechtigt ist der verfügungsbefugte Eigentümer oder der Nichteigentümer, der gesetzlich verfügungsbefugt ist oder der vom Berechtigten ermächtigt ist. N war weder Eigentümer noch Ermächtigter nach § 185. Eine sonstige Verfügungsbefugnis ist nicht ersichtlich. Somit fehlte die Berechtigung des N.

Demnach hat X nicht vom Berechtigten N gemäß §§ 873, 925 Eigentum erworben. E hat also auf diesem Wege sein Eigentum nicht verloren.

c. E hätte jedoch sein Eigentum verloren, wenn X seinerseits Eigentum vom Nichtberechtigten N gemäß §§ 873, 925, 892 erworben hat.

Die Parteien haben sich wirksam über den Eigentumsübergang geeinigt.

Die Eintragung der Einigung im Grundbuch ist erfolgt.

Die Parteien waren sich auch noch im Zeitpunkt der Eintragung einig.

Fraglich ist, ob die Voraussetzungen des § 892 vorliegen.

Es hat ein rechtsgeschäftlicher Erwerb stattgefunden.

Außerdem liegt ein Verkehrsgeschäft vor.

Zudem ist das Grundbuch unrichtig. N ist fälschlicherweise als Eigentümer im Grundbuch eingetragen.

Der das Eigentum Übertragende war aus dem Grundbuch als Berechtigter ersichtlich.

Weiterhin muss der Erwerber im Zeitpunkt des Rechtserwerbs gutgläubig gewesen sein. Diesbezüglich schadet nur positive Kenntnis von der Unrichtigkeit des Grundbuchs. X war jedoch bösgläubig.

Also fehlt es an einer Voraussetzung des § 892.

Demnach hat X auch nicht vom Nichtberechtigten N gemäß §§ 873, 925, 892 Eigentum erworben. Auch auf diese Weise hat E sein Eigentum nicht verloren.

d. E hätte jedoch sein Eigentum verloren, wenn Y Eigentum vom Berechtigten X gemäß §§ 873, 925 erworben hat.

Die Parteien haben sich wirksam über den Eigentumsübergang geeinigt.

Die Eintragung der Einigung im Grundbuch ist erfolgt.

Die Parteien waren sich auch noch im Zeitpunkt der Eintragung einig.

X müsste Berechtigter gewesen sein. Berechtigt ist der verfügungsbefugte Eigentümer oder der Nichteigentümer, der gesetzlich verfügungsbefugt ist oder der vom Berechtigten ermächtigt ist. X war weder Eigentümer noch Ermächtigter nach § 185. Eine sonstige Verfügungsbefugnis ist nicht ersichtlich. Somit fehlte die Berechtigung des X.

Demnach hat Y nicht vom Berechtigten X gemäß §§ 873, 925 Eigentum erworben. Auf diese Weise hat E sein Eigentum ebenfalls nicht verloren.

Fall 44

e. Letztlich hätte E aber sein Eigentum dann verloren, wenn Y Eigentum vom Nichtberechtigten X gemäß §§ 873, 925, 892 erworben hat.

Die Parteien haben sich wirksam über den Eigentumsübergang geeinigt.

Die Eintragung der Einigung im Grundbuch ist erfolgt.

Die Parteien waren sich auch noch im Zeitpunkt der Eintragung einig.

Fraglich ist, ob die Voraussetzungen des § 892 vorliegen.

Es hat ein rechtsgeschäftlicher Erwerb stattgefunden.

Außerdem liegt ein Verkehrsgeschäft vor.

Zudem ist das Grundbuch unrichtig. X ist fälschlicherweise als Eigentümer im Grundbuch eingetragen.

Der das Eigentum Übertragende war aus dem Grundbuch als Berechtigter ersichtlich.

Weiterhin muss der Erwerber im Zeitpunkt des Rechtserwerbs gutgläubig gewesen sein. Diesbezüglich schadet nur positive Kenntnis von der Unrichtigkeit des Grundbuchs. Y wusste bis zu seiner Eintragung als Eigentümer nichts von der Unrichtigkeit des Grundbuchs. Er war somit gutgläubig.

Ein Widerspruch gemäß § 899 gegen die Richtigkeit des Grundbuchs ist nicht erfolgt.

Also liegen die Voraussetzungen des § 892 vor.

Demnach hat Y vom Nichtberechtigten X gemäß §§ 873, 925, 892 Eigentum erworben. E hat damit auf diese Weise sein Eigentum am Grundstück verloren.

f. E ist somit nicht mehr Eigentümer des Grundstücks.

2. Demnach ist der Anspruch nicht entstanden.

II. E hat gegen Y keinen Anspruch auf Abgabe einer Berichtigungserklärung gemäß § 894.

Fazit

1. Ein etwas komplizierterer Fall zum **Grundbuchberichtigungsanspruch aus § 894** durfte nicht fehlen. Und abermals: Der Anspruch kann dann geltend gemacht werden, wenn der Anspruchsteller der wahre Inhaber einer im Grundbuch eingetragenen Rechtsposition ist und der Anspruchsgegner zu Unrecht als Inhaber der Rechtsposition im Grundbuch eingetragen ist. In diesem Fall war das Eigentum betroffen.

2. Der Grundbuchberichtigungsanspruch ist entstanden, wenn der Anspruchsteller E der wahre Grundstückseigentümer ist und der Anspruchsgegner Y zu Unrecht im Grundbuch als Eigentümer eingetragen ist.

Grundbuchberichtigung

Die Frage nach der *Eigentümerstellung* des E konnte – im Gegensatz zum vorigen Fall – nicht unproblematisch bejaht werden. Ich will den Ablauf kurz Revue passieren lassen: E ist zumindest ursprünglich wahrer Eigentümer gewesen. Er hat demnach den Anspruch aus § 894 gegen Y, wenn er immer noch Eigentümer ist und Y folgerichtig zu Unrecht im Grundbuch als Eigentümer eingetragen ist. E kann aber sein Eigentum verloren haben. Er hat es verloren, wenn eine andere Person Eigentum erworben hat. Diese Art der historischen Prüfung (Eigentumsverlust durch Eigentumserwerb eines anderen) durftet ihr erstmals in Fall 2 bearbeiten.

Zur Klarstellung: Wenn schon X Eigentum erworben hat, muss ein möglicher anschließender Eigentumserwerb des Y von X nicht mehr geprüft werden. Denn es stellt sich lediglich die Frage, ob der Anspruchsteller E sein ursprünglich bestehendes Eigentum verloren hat. An wen, interessiert kein Schwein.

Für die Profis: Ihr habt selbstverständlich sofort erkannt, dass X ob seiner Bösgläubigkeit niemals Eigentum vom Nichtberechtigten N erwerben konnte und Y allenfalls Eigentum vom Nichtberechtigten X erworben hat. Die Prüfung lässt sich natürlich verkürzen. Für alle nur etwas Unsicheren gilt: Hangelt euch systematisch voran und lasst keine erdenkliche Erwerbsprüfung aus, um zum richtigen Ergebnis zu gelangen. Im Eifer des Gefechtes passiert es allzu oft, dass wegen einer verkürzten Prüfung wesentliche Problempunkte übersehen werden.

Zur Wiederholung in Kurzfassung: Der Eigentumserwerb des X vom Berechtigten N scheiterte an der Berechtigung des N. Der gutgläubige Eigentumserwerb des X vom Nichtberechtigten N scheiterte an der Bösgläubigkeit des X. Y konnte das Eigentum nicht vom Berechtigten X erwerben, da dieser nicht berechtigt war. Der gutgläubige Y hat jedoch Eigentum vom Nichtberechtigten X erworben. Deshalb hat der ursprüngliche wahre Eigentümer E das Grundstückseigentum verloren. Weil er nicht (mehr) Eigentümer ist, hat er keinen Grundbuchberichtigungsanspruch aus § 894.

3. Vielleicht habt ihr euch gefragt, warum ich den Grundbuchberichtigungsanspruch erst im letzten Kapitel des Buchs explizit vorgestellt habe. Immerhin tauchte die Problematik bereits in Fall 12 auf. Und dann einige Male mehr. Die Antwort ist einfach: Zum einen spielte der Prüfungsaufbau des Anspruchs bis zu diesem Kapitel keine Rolle. Zum anderen kann man mit dem Grundbuchberichtigungsanspruch nicht nur gegen einen (vermeintlich) fälschlicherweise im Grundbuch eingetragenen Eigentümer vorgehen. Mit dem Anspruch aus § 894 kann der wahre Rechtsinhaber gegen jeden vorgehen, zugunsten dessen eine Rechtsposition zu Unrecht im Grundbuch eingetragen ist. In Betracht kommt die fälschliche Eintragung einer Hypothek, einer Grundschuld ... . Das werdet ihr beispielhaft im nächsten Fall erleben.

Fall 45

Fall 45

Zur Sicherung eines noch auszuzahlenden Darlehens einigen sich G und S über die Bestellung einer Briefgrundschuld am Grundstück des S. Die Grundschuldbestellung erfolgt formgerecht. Im Folgenden kommt es aber nicht zur Auszahlung des Darlehens. G überträgt später die Grundschuld formgerecht auf Z. Dabei verschweigt er, dass er das Darlehen nicht an S ausgezahlt hat.

Frage: Hat S gegen Z einen Anspruch aus § 894?

Lösungsskizze Fall 45

- **S gegen Z Anspruch auf Abgabe einer Berichtigungserklärung gemäß § 894?**

I. Anspruch entstanden?

Vorüberlegung: Der Anspruch gemäß § 894 ist entstanden, wenn der Anspruchsteller S Grundstückseigentümer ist und der Anspruchsgegner Z zu Unrecht im Grundbuch als Inhaber einer Grundschuld eingetragen ist

1. Anspruchsteller (S) ist Grundstückseigentümer?

HIER (+)

2. Anspruchsgegner (Z) ist zu Unrecht als Grundschuldinhaber im Grundbuch eingetragen?

Vorüberlegung: Z ist zu Unrecht im Grundbuch eingetragen, wenn er entweder nicht Grundschuldinhaber ist oder er zwar die Grundschuld erworben hat, dem Anspruchsteller aber eine dauernde Einrede gegen die Grundschuld zusteht; Inhaber der Grundschuld ist er, wenn zunächst ein Erwerb im Verhältnis S – G und dann ein Erwerb im Verhältnis G – Z erfolgt ist

a. Anspruchsgegner (Z) ist Inhaber der Briefgrundschuld?

aa. ursprünglich (–)

bb. Briefgrundschulderwerb des G von S gemäß §§ 873, 1191, 1192, 1115 ff?

= direkter Erwerb des G vom Berechtigten S

(1) Einigung, §§ 873, 1191 I? (+)

(2) Eintragung der Einigung im Grundbuch, §§ 873, 1192, 1115? (+)

(3) Briefübergabe oder -ersatz, §§ 1192, 1117? (+)

(4) Berechtigung des Bestellers?

HIER (+) → S ist verfügungsbefugter Grundstückseigentümer

(5) also: direkter Briefgrundschulderwerb des G vom Berechtigten S gemäß §§ 873, 1191, 1192, 1115 ff (+)

287

Grundbuchberichtigung

cc. Übergang der Briefgrundschuld von G auf Z gemäß §§ 1192, 1154 ?
= abgeleiteter Erwerb des Z vom Berechtigten G

(1) Einigung über den Übergang, § 873 ? (+)

(2) Übergang in der Form der §§ 1192, 1154 ?
= bei der Briefgrundschuld §§ 1154 I, II, 1117
HIER (+)

(3) Berechtigung des Übertragenden ?
= Übertragender ist Inhaber der Grundschuld

HIER (+) → die Berechtigung des G scheitert nicht etwa daran, dass mangels Auszahlung des Darlehens an S keine Rückzahlungsforderung entstanden ist; die Grundschuld ist – im Gegensatz zur Hypothek – nicht vom Bestand einer Forderung abhängig; § 1163 I gilt im Grundschuldrecht nicht

(4) also: abgeleiteter Erwerb des Z vom Berechtigten G gemäß §§ 1192, 1154 (+)

dd. also: Anspruchsteller (Z) ist Inhaber der Briefgrundschuld (+)

b. Anspruchsteller (S) hat eine dauernde Einrede gegen die Briefgrundschuld ?

Vorüberlegung: In Betracht kommt die Einrede des Eigentümers S gemäß § 1192 I a (Einrede auf Rückübertragung der Grundschuld, §§ 311, 241, weil mangels Auszahlung des Darlehens kein Rückzahlungsanspruch entstanden ist und damit der im Sicherungsvertrag zumindest konkludent vereinbarte Zweck nicht erreicht wird); die Einrede greift jedoch nicht, wenn Z die Grundschuld gutgläubig einredefrei von G erworben hat

aa. § 1192 I a i.V.m. §§ 311, 241 (Rückübertragungseinrede) ?
= gemäß § 1192 I a kann der Eigentümer gegenüber jedem Erwerber der Sicherungsgrundschuld die Einreden geltend machen, die ihm (= dem Eigentümer) aufgrund des Sicherungsvertrags mit dem bisherigen Gläubiger gegen die Grundschuld zustehen oder die sich aus dem Sicherungsvertrag ergeben

HIER (+) → wenn bereits G von S Duldung der Zwangsvollstreckung verlangt hätte, hätte S aufgrund der Tatsache, dass mangels Auszahlung des Darlehens kein Rückzahlungsanspruch entstanden ist, die Einrede auf Rückübertragung der Grundschuld erheben können; ihm steht wegen der Nichtentstehung der schuldrechtlichen Forderung und des sich daraus ergebenden Fehlens des Sicherungsgrundes ein Anspruch aus §§ 311, 241 auf Rückübertragung der Grundschuld zu; dies ergibt sich zumindest konkludent im Wege der Auslegung aus dem der Grundschuldbestellung zugrunde liegenden Sicherungsvertrag; gemäß § 1192 I a kann S diese Einrede auch dem Z entgegenhalten

Fall 45

bb. §§ 1192 I, 1157 S. 2 i.V.m. § 892 ?
= gutgläubiger einredefreier Grundschulderwerb (durch Z)
HIER (−) → § 1192 I a bestimmt insbesondere, dass § 1157 S. 2, der seinerseits auf § 892 verweist, keine Anwendung findet; Z kann damit die Grundschuld nicht gutgläubig einredefrei erworben haben; eine etwaige Gutgläubigkeit des Z hinsichtlich der Einredefreiheit spielt mithin keine Rolle

cc. also: Anspruchsteller (S) hat dauernde Einrede (+)

c. also: **Anspruchsgegner (Z) ist zu Unrecht als Grundschuldinhaber im Grundbuch eingetragen (+)**

3. also: Anspruch entstanden (+)

II. Anspruch untergegangen ? (−)

III. Anspruch durchsetzbar ? (+)

IV. Ergebnis:
S gegen Z Anspruch auf Abgabe einer Berichtigungserklärung gemäß § 894 (+)

Formulierungsvorschlag Fall 45

- S gegen Z Anspruch auf Abgabe einer Berichtigungserklärung gemäß § 894

S könnte gegen Z einen Anspruch auf Abgabe einer Berichtigungserklärung gemäß § 894 haben.

I. Der Anspruch müsste entstanden sein.

Der Anspruch ist entstanden, wenn der Anspruchsteller S Grundstückseigentümer ist und der Anspruchsgegner Z zu Unrecht im Grundbuch als Inhaber einer Grundschuld eingetragen ist.

1. Der Anspruchsteller S ist Eigentümer des Grundstücks.

2. Der Anspruchsgegner Z müsste zu Unrecht als Grundschuldinhaber im Grundbuch eingetragen sein.

Z ist zu Unrecht im Grundbuch eingetragen, wenn er entweder nicht Grundschuldinhaber ist oder er zwar die Grundschuld erworben hat, dem Anspruchsteller aber eine dauernde Einrede gegen die Grundschuld zusteht. Inhaber der Grundschuld ist er, wenn zunächst ein Erwerb im Verhältnis S − G und dann ein Erwerb im Verhältnis G − Z erfolgt ist.

a. Fraglich ist, ob Z Inhaber der Briefgrundschuld ist.

289

Grundbuchberichtigung

aa. Ursprünglich war er nicht Inhaber.

Z ist aber Inhaber der Grundschuld, wenn zunächst ein Erwerb im Verhältnis S – G und dann ein Erwerb im Verhältnis G – Z erfolgt ist.

bb. G könnte die Briefgrundschuld direkt vom Berechtigten S gemäß §§ 873, 1191, 1192, 1115 ff erworben haben.

Die Parteien haben sich gemäß §§ 873, 1191 I über die Bestellung einer Grundschuld geeinigt.

Die Eintragung der Einigung im Grundbuch ist erfolgt, §§ 873, 1192, 1115.

Der Grundschuldbrief ist übergeben worden, §§ 1192, 1117 I 1.

Außerdem war der Eigentümer S verfügungsbefugt, also Berechtigter.

Demnach hat G direkt vom Berechtigten S gemäß §§ 873, 1191, 1192, 1115 ff die Briefgrundschuld erworben.

cc. Weiterhin könnte die Briefgrundschuld gemäß §§ 1192, 1154 von G auf Z übergegangen sein, also ein abgeleiteter Erwerb des Z vom Berechtigten G stattgefunden haben.

Die Parteien haben sich bezüglich der Übertragung geeinigt.

Die Übertragung erfolgte formgerecht.

Fraglich ist die Berechtigung des Übertragenden. Der Übertragende muss Inhaber der Grundschuld sein. Die Berechtigung des G scheitert jedoch nicht etwa daran, dass mangels Auszahlung des Darlehens an S keine Forderung auf Rückzahlung entstanden ist. Die Grundschuld ist – im Gegensatz zur Hypothek – nicht vom Bestand einer Forderung abhängig. § 1163 I gilt im Grundschuldrecht nicht. Somit war G zur Übertragung berechtigt.

Also ist die Briefgrundschuld gemäß §§ 1192, 1154 von G auf Z übergegangen. Es hat ein abgeleiteter Erwerb des Z vom Berechtigten G stattgefunden.

dd. Somit ist der Anspruchsteller Z Inhaber der Briefgrundschuld.

b. Der Anspruchsteller S könnte jedoch eine dauernde Einrede gegen die Inanspruchnahme aus der Grundschuld haben.

In Betracht kommt eine Einrede des Eigentümers S gemäß § 1192 I a (Einrede auf Rückübertragung der Grundschuld, §§ 311, 241, weil mangels Auszahlung des Darlehens kein Rückzahlungsanspruch entstanden ist und damit der im Sicherungsvertrag zumindest konkludent vereinbarte Zweck nicht erreicht wird). Die Einrede greift jedoch nicht, wenn Z die Grundschuld gutgläubig einredefrei von G erworben hat.

aa. Möglicherweise kann S gegen den Anspruch auf Duldung der Zwangsvollstreckung gemäß § 1192 I a i.V.m. §§ 311, 241 vorgehen.

Gemäß § 1192 I a kann der Eigentümer gegenüber jedem Erwerber der Sicherungsgrundschuld die Einreden geltend machen, die ihm (= dem Eigentümer) aufgrund des Sicherungsvertrags mit dem bisherigen Gläubiger gegen die Grundschuld zustehen oder die sich aus dem Sicherungsvertrag ergeben.

Fall 45

Wenn bereits G von S Duldung der Zwangsvollstreckung verlangt hätte, hätte S aufgrund der Tatsache, dass mangels Auszahlung des Darlehens kein Rückzahlungsanspruch entstanden ist, die Einrede auf Rückübertragung der Grundschuld erheben können. Ihm steht wegen der Nichtentstehung der schuldrechtlichen Forderung und des sich daraus ergebenden Fehlens des Sicherungsgrundes ein Anspruch aus §§ 311, 241 auf Rückübertragung der Grundschuld zu. Dies ergibt sich zumindest konkludent im Wege der Auslegung aus dem der Grundschuldbestellung zugrunde liegenden Sicherungsvertrag; gemäß § 1192 I a kann S diese Einrede auch dem Z entgegenhalten.

bb. Fraglich ist jedoch, ob ein gutgläubiger einredefreier Erwerb der Grundschuld, §§ 1192 I, 1157 S. 2 i.V.m. § 892 durch Z möglich ist.

§ 1192 I a bestimmt insbesondere, dass § 1157 S. 2, der seinerseits auf § 892 verweist, keine Anwendung findet. Z kann damit die Grundschuld nicht gutgläubig einredefrei erworben haben. Eine etwaige Gutgläubigkeit des Z hinsichtlich der Einredefreiheit spielt mithin keine Rolle.

cc. Mangels gutgläubigen einredefreien Erwerbs der Grundschuld durch Z hat der Anspruchsteller S eine dauernde Einrede gegen die Inanspruchnahme aus der Grundschuld.

c. Der Anspruchsgegner Z ist somit zu Unrecht als Grundschuldinhaber im Grundbuch eingetragen.

3. Demnach ist der Anspruch entstanden.

II. Der Anspruch ist nicht untergegangen.

III. Er ist auch durchsetzbar.

IV. S hat gegen Z den Anspruch auf Abgabe einer Berichtigungserklärung gemäß § 894.

Fazit

1. Der aktuelle Fall ist der Problematik des Fall 38 nachgebildet. Hier musste das Erlernte in den Grundbuchberichtigungsanspruch eingebettet werden.

2. Grundsätzlich kann der **Grundbuchberichtigungsanspruch aus § 894** dann geltend gemacht werden, wenn der Anspruchsteller der wahre Inhaber einer im Grundbuch eingetragenen Rechtsposition ist und der Anspruchsgegner zu Unrecht als Inhaber der Rechtsposition im Grundbuch eingetragen ist.

3. Und hier? Der Grundbuchberichtigungsanspruch ist dann entstanden, wenn der Anspruchsteller S der Grundstückseigentümer ist und der Anspruchsgegner Z zu Unrecht im Grundbuch als Inhaber einer Grundschuld eingetragen ist.

   Die Frage nach der **Eigentümerstellung** des S konnte problemlos bejaht werden. Fraglich war nur, ob Z **Inhaber der Grundschuld** ist.

Grundbuchberichtigung

Es folgte die obligatorische historische Prüfung (hier) eines Grundschulderwerbs. Ursprünglich war Z nicht Grundschuldinhaber.

Der direkte Erwerb der Grundschuld durch G vom Berechtigten S war zu bejahen. Es gab keine Hindernisse.

Dann folgte die Prüfung des Übergangs der Grundschuld von G auf Z, also der abgeleitete Erwerb der Grundschuld des Z vom Berechtigten G. Die Berechtigung des G scheiterte nicht etwa daran, dass mangels Auszahlung des Darlehens an S keine Forderung auf Rückzahlung entstanden ist. Die Grundschuld ist – im Gegensatz zur Hypothek – nicht vom Bestand einer Forderung abhängig. Insbesondere § 1163 I gilt im Grundschuldrecht nicht. Demnach hat Z die Briefgrundschuld vom Berechtigten G erworben. Es hat ein abgeleiteter Erwerb des Z vom Berechtigten G stattgefunden. Der Anspruchsteller Z ist also Grundschuldinhaber.

4. *Aber:* Wenn der Eigentümer S eine dauernde Einrede gegen die Grundschuld hat, besteht ein Grundbuchberichtigungsanspruch gegen Z. In Betracht kommt die Einrede des S gemäß § 1192 I a (Einrede auf Rückübertragung der Grundschuld, §§ 311, 241, weil mangels Auszahlung des Darlehens kein Rückzahlungsanspruch entstanden ist und damit der im Sicherungsvertrag zumindest konkludent vereinbarte Zweck nicht erreicht wird). Die Einrede greift jedoch nicht, wenn Z die Grundschuld gutgläubig einredefrei von G erworben hat.

Zu prüfen war demnach zunächst die Möglichkeit einer *dauernden Einrede* des S gegen die Grundschuld. Gemäß § 1192 I a kann der Eigentümer gegenüber jedem Erwerber der Sicherungsgrundschuld die Einreden geltend machen, die ihm (= dem Eigentümer) aufgrund des Sicherungsvertrags mit dem bisherigen Gläubiger gegen die Grundschuld zustehen oder die sich aus dem Sicherungsvertrag ergeben. Wenn bereits G von S Duldung der Zwangsvollstreckung verlangt hätte, hätte S aufgrund der Tatsache, dass mangels Auszahlung des Darlehens kein Rückzahlungsanspruch entstanden ist, die Einrede auf Rückübertragung der Grundschuld erheben können. Ihm steht wegen der Nichtentstehung der schuldrechtlichen Forderung und des sich daraus ergebenden Fehlens des Sicherungsgrundes ein Anspruch aus §§ 311, 241 auf Rückübertragung der Grundschuld zu. Dies ergibt sich zumindest konkludent im Wege der Auslegung aus dem der Grundschuldbestellung zugrunde liegenden Sicherungsvertrag. Gemäß § 1192 I a kann S diese Einrede auch dem Z entgegenhalten.

Aberaber: Gibt es einen *gutgläubigen einredefreien Erwerb* der Grundschuld durch Z, der die dauernde Einrede des S ausschließt? Kann der Anspruchsteller denn gutgläubig erwerben? Seit August 2008 wegen § 1192 I a nicht mehr. Denn § 1192 I a bestimmt insbesondere, dass § 1157 S. 2, der seinerseits auf § 892 verweist, keine Anwendung findet.

5. Und letztmalig für Uraltstudenten: Wie ist der Fall zu lösen, wenn der Grundschulderwerb bereits bis zum 19.08.2008 dinglich wirksam geworden ist?

Dann ändert sich so einiges. Dreh- und Angelpunkt ist § 1192 I a, der erst nach dem genannten Datum gilt. Und ohne § 1192 I a sieht die Fall-Lösung so aus:

Fall 45

**- S gegen Z Anspruch auf Abgabe
einer Berichtigungserklärung gemäß § 894 ?**

I. Anspruch entstanden ?

...

2. *Anspruchsgegner (Z) ist zu Unrecht als Grundschuldinhaber im Grundbuch eingetragen ?*

...

b. *Anspruchsteller (S) hat eine dauernde Einrede gegen die Briefgrundschuld ?*

Vorüberlegung: In Betracht kommt eine Einrede des Eigentümers S gemäß §§ 1192 I, 1157 S. 1 (Einrede auf Rückübertragung der Grundschuld, §§ 311, 241, weil mangels Auszahlung des Darlehens kein Rückzahlungsanspruch entstanden ist und damit der im Sicherungsvertrag zumindest konkludent vereinbarte Zweck nicht erreicht wird); die Einrede greift jedoch nicht, wenn Z die Grundschuld gutgläubig einredefrei von G erworben hat

aa. §§ 1192 I, 1157 S. 1 i.V.m. §§ 311, 241 (Rückübertragungseinrede) ?

HIER (+) → vgl. Fall 38, Fazit 3.

bb. §§ 1192 I, 1157 S. 2 i.V.m. § 892 ?

= gutgläubiger <u>einredefreier</u> Grundschulderwerb (durch Z)

(1) – (5) ... (+) → vgl. Fall 38, Fazit 3.

(6) <u>also</u>: gutgläubiger einredefreier Erwerb der Grundschuld durch Z (+)

cc. <u>also</u>: Anspruchsteller (S) hat dauernde Einrede (–)

c. <u>also</u>: Anspruchsgegner (Z) ist zu Unrecht als Grundschuldinhaber im Grundbuch eingetragen (–)

3. <u>also</u>: *Anspruch entstanden (–)*

II. Ergebnis:
S gegen Z Anspruch auf Abgabe einer Berichtigungserklärung gemäß § 894 (–)

---

6. Das Immobiliarsachenrecht ist ein großer Baukasten mit vielen Ausnahmen und Besonderheiten. Ich hoffe, euch ein wenig in die Materie eingeführt zu haben. Wie ich bereits in der Einführung zu diesem Buch bemerkt habe, war und ist es mein Ziel, euch Grundlagen zum Verständnis des oft unbeliebten Rechtsgebietes zu vermitteln. Mit der Beherrschung der Grundlagen sollte es euch leichter fallen, tiefer in den Stoff einzudringen und verzwicktere Sachverhalte zu bearbeiten. Abschließend präsentiere ich euch auf den folgenden Seiten einige zusammenfassende Schemata. Dann folgen das obligatorische Gesetzesverzeichnis und das Sachverzeichnis. Danke für eure Aufmerksamkeit. Bis zum nächsten Buch. Hossa!

SCHEMATA – Grundstückseigentum

Aufbauschemata

Grundstückseigentum

Achtung: Hier wird im Prüfungspunkt „*b. Anspruchsteller ist Eigentümer?*" jeweils weiter in die Prüfungsunterpunkte „*aa. ursprünglich* (−)" und „*bb. Eigentumserwerb gemäß ... ?*" differenziert. Dieser Aufbau geht erkennbar davon aus, dass der Anspruchsteller ursprünglich nicht Eigentümer der Sache war. Dann wird geprüft, ob er Eigentum erworben hat.
Aber es gibt auch Aufgabenstellungen, in denen der Anspruchsteller ursprünglich Eigentümer war. Dann ist zu prüfen, ob er sein Eigentum verloren hat. Verloren hat er sein Eigentum, wenn eine andere Person Eigentum erworben hat. Deshalb ist in einer solchen Konstellation im Prüfungspunkt „*b. Anspruchsteller ist Eigentümer?*" weiter in die Prüfungsunterpunkte „*aa. ursprünglich* (+)" und „*bb. Eigentumsverlust des ... durch Eigentumserwerb des ... gemäß ... ?*" zu gliedern.

- **Herausgabe, § 985**
  hier: **Grundstückserwerb vom Berechtigten**

I. Anspruch entstanden?

   1. Voraussetzungen des § 985?

      a. Anspruchsgegner ist Besitzer?
      = tatsächliche Gewalt über die Sache

      b. Anspruchsteller ist Eigentümer?

         aa. ursprünglich (−)

         bb. Eigentumserwerb des Anspruchstellers gemäß §§ 873, 925?
         = Erwerb vom Berechtigten

            (1) Einigung?
            = Auflassung = dinglicher Vertrag zwischen Veräußerer und Erwerber über den Eigentumsübergang

            (a) zwei wirksame Willenserklärungen?
            = keine Nichtigkeitsgründe und keine wirksame Anfechtung einer Willenserklärung

            → Achtung: u.U. erfasst ein Nichtigkeitsgrund oder die Anfechtung nur das zugrunde liegende Kausalgeschäft (Abstraktionsprinzip)
            → ein Widerruf einer Willenserklärung beseitigt nicht deren Wirksamkeit; der Widerruf hat allenfalls Auswirkungen auf das Einigsein im Zeitpunkt der Eintragung

Grundstückseigentum – SCHEMATA

(b) keine Vereinbarung einer Bedingung, § 925 II ?

→ nicht Bedingung, die notwendige Voraussetzung für den Eigentumserwerb ist = sog. Rechtsbedingung; nur Bedingung, die keine Voraussetzung für den Eigentumserwerb ist

(c) Abgabe der Willenserklärungen in der Form des § 925 I ?

→ s. Gesetzestext

(2) Eintragung der Einigung im Grundbuch ?

→ entscheidend ist, <u>dass</u> eine Eintragung erfolgt ist, nicht wie; ein Verstoß gegen GBO-Vorschriften stört nicht

(3) Einigsein im Zeitpunkt der Eintragung ?

= keine der Willenserklärungen darf widerrufen worden sein

→ ein wirksamer Widerruf ist nur möglich, solange keine Bindung an die Einigungserklärung eingetreten ist; eine solche Bindung tritt gemäß § 873 II u.a. bei notarieller Beurkundung der Einigungserklärungen oder bei Abgabe der Erklärungen vor dem Grundbuchamt ein; dann hat der Widerruf keine Wirkung

(4) Berechtigung des Veräußerers ?

= der verfügungsbefugte Eigentümer oder der Nichteigentümer, der gesetzlich verfügungsbefugt ist oder der vom Berechtigten ermächtigt ist

→ der Veräußerer muss grundsätzlich bis zum Zeitpunkt der Vollendung des Rechtserwerbs berechtigt sein; aber: nach § 878 wird die Erklärung des Berechtigten nicht dadurch unwirksam, dass er in seiner Verfügung beschränkt wird, <u>nachdem</u> die Erklärung für ihn bindend geworden und der Antrag auf Eintragung gestellt worden ist; zur Bindung an die Erklärung vgl. § 873 II

2. *Voraussetzungen des § 986 ?*
= Anspruchsgegner hat <u>kein</u> Recht zum Besitz

→ § 986 ist nach heute ganz herrschender Meinung eine Einwendung im Sinne einer <u>negativen</u> Anspruchsvoraussetzung; das Recht zum Besitz ist nicht etwa nur dann zu prüfen, wenn sich der Anspruchsgegner – ausdrücklich oder sinngemäß – auf § 986 beruft

→ ein eigenes Recht zum Besitz (§ 986 I 1 Var. 1) hat etwa der Pächter, solange das Pachtverhältnis besteht; ein abgeleitetes Recht zum Besitz (§ 986 I 1 Var. 2) hat etwa der Unterpächter, der die Sache (das Grundstück) erlaubterweise vom Pächter erhalten hat

II. Anspruch untergegangen ?

III. Anspruch durchsetzbar ?

IV. Ergebnis

SCHEMATA – Grundstückseigentum

– Herausgabe, § 985
hier: Grundstückserwerb vom Nichtberechtigten

I. Anspruch entstanden?
1. *Voraussetzungen des § 985?*
   a. *Anspruchsgegner ist Besitzer?*
   b. *Anspruchsteller ist Eigentümer?*
      aa. *ursprünglich* (–)
      bb. *Eigentumserwerb des Anspruchstellers gemäß §§ 873, 925?*
      = Erwerb vom Berechtigten
      (1) Einigung?
      = Auflassung = dinglicher Vertrag zwischen Veräußerer und Erwerber über den Eigentumsübergang

      (a) zwei wirksame Willenserklärungen?
      = keine Nichtigkeitsgründe und keine wirksame Anfechtung einer Willenserklärung

      → Achtung: u.U. erfasst ein Nichtigkeitsgrund oder die Anfechtung nur das zugrunde liegende Kausalgeschäft (Abstraktionsprinzip)
      → ein Widerruf einer Willenserklärung beseitigt nicht deren Wirksamkeit; der Widerruf hat allenfalls Auswirkungen auf das Einigsein im Zeitpunkt der Eintragung

      (b) keine Vereinbarung einer Bedingung, § 925 II?

      → nicht Bedingung, die notwendige Voraussetzung für den Eigentumserwerb ist = sog. Rechtsbedingung; nur Bedingung, die keine Voraussetzung für den Eigentumserwerb ist

      (c) Abgabe der Willenserklärungen in der Form des § 925 I?

      → s. Gesetzestext

      (2) Eintragung der Einigung im Grundbuch?

      → entscheidend ist, <u>dass</u> eine Eintragung erfolgt ist, nicht wie; ein Verstoß gegen GBO-Vorschriften stört nicht

      (3) Einigsein im Zeitpunkt der Eintragung?
      = keine der Willenserklärungen darf widerrufen worden sein

      → ein wirksamer Widerruf ist nur möglich, solange keine Bindung an die Einigungserklärung eingetreten ist; eine solche Bindung tritt gemäß § 873 II u.a. bei notarieller Beurkundung der Einigungserklärungen oder bei Abgabe der Erklärungen vor dem Grundbuchamt ein; dann hat der Widerruf keine Wirkung

Grundstückseigentum – SCHEMATA

(4) Berechtigung des Veräußerers ?
= der verfügungsbefugte Eigentümer oder der Nichteigentümer, der gesetzlich verfügungsbefugt ist oder der vom Berechtigten ermächtigt ist

→ hier immer (–)

cc. Eigentumserwerb des Anspruchstellers gemäß §§ 873, 925, 892 ?
= Erwerb vom Nichtberechtigten

(1) Einigung ? → s.o.

(2) Eintragung der Einigung ins Grundbuch ? → s.o.

(3) Einigsein im Zeitpunkt der Eintragung ? → s.o.

(4) „Berechtigungsersatz" ?
= Voraussetzungen des § 892

(a) Rechtsgeschäftlicher Erwerb ?
= nicht durch gesetzlichen Erwerb

→ z.B. nicht bei Erbfolge

(b) Verkehrsgeschäft ?
= bei Güteraustausch zwischen zwei Personen; nicht bei persönlicher oder wirtschaftlicher Identität des Übereignenden mit dem Erwerber

→ Vorsicht bei „vorweggenommener Erbfolge": hier veräußert ein Nichteigentümer an eine andere Person; zwar liegt ein Güteraustausch zwischen zwei nicht identischen Personen vor; wegen der „vorweggenommenen Erbfolge" verdient der Erwerber aber keinen Schutz; wäre die Erbfolge (§ 1922) eingetreten, hätte er niemals gutgläubig Eigentum erwerben können; es fehlt dann ein rechtsgeschäftlicher Erwerb; die h.M. verneint ein Verkehrsgeschäft

(c) Unrichtigkeit des Grundbuchs ?
= Inhalt des Grundbuchs stimmt nicht mit der Wirklichkeit überein

→ der Veräußernde ist fälschlicherweise als Eigentümer im Grundbuch eingetragen
→ eine Verfügungsbeschränkung des Veräußernden ist nicht im Grundbuch eingetragen

(d) Legitimation des Verfügenden als Berechtigter ?
= der das Eigentum Übertragende muss aus dem Grundbuch als Berechtigter hervorgehen

(e) Gutgläubigkeit des Erwerbers ?
= keine positive Kenntnis von der Unrichtigkeit des Grundbuchs bis zur Vollendung des Rechtserwerbs

→ Vollendung des Rechtserwerbs = Eintragung im Grundbuch; aber: gemäß § 892 II Hs. 1 muss die Gutgläubigkeit nur bis zur Antragstellung vorliegen, wenn nur noch die Eintragung erforderlich ist

SCHEMATA – Hypothek

(f) keine Eintragung eines Widerspruchs gemäß § 899 gegen die Richtigkeit des Grundbuchs ?

→ nur die tatsächliche Eintragung des Widerspruchs zählt und schließt einen gutgläubigen Erwerb vom Nichtberechtigten aus; eine Gutgläubigkeit lediglich bei Antragstellung (§ 892 II Hs. 1) reicht nicht aus

2. Voraussetzungen des § 986 ?
= Anspruchsgegner hat <u>kein</u> Recht zum Besitz
→ s.o. Grundstückserwerb vom Berechtigten

II. Anspruch untergegangen ?
III. Anspruch durchsetzbar ?
IV. Ergebnis

Hypothek

Achtung: Die folgenden Schemata beschäftigen sich lediglich mit den unterschiedlichen Erwerbsformen der ***Briefhypothek***. Die minimalen Unterschiede, die beim Erwerb einer Buchhypothek zu beachten sind, habt ihr im Rahmen der Fälle kennengelernt. Beachtet außerdem, dass sich viele Problemkonstellationen, die ihr bereits im Rahmen des Herausgabeanspruchs gemäß § 985 bearbeitet habt, innerhalb des Duldungsanspruchs aus § 1147 wiederfinden.

- Duldung der Zwangsvollstreckung, § 1147
hier: <u>direkter</u> Briefhypothekenerwerb vom Berechtigten

I. Anspruch entstanden ?

1. Anspruchsgegner ist Eigentümer des Grundstücks ?
2. Anspruchsteller ist Inhaber der Briefhypothek ?

   a. ursprünglich (−)

   b. Briefhypothekenerwerb gemäß §§ 873, 1113, 1115 ff ?
   = direkter Erwerb vom Berechtigten

     aa. Einigung, §§ 873, 1113 I ?
     = darüber, dass ein Grundstück eine bestimmte Forderung sichern soll
     → üblicherweise wird ein Anspruch auf Darlehensrückzahlung (§ 488 I 2) gesichert
     → jeder andere schuldrechtliche Zahlungsanspruch kommt in Betracht

Hypothek – SCHEMATA

  bb. Eintragung der Einigung im Grundbuch, §§ 873, 1115 ?

  cc. Briefübergabe oder -ersatz, § 1117 ?

  → meist Übergabe, § 1117 I 1

  dd. Bestehen der Forderung ?

  = die Hypothek ist akzessorisch; also ohne Forderung keine Hypothek

  → meist der Anspruch auf Darlehensrückzahlung

  ee. Berechtigung des Bestellers ?

  = der verfügungsbefugte Eigentümer oder der Nichteigentümer, der gesetzlich verfügungsbefugt ist oder der vom Berechtigten ermächtigt ist

  → meist der verfügungsbefugte Eigentümer des Grundstücks

II. Anspruch untergegangen ?

III. Anspruch durchsetzbar ?

IV. Ergebnis

- Duldung der Zwangsvollstreckung, § 1147
hier: <u>direkter</u> Briefhypothekenerwerb vom Nichtberechtigten

---

I. Anspruch entstanden ?

 1. Anspruchsgegner ist Eigentümer des Grundstücks ?

 2. Anspruchsteller ist Inhaber der Briefhypothek ?

  a. ursprünglich (–)

  b. Briefhypothekenerwerb gemäß §§ 873, 1113, 1115 ff ?
  = direkter Erwerb vom Berechtigten

  aa. Einigung, §§ 873, 1113 I ?

  bb. Eintragung der Einigung im Grundbuch, §§ 873, 1115 ?

  cc. Briefübergabe oder -ersatz, § 1117 ?

  dd. Bestehen der Forderung ?
  = die Hypothek ist akzessorisch; also ohne Forderung keine Hypothek

  ee. Berechtigung des Bestellers ?
  = der verfügungsbefugte Eigentümer oder der Nichteigentümer, der gesetzlich verfügungsbefugt ist oder der vom Berechtigten ermächtigt ist

  → hier immer (–)

  c. Briefhypothekenerwerb gemäß §§ 873, 1113, 1115 ff, 892 ?
  = direkter Erwerb vom Nichtberechtigten

  aa. Einigung, §§ 873, 1113 I ? → s.o.

SCHEMATA – Hypothek

    bb. Eintragung der Einigung im Grundbuch, §§ 873, 1115 ? → s.o.
    cc. Briefübergabe oder -ersatz, § 1117 ? → s.o.
    dd. Bestehen der Forderung ? → s.o.
    ee. „Berechtigungsersatz" ?
    = Voraussetzungen des § 892
    (1) Rechtsgeschäftlicher Erwerb ?
    (2) Verkehrsgeschäft ?
    (3) Unrichtigkeit des Grundbuchs ?
    (4) Legitimation des Verfügenden als Berechtigter ?
    (5) Gutgläubigkeit des Erwerbers ?
    (6) keine Eintragung eines Widerspruchs gemäß § 899 gegen die Richtigkeit des Grundbuchs ?
II. Anspruch untergegangen ?
III. Anspruch durchsetzbar ?
IV. Ergebnis

- Duldung der Zwangsvollstreckung, § 1147
hier: <u>abgeleiteter</u> Briefhypothekenerwerb vom Berechtigten
= Übergang der Briefhypothek auf den Anspruchsteller

I. Anspruch entstanden ?
    1. Anspruchsgegner ist Eigentümer des Grundstücks ?
    2. Anspruchsteller ist Inhaber der Briefhypothek ?
        a. ursprünglich (−)

        Vorüberlegung: Anspruchsteller ist Inhaber der Hypothek, wenn zunächst ein direkter Erwerb im Verhältnis der ursprünglich die Hypothek bestellenden Personen stattgefunden hat und die Hypothek dann auf ihn übergegangen ist (abgeleiteter Erwerb).

        b. Briefhypothekenerwerb gemäß §§ 873, 1113, 1115 ff ?
        = direkter Erwerb vom Berechtigten im Verhältnis der ursprünglich beteiligten Personen

        aa. Einigung, §§ 873, 1113 I ?
        bb. Eintragung der Einigung im Grundbuch, §§ 873, 1115 ?
        cc. Briefübergabe oder -ersatz, § 1117 ?

Hypothek – SCHEMATA

dd. Bestehen der Forderung ?
= die Hypothek ist akzessorisch; also ohne Forderung keine Hypothek

ee. Berechtigung des Bestellers ?
= der verfügungsbefugte Eigentümer oder der Nichteigentümer, der gesetzlich verfügungsbefugt ist oder der vom Berechtigten ermächtigt ist
→ meist der verfügungsbefugte Eigentümer des Grundstücks

c. Übergang der Briefhypothek gemäß §§ 398, 1154, 1153 ?
= abgeleiteter Erwerb des Anspruchstellers vom Berechtigten

aa. Forderungsabtretung gemäß § 398 ?
= die der Hypothek zugrunde liegende Forderung

bb. in der Form des § 1154 ?
= bei der Briefhypothek §§ 1154 I, II, 1117

(1) Abtretungserklärung in schriftlicher Form auf dem Brief bzw. gesonderter Urkunde oder Eintragung der Abtretung ins Grundbuch ?

(2) Briefübergabe oder -ersatz, § 1117 ?

cc. Berechtigung des Abtretenden ?
= Abtretender muss Inhaber der Forderung und Inhaber der Hypothek sein

II. Anspruch untergegangen ?

III. Anspruch durchsetzbar ?

IV. Ergebnis

SCHEMATA – Hypothek

Achtung: Die folgenden *drei Schemata* beschäftigen mit dem abgeleiteten Briefhypothekenerwerb vom Nichtberechtigten. Wie ihr aus den Fällen 17 bis 19 ersehen konntet, sind insbesondere *drei klausurrelevante Varianten* denkbar:

1. Die *Einigung* bezüglich der Hypothekenbestellung wird vor dem Übergang der Hypothek wirksam angefochten.

2. Der der Hypothek zugrunde liegende (meist Darlehens-) *Vertrag* wird vor der Abtretung der Forderung wirksam angefochten.

3. Die *Einigung* bezüglich der Hypothekenbestellung wird vor dem Übergang der Hypothek wirksam angefochten *und* der der Hypothek zugrunde liegenden (meist Darlehens-) *Vertrag* wird vor der Abtretung der Forderung wirksam angefochten (= Kombination aus 1. und 2.).

Zur umfassenden Bereicherung eures Wissens erscheinen mehrere Blicke in die Fälle 17 bis 19 durchaus angebracht.

Natürlich funktionieren die drei dargestellten Varianten nicht nur, wenn dies und/oder das angefochten wird (mit der Folge der Nichtigkeit), sondern auch dann, wenn die Einigung und/oder der Vertrag (aus einem anderen Grund) nichtig ist.

- Duldung der Zwangsvollstreckung, § 1147
hier: abgeleiteter Briefhypothekenerwerb vom Nichtberechtigten
Variante 1: Hypothek nichtig

I. Anspruch entstanden ?

   1. Anspruchsgegner ist Eigentümer des Grundstücks ?

   2. Anspruchsteller ist Inhaber der Briefhypothek ?

      a. ursprünglich (–)

      b. Briefhypothekenerwerb gemäß §§ 873, 1113, 1115 ff ?

      = direkter Erwerb vom Berechtigten im Verhältnis der ursprünglich beteiligten Personen

         - Einigung, §§ 873, 1113 I ?

         = darüber, dass ein Grundstück eine bestimmte Forderung sichern soll

         → hier immer (–); Einigung ist von Anfang an nichtig

      c. Briefhypothekenerwerb gemäß §§ 873, 1113, 1115 ff, 892 ?

      = direkter Erwerb vom Nichtberechtigten im Verhältnis der ursprünglich beteiligten Personen

         - Einigung, §§ 873, 1113 I ?

         → hier immer (–); Einigung ist von Anfang an nichtig

Hypothek – SCHEMATA

d. Übergang der Briefhypothek gemäß §§ 398, 1154, 1153 ?
= abgeleiteter Erwerb des Anspruchstellers vom Berechtigten

aa. Forderungsabtretung gemäß § 398 ?
= die der Hypothek zugrunde liegende Forderung

bb. in der Form des § 1154 ?
= bei der Briefhypothek §§ 1154 I, II, 1117

(1) Abtretungserklärung in schriftlicher Form auf dem Brief bzw. gesonderter Urkunde oder Eintragung der Abtretung ins Grundbuch ?

(2) Briefübergabe oder -ersatz, § 1117 ?

cc. Berechtigung des Abtretenden ?
= Abtretender muss Inhaber der Forderung und Inhaber der Hypothek sein

→ hier immer (−): zwar ist der Abtretende Inhaber der Darlehensforderung; wegen der erfolgten Anfechtung der Einigung ist er aber (rückwirkend) nicht Inhaber der Hypothek geworden, § 142 I

e. Übergang der Briefhypothek gemäß §§ 398, 1154, 1153, 892 ?
= abgeleiteter Erwerb vom Nichtberechtigten

aa. Forderungsabtretung gemäß § 398 ? → s.o.

bb. in der Form des § 1154 ? → s.o.

cc. „Berechtigungsersatz" ?
= Voraussetzungen des § 892

(1) Rechtsgeschäftlicher Erwerb ?

→ an sich normiert § 1153 einen gesetzlichen Übergang der Hypothek, also gerade keinen rechtsgeschäftlichen Übergang; dem Erwerb nach § 1153 liegt aber eine rechtsgeschäftliche Übertragung zugrunde; dies reicht aus

(2) Verkehrsgeschäft ?

(3) Unrichtigkeit des Grundbuchs ?

(4) Legitimation des Verfügenden als Berechtigter ?

(5) Gutgläubigkeit des Erwerbers ?

(6) keine Eintragung eines Widerspruchs gemäß § 899 gegen die Richtigkeit des Grundbuchs ?

II. Anspruch untergegangen ?

III. Anspruch durchsetzbar ?

IV. Ergebnis

SCHEMATA – Hypothek

- Duldung der Zwangsvollstreckung, § 1147
hier: abgeleiteter Briefhypothekenerwerb vom Nichtberechtigten
Variante 2: (meist: Darlehens-) Vertrag nichtig

I. Anspruch entstanden ?
1. *Anspruchsgegner ist Eigentümer des Grundstücks ?*
2. *Anspruchsteller ist Inhaber der Briefhypothek ?*
   a. *ursprünglich* (−)
   b. *Briefhypothekenerwerb gemäß §§ 873, 1113, 1115 ff ?*
      = direkter Erwerb vom Berechtigten im Verhältnis der ursprünglich beteiligten Personen

      aa. *Einigung, §§ 873, 1113 I ?*
      = darüber, dass ein Grundstück eine bestimmte Forderung sichern soll

      bb. *Eintragung der Einigung im Grundbuch, §§ 873, 1115 ?*

      cc. *Briefübergabe oder -ersatz, § 1117 ?*

      dd. *Bestehen der Forderung ?*
      = die Hypothek ist akzessorisch; also ohne Forderung keine Hypothek

      → hier immer (−); der Anspruch auf Darlehensrückzahlung besteht nicht, da der Darlehensvertrag nichtig ist

   c. *Briefhypothekenerwerb gemäß §§ 873, 1113, 1115 ff, 892 ?*
      = direkter Erwerb vom Nichtberechtigten im Verhältnis der ursprünglich beteiligten Personen

      aa. *Einigung, §§ 873, 1113 I ?* → s.o.

      bb. *Eintragung der Einigung im Grundbuch, §§ 873, 1115 ?* → s.o.

      cc. *Briefübergabe oder -ersatz, § 1117 ?* → s.o.

      dd. *Bestehen der Forderung ?*
      = die Hypothek ist akzessorisch; also ohne Forderung keine Hypothek

      → hier immer (−); der Anspruch auf Darlehensrückzahlung besteht nicht, da der Darlehensvertrag nichtig ist

   d. *Übergang der Briefhypothek gemäß §§ 398, 1154, 1153 ?*
      = abgeleiteter Erwerb des Anspruchstellers vom Berechtigten

      aa. *Forderungsabtretung gemäß § 398 ?*
      = die der Hypothek zugrunde liegende Forderung

      → es ist eine Forderungsabtretung auf den Anspruchsteller erfolgt; obwohl die Forderung wegen der Nichtigkeit des Vertrags nicht existiert, hat dies zunächst keine Auswirkungen auf einen etwaigen Erwerb des Anspruchstellers

Hypothek – SCHEMATA

bb. in der Form des § 1154 ?
= bei der Briefhypothek §§ 1154 I, II, 1117

(1) Abtretungserklärung in schriftlicher Form auf dem Brief bzw. gesonderter Urkunde oder Eintragung der Abtretung ins Grundbuch ?

(2) Briefübergabe oder -ersatz, § 1117 ?

cc. Berechtigung des Abtretenden ?
= Abtretender muss Inhaber der Forderung und Inhaber der Hypothek sein

→ hier immer (–): wegen der Nichtigkeit des Vertrags ist der Abtretende nicht Inhaber der Forderung geworden

e. Übergang der Briefhypothek auf A gem. §§ 398, 1154, 1153, 892 ?
= abgeleiteter Erwerb des Anspruchstellers vom Nichtberechtigten

aa. Forderungsabtretung gemäß § 398 ? → s.o.

bb. in der Form des § 1154 ? → s.o.

cc. „Berechtigungsersatz" ?
= Voraussetzungen der §§ 1138, 892 (also nicht § 892 allein); das Gesetz überwindet in § 1138 die fehlende Forderungsberechtigung des Abtretenden und fingiert für den Übergang der Hypothek (§ 1153) die Forderung, wenn die Voraussetzungen des § 892 bezüglich der Forderung (!!!) vorliegen

(1) Rechtsgeschäftlicher Erwerb beabsichtigt ?

(2) Verkehrsgeschäft ?

(3) Unrichtigkeit des Grundbuchs ?

(4) Legitimation des Verfügenden als Berechtigter ?

(5) Gutgläubigkeit des Erwerbers bezüglich der Forderung ?

(6) keine Eintragung eines Widerspruchs gemäß § 899 gegen die Richtigkeit des Grundbuchs ?

II. Anspruch untergegangen ?

III. Anspruch durchsetzbar ?

IV. Ergebnis

SCHEMATA – Hypothek

> **- Duldung der Zwangsvollstreckung, § 1147**
> hier: <u>abgeleiteter</u> Briefhypothekenerwerb vom Nichtberechtigten
> <u>Variante 3</u>: (meist: Darlehens-) Vertrag <u>und</u> Hypothek nichtig

I. Anspruch entstanden ?
1. *Anspruchsgegner ist Eigentümer des Grundstücks ?*
2. *Anspruchsteller ist Inhaber der Briefhypothek ?*
   a. *ursprünglich* (–)
   b. *Briefhypothekenerwerb gemäß §§ 873, 1113, 1115 ff ?*
      = direkter Erwerb vom Berechtigten im Verhältnis der ursprünglich beteiligten Personen

      - Einigung, §§ 873, 1113 I ?
         = darüber, dass ein Grundstück eine bestimmte Forderung sichern soll

         → hier immer (–); Einigung ist von Anfang an nichtig

   c. *Briefhypothekenerwerb gemäß §§ 873, 1113, 1115 ff, 892 ?*
      = direkter Erwerb vom Nichtberechtigten im Verhältnis der ursprünglich beteiligten Personen

      - Einigung, §§ 873, 1113 I ?

         → hier immer (–); Einigung ist von Anfang an nichtig

   d. *Übergang der Briefhypothek gemäß §§ 398, 1154, 1153 ?*
      = abgeleiteter Erwerb des Anspruchstellers vom Berechtigten

      aa. Forderungsabtretung gemäß § 398 ?
         = die der Hypothek zugrunde liegende Forderung

         → es ist eine Forderungsabtretung auf den Anspruchsteller erfolgt; obwohl die Forderung wegen der Nichtigkeit des Vertrags nicht existiert, hat dies zunächst keine Auswirkungen auf einen etwaigen Erwerb des Anspruchstellers

      bb. in der Form des § 1154 ?
         = bei der Briefhypothek §§ 1154 I, II, 1117

         (1) Abtretungserklärung in schriftlicher Form auf dem Brief bzw. gesonderter Urkunde oder Eintragung der Abtretung ins Grundbuch ?

         (2) Briefübergabe oder -ersatz, § 1117 ?

      cc. Berechtigung des Abtretenden ?
         = Abtretender muss Inhaber der Forderung <u>und</u> Inhaber der Hypothek sein

         → hier immer (–): wegen der Nichtigkeit des Vertrags ist der Abtretende nicht Inhaber der Forderung geworden

Hypothek – SCHEMATA

e. Übergang der Briefhypothek auf A gem. §§ 398, 1154, 1153, 892 ?
= abgeleiteter Erwerb des Anspruchstellers vom Nichtberechtigten

aa. Forderungsabtretung gemäß § 398 ? → s.o.

bb. in der Form des § 1154 ? → s.o.

cc. „Berechtigungsersatz" ?
= Voraussetzungen der §§ 1138, 892 (also nicht § 892 allein); das Gesetz überwindet in § 1138 die fehlende Forderungsberechtigung des Abtretenden und fingiert für den Übergang der Hypothek (§ 1153) die Forderung, wenn die Voraussetzungen des § 892 bezüglich der Forderung (!!!) vorliegen

(1) Rechtsgeschäftlicher Erwerb beabsichtigt ?

(2) Verkehrsgeschäft ?

(3) Unrichtigkeit des Grundbuchs ?

(4) Legitimation des Verfügenden als Berechtigter ?

(5) Gutgläubigkeit des Erwerbers bezüglich der Forderung ?

(6) keine Eintragung eines Widerspruchs gemäß § 899 gegen die Richtigkeit des Grundbuchs ?

(7) Voraussetzungen der §§ 1138, 892 bei Bejahung von (1) bis (6) gegeben → Forderung wird somit gemäß § 1138 fingiert, damit die Hypothek gemäß § 1153 übergehen kann; dies kann aber nur geschehen, wenn der Übertragende Inhaber der Hypothek ist !!!!

dd. Übertragender ist Hypothekeninhaber ?
→ hier immer (–); wegen der Nichtigkeit der Hypothekeneinigung ist der Übertragende nicht Inhaber der Hypothek geworden

aber: § 1153 gilt auch dann, wenn bezüglich der Hypothek die Voraussetzungen des § 892 vorliegen

(1) Rechtsgeschäftlicher Erwerb der Hypothek ?
→ an sich normiert § 1153 einen gesetzlichen Übergang der Hypothek, also gerade keinen rechtsgeschäftlichen Übergang; dem Erwerb nach § 1153 liegt aber eine rechtsgeschäftliche Übertragung zugrunde; dies reicht aus

(2) Verkehrsgeschäft ?

(3) Unrichtigkeit des Grundbuchs ?

(4) Legitimation des Verfügenden als Berechtigter ?

(5) Gutgläubigkeit des Erwerbers bezüglich der Hypothek ?

(6) keine Eintragung eines Widerspruchs gemäß § 899 gegen die Richtigkeit des Grundbuchs ?

II. Anspruch untergegangen ?

III. Anspruch durchsetzbar ?

IV. Ergebnis

SCHEMATA – Grundschuld

(Sicherungs-) Grundschuld

Achtung: Die folgenden Schemata beschäftigen sich lediglich mit den unterschiedlichen Erwerbsformen der (Sicherungs-) **Briefgrundschuld**. Die minimalen Unterschiede, die beim Erwerb einer Buchgrundschuld zu beachten sind, habt ihr im Rahmen der Fälle kennengelernt. Beachtet außerdem, dass sich viele Problemkonstellationen, die ihr bereits im Rahmen des Herausgabeanspruchs gemäß § 985 (Eigentum) bzw. im Rahmen des Duldungsanspruchs gemäß § 1147 (Hypothek) bearbeitet habt, innerhalb des Duldungsanspruchs aus §§ 1192, 1147 wiederfinden.

- Duldung der Zwangsvollstreckung, §§ 1192, 1147
hier: <u>direkter</u> Briefgrundschulderwerb vom Berechtigten

---

I. Anspruch entstanden ?

   1. Anspruchsgegner ist Eigentümer des Grundstücks ?

   2. Anspruchsteller ist Inhaber der Briefgrundschuld ?

     a. ursprünglich (−)

     b. Briefgrundschulderwerb gemäß §§ 873, 1191, 1192, 1115 ff ?
     = direkter Erwerb vom Berechtigten

       aa. Einigung, §§ 873, 1191 I ?
       = über die Bestellung der Grundschuld

         → wegen der Nichtakzessorietät zwischen schuldrechtlicher Forderung und Grundschuld erfolgt – im Gegensatz zum Hypothekenrecht – gerade keine dingliche Einigung darüber, dass ein Grundstück eine Forderung sichern soll; die diesbezügliche Vereinbarung erfolgt bei der Sicherungsgrundschuld innerhalb eines (nur) schuldrechtlichen Sicherungsvertrags

       bb. Eintragung der Einigung im Grundbuch, §§ 873, 1192, 1115 ?

       cc. Briefübergabe oder -ersatz, §§ 1192, 1117 ?

         → meist Übergabe, § 1117 I 1

       dd. Berechtigung des Bestellers ?
       = der verfügungsbefugte Eigentümer oder der Nichteigentümer, der gesetzlich verfügungsbefugt ist oder der vom Berechtigten ermächtigt ist

         → meist der verfügungsbefugte Eigentümer des Grundstücks

II. Anspruch untergegangen ?

III. Anspruch durchsetzbar ?

IV. Ergebnis

Grundschuld – SCHEMATA

- Duldung der Zwangsvollstreckung, §§ 1192, 1147
hier: <u>direkter</u> Briefgrundschulderwerb vom Nichtberechtigten

I. Anspruch entstanden ?
   1. Anspruchsgegner ist Eigentümer des Grundstücks ?
   2. Anspruchsteller ist Inhaber der Briefgrundschuld ?
      a. ursprünglich (–)
      b. Briefgrundschulderwerb gemäß §§ 873, 1191, 1192, 1115 ff ?
      = direkter Erwerb vom Berechtigten
         aa. Einigung, §§ 873, 1191 I ?
            → s.o. direkter Grundschulderwerb vom Berechtigten
         bb. Eintragung der Einigung im Grundbuch, §§ 873, 1192, 1115 ?
         cc. Briefübergabe oder -ersatz, §§ 1192, 1117 ?
         dd. Berechtigung des Bestellers ?
         = der verfügungsbefugte Eigentümer oder der Nichteigentümer, der gesetzlich verfügungsbefugt ist oder der vom Berechtigten ermächtigt ist
         → hier immer (–)
      c. Briefgrundschulderwerb gemäß §§ 873, 1191, 1192, 1115 ff, 892 ?
      = direkter Erwerb vom Nichtberechtigten
         aa. Einigung, §§ 873, 1191 I ? → s.o.
         bb. Eintragung der Einigung im Grundbuch, §§ 873, 1192, 1115 ? → s.o.
         cc. Briefübergabe oder -ersatz, §§ 1192, 1117 ? → s.o.
         dd. „Berechtigungsersatz" ?
         = Voraussetzungen des § 892
         (1) Rechtsgeschäftlicher Erwerb ?
         (2) Verkehrsgeschäft ?
         (3) Unrichtigkeit des Grundbuchs ?
         (4) Legitimation des Verfügenden als Berechtigter ?
         (5) Gutgläubigkeit des Erwerbers ?
         (6) keine Eintragung eines Widerspruchs gemäß § 899 gegen die Richtigkeit des Grundbuchs ?

II. Anspruch untergegangen ?
III. Anspruch durchsetzbar ?
IV. Ergebnis

SCHEMATA – Grundschuld

- **Duldung der Zwangsvollstreckung,
§§ 1192, 1147**
hier: abgeleiteter Briefgrundschulderwerb vom Berechtigten

I. Anspruch entstanden ?
  1. *Anspruchsgegner ist Eigentümer des Grundstücks ?*
  2. *Anspruchsteller ist Inhaber der Briefgrundschuld ?*
     a. *ursprünglich (–)*
     b. *Briefgrundschulderwerb gemäß §§ 873, 1191, 1192, 1115 ff ?*
        = direkter Erwerb vom Berechtigten
        aa. *Einigung, §§ 873, 1191 I ?*
            → s.o. direkter Grundschulderwerb vom Berechtigten
        bb. *Eintragung der Einigung im Grundbuch, §§ 873, 1192, 1115 ?*
        cc. *Briefübergabe oder -ersatz, §§ 1192, 1117 ?*
            → meist Übergabe, § 1117 I 1
        dd. *Berechtigung des Bestellers ?*
            = der verfügungsbefugte Eigentümer oder der Nichteigentümer, der gesetzlich verfügungsbefugt ist oder der vom Berechtigten ermächtigt ist
            → meist der verfügungsbefugte Eigentümer des Grundstücks
     c. *Übergang der Briefgrundschuld gemäß §§ 1192, 1154 ?*
        = abgeleiteter Erwerb vom Berechtigten
        aa. *Einigung über den Übergang, § 873 ?*
        bb. *Übertragung in der Form der §§ 1192, 1154 ?*
            = bei der Briefgrundschuld §§ 1154 I, II, 1117
            (1) Übertragungserklärung in schriftlicher Form auf dem Brief bzw. gesonderter Urkunde oder Eintragung der Übertragung ins Grundbuch ?
            (2) Briefübergabe oder -ersatz, § 1117 ?
        cc. *Berechtigung des Übertragenden ?*
            = Übertragender muss Inhaber der Grundschuld sein

II. Anspruch untergegangen ?
III. Anspruch durchsetzbar ?
IV. Ergebnis

Grundschuld – SCHEMATA

Achtung: Das folgende *Schema* beschäftigt sich mit dem abgeleiteten Briefgrundschulderwerb vom Nichtberechtigten. Mit dieser Erwerbsform wurdet ihr bereits in Fall 33 konfrontiert. Im Gegensatz zum Hypothekenrecht besteht keine Akzessorietät zwischen schuldrechtlicher Forderung und dinglichem Sicherungsmittel (hier: Grundschuld). Fälle, in denen Forderungen fingiert werden, um die Übertragung der Grundschuld zu ermöglichen, müssen deshalb von vornherein fehlen. Klausurrelevante Konstellation ist folglich die, dass mit der Grundschuld selbst irgendetwas „schief geht". So kann etwa die Einigung bezüglich der Grundschuldbestellung vor der Übertragung der Grundschuld wirksam angefochten worden sein ...

> **- Duldung der Zwangsvollstreckung, §§ 1192, 1147**
> hier: <u>abgeleiteter</u> Briefgrundschulderwerb vom Nichtberechtigten
> <u>Übliche Konstellation</u>: Grundschuld nichtig

I. Anspruch entstanden ?

   1. Anspruchsgegner ist Eigentümer des Grundstücks ?

   2. Anspruchsteller ist Inhaber der Briefgrundschuld ?

     a. ursprünglich (–)

     b. Briefgrundschulderwerb gemäß §§ 873, 1191, 1192, 1115 ff ?
     = direkter Erwerb vom Berechtigten im Verhältnis der ursprünglich beteiligten Personen

     - Einigung, §§ 873, 1191 I ?

     → hier immer (–); Einigung ist von Anfang an nichtig

     c. Briefgrundschulderwerb gemäß §§ 873, 1191, 1192, 1115 ff, 892 ?
     = direkter Erwerb vom Nichtberechtigten im Verhältnis der ursprünglich beteiligten Personen

     - Einigung, §§ 873, 1191 I ?

     → hier immer (–); Einigung ist von Anfang an nichtig

     d. Übergang der Briefgrundschuld gemäß §§ 1192, 1154 ?
     = abgeleiteter Erwerb des Anspruchstellers vom Berechtigten

     aa. Einigung über den Übergang, § 873 ?

     bb. Übertragung in der Form der §§ 1192, 1154 ?
     = bei der Briefgrundschuld §§ 1154 I, II, 1117

       (1) Übertragungserklärung in schriftlicher Form auf dem Brief bzw. gesonderter Urkunde oder Eintragung der Übertragung ins Grundbuch ?

       (2) Briefübergabe oder -ersatz, § 1117 ?

SCHEMATA – Grundschuld

  cc. *Berechtigung des Übertragenden* ?
  = Übertragender muss Inhaber der Grundschuld sein

  → hier immer (−); wegen der erfolgten Anfechtung der Einigung ist der Übertragende nicht Inhaber der Grundschuld geworden

 e. *Übergang der Briefgrundschuld gemäß §§ 1192, 1154, 892* ?
  = abgeleiteter Erwerb des Anspruchstellers vom Nichtberechtigten

  aa. *Einigung über den Übergang, § 873* ?

  bb. *Übertragung in der Form der §§ 1192, 1154* ?

  cc. *„Berechtigungsersatz"* ?
  = Voraussetzungen des § 892

   (1) Rechtsgeschäftlicher Erwerb ?

   (2) Verkehrsgeschäft ?

   (3) Unrichtigkeit des Grundbuchs ?

   (4) Legitimation des Verfügenden als Berechtigter ?

   (5) Gutgläubigkeit des Erwerbers ?

   (6) keine Eintragung eines Widerspruchs gemäß § 899 gegen die Richtigkeit des Grundbuchs ?

II. Anspruch untergegangen ?

III. Anspruch durchsetzbar ?

IV. Ergebnis

Vormerkung – SCHEMATA

Vormerkung

Achtung: Die folgenden Schemata beschäftigen sich lediglich mit den unterschiedlichen Erwerbsformen der ***Auflassungs-Vormerkung***, also mit der Vormerkung, die den Erwerb von Grundstückseigentum sichern soll. Selbstverständlich kann fast jeder andere dingliche Anspruch im Bereich des Immobiliarsachenrechts durch eine Vormerkung gesichert werden. Denkt etwa an eine Vereinbarung, wonach für eine Person eine Hypothek oder eine Grundschuld bestellt werden soll. Ein solcher Anspruch lässt sich ebenfalls durch eine Vormerkung sichern. Die Darstellung aller möglichen Vormerkungserwerbsformen sprengt den hier zur Verfügung stehenden Platz. Solltet ihr dem Buch wach gefolgt sein, wird der Prüfungsaufbau anderer Vormerkungserwerbsformen keine wesentlichen Probleme bereiten.

- Abgabe einer Erklärung gemäß § 888 I
hier: <u>direkter</u> Vormerkungserwerb vom Berechtigten

I. Anspruch entstanden ?

   1. Voraussetzungen der §§ 885 I, 883 I ?

      a. Anspruchsteller ist Inhaber der Vormerkung ?

         aa. ursprünglich (–)

         bb. Vormerkungserwerb gemäß § 885 I ?
         = direkter Erwerb vom Berechtigten

           (1) Sicherungsfähiger schuldrechtlicher Anspruch ?
           = Anspruch, der auf dingliche Rechtsänderung gerichtet ist

           → der Anspruch auf Übereignung aus § 433 I 1 ist auf dingliche Rechtsänderung gerichtet

           (2) Bewilligung in der Form des § 29 GBO oder einstweilige Verfügung ?

           (3) Eintragung der Vormerkung ins Grundbuch ?

           (4) Berechtigung des Bewilligenden ?
           = der verfügungsbefugte Eigentümer oder der Nichteigentümer, der gesetzlich verfügungsbefugt ist oder der vom Berechtigten ermächtigt ist

   2. Voraussetzungen des § 883 II ?

      - Anspruchsgegner hat eine Rechtsposition entgegen der Vormerkung und nach deren Eintragung erlangt ?

         aa. Erlangen einer Rechtsposition durch Verfügung gem. §§ 873, 925 ?
         = Eigentumserwerb vom Berechtigten

           (1) Einigung ?

SCHEMATA – Vormerkung

  (2) Eintragung der Einigung im Grundbuch ?
  (3) Einigsein im Zeitpunkt der Eintragung ?
  (4) Berechtigung des Veräußerers ?
  bb. entgegen der Vormerkung ?
  cc. nach Eintragung der Vormerkung ?
II. Anspruch untergegangen ?
III. Anspruch durchsetzbar ?
IV. Ergebnis

– Abgabe einer Erklärung gemäß § 888 I
hier: <u>direkter</u> Vormerkungserwerb vom Nichtberechtigten

I. Anspruch entstanden ?
  1. Voraussetzungen der §§ 885 I, 883 I ?
    a. Anspruchsteller ist Inhaber der Vormerkung ?
      aa. ursprünglich (–)
      bb. Vormerkungserwerb gemäß § 885 I ?
      = direkter Erwerb vom Berechtigten

      (1) Sicherungsfähiger schuldrechtlicher Anspruch ?
      = Anspruch, der auf dingliche Rechtsänderung gerichtet ist

      → der Anspruch auf Übereignung aus § 433 I 1 ist auf dingliche Rechtsänderung gerichtet

      (2) Bewilligung in der Form des § 29 GBO oder einstweilige Verfügung ?

      (3) Eintragung der Vormerkung ins Grundbuch ?

      (4) Berechtigung des Bewilligenden ?
      = der verfügungsbefugte Eigentümer oder der Nichteigentümer, der gesetzlich verfügungsbefugt ist oder der vom Berechtigten ermächtigt ist

      → hier immer (–)

      cc. Vormerkungserwerb gemäß §§ 885 I, 892 analog ?
      = direkter Erwerb vom Nichtberechtigten

      (1) Sicherungsfähiger schuldrechtlicher Anspruch ?

      (2) Bewilligung in der Form des § 29 GBO ?

Vormerkung – SCHEMATA

　　(3) Eintragung der Vormerkung ins Grundbuch ?

　　(4) „Berechtigungsersatz" ?
　　= Voraussetzungen des § 892

　　　(a) Rechtsgeschäftlicher Erwerb ?

　　　(b) Verkehrsgeschäft ?

　　　(c) Unrichtigkeit des Grundbuchs ?

　　　(d) Legitimation des Verfügenden als Berechtigter ?

　　　(e) Gutgläubigkeit des Erwerbers ?

　　　(f) keine Eintragung eines Widerspruchs gemäß § 899 gegen die Richtigkeit des Grundbuchs ?

　2. *Voraussetzungen des § 883 II ?*

　　- Anspruchsgegner hat eine Rechtsposition entgegen der Vormerkung und nach deren Eintragung erlangt ?

　　　aa. Erlangen einer Rechtsposition durch Verfügung gem. §§ 873, 925 ?
　　　= Eigentumserwerb vom Berechtigten

　　　(1) Einigung ?

　　　(2) Eintragung der Einigung im Grundbuch ?

　　　(3) Einigsein im Zeitpunkt der Eintragung ?

　　　(4) Berechtigung des Veräußerers ?

　　　bb. entgegen der Vormerkung ?

　　　cc. nach Eintragung der Vormerkung ?

II. Anspruch untergegangen ?

III. Anspruch durchsetzbar ?

IV. Ergebnis

- Abgabe einer Erklärung gemäß § 888 I
hier: <u>abgeleiteter</u> Vormerkungserwerb vom Berechtigten

I. Anspruch entstanden ?

　1. *Voraussetzungen der §§ 885 I, 883 I ?*

　　a Anspruchsteller ist Inhaber der Vormerkung ?

　　　aa. ursprünglich (–)

SCHEMATA – Vormerkung

bb. Vormerkungserwerb gemäß § 885 I ?
= direkter Erwerb vom Berechtigten

(1) Sicherungsfähiger schuldrechtlicher Anspruch ?
= Anspruch, der auf dingliche Rechtsänderung gerichtet ist

→ der Anspruch auf Übereignung aus § 433 I 1 ist auf dingliche Rechtsänderung gerichtet

(2) Bewilligung in der Form des § 29 GBO oder einstweilige Verfügung ?

(3) Eintragung der Vormerkung ins Grundbuch ?

(4) Berechtigung des Bewilligenden ?
= der verfügungsbefugte Eigentümer oder der Nichteigentümer, der gesetzlich verfügungsbefugt ist oder der vom Berechtigten ermächtigt ist

cc. Übergang der Vormerkung gemäß §§ 398, 401 analog ?
= abgeleiteter Erwerb vom Berechtigten

(1) Forderungsabtretung gemäß § 398 ?
= Abtretung des Anspruchs aus § 433 I 1

(2) Berechtigung des Abtretenden ?
= Abtretender ist Inhaber der Vormerkung

2. Voraussetzungen des § 883 II ?

- Anspruchsgegner hat eine Rechtsposition entgegen der Vormerkung und nach deren Eintragung erlangt ?

aa. Erlangen einer Rechtsposition durch Verfügung gem. §§ 873, 925 ?
= Eigentumserwerb vom Berechtigten

(1) Einigung ?

(2) Eintragung der Einigung im Grundbuch ?

(3) Einigsein im Zeitpunkt der Eintragung ?

(4) Berechtigung des Veräußerers ?
= Abtretender ist Inhaber der Forderung und Inhaber der Vormerkung

bb. entgegen der Vormerkung ?

cc. nach Eintragung der Vormerkung ?

II. Anspruch untergegangen ?

III. Anspruch durchsetzbar ?

IV. Ergebnis

Vormerkung – SCHEMATA

- Abgabe einer Erklärung gemäß § 888 I
hier: **abgeleiteter** Vormerkungserwerb vom Nichtberechtigten

I. Anspruch entstanden?

1. *Voraussetzungen der §§ 885 I, 883 I?*

   a. *Anspruchsteller ist Inhaber der Vormerkung?*

      aa. *ursprünglich* (–)

      bb. *Vormerkungserwerb gemäß § 885 I?*
      = direkter Erwerb vom Berechtigten

   (1) Sicherungsfähiger schuldrechtlicher Anspruch?
   = Anspruch, der auf dingliche Rechtsänderung gerichtet ist

   → der Anspruch auf Übereignung aus § 433 I 1 ist auf dingliche Rechtsänderung gerichtet

   (2) Bewilligung in der Form des § 29 GBO oder einstweilige Verfügung?

   (3) Eintragung der Vormerkung ins Grundbuch?

   (4) Berechtigung des Bewilligenden?
   = der verfügungsbefugte Eigentümer oder der Nichteigentümer, der gesetzlich verfügungsbefugt ist oder der vom Berechtigten ermächtigt ist

   → hier immer (–)

      cc. *Vormerkungserwerb gemäß §§ 885 I, 892 analog?*
      = direkter Erwerb vom Nichtberechtigten

   (1) Sicherungsfähiger schuldrechtlicher Anspruch?

   (2) Bewilligung in der Form des § 29 GBO?

   (3) Eintragung der Vormerkung ins Grundbuch?

   (4) „Berechtigungsersatz"?
   = Voraussetzungen des § 892

   (a) Rechtsgeschäftlicher Erwerb?

   (b) Verkehrsgeschäft?

   (c) Unrichtigkeit des Grundbuchs?

   (d) Legitimation des Verfügenden als Berechtigter?

   (e) Gutgläubigkeit des Erwerbers?

   (f) keine Eintragung eines Widerspruchs gemäß § 899 gegen die Richtigkeit des Grundbuchs?

SCHEMATA – Vormerkung

dd. Übergang der Vormerkung gemäß §§ 398, 401 analog ?
= abgeleiteter Erwerb vom Berechtigten

(1) Forderungsabtretung gemäß § 398 ?
= Abtretung des Anspruchs aus § 433 I 1

(2) Berechtigung des Abtretenden ?
= Abtretender ist Inhaber der Forderung und Inhaber der Vormerkung

ee. Übergang der Vormerkung gemäß §§ 398, 401 analog, 892 analog ?
= abgeleiteter Erwerb vom Nichtberechtigten

(1) Forderungsabtretung gemäß § 398 ?

(2) „Berechtigungsersatz" ?
= Voraussetzungen des § 892 analog

(a) Rechtsgeschäftlicher Erwerb ?

→ hier immer (−): es kommt allenfalls ein Vormerkungserwerb kraft Gesetzes gemäß § 401 analog im Betracht; die Vormerkung folgt der Forderung nämlich automatisch; zwar wird die Meinung vertreten, wie beim gutgläubigen Hypothekenerwerb beruhe der Vormerkungserwerb auf einem Rechtsgeschäft, nämlich der Forderungsabtretung; insofern seien beide Sicherungsmittel vergleichbar; Hypothek und Vormerkung lassen sich jedoch nicht ohne Weiteres vergleichen; die Abtretung der durch die Hypothek gesicherten Forderung muss immer dokumentiert werden, sie bedarf der Form des § 1154; bei der Briefhypothek findet eine Übergabe des Briefs statt (§ 1154 I) oder es erfolgt eine Eintragung der Forderungsabtretung im Grundbuch (§ 1154 II); bei der Buchhypothek ist die Grundbucheintragung sogar obligatorisch (§ 1154 III); die Übertragung wird also publiziert; im Gegensatz hierzu erfolgt der Übergang der Vormerkung formlos; hier zeigt sich anschaulich, dass der Gesetzgeber zwischen dem vorläufigen Sicherungsmittel Vormerkung und der Hypothek differenziert hat; während die Übertragung von Hypotheken im Gesetz explizit geregelt ist, hat der Gesetzgeber die gewollte Übertragung einer Vormerkung augenscheinlich nicht berücksichtigt; die Vormerkung folgt der Forderung allenfalls automatisch gemäß §§ 398, 401 analog; für einen gutgläubigen abgeleiteten Erwerb bleibt damit kein Raum

II. Ergebnis

Grundbuchberichtigung – SCHEMATA

Grundbuchberichtigung

Achtung: Die folgenden Schemata zeigen lediglich das Grundmuster eines Grundbuchberichtigungsanspruchs auf. Wie ihr anhand der gelösten Fälle 43 bis 45 erkennen konntet, kann der Grundbuchberichtigungsanspruch aus § 894 gegen jede Person geltend gemacht werden, die zu Unrecht als Inhaber irgendeiner immobiliarrechtlichen Position im Grundbuch eingetragen ist.

Wenn sich die Frage stellt, ob der Anspruchsgegner *zu Unrecht als Eigentümer* im Grundbuch *eingetragen* ist, prüft ihr innerhalb des Grundbuchberichtigungsanspruchs im Prüfungspunkt „I. Anspruch entstanden?" und dort im sofort folgenden Unterpunkt „1. Anspruchsteller ist wahrer Eigentümer?", ob der Anspruchsteller denn tatsächlich der wahre Eigentümer ist. Die Prüfung könnt ihr so vornehmen, wie im Kapitel „Eigentumserwerb" erlernt. Im Extremfall müsst ihr euch bis zum „Eigentumserwerb vom Nichtberechtigten" vorkämpfen. Wenn ihr zu dem Ergebnis kommt, dass der Anspruchsteller wahrer Grundstückseigentümer ist, müsst ihr im folgenden Unterpunkt „2. Anspruchsgegner ist zu Unrecht als Eigentümer im Grundbuch eingetragen?" ergänzend feststellen, das das so ist. Vergleicht zu dieser Problematik den Prüfungsaufbau des Fall 44.

Wenn sich – in anderen Fallkonstellationen – die Frage stellt, ob etwa der Anspruchsgegner *zu Unrecht als Inhaber einer Hypothek / einer Grundschuld* im Grundbuch *eingetragen ist*, sieht er Prüfungsaufbau etwas anders aus. Zuerst könnt ihr im Prüfungspunkt „I. Anspruch entstanden?" und dort im sofort folgenden Unterpunkt „1. Anspruchsteller ist Eigentümer?" regelmäßig kurz feststellen, dass der Anspruchsteller Grundstückseigentümer ist. Im folgenden Prüfungsunterpunkt (2.) ist dann allerdings zu eruieren, ob der Anspruchsgegner zu Unrecht als Hypothekeninhaber / als Grundschuldinhaber im Grundbuch eingetragen ist. Hier könnt ihr auf die unterschiedlichen Erwerbsformen zurückgreifen, die ihr in den Kapiteln „Hypothek" und „(Sicherungs-)Grundschuld" erlernt habt. Und: Denkt daran, dass der Anspruchsgegner auch zu Unrecht als Hypothekeninhaber / als Grundschuldinhaber im Grundbuch eingetragen ist, wenn dem Anspruchsteller gegen die Hypothek / gegen die Grundschuld eine dauernde Einrede zusteht.

- Abgabe einer Berichtigungserklärung gemäß § 894
hier: Anspruchsgegner ist nicht wahrer Eigentümer

I. Anspruch entstanden ?

Vorüberlegung: Der Anspruch gemäß § 894 ist entstanden, wenn der Anspruchsteller der wahre Grundstückseigentümer ist und der Anspruchsgegner zu Unrecht im Grundbuch als Eigentümer eingetragen ist

1. Anspruchsteller ist wahrer Grundstückseigentümer ?

→ hier ist im Zweifel zu prüfen, ob der Anspruchsteller Eigentum erworben bzw. verloren hat; die Prüfung ist wie bei den Fällen zum Herausgabeanspruch nach § 985 vorzunehmen

SCHEMATA – Grundbuchberichtigung

2. Anspruchsgegner ist zu Unrecht als Grundstückseigentümer im Grundbuch eingetragen ?

Anmerkung: Die Antwort auf diese Frage resultiert aus dem vorhergehenden Prüfungspunkt 1. Wenn ihr dort zu dem Ergebnis gekommen seid, dass der Anspruchsteller der wahre Eigentümer ist, kann der Anspruchsgegner nur zu Unrecht eingetragen sein

II. Anspruch untergegangen ?

III. Anspruch durchsetzbar ?

IV. Ergebnis

- Abgabe einer Berichtigungserklärung gemäß § 894
hier: Anspruchsgegner ist (z.B.) zu Unrecht als Hypothekeninhaber / als Grundschuldinhaber im Grundbuch eingetragen

---

I. Anspruch entstanden ?

Vorüberlegung: Der Anspruch gemäß § 894 ist entstanden, wenn der Anspruchsteller Grundstückseigentümer ist und der Anspruchsgegner zu Unrecht im Grundbuch als Hypothekeninhaber / Grundschuldinhaber eingetragen ist

1. Anspruchsteller ist Grundstückseigentümer ?

→ meist kurz zu bejahen; im Zweifel prüfen

2. Anspruchsgegner ist zu Unrecht als Hypothekeninhaber/als Grundschuldinhaber im Grundbuch eingetragen ?

→ hier ist meist zu prüfen, ob der Anspruchsteller die Hypothek / die Grundschuld erworben bzw. verloren hat; die Prüfung ist wie bei den Fällen zur Hypothek / zur (Sicherungs-) Grundschuld vorzunehmen

→ der Anspruchsgegner ist auch zu Unrecht als Hypothekeninhaber / als Grundschuldinhaber im Grundbuch eingetragen, wenn dem Anspruchsteller gegen die Hypothek / gegen die Grundschuld eine dauernde Einrede zusteht

II. Anspruch untergegangen ?

III. Anspruch durchsetzbar ?

IV. Ergebnis

Grundbuchberichtigung – SCHEMATA

Kurze Verschnaufpause

Gesetzesverzeichnis

Das Verzeichnis bezieht sich auf <u>Fallziffern</u>.
Hervorhebungen weisen auf Fundstellen im jeweiligen Prüfungsobersatz hin !!!

BGB

§§ 94 ff	7
§ 97	7
§ 119	2, 17-19, 33
§ 123	26
§ 142	17-19, 26
§ 214	23
§ 216 I	23
§ 241	36-38, 45
§ 306 a.F.	42
§§ 311, 241	36-38, 45
§ 311 b I 1	1
§ 362	27-29, 36, 37
§ 398	16-19, *24*, *25*, *27*, *28*, *29*, *36*, *37*, 41, 42
§ 399	37
§ 401 analog	41, 42
§ 404	24, 25, 27, 36, 37
§ 407	27, 28, 37
§ 433 I 1	16, 39-42
§ 433 II	16, 20, 26, *28*, *37*
§ 488	*13-15*, 16, 21-23, *25*, *27*, *29-31*, *34-36*, 38
§ 631 I	*24*
§ 770	26
§ 812	2, 36
§ 821	36
§ 873 II	1, 5, 6, 20
§ 878	1, 6, 11, 20
§ 888 I	*39-42*
§ 892	8-12, 15, 17-19, 21, 24, 25, 27, 29, 31, 33, 34, 36, 38, 44, 45
§ 892 II	11, 12, 21, 34
§ 892 analog	40, 42
§ 894	12, 15, 21, 31, 34, 40, 42, *43-45*
§ 899	12, 15
§ 926	7
§ 932	8, 15, 31
§ 985	*1-5*, *7-11*, 43
§ 1117 II	21, 34
§ 1137 I	22-24, 26, 27, 35, 36
§ 1138	18, 19, 24, 27, 29, 33
§ 1147	*13-29*
§ 1153	16-19, 24, 25, 27-30, 42
§ 1154	42
§ 1156	27, 28
§ 1157	25, 36-38, 45
§ 1163 I	36, 38, 45
§§ 1163 I, 1177 I	26-29
§ 1169	23
§ 1192 I a	30, 36-38, 45
§§ 1192, 1147	*30-38*

GBO

§ 29	4

InsO

§ 49	20
§ 80 I	6, 10, 20
§ 91 II	6, 20
§ 165	20

Sachverzeichnis

Das Verzeichnis bezieht sich auf die jeweiligen Seitenzahlen !!!

A

Abgeleiteter Grundschulderwerb
- vom Berechtigten 207, 208, 209
- vom Nichtberechtigten 211
Abgeleiteter Hypothekenerwerb
- vom Berechtigten 104, 106
- vom Nichtberechtigten 109, 116, 123
Abgeleiteter Vormerkungserwerb
- vom Berechtigten 264, 270
- vom Nichtberechtigten 271, 275, 276
Abgesonderte Befriedigung 130, 133
Absonderungsrecht 133
Abstraktionsprinzip 40, 42, 45, 106, 250
Abtretung 104, 113, 116, 120, 123, 209, 264, 268, 270, 271, 275, 276, 277
Abtretung, formlose 228, 237
Afghanistan 134
Aktien 224
Akzessorietät 92, 194, 198, 214, 223, 276
Akzessorietät, strenge 188, 193, 275, 276
Anfängliche objektive Unmöglichkeit 274
Anfängliche subjektive Unmöglichkeit
.... 274, 275
Anfängliche Unmöglichkeit 274
Anfängliches Unvermögen 274, 275
Anfechtung 42, 45, 108, 115, 120, 122, 124, 127, 169, 170, 210
Anfechtungsfrist 167
Anfechtungsmöglichkeit 167, 169
Anspruchsgrundlagen 12
Arglistige Täuschung 167
Arten des Grundschulderwerbs 195
Arten des Hypothekenerwerbs 88
Arten des Vormerkungserwerbs 253
Aschenbecher 130
Auflassungsvormerkung .. 254, 258, 264, 269
Aufrechnungsmöglichkeit 167
Aufschiebende Einrede 141

B

Bedingung 46, 48
Befriedigung, abgesonderte 130, 133

Berechtigung
- des Abtretenden 100, 116, 123, 171, 172, 189, 228, 237, 270
- des Grundschuldbestellers 201, 216
- des Hypothekenbestellers 92, 98, 131
- des Übertragenden 229, 237, 245, 288
- des Veräußerers 41, 56, 58, 63, 69, 73
Bereicherungseinrede 235
Berichtigung des Grundbuchs
.... 85, 97, 101, 139, 220, 278
Berichtigungserklärung 278, 279, 281
Bestandteile 62
Bindung an die Einigungs-
erklärung 52, 53, 54, 55
Buchgrundschuld 199, 205
Buchhypothek 91, 94, 96, 102, 130
Bürgschaft 87

D

Dach 151
Darlehensrückzahlung 89, 94, 97, 159, 171, 189, 196, 201, 216, 223, 228
Dauernde Einrede ... 141, 287, 288, 292, 293
Deckhengst 108
Design-Aschenbecher 130
Differenzierung der Sicherungsmittel 271
Dinglicher Vertrag 40, 45
Dingliches Erfüllungsgeschäft
.... 40, 42, 45, 106, 251
Direkter Grundschulderwerb
- vom Berechtigten 196
- vom Nichtberechtigten 201, 204
Direkter Hypothekenerwerb
- vom Berechtigten 90, 94, 130
- vom Nichtberechtigten 98, 101, 135
Direkter Vormerkungserwerb
- vom Berechtigten 254
- vom Nichtberechtigten 258
Drauflosschreiben 12
Drittelregel 13
Duldung der Zwangsvollstreckung
... 89, 94, 97, 103, 108, 115, 130, 134, 144, 148, 152, 160, 167, 172, 183, 190, 196, 201, 201, 206, 210, 216, 225, 229, 238, 244, 248
DVD-Sammlung 237

Sachverzeichnis

Das Verzeichnis bezieht sich auf die jeweiligen Seitenzahlen !!!

E

Edelhühner 122
Eigentümergrundschuld 170, 173, 174,
            180, 181, 184, 186, 190, 229, 235
Eigentumserwerb
- vom Berechtigten 35, 37, 42, 46,
            49, 52, 56, 59
- vom Nichtberechtigten . 64, 70, 74, 78, 83
Eigentumsverlust
    .... 42, 49, 51, 52, 69, 70, 281, 282
Einigsein 40, 53, 54
Einigung 40
Einigungserklärung,
    Bindung an die 52, 53, 54, 55
Einrede
- aufschiebende 141
- dauernde 141, 287, 288, 292, 293
- der Bereicherung 235
- der Rückübertragung
    .... 230, 235, 239, 245, 248
- potenzielle 239
Einreden und Einwendungen 141, 222
Eintragung 49, 51, 135
Einwendungen 141, 222
- rechtshindernde 141
- rechtsvernichtende 141
Erbe 69
Erfüllung / Zahlung
- nach Abtretung der Forderung ... 182, 237
- vor Abtretung der Forderung 171, 172,
            173, 189, 228, 233
- vor Abtretung der Forderung,
    teilweise 181
Erfüllungsgeschäft 40, 45, 106
Erlangen einer Rechtsposition
    .... 254, 259, 265, 276

F

Fachverlag 206
Fachwerkhaus 171
Fallbezogene Subsumtion 18
Fiktion der Forderung 117, 120, 123,
            128, 153, 180, 190, 193, 214

Forderungsabtretung
    .... 104, 113, 116, 120, 123, 209, 264
            268, 270, 271, 275, 276, 277
Forderungsentkleidete Hypothek 121
Form 40
Formlose Abtretung 228, 237
Frist, Anfechtung 167

G

Gartenzwerge 49
Grundbuchberichtigung
    .... 85, 97, 101, 139, 220, 278
Grundbucheintragung 49, 51
Grundschuld, isolierte 194, 198
Grundschulderwerb, abgeleiteter
- vom Berechtigten 207, 208, 209
- vom Nichtberechtigten 211
Grundschulderwerb, Arten 195
Grundschulderwerb, direkter
- vom Berechtigten 196
- vom Nichtberechtigten 201, 204
Grundschulderwerb, gutgläubiger
    einredefreier 230, 235, 236, 239,
            245, 248, 249, 289, 292, 293
Gutachtenstil 14
Gutgläubiger einredefreier
    Grundschulderwerb 230, 235, 236, 239,
            245, 248, 249, 289, 292, 293
Gutgläubiger einredefreier
    Hypothekenerwerb 153, 158, 161, 165
Gutgläubigkeit 68, 78, 80, 102, 114,
            117, 123, 124, 129, 135, 138, 153, 161,
            173, 174, 202, 205, 211, 215, 217, 220,
            230, 235, 236, 239, 245, 249, 259, 263,
            270, 275, 276, 282, 283, 289, 292, 293

H

Hausbesetzer 46
Herausgabeanspruch 35, 37, 39, 42, 46,
            49, 52, 56, 59, 63, 69, 73, 77
Historische Prüfung
    .... 39, 44, 67, 257, 286, 292
Hypothek, forderungsentkleidete 121

325

Sachverzeichnis

Das Verzeichnis bezieht sich auf die jeweiligen Seitenzahlen !!!

Hypothekenerwerb, abgeleiteter
- vom Berechtigten 104, 106
- vom Nichtberechtigten 109, 116, 123

Hypothekenerwerb, Arten 88

Hypothekenerwerb, direkter
- vom Berechtigten 89, 94, 130
- vom Nichtberechtigten 98, 101, 135

I

K

Kamel 167
Karnevalszug 228
Kaufpreiszahlung 182, 237
Kaukasische Edelhühner 122
Kausalgeschäft 40, 45, 106, 250
Kohlefrachter 115
Konkurs 58, 133
Kreditsicherung 87

L

Legitimation des Verfügenden
als Berechtigter 67, 102, 113, 114, 153,
161, 205, 215, 236, 249, 263
Lindenstraße 237
Luftkissenboot 201

M

Maniküre 112
Meinungsstreitigkeiten 18
Möglichkeit der Anfechtung 167, 169
Möglichkeit der Aufrechnung 167

N

Nichtauszahlung 244, 248, 249, 287
Nichtigkeit 108, 112, 120, 122,
127, 143, 169, 210, 274
Noch-Eigentümer 251

O

Objektive Unmöglichkeit 274

Insolvenz
.... 41, 56, 57, 58, 73, 74, 76, 130, 131, 133
Isolierte Grundschuld 194, 198

P

Palast 151
Palme 210
Pfandrecht 87
Pferde 134
Potenzielle Einrede 239
Powerboot 182
Prüfung, historische
.... 39, 44, 67, 257, 286, 292
Publikation der Übertragung 271, 276

R

Rechtshindernde Einwendungen 141
Rechtsgeschäftlicher Erwerb
.... 67, 101, 109, 117, 121, 124, 128,
173, 204, 262, 271, 275
Rechtsgrund für die Bestellung 239
Rechtsposition, Erlangen einer
.... 254, 259, 265, 276
Rechtsvernichtende Einwendungen 141
Relative Unwirksamkeit 252, 253
Risikobegrenzungsgesetz 200
Rückübereignung 44
Rückübertragungseinrede
.... 230, 235, 239, 245, 248
Rückzahlung des Darlehens 89, 94, 97,
159, 171, 189, 196, 201, 216, 223, 228

326

Sachverzeichnis

Das Verzeichnis bezieht sich auf die jeweiligen Seitenzahlen !!!

S

Sauklaue 14
Scheinbestandteile 62
Schuldrechtliches Verpflichtungs-
geschäft 40, 42, 45, 106, 250, 251
Sicherungscharakter 230, 236, 249
Sicherungsfähiger schuldrechtlicher
Anspruch 254, 258, 264, 269, 274
Sicherungsgrund
.... 230, 235, 239, 245, 248, 288, 292
Sicherungsgrundschuld
.... 194-249, 288, 292
Sicherungshypothek
.... 88, 182, 187, 188, 189, 193, 198
Sicherungsmittel, Differenzierung 271
Sicherungsvertrag
..... 194, 198, 209, 214, 227, 230, 235, 236,
238, 239, 245, 248, 288, 292, 293
Sportwagen 97
Strenge Akzessorietät 188, 193, 275, 276
Stundung 141, 144, 146, 150, 151,
152, 153, 157, 158, 159, 160, 165,
166, 214, 221, 222, 224, 225, 227
Subjektive Unmöglichkeit 274, 275
Subsumtion, fallbezogene 18

T

Täuschung, arglistige 167
Teilweise Erfüllung / Zahlung vor
Abtretung der Forderung 181
Theater 115
Traktor 59

U

Übergang
- der Grundschuld 207, 208, 209, 211
- der Hypothek 104, 106, 109,
116, 123, 152, 156, 160, 172, 184, 190
- der Vormerkung 264, 269, 270, 271
- des Anspruchs 104, 106, 109,
116, 123, 152, 156, 160, 172, 184, 190

Unmöglichkeit 251, 274, 275
Unrichtigkeit des Grundbuchs
.... 67, 74, 76, 102, 113, 153, 161,
205, 236, 249, 259, 263
Unvermögen 275
Unwirksamkeit, relative 252, 253
Urteilsstil 14

V

Vereinbarung einer Bedingung 46, 48
Verfügungsbeschränkung
.... 41, 56, 58, 74, 76, 81, 131, 132
Verfügungsgeschäft 42, 45, 250, 251
Vergütungsanspruch 151
Verjährung 148, 149, 150, 179
Verkehrsgeschäft
.... 67, 70, 72, 102, 113, 203, 262
Verlag 206
Verpflichtungsgeschäft
.... 40, 42, 45, 106, 250, 251
Vertrag, dinglicher 40
Verwertungsrecht 131, 132
Vollendung des Rechtserwerbs
.... 56, 64, 78, 131, 135, 217, 259
Vormerkungserwerb, abgeleiteter
- vom Berechtigten 264, 270
- vom Nichtberechtigten 271, 275, 276
Vormerkungserwerb, Arten 254
Vormerkungserwerb, direkter
- vom Berechtigten 254
- vom Nichtberechtigten 258
Vorweggenommene Erbfolge 70

W

Wasserpistolensammlung 103
Weltreise 159
Wer von wem was woraus 16
Werkvertrag 151
Wesentliche Bestandteile 62
Widerruf 52, 53, 54, 55, 82
Widerspruch 82, 83, 85, 86, 101

Sachverzeichnis

Das Verzeichnis bezieht sich auf die jeweiligen Seitenzahlen !!!

Z

Zahlung / Erfüllung
- nach Abtretung der Forderung ... 182, 237
- vor Abtretung der Forderung
.... 171, 172, 173, 189, 228, 233
- vor Abtretung der Forderung, teilweise
.... 181
Zeiteinteilung 12
Zimmerpalme 210
Zubehör 59, 60, 62
Zwangsvollstreckung, Duldung der
... 89, 94, 97, 103, 108, 115, 130, 134, 144,
148, 152, 160, 167, 172, 183, 190, 196, 201,
201, 206, 210, 216, 225, 229, 238, 244, 248

Ask your local dealer ...

Bisher im Fall-Fallag erschienen:

Dräger / Rumpf-Rometsch
Das Recht
Ein Basisbuch
Arbeitstechnik, Sprache,
Grundbegriffe, Fallbeispiele

Rumpf-Rometsch
Die Fälle
BGB AT
Allgemeiner Teil

Dräger / Rumpf-Rometsch
Die Fälle
Strafrecht AT
Allgemeiner Teil

Rumpf-Rometsch
Die Fälle
BGB Schuldrecht AT
Unmöglichkeit, Verzug,
Pflichtverletzung vor/im Vertrag

Dräger / Rumpf-Rometsch
Die Fälle
Strafrecht BT 1
Nichtvermögensdelikte

Rumpf-Rometsch
Die Fälle
BGB Schuldrecht BT 1
Mängelhaftung

Dräger / Rumpf-Rometsch
Die Fälle
Strafrecht BT 2
Vermögensdelikte

Rumpf-Rometsch
Die Fälle
BGB Schuldrecht BT 2
GoA, Deliktsrecht und
Bereicherungsrecht

Rumpf-Rometsch u.a
Die Fälle
Verwaltungsrecht
Klagearten und
Allgemeines Verwaltungsrecht

Rumpf-Rometsch / Dräger
Die Fälle
BGB Sachenrecht 1
Mobiliarsachenrecht
Grundlagen

Rumpf-Rometsch
Die Fälle
Grundrechte
Verfassungsbeschwerde
und mehr

Rumpf-Rometsch
Die Fälle
BGB Sachenrecht 2
Immobiliarsachenrecht
Grundlagen

Dräger / Rumpf-Rometsch
Die Fälle
Staatsrecht
Verfahren vor dem Bundes-
verfassungsgericht und
Staatsorganisationsrecht

Die jeweils aktuellen Auflagen, ISBN,
Preise, Neuerscheinungen, Infos,
Leseproben und und und ...

www.fall-fallag.de

Sie

ben

ziem

lich

wei

ße

Seiten …